멘탈이 무기다

불가능을 깨고 최고 성과를 이끄는 위대한 기술

THE ART OF

멘탈이 무기다

스티븐 코틀러 지음

이경식 옮김

IMPOSSIBLE

세종

나의 아버지와 어머니께
이 책을 바친다.

사람은 어릴 때부터 자신이 무엇을 이룰 수 있을지를 생각하며 늘 꿈꾼다.

그런데 그 꿈에 가까이 다가간 순간 언제나 다른 꿈이 생긴다.

누구나 계속해서 학습하고, 또 계속해서 성장하고자 하는 바람을 갖고 있다.

그러나 이룩할 수 없는 한계도 있기 마련이다.

그 한계를 결정하는 선에 도전해보자.

그러면 그 선은 사실 한계가 아니라는 사실을 깨닫는다.

불가능의 경계선은 우리가 아는 것보다 조금 더 멀리 있다.

조금 더 앞으로 나아가서 새롭게 그어진 그 선에 다시 도전해보자.

충분한 시간을 들여 시도하면 그 한계는 곧 넘어설 수 있을 정도로 익숙해진다.

_마일즈 데이셔 Miles Daisher

불가능을 바꾸는 강력한 공식

불가능은 극단적인 혁신이다

이 책은 불가능한 일을 가능한 일로 만들기 위해 무엇이 필요한지 탐구한다. 비현실적인 공상을 가득 안고 있는 사람들을 위한 실용적인 교과서인 셈이다. 아주 현실적인. 세상에는 자신이 가진 역량을 터무니없이 낮춰서 보거나 삶에 대해 비이성적으로 기대하는 사람들이 있다. 나는 특히 이런 사람들을 염두에 두고 이 책을 썼다.

우선 불가능이라는 개념을 정확하게 정의하고 시작하자.

이 책에서 사용하는 '불가능'이란 일종의 극단적인 혁신이다. 불가능한 일에 도전하는 사람은 물질적인 면뿐만 아니라 정신적인 면에서 혁신적이다. 사전적인 의미로 불가능은 지금까지 한 번도 이루어진 적이 없으며 앞으로도 이루어지지 않을 것이라고 대부분의 사람들이 믿는 모든 일을 포함한다. 이런 불가능한 것들은 우리의 능력과 상상을 초월하며, 그야말로 황당하기 짝이 없는 꿈 너머에 놓여 있다. 패러다임을 바꾸어서 나아가는 것, 마의 4분대 돌파^{four-minute miles} ●, 문샷 ^{moonshot} ●● 등. 이 범주를 큰 불가능^{I Impossible}이라고 부를 것이다.

그러나 작은 불가능^{i impossible}도 있다. 이것에도 큰 불가능과 똑같은 규정을 적용한다. 작은 불가능 역시 규모가 다르지만 우리의 능력과 상상 너머에 놓여 있기 때문이다. 작은 불가능은 우리가 불가능하다고 믿는 것들이다. 자신을 포함해서 그 누구도 적어도 당분간은 성취할 수 없으리라고 생각하는 것들이다.

나는 오하이오주의 클리블랜드 소도시에서 자랐다. 이런 나에게 작가가 되겠다는 소망은 '작은 불가능'이었다. 날마다 종이에 뭐라고 끄적이는 일 말고는 할 수 있는 게 없었고 어떻게 해야 작가가 될 수 있는지도 전혀 알 길이 없었다. 심지어 아는 작가도 없었다. 작가가 되고 싶다는 사람도 주변에는 없었다. '여기'에서 '저기'로 나아가는 길이 전혀 보이지 않았다. 인터넷도 되지 않았고, 책도 별로 없었으며, 궁금한 것을 물어볼 사람도 없었다. 그러니 작가가 되겠다는 일은 당시의 어린 나에게는 개인적인 차원의 불가능이었다.

이런 경우처럼 돈을 받으면서 자신이 정말 좋아하는 일을 할 수 있는 길을 찾는 것은 작은 불가능이다. 가난의 굴레에서 벗어나는 것,

---

● 1마일(약 1.6킬로미터) 거리를 4분 이하의 시간에 주파하는 것으로 1954년에 처음 달성되었다.
●● 사전적으로는 우주탐사선을 달에 보낸다는 뜻이지만 여기에서는 혁신적인 프로젝트나 높은 목표를 뜻한다.

마음 깊은 곳의 트라우마를 극복하는 것, 성공한 기업가나 CEO, 화가, 음악가, 코미디언 혹은 운동선수가 되는 것, 혹은 무슨 분야에서든 세계 정상 수준으로 올라서는 일 등도 모두 작은 불가능이다.

이런 성취들의 공통점은 무엇일까?

성공을 지향하는 사람에게 성공에 이르는 길이 분명하게 보이는 경우는 없다. 아닌 게 아니라 통계적으로 보더라도 성공 가능성은 실패 가능성보다 훨씬 낮다.

그러나 비밀이란 건 없다. 나는 지금까지 수십 년 동안 이 주제를 파고들어 연구했고 또 희박한 성공 확률을 극복하도록 사람들을 가르치고 훈련해왔는데, 이 과정에서 똑같은 교훈을 반복해서 얻었다. 작은 불가능 성취에 인생 전체를 바친다면, 큰 불가능을 성취할 순간도 올 수 있다는 것, 이것이 바로 내가 깨달은 교훈이었다.

이 책은 큰 불가능을 성취한 사람들에게서 얻은 여러 교훈을 바탕으로 작은 불가능을 성취하는 일에 관심이 있는 사람들에게 도움을 주고자 한다. 작은 불가능을 다루는 내용은 일부에게 도움이 되지만 큰 불가능을 다루는 내용은 모두에게 도움이 될 것이기 때문이다.

개인적인 발전을 이루는 것과 불가능한 일을 붙잡고 늘어지는 것 사이에는 상당한 차이가 있다. 후자는 더 위험하고 또 훨씬 재미없을지도 모른다. 그러나 적어도 분명하게 말할 수 있는 것은, 진정한 탁월함을 추구할 때의 감정적인 수고보다 더 힘들고 어려운 것은 진정한 탁월함을 추구하지 않을 때의 감정적인 수고다. 이 책은 행복이나 슬픔에 관한 책이 아니다. 그런 주제를 다루는 책은 널려 있지만, 우리의 목적과 관련해서 말하자면 행복이나 슬픔은 불가능한 것을 성취하거나 좌절되는 과정에서 나타나는 감정이다. '더 의미 있다'고 해서 언제나 '더 즐겁다'고 할 수는 없다. 나는 이 진리를 어렵고 힘들게 깨달았다.

기자로 일하면서 불가능한 것을 성취하려면 무엇이 필요한지에 대한 의문을 품었다. 나는 1990년대 초에 기자가 되었는데 스키, 서핑, 스노보딩, 스카이다이빙, 암벽 등반 등의 액션 · 모험 스포츠가 대중의 눈을 막 사로잡기 시작하던 때였다. 다양한 엑스게임$^{X\ Game}$ •이 인기였고 또 다양한 그래비티 게임$^{Gravity\ Game}$ •• 도 마찬가지였다. 언론들도 이런 이야기에 관심을 가졌다.

그러나 당시에는 이런 스포츠에 대해서 많이 아는 기자들이 별로 없었다. 그러니 누군가가 직접 서핑을 하고 기사를 쓰거나, 직접 스키를 타고 기사를 쓰거나 혹은 직접 암벽 등반을 하고 기사를 쓴다면 미디어 세계에서 제대로 인정받을 수 있다는 뜻이었다. 당시에 나는 이런 것들 가운데 그 어떤 것도 할 수 없었다. 하지만 그 스포츠에 끌렸고 또 내가 하는 일에서 정말 두각을 드러내고 싶었다. 그래서 편집자들에게 많은 것을 할 수 있다고 거짓말을 했으며, 운이 좋게도 그 뒤 10년 동안 내 활동 시간의 많은 부분을 할애해서 산과 바다를 누비며 전문 선수들을 쫓아다녔다.

그런데 전문 선수가 아니어도 거의 모든 시간을 산으로 또 바다로

• 극한에 도전하는 액션 스포츠.
•• 예를 들면 스케이트보드로 계단 난간을 타고 내려오는 행위 등이 있다.

전문 선수들을 따라다니다 보면, 신체의 많은 부분이 망가진다. 나도 많이 망가졌다. 엄지손가락이 두 번 으스러졌고, 쇄골이 두 번 부러졌으며, 회전근개^{rotator cuff ●}가 두 번 파열되었고, 갈비뼈가 네 개 부러졌으며, 두 팔이 모두 부러졌고, 손목이 여섯 조각으로 부서졌으며, 양쪽 무릎뼈가 깨졌고, 다리는 65번 부러졌으며, 꼬리뼈도 부서졌다. 그리고 내 자아도 부서졌다.

앞에서도 말했듯이 불가능한 일, 극단적인 혁신을 좇으려면 많은 대가를 치러야 한다.

그러나 이 모든 부서짐과 깨짐이 어떤 결과를 낳았을까? 그건 바로 강제 휴식이었다. 여기저기 분주하게 돌아다니다 몸 어딘가 한 군데 부러지거나 망가지면 어쩔 수 없이 몇 달 동안 소파에 드러누워 있어야 했다. 그러다가 다시 복귀해서 보면 그새 이루어진 세상의 발전은 눈이 튀어나올 정도였다. 정말 놀라웠고, 도무지 말이 안 될 정도로 빠르게 많은 것들이 바뀌었다.

석 달 전만 하더라도 불가능하다고 여겨지던, 즉 과거에 한 번도 이뤄진 적이 없었고 앞으로도 절대로 이뤄질 것 같지 않던 일들이 이미 이루어져 있었을 뿐만 아니라, 계속 반복해서 이루어지고 있었던 것이다. 스노보드계의 전설적인 인물인 제레미 존스^{Jeremy Jones}는 이렇게 설명한다.

"정말 머리가 어지러울 정도였죠. 아침에만 하더라도 불가능하던 일이 저녁이 되면 어느새 가능한 일이 되어 있었으니까요. 비유적 표

● 어깨 관절을 안정시키기 위한 근육과 견의 조합.

현이 아닌 실제로 말입니다. 사람들이 열렬하게 매달리던 규칙들, 액션 스포츠가 처음 시작될 때부터 굳건하게 자리를 잡았던 규칙들, 누가 죽어 나가도 눈 하나 깜박 않던 규칙들이 어느 사이엔가 하루가 다르게, 아니 때로는 시간이 다르게 바뀌고 있었던 겁니다."[1]

예를 들어 서핑은 천 년 넘게 이어져 온 고대의 스포츠다. 그런데 천 년이라는 그 긴 세월 동안 발전은 매우 느리게 진행되었다. 이 스포츠가 처음 발명되었던 4세기부터 1996년 사이라는 긴 세월 동안에 서퍼가 탔던 가장 규모가 큰 파도는 25피트(약 7.6미터)였다.[2] 이보다 더 큰 파도는 인간의 능력으로는 탈 수 없다는 게 일반적인 통념이었다. 물리학적인 한계 때문에 25피트보다 더 큰 파도를 사람은 탈 수 없다고 많은 이가 생각했다.[3] 그러나 그로부터 25년밖에 지나지 않은 지금, 서퍼들은 60피트(약 18미터) 높이의 파도를 향해 일상적으로 노를 저어 나아가며 100피트(약 30미터)가 넘는 높이의 파도를 탄다.[4]

이 책을 시작하면서 나는 불가능을 '극단적인 혁신'의 한 형태라고 묘사했는데, 이것은 단순한 수사가 아니라 내가 말하고자 하는 정확한 내용이다. 서핑이나 거의 모든 다른 액션 스포츠 종목에서 극단적인 혁신들이 마구 쏟아져 나오는 모습을 보았고, 그때의 그 모습들은 나의 관심을 온통 사로잡았다. 그러나 극단적인 혁신이라는 너무도 명백한 몇몇 이유 때문에 사로잡혔던 건 아니다.

물론 그 전문 운동선수들이 불가능한 것들을 일상적으로 성취했으며, 그런 현상에 대한 설명은 반드시 필요하다. 그러나 그것보다 더 중요한 사실이 있었다. 바로 '그 운동선수들' 존재 자체였다.

1990년대 초에 액션·모험 스포츠 운동선수들은 유난히도 시끄러

운 사람들이었으며 타고난 강점들을 이렇다 할 정도로 많이 가지고 있
지도 않았다. 내가 아는 한 그들은 거의 모두 찢어지게 가난한 환경에
서 성장했고 정말 많은 사람이 결손가정 출신이었다. 그들은 어린 시
절을 거칠게 보냈다. 교육도 거의 받지 못했으며 돈도 없었다. 그러나
한 덩어리가 되어 불가능의 벽을 정기적으로 하나씩 무너뜨리며 앞으
로 나아가고 있었으며, 그 과정에서 우리 인간의 한계를 새롭게 다시
쓰고 있었던 것이다. 이런 사실에 대해서 오래 알고 지낸 편집자들 가
운데 한 명은 다음과 같이 말하곤 했다.

"저널리즘은 세상에서 가장 위대한 직업이야. 가끔은 역사와 함
께하는 자신의 모습을 보게 해주거든. 그것도 정말 가까운 현장에서
말이야."

이것 역시 그런 순간들 가운데 하나였다.

특별한 친구들과 함께 어울리는 게 어떤 느낌인지 묘사하는 일은
불가능에 가깝다. 어떤 친구들인가 하면 지난밤을 함께 보낸 친구들이
다. 구체적으로 말하면 테킬라 열한 잔을 마시고 스키장 주차장 뒤쪽
에 버려진 스쿨버스 옆면에 커다란 스키 점프대를 만들고는 그 버스에
휘발유를 흠뻑 뿌려 불을 붙인 다음에 스키를 타는 친구들, 그러고는
누군가가 운전해주는 낡은 픽업트럭에 매달려 얼어붙은 주차장 바닥
을 달려 시속 50마일(약 80킬로미터) 속도로 점프대를 타고 올라가 화염
을 통과하며 뒤로 공중제비를 넘는 친구들, 최고의 공중제비를 성공하
는 사람에게 돌아갈 내기돈 5달러를 따기 위해서 그 짓을 하는 친구들
이다(스키 시즌이라 방 구하기가 아무리 어려웠다고 하더라도 말이다).

이 친구들은 다음 날 아침에 바로 산으로 몰려가서는 과거에 단

한 번도 없었으며 그 누구도 일어날 수 있으리라고 믿지 않았던 일들을 태연하게 하곤 했다.

"이것은 마법이다, 분명히! 그러나 환상은 아니다."[5]

작가 토머스 핀천 Thomas Pynchon이 어떤 소설에서 썼던 문구다.

나로서는 이런 일들이 왜 일어나는지, 어떻게 일어나는지 그리고 어쩌면 당신이나 나에게도 (불타는 스쿨버스만 빼고) 과연 이런 일들이 일어날 수 있는지 꼭 알고 싶었다. 거기에는 분명 어떤 공식이 있을 것이라고 나는 거의 확신했고 그 공식이 간절하게 필요했다. 내가 이렇게 느꼈던 것은, 그런 성취의 위업들이 내 마음을 빼앗은 것이 처음이 아니었기 때문이다.

남동생은 마술사가 아니었다

불가능한 일이 현실에서 일어나는 모습을 처음 본 것은 아홉 살 때였다. 미국 독립 200주년이던 1976년이었고, 불가능한 일을 보여준 주인공은 나의 남동생이었다. 남동생은 그때 일곱 살이었다.

늦은 오후였고, 동생이 친구 집에 놀러갔다가 돌아왔다. 동생은 엄마에게 인사를 하고는 흙탕물이 튀어 있던 청바지 주머니에서 소방차 색깔의 선홍색 스펀지 공 하나를 꺼냈다. 공의 직경은 2센티미터나 3센티미터 정도였다.

동생은 오른손 손가락 끝으로 그 공을 집어서는 왼손에 올려놓았다. 그러고는 조용히 움켜쥐어서 주먹을 만들어 모두가 다 볼 수 있도록 주먹을 들어올렸다. 이어서 누군가에게 (나였을 수도 있고 엄마였을 수도 있다) 그 주먹에다 입김을 불라고 했고, 엄마가 영광의 주인공이 되어서 입김을 불었다. 그 뒤에 동생이 손가락을 서서히 폈는데, 그 순간 나는 기절하는 줄 알았다. 공이 없었다. 뿅! 공이 흔적도 없이 사라진 것이다.

동생이 방금 불가능한 일을 해냈다!

나는 그렇게 확신했다.

지금은 물론 스펀지 공이 사라지는 마술이 그다지 놀라운 속임수는 아니다. 그러나 그때 나는 아홉 살이었고, 그때까지 마술이나 요술 같은 건 한 번도 본 적이 없었다. 그랬기에 이렇게 하니까 보이고 저렇게 하니까 보이지 않는 상황은 정말이지 당혹스러운 경험이었다.

두 가지 점에서 당혹스러웠다. 하나는 스펀지 공이 사라져버렸다는 명확한 사실이었고, 또 하나는 내 동생은 마술사가 아니라는 다소 덜 명확한 사실이었다.

그 두 가지 사실을 나는 확신했다. 동생과 함께했던 7년 동안 동생은 단 한 번도 물리학의 법칙을 거스르는 모습을 보여준 적이 없었다. 공중부양을 보여준 적도, 아빠가 좋아하던 커피 잔이 감쪽같이 사라졌을 때 누구도 동생이 잔을 다른 차원으로 순간 이동시킨 게 아닐까 하고 의심하지 않았다. 그러니 설사 동생이 스펀지 공이 사라지게 만드는 불가능한 일을 해냈더라도, 동생이 마술사가 아니라면 납득할 수 있는 설명이 뒤따라야만 했다. 의문을 풀어줄 기술이나 과정이 내 눈에 보여야만 했다.

그것은 놀라운 깨달음이었다. 불가능한 일이 가능한 일로 바뀌는 데는 공식이 있다는 뜻이었다. 나는 그 공식을 알고 싶었다. 그때까지 살면서 원했던 그 어떤 것보다 간절하게 불가능의 공식을 원했다. 이런 간절함은 그 뒤에 나에게 일어났던 일들을 상당 부분 설명해준다. 구체적으로 설명하면 다음과 같다.

나는 요술과 마술을 공부하기 시작했다. 카드 마술, 동전 마술, 그리고 심지어 그 스펀지 공 마술까지도 연구했다. 열한 살 때까지는 우리 지역의 마술용품 가게인 '판도라의 상자'에서 살다시피 했다. 그리고 거기에서 불가능한 일들이 실현되는 광경을 많이 보았다. 1970년대는 마술이 전성기를 누리던 때였다. 일류 마술사들은 순회공연을 했는데, 어린 나로서는 도무지 알 수 없는 몇 가지 이유로 그들은 오하이오의 클리블랜드에는 꼭 들렀다. 따지고 보면 클리블랜드에 살던 나는 정말 말도 안 되게 운이 좋았던 셈이다. 마술계에 몸을 담고 있는 사람이라면 누구나 한 번은 내가 살던 세상으로 찾아온다는 뜻이었으니까 말이다. 그 덕분에 불가능한 일들이 실현되는 광경을 가까이에서 늘 볼 수 있었다.

그 시절에 얻었던 중요한 교훈은 속임수가 아무리 불가능해 보여도 이면에는 반드시 그 속임수를 충분히 이해할 논리가 있다는 사실이다. 불가능은 언제나 나름의 공식이 있었으며, (사실 이것이 더 기묘한 일인데) 애써서 연구하면 가끔씩은 그 공식을 깨우칠 수도 있었다. 마술 세계에서 나의 초창기 멘토들 가운데 한 명은 이렇게 말하곤 했다.

"불가능한 것도 10년만 연습하면 거의 할 수 있게 돼."

바로 이 멘토는 역사는 불가능한 일들로 가득함을 자주 지적하곤 했다. 우리의 과거는 불가능이라는 딱지를 달았던 온갖 생각들의 무덤이다. 인간이 하늘을 나는 꿈은 고대인들도 꾸던 꿈이었다. 고대인이 동굴에 날개 달린 인간을 그린 시점에서 라이트 형제가 최초의 비행 성공에 역사책에 새겨 넣기까지는 5천 년이라는 시간이 걸렸다. 그러나 인간은 거기에서 멈추지 않았다. 그 뒤에 태평양 횡단 비행에 성공했고, 우주 비행에 성공했으며, 달에도 최초로 발을 디뎠다. 각각의 경우에서 모두 불가능은 가능으로 바뀌었는데, 누군가가 불가능한 일을 가능한 일로 바꾸는 공식을 깨우쳤기 때문이다. 나의 멘토는 이렇게 말했다.

"물론 네가 그 공식을 모르면 마술처럼 보이겠지. 그러나 이제 너는 뭔가를 좀 알잖아."

그리하여 이런 생각들은 내 머리에서 한 번도 떠나지 않았다.

액션 스포츠 선수들이 정기적으로 불가능한 일들을 해내기 시작할 때 나는 거기에도 공식이 있으며 누구든 그 공식을 배워서 익힐 수 있으리라고 생각했다. 물론 이렇게 생각하기까지 따르는 대가를 톡톡히 치렀다. 몸의 온갖 군데가 부러졌으며 병원비 청구서가 수북하게 쌓였으니까 말이다. 사실 나는 액션 스포츠 선수들이 불가능한 일들을 어떻게 해내는지 알아내기 오래전에 이미 정신이 번쩍 드는 깨달음을 얻었다. 그들을 따라다니면서 비결을 알아내려다가는 요절하고 말 것이라는 깨달음이었다.

그래서 나는 이 의문을 풀고자 하는 집착을 액션 스포츠가 아닌 다른 여러 영역으로 들고 갔다. 예술, 과학, 기술, 문화, 기업 등 상상할 수 있는 모든 영역에서 불가능의 공식을 발견해서 그 의문을 풀고자 했다. 개인과 조직 그리고 심지어 기관이 자기의 수준을 상당한 정도로 높이는 데는 어떤 것들이 필요할까? 그리고 우리가 과장된 것이 아니라 현실성 있는 방법을 찾아낼 수 있다면……, 과연 불가능한 일을 이뤄내는 데 어떤 것들이 필요할까?

이런 질문들을 추적해서 발견한 해답들은 내 책의 재료가 되었다. 내가 쓴 책 대부분이 그랬다. 《투모로우랜드Tomorrowland》는 SF적인 발상들을 과학 기술로 전환한 뚝심 있는 혁신가들로 궁극의 불가능을 가능으로 만들어낸 사람들, 즉 미래를 꿈꾼 사람들을 20년 동안 조사하고 연구한 결과였다.[6] 《볼드Bold》에서는 일론 머스크Elon Musk, 래리 페이지Larry Page 제프 베조스Jeff Bezos, 리처드 브랜슨Richard Branson 등과 같은 갑작스럽게 성장한 혁신적인 기업가들을 파헤쳤다. 이들은 모두 도저히 가능할 것 같지 않던 비즈니스 제국을 기록적으로 짧은 기간에 건설한 사람들이며, 또 모두가 사업이 불가능할 것이라 생각한 분야에서 기업가로서 성공을 거두었다.[7] 《어번던스Abundance》는 빈곤, 기아, 물 부족 등처럼 해결이 불가능해 보이는 지구적 차원의 과제들을 (이런 과제들은 10년 전만 하더라도 대기업이나 부자 나라의 정부만이 나서는 거대한 과제였다) 붙잡고 씨름해서 마침내 해결책을 찾아낸 개인과 소집단을 다루었다.[8] 다른 책들도 마찬가지다.

그 모든 작업에서 내가 배운 것은 무엇일까? 그 교훈은 내가 마술을 하면서 배웠던 것과 똑같았다. 불가능한 것이 가능한 것으로 바뀔 때마다 거기에는 언제나 공식이 있다는 것이었다.

여기서 다시 용어를 정의하는 일이 도움이 될 것 같다.

나는 '공식'이라는 표현을 컴퓨터 과학자들이 '알고리즘'을 말하는 것과 같은 방식으로 즉 누가 하든 비슷한 결과를 만드는 일련의 단계들이라는 뜻으로 사용한다. 그리고 이 책이 이 공식의 세부사항들을 파고드는데, 먼저 해결해야 할 핵심적인 질문 두 개가 있다.

생물학적인 접근에 답이 있다

우리가 풀어야 할 첫 번째 질문은 이것이다.

불가능의 공식은 왜 존재할까?

그리고 생물학이 그 해답이다.

인간으로서 우리는 모두 오랜 세월에 걸친 진화의 결과로 지금과 같은 모습을 하고 있다. 그 결과 우리 몸의 시스템은 동일하게 짜여 있다. 연구 및 훈련 기관인 플로우 리서치 콜렉티브^{Flow Research Collective}에서 우리는 '최고 수행 상태^{peak performance}'●와 관련된 신경생물학을 연구한다. 신경생물학은 신경계의 구조와 기능을 다룬다. 즉, 뇌와 뇌 각 부위의 개별적, 협업적 작동 방식을 탐구한다.[9] 다른 말로 하면, 이 연구소에서 우리는 최고의 기량을 발휘할 때의 인간 신경계를 연구한다. 그리고 이 연구를 기반으로 미국 특수부대 대원들부터 〈포춘^{Fortune}〉 선정 100대 기업 이사들 및 일반 대중에 이르는 다양한 사람들을 훈련시킨다. 우리의 훈련법은 신경생물학에 바탕을 두고 있어 모든 사람에게 효과가 있다.

● 어떤 일을 할 때 가장 효율적으로 능력을 발휘할 수 있도록 정신이 최적화되어 기량의 발휘 정도가 최고치에 이르는 상태.

즉 이 연구소에서 우리는 "개인의 개성이 아니라 생물학을 기준으로 둔다"라고 말한다. '최고 수행 상태'를 다루는 분야에서 사람들은 종종 자기에게 효과가 있는 방법이 다른 사람들에게도 마찬가지일 거라 생각하지만, 실제로 그런 경우는 거의 없으며 오히려 역효과를 내는 경우가 많다.

개성은 극단적으로 개인적이라는 게 문제다. 최고 수행에서 결정적인 역할을 하는 특성(예를 들면 위험을 감수하는 인내력이나 내향성-외향성 지표 등)은 유전자적으로 암호화되어 있으며 신경생물학적으로 연결되어 있어 바꾸기 어렵다. 그러나 문화적 배경과 경제력 그리고 사회적 지위 등의 차이에서 비롯되는 환경의 영향들을 모두 고려하더라도 개성에 초점을 맞추는 한 문제 해결의 길은 멀어질 뿐이다. 이 모든 이유로 나는, '나'에게 효과가 있는 방법도 다른 사람에게는 효과가 없을 것이라고 거의 백퍼센트 확신한다.

개성은 기본적인 척도가 아니다.

반면에 생물학은 기본적인 척도다. 생물학은 진화를 위해 모든 사람에게 적용되도록 설계된 것이다. 바로 이것이 불가능한 것을 가능하게 만드는 비결의 암호를 풀 수 있는 중요 단서를 우리에게 말해준다. 만일 우리가 개성이 아닌 더 본질적인 수준에서 논의할 수 있다면, 즉 흐물흐물하고 모호해서 자주 주관적이기까지 한 '최고 수행 상태'를 다루는 심리학보다 더 기본적인 토대로 파고들 수 있다면, 그때 비로소 최고 성과를 내는 메커니즘을 밝혀낼 수 있다. 그 메커니즘이란 바로 기본적인 생물학적 메커니즘이며, 진화를 통해서 형성되었으며 포유류 동물 대부분과 모든 인간의 몸에 내재된 바로 그것이다.

그리고 이것이 우리를 두 번째 질문으로 이끌고 간다.

불가능을 가능으로 바꾸는 생물학적 공식은 무엇일까?

해답은 몰입flow(흐름)이다. 몰입의 정의는 "가장 좋은 상태라고 느끼는 동시에 최고의 능력을 발휘할 수 있는 최적의 의식 상태"다.[10] 이것은 인간이 최고의 기량을 발휘할 수 있도록 진화를 통해서 형성된 상태다. 모든 분야 및 모든 영역에서 불가능한 것이 가능한 것이 될 때마다 언제나 몰입이 주인공 역할을 하는 이유도 바로 여기에 있다.

물론 몰입을 '최적의 의식 상태'로 묘사하는 것은 우리를 매우 먼 깨달음이 있는 곳까지 데려다주지는 못한다. 더 구체적으로 말하면, 그 용어는 무아지경 및 완벽한 몰입의 순간, 즉 해야 할 과제에 너무도 집중한 나머지 모든 것들이 의식 바깥으로 사라지는 순간을 뜻한다. 바로 이 순간에 행동과 인식은 하나로 통합되고 자아의식은 사라진다. 시간이 낯설게 흐르고 수행 능력은 높이 치솟는다.

몰입 상태가 신체적, 정신적 능력에 미치는 영향은 엄청나다.[11] 신체적인 면에서 힘과 지구력 그리고 근육의 반응시간이 향상되는 반면에 고통과 피로에 대한 감각은 상당한 수준으로 떨어진다.

그러나 더 큰 변화는 인지 능력에서 나타난다. 동기부여와 생산성, 창의성과 혁신, 학습과 기억, 공감과 환경 인식, 그리고 협업collaboration과 협력cooperation, 이 모든 것의 수준이 급격하게 높아진다. 몇몇 연구에서는 기준선의 다섯 배까지나 높아지는 것으로 나타났다.

그리고 여기에서 우리의 마지막 질문이 이어진다.

어째서 진화는 이 모든 기술들을 크게 각성시키는 의식 상태를 만들까?

진화는 유기체가 생존을 이어갈 수 있도록 뇌를 형성했다. 그러나 진화 그 자체는 여러 가지 자원을 얼마나 확보하고 활용할 수 있느냐에 따라서 이루어진다. 자원의 희소성은 언제나 우리의 생존에 위협이 되는 요소이자 진화를 강력하게 추진시키는 힘이 된다. 점점 줄어드는 희소한 자원을 두고 경쟁하거나 자원을 탐사하러 나설 수도 있고, 창의적이고 혁신적이며 협력하는 태도를 가질 수도 있으며, 기존에 없었던 새로운 자원을 만들려고 나설 수도 있다.

바로 이것이 여러 기술의 수준이 극도로 높아지는 원리를 설명해준다. 그렇게 향상되는 기술의 대상은 매우 다양한데, 사람들이 싸우거나 도망치거나 탐구하거나 혁신하는 데 쓰인다. 그리고 불가능은 극단적인 혁신의 한 형태이므로, 이것 또한 불가능이 가능으로 바뀔 때 몰입 상태에 있는 이유도 설명해준다. 동어반복이지만, 몰입이 극단적인 혁신인 것은 산소가 호흡의 기본인 것과 같다. 즉 생물학적 문제이다.

그러나 이것은 내가 다른 책에서도 탐구했던 내용이다.

이 입문서가 기존에 내가 탐구했던 내용을 더 상세하게 설명하겠지만, 이 책의 주된 목적은 예전과 똑같이 결정적으로 중요한 다음 발상을 분석하는 것이다.

불가능에 도전하는 데는 몰입이 필요하지만 불가능을 가능으로 바꾸는 데는 몰입만으로는 충분하지 않다.

불가능한 일에 도전하려면 혹은 이를 위해 자신의 수준을 끌어올리려면 반드시 몰입이 필요하다. 그러나 몰입의 효과를 극대화시키는 기술들(동기부여와 학습 그리고 창의성)을 훈련하는 일도 필요하다. 이 이야기는 혼란을 주거나 모순적으로 들릴지도 모른다. 그러나 불가능을 가능으로 바꾸는 여정은 무척 멀 뿐만 아니라, 몰입이 없는 상태로 그 길을 더듬어가는 구간도 무척이나 길다. 게다가 몰입이 가져다주는 막대한 증폭을 감당하려면 안정적인 토대가 마련되어야 한다. 어떤 자동차가 시속 15킬로미터 속도로 벽과 충돌했다고 치자. 이때는 그저 범퍼가 조금 찌그러질 뿐이다. 그러나 시속 150킬로미터 속도로 벽과 충돌하면 어떨까? 범퍼 하나로는 끝나지 않을 것이다. 몰입 상태에서도 마찬가지다.

이런 여러 가지 이유로 이 책은 동기부여, 학습, 창의성 그리고 몰입을 각각 다루는 4부로 구성되어 있다. 이런 기술들이 최고 수행 상태를 만드는 데 결정적인 요소로 작용하는 이유는 뒤에서 알게 될 것이다. 이 책에서는 이런 기술들이 뇌와 신체에서 어떻게 활동하는지 살펴볼 것이다. 그리고 이를 바탕으로 불가능을 가능으로 만들어주는 길로 나아가는 우리의 발걸음을 한층 가볍고 빠르게 만들 참이다. 그 전에 먼저, 이런 기술들을 철학적인 관점에서 잠깐 살펴보는 게 도움이 될 것 같다.

이제 무한게임을 시작한다

철학자 제임스 카스 James Carse 는 우리 인간이 지구에서 살아가는 주된 방식들을 '유한게임 finite game'과 '무한게임 infinite game'이라는 용어로 묘사한다.[12] 유한게임은 말 그대로 유한하다. 선택의 가짓수나 플레이어의 수가 정해져 있으며, 승자와 패자가 명확하게 갈린다. 또 게임의 규칙도 있다. 유한게임은 장기나 바둑과 같으며, 정치나 스포츠 그리고 전쟁과 같다.

반면에 무한게임은 정반대다. 승자와 패자가 명확하지도 않으며, 게임 시간이나 규칙도 정해져 있지 않다. 게임이 진행되는 장소도 수시로 바뀔 수 있으며, 플레이어의 숫자도 계속 바뀐다. 무한게임의 유일한 목표는 게임을 계속 이어나가는 것이다. 예술과 과학 그리고 사랑은 무한게임이다. 가장 중요한 사실은 최고 수행 상태에 도달하는 것 역시 무한게임이다.

최고 수행은 승자가 결정되는 유한게임이 아니다. 규칙도 없고, 게임이 언제 끝날지 정해져 있지 않으며, 게임이 진행되는 장소가 본인이 선택하는 인생에 따라서 클 수도 있고 작을 수도 있다. 그런데 최고 수행은 무한게임이지만 전적으로 그렇지는 않다.

최고 수행은 무한게임의 특이한 유형이다. 최종 승자가 결코 나올 수 없는 게임이지만, 누군가는 이 게임에서 철저한 패배자가 될 수 있다. 하버드대학교의 심리학자 윌리엄 제임스[William James]는 이것을 다음과 같이 설명했다.

"사람은 대개 자신이 가진 능력의 한계보다 훨씬 못 미치는 범위 안에서 살아간다. 온갖 다양한 능력을 가지고 있지만 대개는 이런 능력을 쓰지 않는다. 최대치에 못 미치는 수준으로만 힘을 내며 또 최적 수준에 미치지 않는 범위에서 행동한다. 기초적인 능력 범위 안에서, 다른 여러 가지 사항을 고려한 소극적인 조정 속에서, 금지와 통제의 경계선 안에서, 생각할 수 있는 모든 구속된 상태로 인생을 산다. 이런 인생은 히스테리 발작 환자의 시야처럼 한껏 좁다. 냉정하게 보자면 이런 사람은 질병을 앓는 환자다. 환자까지는 아니어도, 대부분의 사람이 최소한 이런 고질적인 버릇이 있다. 자신의 잠재력을 온전하게 발휘하지 못하는 습관적인 열등감이라는 나쁜 버릇말이다."[13]

제임스가 한 말의 요점은 사람들이 잠재력을 발휘하지 못한 채 살아가는 이유가 잠재력을 키우며 살아가는 습관이 없기 때문이라는 것이다. 우리는 온갖 잘못된 절차에 아무 생각 없이 반응하고 있다. 잘못 행동하고 있으며 이대로는 안 된다.

제임스는 이 말을 1800년대 후반에 했는데, 그때는 심리학 교과서가 최초로 출간된 시점이기도 하다. 제임스가 했던 말의 더 현대적인 버전은 시나리오 작가 찰리 카우프만Charlie Kaufman이 2002년 영화 〈컨페션 Confessions of a Dangerous Mind〉의 서두에 주인공의 입을 통해서 했던 다음 대사다.

"젊은 시절에는 무한한 잠재력을 갖고 있다. 무엇이든 할 수 있고, 또 될 수 있다. 아인슈타인이 될 수도 있고 야구선수 디마지오도 될 수 있다. 그러다가 나이를 먹고 나서 어느 순간엔가 과거의 자신에게 굴복하고 만다. 아인슈타인이 아니었던 자신에게, 아무것도 아니었던 자신에게 말이다. 정말 최악의 순간이다."[14]

우리가 확실하게 아는 것은 무엇일까?

사람은 한 번뿐인 인생을 살며, 그 가운데 3분의 1은 잠을 잔다. 자, 그렇다면 당신은 나머지 3분의 2를 어떻게 보내겠는가? 이것은 우리에게 유일하게 중요한 문제다.

그런데 이것이 당신이 패러다임을 바꾸는 위대한 물리학자나 위대한 기록을 세우는 야구선수가 아니라면 무한게임에서 진다는 뜻일까? 아니다. 게임에서 지는 이유는 전력을 기울이지 않기 때문이다. 즉 누구나 저마다 일이 있겠지만 모두가 불가능한 것을 가능하게 만들려고 노력하지 않는다는 뜻이다.

우리는 모두 자신이 알고 있는 것보다 훨씬 더 많은 것을 해낼 수 있다. 이것이 최고 수행 상태를 평생 공부하면서 내가 배운 가장 큰 교훈이다. 사람은 누구나 바로 이 순간에도 예외적인 비범함을 실현할 가능성을 품고 있다. 그러나 이런 예외적인 역량은 창발적 특성 즉 창발성emergent property ● 이다. 이 창발성은 자신을 능력의 한계지점까지 밀어붙일 때 비로소 나타난다. 아무런 문제없이 편안하게만 느껴지는 영역, 즉 안전지대comfort zone를 훌쩍 뛰어넘는 바로 그 지점에서 우리는 자신이 어떤 사람인지 또 무엇을 할 수 있는지 깨닫는다. 불가능한 일을 가능한 일로 바꿀 수 있을지 알아보는 유일한 방법은, 그 일이 무엇이든 직접 시도하는 것이다.

이것은 최고 수행 상태가 무한게임일 수밖에 없는 또 하나의 이유다. 그러나 이것은 또한 이 책에서 다루는 네 개의 기술이 그토록 중요할 수밖에 없는 이유이기도 하다. 동기부여는 당신을 이 게임 안으로 끌어들이고, 학습은 계속 게임을 이어가도록 도우며, 창의성은 문제 해결을 향해서 나아갈 방법을 일러주고, 마지막으로 몰입은 그 모

● 하위 범주에는 없는 특성이나 행동이 상위 범주에서 자발적으로 돌연히 출현하는 현상. 예를 들어 산소와 수소라는 하위 범주에서는 없던 특성이 두 원소가 결합한 물에서는 생기는 현상이다. 즉 평소에는 없던 특성이나 다른 기술과 결합함으로써 돌연히 생기는 특성이다.

든 이성적인 기준 및 기대치를 뛰어넘는 결과를 가져다줄 방법을 일러준다. 이것이 바로 불가능을 가능으로 바꾸는 실질적인 기술이다.

무한게임을 시작하게 된 걸 환영한다.

차례

1부

동기부여

THE ART OF
IMPOSSIBLE

어떻게 저절로 앞으로
나아갈 것인가

" 만일 지금 살아가는 이 삶이 진짜로 존재하는 싸움이 아니라면

즉 싸움에서 이김으로써 우주에 이득이 되는 것을

영원히 얻는 싸움이 아니라면,

이 삶은 마음이 내키지 않으면 언제든 그만둘 수 있는

개인적인 연극에 지나지 않을 것이다.

그러나 이 삶은 진짜 싸움처럼 느껴진다.

마치 우리가 마땅히 해야만 할 것 같은 정말 무모한 어떤 것이

우주에 있는 것처럼 느껴진다. "

_윌리엄 제임스[1]

1장

자동으로 동기 불어넣기

이 책의 기본적인 전제는 불가능한 것을 가능한 것으로 바꾸는 데는 공식이 있다는 것이다. 불가능했던 것이 가능해질 때마다 우리는 네 개의 기술(즉 동기부여, 학습, 창의성, 몰입)이 훌륭하게 적용되고 의미 있게 극대화되었을 때의 그 최종 결과물을 목격할 수 있다.

이 책의 목표는 이 네 가지 기술을 과학적으로 이해하는 것이다. 각 기술을 작동하게 하는 생물학적 메커니즘을 알고, 이에 대한 이해를 바탕으로 기술들이 더 잘 움직이게 할 것이다. 즉 우리의 생물학적 메커니즘이 우리에게 유리하게 작용하게 만드는 것이다.

그리고 동기부여, 학습, 창의성, 몰입을 차례로 탐구함으로써 이 목표에 접근할 것이다. 각 영역에서 나는 이런 기술들이 뇌와 몸에서 작동하는 방식과 관련해 과학이 우리에게 일러줄 수 있는 것을 낱낱이

해부하고, 일련의 연습을 통해서 자신의 삶에 적용할 수 있는 최고의 방법을 가르치려 한다.

우선 동기부여부터 시작할 것이다. 동기부여는 최고 수행 상태로 향하는 길에 우리를 올려놓는 역할을 한다. 그러나 심리학에서 동기부여란 개념은 하위 개념인 세 가지 기술 즉 충동drive과 끈기grit와 목표goal를 두루뭉술하게 합쳐 놓은 것이다.

충동은 다음에 이어지는 두 글에서 다룰 주제인데 호기심, 열정, 목적 등과 같은 강력한 정서적 동기요인motivator들과 관련이 있다. 이런 감정들은 특정 행동을 충동질한다.[1] 이건 중요한 사실이다. 사람들은 대부분 동기부여를 생각할 때 일종의 고집persistence을 떠올린다. 즉 충동이 일어났을 때 그 충동을 계속 밀고나가려는 행위를 떠올리는 것이다. 호기심이라는 가장 단순한 충동을 놓고 생각해보자. 어떤 주제에 호기심을 느낄 때 그 주제에 대해서 더 많은 것을 알려고 힘들게 노력해도 수고로움이 느껴지지 않는다. 일정한 양의 노력이 필요하지만, 그 과정이 일이 아니라 놀이처럼 여겨지는 것이다. 그리고 일이 놀이가 될 때 그 사람은 이미 무한게임을 하고 있다.

4장의 주제인 목표는 자신이 어디를 향해 나아가는지 정확하게 파악하는 문제를 다룬다. 뒤에서 자세히 살펴볼 수많은 신경생물학적 이유들로 우리는 가고자 하는 곳이 어디인지 알 때 훨씬 더 빠르게 그곳에 다다른다. 불가능을 가능으로 바꾸는 길은 기본적으로 멀고 먼 여정이므로, 과제를 달성하려면 이런 가속화가 반드시 필요하다.

5장의 주제인 끈기는 사람들이 동기부여를 생각할 때 자연스럽게 떠올리는 요소다. 끈기는 고집스러움이고 단호함이며 불굴의 용기로,

아무리 어렵고 힘든 여정이라도 끝까지 나아가는 능력이다.

일단 여기에서는 충동에 대한 설명부터 시작해보자.

불가능도 한 걸음부터

불가능한 일에 매달린다는 것은 날마다 깊이 파고드는 일을 해야 한다는 뜻이다. 천릿길도 한 걸음부터 시작한다고 했던 노자의 말은 틀리지 않았다.[2] 하지만 어쨌거나 천릿길이 아닌가. 가파른 고갯길도 있고, 깜깜한 밤길도 있다.

불가능한 일을 수행하는 것은 언제나 고된 여정을 가는 것이므로 엘리트 단계의 수행자들은 단 하나의 연료에만 의지해서 그 여정을 떠나려 하지 않는다. 신체적인 차원의 연료와 심리적인 차원의 연료 두 가지를 제대로 갖추려 한다.

신체적인 면에서 보자면 (비록 이 책이 신체적인 면에 초점을 맞추고 있진 않지만), 엘리트 수행자들은 충분한 수면과 운동을 하고 또 적절한 수분과 영양을 섭취하려고 노력한다. 이들은 신체 운동에 필요한 에너지를 생성하는 데 필요한 기본 요건들을 '깔끔하게 준비해둔다stack' 즉 필요한 것들을 만들고 양을 늘리며 또 정렬해둔다.

이것과 똑같이 중요한 점이 있는데, 엘리트 수행자들은 심리적인 연료 자원들도 준비해놓는다. 호기심, 열정, 목적과 같은 충동들을 키우고 정렬한다. 여러 정신적인 에너지 자원을 준비함으로써 삶에서 가장 강력한 정서적인 연료들이 필요해지는 순간 바로 사용하는 것이다.

그렇다면 우리를 충동질하는 것은 무엇일까?

이 질문에 대한 대답을 생각하는 방식은 여러 가지가 있겠지만, 그 가운데 하나가 진화적인 관점에서 바라보는 것이다. 희소성이 진화를 유도한다는 (즉 충동질한다는) 사실을 우리는 잘 안다. 자원을 확보하는 과정에서 정기적으로 부닥치는 문제가 있다는 사실은, 이미 수백만 년이라는 세월 동안 진화가 우리에게 그 문제의 해결을 부추겨왔다는 뜻이다.

진화를 두 단계로 구성된 비디오게임이라고 생각해보자. 1단계를 깨기 위해서 플레이어는 음식, 물, 쉼터(집), 짝짓기 상대 등의 자원을 상대 플레이어보다 더 많이 확보해야 한다. 2단계에서는 그 자원들을 아이들에게 지원해 어떤 식으로든 아이들이 무사히 살아남도록 도와야 한다. 예를 들어 물고기가 수많은 알을 낳는 전략처럼 약탈자들이 아무리 약탈해도 다 먹을 수 없을 정도로 많은 자원을 확보하거나, 인간이 취하는 전략처럼 아이들을 안전하게 지키면서 자신에게 필요한 자원을 구하는 방법을 가르칠 수도 있다.

각 단계에서 승리의 관건은 자원 획득이다.

방금 언급했듯이 여기에는 두 가지 전략만이 가능하다. 하나는 줄어드는 자원을 두고 경쟁자와 싸워서 이기는 것, 다른 하나는 창의성을 발휘해 더 많은 자원을 확보하는 것이다. 그러므로 진화적인 관점에서 충동을 이야기할 때 우리가 실제로 이야기하는 내용은, 자원 희소성의 문제를 가장 잘 해결하는 행동들에 활력을 불어넣는 심리적인 연료들 즉 '투쟁-도피 fight-flee'와 '탐구-혁신 explore-innovate'이다.

공포는 일종의 심리적 충동자다. 왜냐하면 공포는 사람들로 하여

금 자원을 놓고 경쟁자와 싸우게 충동질하거나, 누군가의 자원으로 전락하지 않도록 도망을 충동질하거나, 혹은 가족이 모두 짐을 싸서 풍부한 자원을 찾아 바다를 건너게 충동질하기 때문이다. 호기심도 또 다른 충동자다. 바다 너머에 있는 땅에는 자원이 더 많이 있을지도 모른다는 생각을 하게 만들기 때문이다. 열정은 바다를 무사히 건너는 데 필요한 여러 기술을 통달하도록 우리를 충동질한다. 목표도 우리를 충동질하기는 마찬가지다. 바다 건너편에 있는 땅에 발견하려는 자원이 무엇이 있는지, 그 자원을 찾으려고 애쓰는 이유를 일러주기 때문이다.

이것 말고도 충동자는 얼마든지 더 나열할 수 있다.

과학자들은 이 많은 충동자들을 효과적으로 분석하기 위해서 외재적 충동자와 내재적 충동자라는 두 개의 범주로 나누었다.[3] 외재적 충동자는 우리 몸 바깥에 존재하는 보상이다. 돈, 명예, 섹스 등이 그런 것들인데 확실히 강력한 힘을 발휘한다. 돈은 음식, 옷, 쉼터 등으로 바뀌므로 뇌는 이런 것들을 바라는 우리의 욕망을 생존에 필요한 기본적인 욕망으로 인지한다. 명예는 사소해 보일 수도 있지만, 유명한 사람은 흔히 음식, 물, 쉼터, 짝짓기 상대 등과 같은 자원에 더 쉽게 접근하므로 사람들은 명예를 추구하도록 유전자적으로 짜여 있다. 그리고 섹스는 인간이 진화라는 생존 게임에서 이길 수 있는 유일한 방법인데, 금요일 밤이면 술집이 북적이고 성매매가 이루어지는 이유도 여기에 있다.

내재적인 충동자는 그 반대다. 내재적인 충동자는 호기심, 열정, 의미, 목적 등으로 심리적이며 정서적인 것들이다. 강력한 예로 무언가에 능숙해졌을 때 느끼는 즐거움을 들 수 있다. 자신의 삶을 스스로 통제하겠다는 바람인 자율성도 마찬가지다.

20세기의 대부분의 기간 동안 연구자들은 외재적인 충동자들이 상대적으로 더 강력하다고 믿었다. 하지만 지난 수십 년 사이에 내재적인 충동자들을 더 깊이 이해함으로써 무게중심은 내재적인 충동자 쪽으로 이동했다. 우리는 동기부여에도 위계가 작동한다는 사실을 알고 있다. 외재적 충동자는 환상적일 정도로 엄청난 효과를 발휘하지만, 자신이 안전하다고 느낄 때만 그렇다. 즉 음식과 옷과 집을 마련하는 데 지출할 돈과 재밌는 놀이에 지출할 돈을 어느 정도 가지고 있을 때 한해서다. 어떤 연구 결과에 따르면 미화로 약 7만 5,000달러(약 8,600만 원)의 돈이 그 기준점이다.[4] 노벨상 수상자인 대니얼 카너먼 Daniel Kahneman이 확인했듯이, 미국인 사이에서의 행복도를 측정해보면 행복도는 소득에 정비례하는데 연소득 7만 5,000달러까지만 유효하다. 이 기준점을 넘어서면 사람마다 행복도가 매우 달라지기 시작한다. 즉 행복이 더 이상 소득에 영향을 받지 않게 된다. 기본적인 필요가 충족되면 돈에 대한 유혹에 시들해지기 때문이다.

외재적인 충동자가 시들해지기 시작하면 내재적인 충동자가 고개를 들고 일어선다. 기업이 직원에게 동기를 부여하는 방식에서도 이런 모습을 볼 수 있다. 직원들은 자신이 업무에 바치는 시간에 대한 대가를 상당한 수준으로 보상받았다고 느끼고 나면 (즉 연봉이 7만 5,000달러를 넘어서면) 연봉 인상이나 성과급이 직원들의 생산성이나 성과에 사실상 영향을 주지 않는다. 그때 직원들은 내재적인 보상을 원한다. 자신의 시간을 마음대로 쓰고 싶어 하며(자율성), 흥미가 있는 프로젝트를 맡고 싶어 하고(호기심-열정), 시시한 일보다 더 중요한 일을 하고 싶어 한다(의미와 목적).

여기에서도 역시 진화가 작동한다. 그런데 진화는 우리가 '더 많은 자원을 획득하는' 게임을 멈추려는 게 아니다. 우리의 전략이 발전하게 하는 것이다. 기본적인 필요가 충족되면 (누구나 충분히 상상할 수 있듯이) 이제는 자신, 가족, 부족, 그리고 인류 전체에 '더 의미 있는 자원들'을 확보하는 데 몰두할 수 있다. '의미와 목적'과 같은 숭고한 것이 충동자로 보일 수 있으므로, 이것은 사실상 진화가 다음과 같이 말하는 것이나 다름없다.

좋았어, 너는 이제 너 자신이나 가족에게 필요한 자원은 충분히 모았으니까, 앞으로는 부족이나 전체 인류가 더 많은 자원을 얻도록 도와야지.

이것은 또한 어떤 충동자들이든 뇌가 받아들이는 데는 그다지 큰 차이가 없는 이유이기도 하다. 뇌의 입장에서는 내재적 충동자든 외재적 충동자든 상관없다. 삶의 많은 것들이 이렇듯이 신경화학의 문제로 귀결된다.

신경화학물질들이 몰입을 만든다

동기부여는 일종의 메시지다. 뇌는 이렇게 말한다.

이봐, 소파에서 그만 내려와서 이걸 해야지. 이건 너의 생존에 어마어마하게 중요하단 말이야.

뇌가 이 메시지를 전달하려면 네 가지 기본적인 요소에 의존해야 한다. 메시지 그 자체인 신경화학neurochemistry과 신경전기neuroelectricity, 그리고 이 메시지가 송수신되는 장소인 신경해부neuroanatomy와 신경망neural network이다.

메시지 그 자체는 기본적이다.[5] 뇌의 전기 신호들은 단순해서 하나의 의미만 가지는데, 지금 하는 일을 더 많이 하라는 것이다.

어떤 뉴런(신경세포)에 충분히 많은 전기가 흘러들면 이 뉴런은 점화해서 그 전기를 다음 뉴런으로 전달한다. 만일 그다음 뉴런에도 충분히 많은 전기가 흘러들면 그 뉴런 역시 점화한다. 마치 수차에 달린 물동이처럼 말이다. 이 물동이에 충분히 많은 물이 차면 다음 물동이에 물을 쏟아붓는 기계적인 과정이 계속 이어진다.

비슷한 맥락에서, 화학적 신호도 단순하지만 한두 가지 의미가 있다. 지금 하고 있는 일을 더 많이 하라거나 덜 하라는 것이다. 그러나 신경화학물질은 화학적 신호만큼 지능적이지 않다. 우리가 신경화학물질에게 이것을 더 하라거나 저것을 덜 하라는 내용의 메시지를 전달하라고 말할 때, 신경화학물질은 그 자체가 메시지다. 뉴런과 뉴런 사이의 접합부인 동시에 신경화학물질이 역할을 수행하는 좁은 틈새인 시냅스 내부에는 수용체receptor가 있다. 각각의 수용체는 특정한 기하학적 모양을 하고 있는데 고르게 줄을 서거나 (둥근 신경화학물질 덩어리의 돌출 부분이 둥근 신경화학물질 덩어리의 오목한 부분에 꼭 맞게 끼워진다) 혹은 그렇지 않게 구성된다. 신경화학물질 도파민dopamine의 둥근 열쇠가 도파민 수용기의 오목한 구멍에 들어맞으면 메시지가 전달된다.

한편 신경해부와 신경망은 그 메시지들이 송수신되는 장소로, 이

장소에서 무슨 일인가가 일어난다.[6]

신경해부는 뇌섬엽insula이나 내측 전전두피질medial prefrontal cortex과 같은 특정 뇌 부위들을 말한다. 뇌에 있는 여러 구조는 각각 역할을 맡고 있는데 예를 들어 내측 전전두피질은 의사결정 및 장기 기억 저장을 담당한다.[7] 그러므로 '더 많이 하라'는 메시지가 내측 전전두피질에 도착하면, 더 많은 (혹은, 더 섬세하게 조정된) 의사결정 및 장기 기억 저장이 이루어진다.

한편 신경망은 직접 연결된 뇌 구조들과 동시에 활성화되는 경향이 있는 뇌 구조들을 말한다.[8] 예를 들어서 뇌섬엽과 내측 전전두피질은 연결되어 있으며 자주 동시에 활성화됨으로써, 이른바 디폴트모드default mode신경망에서 중요한 허브 역할을 맡고 있다.

뇌가 우리에게 동기를 부여하고자 할 때는 일곱 개의 특정한 신경망 가운데 하나를 통해서 신경화학물질을 내보낸다.[9] 이 신경망들은 까마득한 고대에 만들어진 것으로 포유류 동물에게 공통으로 나타나는데, 생성하도록 설계된 행동에 자극을 받는다. 공포fear 체계, 화-분노anger-rage 체계가 하나씩 있으며, '분리 장애separation distress'라고 일컬어지는 슬픔grief 체계가 있다. 또 욕망lust 체계는 출산을 부추기며, 양육care-nurture 체계는 어린아이를 보호하고 교육하도록 한다. 그러나 우리가 충동(즉 우리의 등을 떠밀어서 어떤 행동을 하게 만드는 심리적인 에너지)에 대해서 이야기할 때는 놀이-사교play-social 체계와 탐색-기대seeking-desire 체계라는 두 개의 최종적인 체계에 대해서 말을 한다.

놀이-사교 체계는 달리고, 뛰고, 쫓고, 레슬링하고 또 다른 아이들과 함께 어울리는 것 등을 포함해 어린 시절에 하던 재밌는 일 등이다. 과학자들은 한때 놀이의 핵심은 연습이라고 생각했는데 내일 당장 생존을 위한 싸움을 할 수도 있기 때문에 그 싸움에 대비해 오늘 연습하는 것이 놀이라고 주장했다. 그러나 이제 우리는 놀이의 주된 기능은 사회적 규범과 상호작용의 학습임을 잘 알고 있다. 예를 들어 어떤 아이가 어린 남동생과 놀 때 어머니가 "너보다 작은 아이를 자꾸 괴롭히면 안 돼!"라고 말하는데, 이 사례는 정확한 메시지를 전달한다. 놀이의 핵심은 교훈을 가르치고 배우는 데 있다는 것이다. 예를 들면 힘으로 해결하는 것이 옳지 않다는 교훈 말이다. 이렇게 자연스럽게 놀이를 통해서 도덕을 가르친다.[10]

그리고 그 가르침은 저절로 생긴다. 우리가 놀이를 할 때 뇌에서는 가장 중요한 '보상 화학물질' 두 가지인 도파민과 옥시토신 oxytocin 이 나온다. 이 두 화학물질은 우리가 기본적 생존 조건을 충족하는 과제를 성취했거나 혹은 성취하려 할 때 기분이 좋아지게 만드는 일종의 쾌락 약물이다.

도파민은 뇌의 기본적인 보상 화학물질이고 옥시토신이 그 뒤를 따른다.[11] 세로토닌 serotonin, 엔도르핀 endorphin, 노르에피네프린 norepinephrine 그리고 아난다미드 anandamide 도 각 역할이 있다. 이들 화학물질이 만드는 기분 좋은 느낌은 우리를 행동하도록 충동질하며, 만일 그 행동이 성공이라는 결과로 이어지면 기억 속에서 그 행동을 강화한다.

게다가 신경화학물질들은 각각 전문화되어 있다. 예를 들어 도파민은 성적 취향부터 지식욕에 이르는 온갖 다양한 욕구가 발현되도록 충동질한다. 우리는 도파민의 존재를 흥분과 열광, 또 어떤 상황에 특정한 의미를 부여하려는 욕구로 느낀다. 예를 들어 당신의 휴대폰 벨이 울리면 누군가가 전화했다는 사실을 깨닫고 그 사람이 누구인지 확인할 때 도파민이 작동한다. 블랙홀 이론을 온전하게 이해하고 싶다는 욕구, 에베레스트를 등반하고야 말겠다는 갈망, 자신의 한계를 시험하고 싶다는 바람 등에서도 모두 도파민이 작동한다.

노르에피네프린은 도파민과 비슷하면서도 다르게 작동한다. 노르에피네프린은 뇌 버전의 아드레날린으로 노르아드레날린으로도 불린다. 이 신경화학물질은 에너지와 경계심이 갑작스럽게 늘어나도록 하는데, 활동항진 상태hyperactivity●와 경계과잉 상태hypervigilance●●를 유발한다. 어떤 생각에 집착하거나 프로젝트에서 손을 뗄 수 없거나 방금 헤어진 사람과 관련된 생각을 도무지 떨쳐버릴 수 없다면, 모두 노르에피네프린 때문이다.

옥시토신은 신뢰와 사랑과 우정을 만든다.[12] 사랑을 바탕으로 오랜 세월 동안 이어지는 부부 사이의 행복부터 호흡이 잘 맞는 동료 사이의 협력에 이르기까지 모든 것을 지탱하는 '친사회적' 신경화학물질인데, 우리가 기쁨과 사랑을 느끼게 만든다. 옥시토신은 신뢰를 부르며 충성심과 공감을 지탱하고 협력과 의사소통의 수준을 드높인다.

세로토닌은 기분을 부드럽게 올려주는 차분하고 평화로운 화학물질이다.[13] 맛있는 식사 뒤에 드는 기분 좋은 포만감이나 섹스 때의 오르가슴과 관련이 있으며, 특히 식사나 섹스 뒤에 몰려오는 기분 좋은

● 활동 에너지가 비정상적으로 높아진 상태.
●● 위험을 감지하는 감각이 극도로 발달된 상태.

잠과 관련이 있다. 세로토닌은 또한 직무를 훌륭하게 해냈을 때 드는 만족감에도 일정한 역할을 하는 것 같다.

그리고 마지막 두 가지 기쁨의 화학물질인 엔도르핀과 아난다미드는 고통을 잊게 해준다. 과중한 업무 스트레스를 덜어줌으로써 일상의 무거운 짐을 느긋하고 행복한 도취감으로 바꾼다. 러너스하이 runner's high ● 상태나 새롭게 인정받고 각광받을 때 나타나는 자신만만함은 바로 이 화학물질들 덕분이다.

그러나 보상의 신경화학은 단순히 신경화학물질들이 개별적으로 작용하는 것만 다루지 않는다. 다른 화학물질과 함께 작동해서 동기를 부여하는 경우가 많기 때문이다. 놀이에서 느끼는 기쁨은 도파민과 옥시토신이 결합해서 나타난다. 화가가 자신의 작품에 가지는 열정부터 사랑의 열정에 이르기까지 모든 열정은 노르에피네프린과 도파민의 결합이 지탱한다.[14]

그리고 몰입은 그 모든 것들을 다 합쳐놓은 상태, 가장 강력한 신경화학물질의 칵테일이다. 이 상태는 기쁨을 주는 뇌의 여섯 가지 주요한 화학물질을 모두 섞었을 때 나타나는데, 이런 경우는 매우 드물다. 그렇기에 사람들이 몰입을 '가장 좋아하는 경험'이라는 표현으로 강력한 혼합 상태를 설명하며, 심리학자들은 몰입을 '내재적 동기부여의 소스코드 source code ●●'라고 부른다.

탐색-기대 체계는 충동에서 중요한 역할을 하는 두 번째 체계다.

● 달리기와 같은 중간 강도의 운동을 상당 시간 계속할 때 드는 도취감.
●● 컴퓨터 프로그램이 작동하는 경로를 기록한 코드 혹은 그 설계도.

'보상 체계'라고도 불리는데 동물이 생존에 필요한 여러 자원을 획득하는 데 도움을 주는 다목적 신경망이다. 위에서 언급한 일곱 개의 체계를 발견하고 정리한 신경과학자 자크 판크세프^{Jaak Panksepp}는 탐색-기대 체계에 대해서 다음과 같이 썼다.

"탐색 체계는 강렬하고도 열정적인 탐색과 (……) 기대감이 담긴 흥분 그리고 학습을 순수한 형태로 촉진한다. (……) 탐색 체계가 최고로 고조될 때 이것은 사람의 마음을 흥미로움으로 가득 채우며, 자신에게 필요한 것을 '힘든 줄도 모른 채' 찾아 나서게 만든다."[15]

이 인용문에서 내가 '힘든 줄도 모른 채'라는 부분을 강조한 데는 이유가 있다. 만일 우리가 이 체계를 올바르게 조정할 수만 있다면 바라던 결과는 굳이 애쓰지 않아도 저절로 나타난다. 열정을 놓고 생각해보자. 열정적으로 어떤 일을 할 때 그 일을 힘들게 노력해서 할 필요가 없다. 도파민과 노르에피네프린 덕분에 저절로 그렇게 되니까 말이다.

나는 날마다 오전 4시에 일어나서 집필을 시작한다. 이런 행동에는 끈기가 요구될까? 가끔은 그럴 수도 있다. 그러나 대부분 경우에 끈기는 저절로 움직인다. 왜냐하면 나는 호기심과 열정과 목적을 품고 있기 때문이다. 잠자리를 털고 일어날 때 그런 의식 상태가 나를 또 어디로 데리고 갈지 무척 기대되고 흥분된다. 잠을 이루지 못하는 밤이면 글을 씀으로써 불면에 복수를 한다. 글을 쓰는 작업은 내가 달려야 할 때 달리는 행위다. 문장을 하나씩 이어가는 과정은 내가 구원받는 과정이다. 불가능한 일에 매달려 있는 사람 누구를 붙잡고 물어봐도 비슷한 말을 할 것이다.

지금은 고인이 된 위대한 스키인이자 스카이다이버인 셰인 맥콘키^{Shane McConkey}를 보자.[16] 맥콘키는 역사상 인간이 할 수 있는 능력의 한계를 그 누구보다도 멀리 확장했다. 단지 불가능한 일을 했을 뿐만 아니라 그 일을 여러 차례 반복해서 했다. 어렵고 힘든 일을 어떻게 해낼 수 있었느냐는 질문을 받을 때마다 그는 한결같이 내재적 충동의 중요성을 강조하곤 했다.

"나는 내가 정말 좋아하는 일을 할 뿐입니다. 당신도 정말 좋아하는 일을 하루 종일 한다면 행복하지 않겠습니까? 당신도 직장에 출근하면서 다른 일을 하면 좋겠다는 생각을 날마다 하지는 않을 것 아닙니까? 나는 그저 날마다 아침에 일어나서 일하러 나가고, 이것이 정말 신납니다. 엿 같지 않다는 말입니다."

셰인 맥콘키가 불가능한 일을 할 수 있도록 도운 신경화학물질의 충동을 우리도 똑같이 동원할 수 있다. 그 충동은 우리의 기본적인 생물학이 작동하면서 발생하는 것이며, 또한 인간이 발휘할 수 있는 최대 추진력을 만들 목적으로 가장 훌륭하게 혼합된 가장 중요한 정서적인 연료다.

모든 걸 가능하게 만드는 다섯 충동자들

다음에 이어질 두 장에 걸쳐서 우리는 가장 강력한 내재적 충동 다섯 가지인 호기심, 열정, 목적(이상은 2장에서), 자율성, 숙달(이상은 3장에서)을 쌓는^{stack} 방법을 배울 것이다. 여기에서 '쌓는다'는 말을 구체적으로 풀면, 만들고 정렬하며 양을 늘리고 또 배치한다는 뜻이다. 우리가 다섯 가지 충동을 쌓는 데 초점을 맞추는 이유는 두 가지다. 우선 이 충동들은 가장 강력한 충동들이며, 동시에 서로 공조하도록 신경생물학적으로 설계되어 있기 때문이다.

호기심은 어떤 부문에서건 우리가 처음 시작하는 출발점이 된다. 충동의 생물학이 바로 거기에서 시작하도록 설계되어 있기 때문이다.[17] 무언가에 대한 기본적인 관심인 호기심은 약간의 노르에피네프린과 도파민에 의해서 신경화학적으로 지탱된다. 그리고 호기심은 자체로도 강력한 충동자지만, 더 큰 충동자인 열정의 토대가 되는 요소이기도 하다. 그러므로 우리는, 더 많은 신경화학물질 연료인 노르에피네프린과 도파민을 첨가함으로써 호기심이라는 깜박거림을 열정의 불길로 바꾸어놓는 방법을 그 뒤에 이어서 배울 것이다.

그다음에는 의미와 목적이 뒤따르는데, 의미와 목적을 추구하려면 자신보다 훨씬 더 큰 대의와 개인적인 열정을 연결해야 한다. 이렇게 연결되면, 옥시토신이 추가된다. 또한 집중, 생산성, 회복력 등과 같은 성과와 관련된 핵심적인 특성들이 더 강력해지고 내재적인 불길은 더 뜨겁게 타오른다.[18]

마지막으로 당신이 어떤 목적을 가지고 있다면 나머지 두 개의 내재적인 충동(즉 자율성과 숙달)도 덧붙일 필요가 있다. 구체적으로 말하면, 당신이 어떤 목적을 가지고 있을 때 목적과 관련된 체계(시스템)는 자율성 즉 자신의 의지대로 그 목적을 추구할 자유를 요구한다. 그다음에 그 체계는, 그 목적을 추구하는 데 필요한 여러 기술을 점진적으로 개선하는 숙달을 요구한다. 알다시피 그 숙달은 잘 정렬된 '쌓임'이다.

올바르게 구축된 삶이라면 삶은 흥미진진하고 온갖 가능성과 의미로 가득 차 있을 것이다. 에너지 측면에서의 이런 시너지 덕분에 불가능한 일은 애초에 생각했던 것보다 쉽게 풀린다. 내재적인 충동들이 적절하게 쌓여 있을 때 우리 심신의 생물학은 우리에게 유리한 방향으로 작동하기 때문이다. 즉 불가능한 일에 매달리는 행동 자체가 우리에게 실제로 도움이 된다.

2장

열정이 좌절로 끝나지 않으려면

이 장에서는 내재적인 충동들을 쌓기 시작하고 호기심을 키워 열정으로 만들며 결과를 목적으로 바꾸는 방법을 살펴볼 것이다. 이 방법을 실천하는 것은 하룻밤 사이에 될 수 없고 몇몇 단계들은 완수하기까지 몇 주가 걸릴 수 있다. 심지어 어떤 단계들은 여러 달 동안 이어질지도 모른다. 하지만 시간이 들더라도 차근차근 제대로 해야 한다. 예를 들어 2년에 걸쳐 어떤 열정을 좇았는데 알고 보니 한때의 철없는 생각에 휘둘린 것이라면 허망하기 그지없을 것이다. 처음부터 다시 시작해야 한다는 사실에 커다란 좌절감을 느낄 수도 있다. 그래서 지금 시간을 들여서라도 내재적 충동들을 제대로 조정하는 법을 익히길 바란다. 최고 수행 상태를 좇는 길에서는 때로는 빨리 가기 위해 천천히 가야 할 때가 있다. 지금이 바로 그 순간이다.

목록부터 만들어라

내재적인 충동들을 쌓기 시작하는 가장 쉬운 방법은 목록을 작성하는 것이다. 가능하다면 컴퓨터가 아니라 노트에 목록을 작성해라. 손의 움직임과 기억력 사이에는 강력한 연관성이 있기 때문에 노트북 키보드를 두드리는 것보다 펜으로 노트에 쓰는 것이 좋다.[1]

우선 자신이 호기심을 갖고 있는 대상 스물다섯 개를 종이에 적어라. 여기에서 '호기심을 가진다'고 할 때 내 기준은, 해당 주제를 파고들기 위해서 주말의 시간을 쪼개서 책 두 권을 읽거나 이런저런 강연을 듣거나 혹은 해당 분야의 전문가를 한두 차례 만나서 대화를 나눌 정도다.

이 목록은 최대한 구체적이어야 한다. 그저 미식축구나 펑크락이나 음식에 관심이 있다고 써서는 안 된다. 이런 범주들은 너무 넓고 모호해서 쓸모없다. 예를 들어 레프트태클$^{left \ tackle}$● 에게 필요한 패스-블로킹 메커니즘이나, 크래스^{Crass} 부터 라이즈 어게인스트$^{Rise \ Against}$에 이르기까지 정치적인 성향의 록밴드가 진화한 역사나, 혹은 앞으로 10년 안에 메뚜기가 인간의 주요 식량원이 될 가능성이 궁금하다고 구체적으로 적어야 한다. 목록이 이렇게 구체적일 때 우리 뇌의 패턴 인식 체계는 여러 가지 생각들 사이의 연관성을 만들기 위한 원재료에 접근한다. 정보는 구체적이고 세부적일수록 더 좋다.

● 미식축구의 포지션 명칭.

이렇게 목록을 완성하고 나면, 스물다섯 개의 생각들이 교차하는 지점들이 있는지 찾아보라. 앞에서 든 예로 설명해보자. 식량원으로서의 메뚜기와 레프트태클의 활동 메커니즘이 목록에 들어 있다고 치자. 그런데 만일 패스-블로킹 메커니즘이라는 주제에 빠져 있다면, 레프트태클이 경기를 하는 데 필요한 영양요구량에도 관심을 가질 수 있다. 곤충은 특히 단백질 비율이 높은데, 그렇다면 곤충이 미식축구 선수들의 훌륭한 영양공급식이 될 수도 있지 않을까?

호기심만으로는 진정한 열정을 일깨우기에 충분하지 않다. 호기심만으로는 동기부여가 될 정도로 충분히 많은 신경화학물질이 나오지 않는다. 그래서 이 경우 호기심을 갖는 항목 중 서너 개의 항목이 교차하는 지점을 찾고 싶을 것이다. 만일 여러 항목이 교차하는 지점을 찾아낸다면, 조금 더 몰입할 수 있다. 거기에 실질적인 에너지가 있기 때문이다.

여러 개의 호기심이 어떤 지점에서 교차할 때는 몰입량이 늘어날 뿐만 아니라, 특정한 패턴을 인식하거나 새로운 발상들을 하나로 묶는 데 필요한 조건들을 만들 수도 있다.[2] 패턴 인식은 뇌의 기본 작업이다. 대부분의 뉴런이 하는 기본적인 업무다. 그래서 패턴을 인식할 때마다 뇌는 도파민을 분비해서 보상을 준다.

도파민도 다른 모든 신경화학물질과 마찬가지로 뇌에서 제각기 다른 많은 역할을 수행한다. 조금 앞에서 이런 역할 두 개를 언급했지만, 도파민이 수행하는 또 다른 역할 네 가지에 초점을 맞추어서 그 애기를 계속해보자.

첫째, 도파민은 강력한 집중제다. 도파민이 생성될 때 주의력은 마치 레이저처럼 우리가 현재 하고 있는 과제를 정확하게 조준해서 덕분에 몰입 상태로 빠지기가 더 쉬워진다.

둘째, 도파민은 뇌의 신호 대비 소음 비율$^{signal-to-noise ratio}$●을 조정한다. 즉 신호를 높여주고 소음을 줄여주어서, 더 많은 패턴을 한결 더 정확하게 포착할 수 있게 해준다. 여기에는 '피드백 고리'가 존재한다. 도파민이 나올 때 우리는 두 가지 생각 사이에 존재하는 어떤 연결점(패턴)을 발견하는데, 도파민은 우리가 더 많은 연결점을 포착하도록 돕는다. 낱말 퍼즐이나 스도쿠 퍼즐을 할 때 정답을 찾아낸 순간 짜릿한 쾌감이 느껴지는데, 이것이 바로 도파민의 효과다. 퍼즐에서 우리가 마지막 빈칸이 다 채워질 때까지 계속 매달리는 이유가 무엇일까? 도파민 때문이다. 도파민은 신호 대비 소음 비율을 높이면서 더 많은 패턴을 찾아내도록 돕기 때문이다. 창의적인 발상들이 꼬리에 꼬리를 물고 이어지는 이유도 바로 여기에 있다.

셋째, 도파민은 앞에서 언급했던 보상 관련 화학물질들 가운데 하나로서, 뇌가 우리가 어떤 행동을 하도록 충동질하기 위해 기분이 좋아지는 약이다.[3] 도파민이 유도하는 기분은 정말 좋다. 코카인이라는 마약이 지구상에서 가장 강력한 중독성을 가졌다고들 말하지만, 코카인의 기능은 그저 뇌를 자극해서 도파민을 대량으로 나오도록 유도하

● 유의미한 정보를 '신호'라고 말하고, 유의미한 정보를 가리는 무의미한 정보를 '소음'이라고 말한다.

고 이것의 재흡수^{reuptake}•를 차단하는 것뿐이다.[4] 도파민이 생성하는 즐거움은 열정으로 나아가는 열쇠다. 도파민이 많이 나올수록 그 경험은 그만큼 더 재미있고 중독되는 결과를 만드는데, 어떤 경험이 재미있고 중독적일수록 다시 그 경험을 하고 싶게 만들기 때문이다.

마지막으로 넷째, 다른 모든 신경화학물질과 마찬가지로 기억력을 강화시킨다.[5] 이 과정 역시 자동적으로 이뤄진다. 뇌에서 학습이 이뤄지는 과정을 간단하게 설명하면 다음과 같다. 어떤 경험이 진행되는 동안 신경화학물질이 많이 나타날수록 이 경험은 단기 저장 창고가 아닌 장기 저장 창고에 보관될 가능성이 높아진다. 기억력 강화는 신경화학물질들의 주요한 역할 중 하나다. 즉 해당 경험에 '중요함, 나중에 사용하기 위해서 반드시 저장할 것'이라는 꼬리표를 붙인다.

동기부여를 쌓음으로써, 즉 호기심 위에 다시 호기심을, 그 뒤에 다시 또 호기심을 쌓아감으로써 노력이 아니라 충동을 높인다. 몸 안 생물학이 우리를 위해서 힘든 일을 할 때 바로 이런 일이 일어난다. 우리는 일을 더 열심히 하면서도 몸 안에서 이런 일이 일어나는지 알지 못한다. 또 도파민이 인지와 관련된 추가 편익들을 많이 제공하는 덕분에 (집중력을 높여주고, 학습을 더 정확하게 하도록 하고, 패턴 인식을 더 빨리 하는 덕분에) 일을 더 똑똑하게 잘 처리한다. 이것은 불가능한 일에 매달리는 것이 생각보다 더 쉬울 수밖에 없는 추가 이유 두 가지다.

• 과다하게 분비된 어떤 물질을 다시 흡수함으로써 정상적인 균형 상태로 되돌리는 과정.

교차점에서 놀이를 해라

호기심들이 겹치는 지점들을 파악했다면, 이제는 그 교차점에서 '놀이'를 해라. 하루에 20분이나 30분이라는 시간을 들여 교차점과 관련된 팟캐스트를 듣거나 동영상을 보거나 혹은 뉴스 기사, 책, 그 밖의 어떤 것이든 읽어라. 만일 보건 산업에서의 공급망 관리에 관심이 있는 동시에 인공지능에 호기심을 가지고 있다면, 보건 산업 분야의 공급망 관리를 인공지능이 할 때 장점과 단점을 탐구하면 된다.

혹은 앞서 들었던 사례로 돌아가서, 만일 단백질원으로서의 곤충과 레프트태클의 경기 운영 메커니즘이 출발점이라면, 이제는 그 둘이 교차하는 지점에서 '놀이'를 할 시점이다. 즉 선수들이 신체적인 접촉을 하는 스포츠 종목에서 높은 기량을 발휘하는 데 필요한 영양소로는 어떤 것들이 있을까?'나 '곤충이 그런 요건들을 충족할까?'와 같은 의문에 파고들어야 한다.

목표는 그런 호기심들을 동시에 충족하는 것들을 조금씩 제공하되 날마다 지속적으로 하는 것이다. 이와 같은 느린 성장 전략은 뇌속 학습 소프트웨어를 활용하는 전략이다.[6] 한 번에 지식을 조금씩 쌓아나갈 때, 이 과정은 적응 무의식 adaptive unconscious ●에 정보를 처리할 기회를 제공한다. 창의성을 다루는 연구 분야에서는 이 과정을 '부화

● 의식하지 못하는 사이에 단편적인 정보만으로 빠르게 판단을 내리는 처리 과정. 마음이라는 드넓은 영역에서 의식이 차지하는 부분은 일부에 지나지 않으며 나머지 대부분은 의식되지 않은 채로 생각과 행동을 지배하는 무의식의 영역으로 이루어져 있다는 티모시 윌슨Timothy D. Wilson의 이론에 따른 개념이다.

incubation'라고 부른다.[7] 부화에서 실제로 일어나는 일은 패턴 인식이다. 뇌는 이미 알고 있던 오래된 정보들과 현재 학습하는 새로운 정보들 사이의 연결점들을 자동으로 찾는다. 오랜 시간이 흐르면서 이것은 더 많은 패턴들, 더 많은 도파민, 더 많은 동기부여, 그리고 궁극적으로 전문성의 축적을 뜻한다.[8]

그리고 이 전문성은 일과 노력을 적게 들이며 얻는 전문성이다. 호기심을 느낀 정보를 만지작거리면서 놀이를 할 때 우리는 자신의 뇌에게 새로운 발견을 하라고 강제하지 않는다. 강제하는 순간 즐거움이 들어설 여지는 사라진다. 스트레스가 너무 많으면 학습 능력이 줄어든다.[9] 그러나 부화 과정을 거치면서 자연스럽게 형성되는 연결점들을 우리의 뇌가 저절로 보게 하고 또 우리의 생물학이 우리 대신 열심히 일하게 한다. 즉 패턴 인식 체계가 (더 많은 호기심을 가지도록 만들어주는 호기심 대상들 사이에 존재하는) 연결점들을 알아서 찾아내도록 가만히 내버려두기만 하면 된다. 바로 이것이 열정을 키우는 방법이다.

그러나 그 연결점들을 찾아낼 가능성을 높이고 싶다면, 해당 주제의 역사 그리고 그 주제를 묘사하는 데 사용되는 전문용어의 역사라는 두 가지 구체적인 사항에 관심을 기울여야 한다.

역사는 하나의 서사다. 모든 주제는 호기심의 항해다. 누군가는 의문을 제기했고, 누군가는 그 의문에 답을 제시했지만 이 답은 또 다른 의문으로 이어졌다. 그리고 다시 또 다른 의문으로 이어졌고…… 다행히 우리 뇌는 서사를 사랑하며, 이 서사는 시간에 따른 패턴 인식이다.[10] 만일 새로운 주제에 호기심을 갖고 이 주제를 주무르며 놀이를 할 때 역사적인 세부사항들에 관심을 기울이면, 인과관계를 만들어야 하는 생물학적 필요성 때문에 당신의 뇌는 세부사항들을 일관성이 있는 스토리로 바꿀 것이다.[11] 이 과정은 자동으로 진행된다. 이 과정에서 역사적 패턴들을 인식할 때 약간의 도파민 분비를 경험할 것이고, 이 경험 덕분에 호기심과 동기부여는 더욱 커질 것이다.

뇌가 서사를 짜면 그 서사는 거대한 크리스마스트리가 되고 당신이 습득하는 세부사항은 크리스마스트리의 장식물이 된다. 그러나 커다란 나무가 있다면 (즉 많은 것과 관련 있는 중요한 구조를 확보한다면) 장식물을 다는 일은 쉽다. 군이 세부 사항들을 기억하려고 힘들게 노력하지 않아도 된다. 이 역사적인 서사는 실질적인 기억의 궁전^{memory palace}●이 되고, 당신은 새로운 정보를 얻은 다음에 이것을 정확한 위치에 정확하게 끼워 넣을 수 있게 된다. 만일 우리가 이 서사를 구축한다면 학습률은 높아질 것이고 숙달에 필요한 시간은 줄어들 것이다.

어떤 주제를 둘러싼 전문용어는 관심을 기울여야 할 두 번째 대상이다. 왜 그럴까? 사람을 짜증스럽게 만드는 전문용어는 짜증나는 만큼 정확하다. 흔히 어떤 주제를 설명하는 내용 대부분이 해당 주제의 전문용어들이다. '인간' 대 '호모 사피엔스^{Homo sapiens}'가 확실한 사례다. 두 용어 모두 같은 방향을 가리키지만, '호모 사피엔스'의 라틴어 버전은 '인간'을 포함할 뿐만 아니라 인간의 진화 역사(즉 속^屬●● 및 종), 그리고 다시 더 나아가 약간의 색깔 있는 논평(확실히 누군가는 우리 인간이 '현명한 유인원'이라고 생각했다)까지 포함한다. 그러므로 주제와 관

● 머릿속으로 공간을 설정하고, 장소와 외울 것을 연계지어 암기하는 기법.
●● 생물 분류학상 종의 하위개념이다.

련된 전문용어를 이해하면 어떤 발상들과 그 발상들을 이어주는 연결 조직을 볼 수 있다. 예를 들어 '호모 사피엔스'는 인간에 대한 명칭일 뿐만 아니라 인간이 유인원의 후손이지만 유인원보다 더 똑똑한 (혹은 적어도 인간이 유인원보다는 똑똑하다고 생각하는) 존재임을 말해준다.

우리의 탐색에서 가장 중요한 점은 이 과정이 어디로 이어질 것인 가다. 어떤 주제의 역사 및 그 분야의 전문용어를 안다면 이런 발상들을 놓고 다른 사람들과 대화하기 한결 쉬워진다. 그리고 이런 대화는 다음 단계로 넘어가는 데 결정적으로 중요하다.

공개적으로 성공하라

진정한 열정을 키우는 일은 하룻밤 사이에 끝나는 과정이 아니다. 또 여러 호기심이 교차하는 지점들 주변에서 어슬렁거리며 놀이하는 것만으로도 충분하지 않다. 그 교차점들에 감정적인 에너지가 있음은 확실하다. 이 에너지를 떠받치는 신경화학물질이 호기심을 열정으로 바꾸어놓는다. 그러나 그 불길을 피우고 또 올바른 궤도에 올라서려면 '공개적인 성공들'을 이뤄냄으로써 열정을 크게 키워야 한다.

공개적인 성공이란 다른 사람들에게 긍정적인 피드백을 받는 것이다. 어떤 종류의 사회적 강화social reinforcement●든 이는 기분을 좋게 하는 신경화학물질을 늘리고 이 신경화학물질은 동기부여를 강화한다.[12]

● 사회적으로 인정된 자극을 제공함으로써 어떤 행동의 빈도나 강도를 증가시키는 것.

다른 사람들로부터 받는 긍정적인 관심은 열정 하나만 있을 때보다 더 많은 도파민이 나오도록 뇌를 유도한다. 긍정적인 관심은 또한 옥시토신도 생성하도록 한다. 도파민과 옥시토신의 결합은 '사회적 상호작용'에 보상을 주어서 생존하는 데 결정적으로 중요한 감정인 신뢰와 사랑을 불러일으킨다.[13] 그리고 이 보상의 특성인 기분 좋음은 피드백을 주어 우리의 호기심을 더 크게 키우는데, 이 과정은 진정한 열정의 토대를 형성하는 신경생물학적 피드백 고리 역할을 한다. 즉 진정한 열정을 끊임없이 자극한다.

전체 과정에서 이 지점은 친구를 사귀는 시점이다. 그러나 달리기 전에 걷기부터 해야 한다. 사람들 앞에서 자신의 관심사나 호기심을 공개하기 위해 굳이 테드 연설을 할 필요는 없다. 낯선 사람들과 간단한 대화를 나누는 일도 호기심의 항해가 이어지는 데 큰 도움을 준다. 동네 술집에서 옆자리 사람과 이런저런 얘기를 하면서 자신에게 알려주던 내용을 그 사람에게 들려줘라.

그런 다음에는 이런 일을 반복해서 해라. 자신이 가진 생각을 낯선 사람과 친구를 가리지 말고 들려줘라. 혹은 해당 주제를 놓고 이야기하는 자리가 있다면 기꺼이 참석해라. 인터넷 커뮤니티도 좋고 독서 클럽도 좋다. 만일 모임이 없다면, 직접 모임을 만들어라.

마지막으로 이런 단계들을 순서대로 밟아나가는 것이 중요하다. 아마도 당신은 호기심들이 교차하는 지점에서 얼쩡거리며 놀이하는 시간을 최소로 줄이고 되도록 빨리 교차점을 사람들에게 공개하고 싶을 것이다. 그 교차점을 파고들기 시작하면 온갖 흥미로움과 흥분이 차곡차곡 쌓이는데, 적어도 얼마 동안은 혼자 간직하는 시간이 필요하다. 자신만의 생각이나 발상을 갖고 대화에 끼어들고 싶은 마음이 드는 것은 당연한 일이다. 그러나 절대적인 초심자에게는 열정을 키울 만한 게 아무것도 없다. 아는 게 조금밖에 없을 때는 찝찝한 기분마저 들기 마련이다. 그러나 초심자를 벗어나 대화에 참여해 의미 있는 말, 예를 들어 충분한 자신만의 생각, 그리고 그 생각과 관련 있는 몇 가지 성공을 사람들 앞에서 보여주면 당신은 탈출속도 escape velocity ●에 가까워진다. 즉 양적 변화가 질적 변화로 바뀌는 임계점에 다다른다.

열정이 목적이 될 때 일어나는 일들

열정은 강력한 충동자지만 조심해야 한다. 많은 강점이 있지만 자칫하면 이기적인 경험이 될 수도 있다. 당신이 무언가에 열중해서 몰두할 때 다른 사람이 끼어들 여지는 많지 않다. 그렇지만 당신이 불가능한 일에 도전한다면 언젠가는 다른 사람들에게 도움을 받아야 하는 때가 온다. 전체 과정 가운데 이 지점에서는 열정이라는 불길을 목적이라는 로켓 연료로 바꿔야 한다.

　이 연료를 최초로 발견한 사람은 로체스터대학교의 심리학자들인 에드워드 데시 Edward Deci 와 리처드 라이언 Richard Ryan 이다.[14]

　3장에서 이 두 사람 및 이들의 연구 내용을 자세하게 살펴볼 테지만, 여기에서는 우선 이 두 사람이 1980년대 중반에 '자기결정이론 self-

---

● 물체가 천체의 중력을 벗어나는 가장 작은 속도.

determination theory'● 및 '관계성 relatedness'이라는 개념을 내놓았다는 사실을 확인하자. 자기결정이론은 그때 이후 지금까지 동기부여 과학에서 지배적인 이론이 되었으며, 관계성은 이 이론의 핵심적인 요소로 자리잡고 있다.

두 사람이 맨 처음에 했던 발상은 매우 단순했다. 인간은 사회적인 동물이라서 다른 사람과 연결되고 싶고 보살핌을 받거나 주고 싶은 욕구를 선천적으로 가지고 있다는 것이었다. 기본적인 생물학 차원에서, 생존과 번영을 유지하기 위해서라도 우리는 다른 사람들과 관계를 맺을 필요가 있다. 그 결과 이 욕구를 충족하도록 신경화학적으로 동기를 부여받고 있다.

보다 최근에는 연구자들이 보살핌과 연결성의 욕구인 '관계성'을 '목적'(즉 다른 사람들에게 중요한 영향을 미치기 위해 어떤 일을 하겠다는 욕구)이라는 개념으로까지 확장했다. 목적은 열정에서 발견되는 모든 동기부여 에너지에 추가로 자극을 준다.

신경생물학적인 차원에서 보자면 목적은 뇌를 바꾼다.[15] 목적은 편도체의 반응성을 떨어뜨리고, 중앙 측두엽의 부피를 줄이며, 우측 뇌섬엽의 부피를 늘린다. 편도체의 반응성이 낮아질 때 스트레스는 줄지만 회복력은 커진다. 중앙 측두엽은 인지의 많은 부분에 관여하는데, 목적을 가질 때 뇌가 새로 받아들이는 정보를 거르는 방식이 달라짐을 뜻한다. 한편, 더 커진 우측 뇌섬엽은 우울증을 막아주며 마음을 편안하게 해주는 많은 심리적 기제들과 관련이 있다.

● 개인의 행동은 개인 스스로 동기부여되고 또 스스로 결정한다는 점에 초점을 둔 이론.

이 모든 변화는 우리의 장기적인 건강에 깊은 영향을 주는 것 같다. 사람이 '인생의 목적'을 가질 때 뇌졸중과 치매 그리고 심혈관계 질환의 발병률이 낮아진다는 사실이 이미 확인되었으니까 말이다.[16] 또 하나, 성과라는 측면에서 볼 때도 목적은 동기부여, 생산성, 회복력 그리고 집중성을 한층 높여준다.[17] 그리고 목적은 특별한 유형의 집중성이다. 목적은 우리의 주의력을 자기 자신(내적인 집중성)에게서 다른 사람 및 지금 하고 있는 과제(외적인 집중성)로 이동시킨다. 이렇게 함으로써 불안과 우울의 근본적인 원인 중 하나인 집착적인 자기 반추self-rumination●에 빠지지 않도록 막아준다.[18] 우리가 목적을 가질 때 이 목적은 보이지 않는 힘으로 우리를 제어해 우리가 자신의 내부가 아닌 외부를 바라보게 한다. 전문적으로 표현하면, 목적은 반추를 (다시 말해서, 아무것도 하지 않은 채 가만히 있는 '멍때리기'를) 담당하는 뇌의 신경망인 디폴트모드 신경망의 활동성을 낮추는 한편 외적인 집중성을 제어하는 신경망인 실행주의력 신경망executive attention network의 활동성을 높인다.

마지막으로, 목적에는 지금까지 말한 것들보다 훨씬 더 중요한 강점이 뒤따른다. 바로 외부의 지원이다. 목적은 마치 구호처럼 다른 사람의 의욕도 불러일으켜 목적을 가진 사람이 주장하는 대의에 몰려들도록 한다.[19] 목적은 충동에 명백하게 강한 영향을 끼친다. 사회적 지원은 더 많은 신경화학물질을 유도하며, 이 신경화학물질들은 내재적 동기부여를 더 강력하게 만든다. 그리고 결정적으로 중요한 점은 다른 사람들이 나서서 실질적인 도움을 준다는 사실이다. 그 도움은 재정

● 자신의 잘못을 반복적으로 생각하는 것.

적, 신체적, 지적, 창의적 그리고 정서적 측면을 모두 아우른다. 간단하게 말하면, 불가능에 도전하는 길을 갈 때 다른 사람의 도움이 반드시 필요한데 목적을 가짐으로써 이 도움을 받을 수 있다는 뜻이다.

크고 대담한 목적일수록 구체적으로

이제는 현실적인 관심사를 살펴보자. 목적을 설정할 때는 꿈을 크게 꿔야 한다. 이 목적은 인생에서 대단히 중요한 실천과제가 될 것이다. 바로 당신의 '큰 불가능'이다.

나와 피터 디아만디스Peter Diamandis는 함께 쓴 책 《볼드》에서 '거대한 변화를 불러오는 목적massively transformative purpose, MTP'이라는 개념을 제시했다.[20] 여기에서 거대한massively은 크고 대담하다는 뜻이고, 변혁적인transformative은 어떤 산업이나 공동체 혹은 지구 전체에 의미 있는 변화를 가져다줄 수 있다는 뜻이다. 그렇다면 목적은 무슨 뜻일까? 명백한 이유는 이미 밝혀졌다. 어떤 목적이든 간에 '거대한 변화를 불러오는 목적'이야말로 당신이 좇는 바로 그 꿈이다.

당신의 거대한 목적을 좇기 위해서 종이를 다시 한 장 더 꺼내고 펜을 들어라. 그리고 해결을 간절하게 바라는 거대한 문제 열다섯 개를 적어라. 밤에 잠을 이루지 못하게 만들었던 그 문제들 말이다. 굶주림이나 가난 혹은 개인적인 애착을 가지는 문제를 적어라, 예를 들면 생물다양성과 같은 문제 말이다. 이번에도 최대한 구체적이어야 한다. '생물다양성 보호하기'라는 식으로 두루뭉술하게 쓰지 말고, 한 걸음 더 깊이 들어가서 '생물다양성을 보호하기 위해서 큰 규모의 연결 조직 만들기'와 같이 구체적으로 써라. 그다음에는 당신의 핵심적인 열정이 세계적인 수준으로 거대한 과제들 가운데 하나 혹은 그 이상과 교차하는 지점들이 어디인지 찾아라. 개인적인 집착이 집단 전체의 문제를 푸는 해결책이 될 수도 있는 영역이다. 만일 당신이 표적을 제대로 겨냥할 수만 있다면, 새롭게 발견한 열정을 사용해서 세상에 실질적인 도움을 줄 방법을 이미 찾은 셈이다. 그것은 거대한 변화를 불러오는 적절한 목적이다.

어떤 것이든 간에 거대한 목적은 기업을 위해서도 결정적으로 중요한 충동자인 동시에 거대한 토대다. 그런데 구체성에만 머물면 안 된다. 진정으로 열정과 목적을 키우고 싶다면 그 열정과 목적에 대한 대가를 지불할 방법을 자기 것으로 만들어야 한다.

이 과정이 빠르게 이루어질 것이라고는 기대하지 마라. 도중에 임시방편적인 조치들을 찾아야 할 것이다. 나는 글을 쓰는 작가로서 경력을 시작하고 처음 10년 동안 바텐더로 일했는데, 결과에 책임을 져야 한다는 공포에 사로잡히지 않은 채 기량을 개발할 시간을 벌었다. 작가이자 투자자인 팀 페리스Tim Ferriss가 처음 사업을 시작하는 사람들에게 좋아하는 일을 찾았다면 이 일을 밤 시간과 주말을 이용해서 시작하라고 말하는 이유도 바로 여기에 있다.[21] 호기심을 열정으로, 열정을 목적으로, 그리고 목적을 끈기 있는 수익으로 차례대로 바꾸는 것, 이것이 가장 안전한 게임 운영 방식이다.

그렇지만 과연 어떻게 해야 목적을 달성할 정도로 충분히 게임을 계속할 수 있을까? 이 문제를 해결하는 내용은 3장에서 계속 이어진다.

3장

축적하고 또 축적하라

호기심과 열정 그리고 목적은 불가능을 향한 로켓 발사대다. 이 세 가지는 당신을 게임의 시작점에 올려놓는 것들이다. 그러나 불가능한 것을 다루는 게임은 장기적인 게임이다. 만일 이 게임을 끝까지 해서 끝장을 보고 싶다면, 처음 세 개의 충동들에서 얻는 동력만으로는 부족하다.

게임의 끝을 향해 나아가겠다면 앞에서 살펴보았던 호기심과 열정과 목적이라는 세 개의 충동뿐만 아니라 자율성과 숙달도 추가해야 한다. 자율성과 숙달은 특별히 강력한 충동자들이며, 이 둘은 앞서 살펴본 세 개의 충동자와 맞물려 협력하도록 생물학적으로 설계되어 있다.

자율성은 열정과 목적을 추구하는 데 필요한 자유를 향한 욕구로서 운전대를 직접 잡겠다는 욕구다. 숙달은 그다음 단계인데, 전문성을 향해 나아가도록 충동질하며 열정과 목적을 달성하는 데 필요한 기술들을 연마하도록 밀어붙인다. 다른 말로 하면, 자율성이 운전대를 잡고 싶어 하는 욕구라면 숙달은 운전을 잘하고 싶다는 충동이다.

바로 이 지점에서 에드워드 데시와 리처드 라이언이 다시 우리 이야기에 등장한다.

재미있어서 하는 건 이길 수 없다

1977년에 로체스터대학교의 젊은 심리학자들이던 에드워드 데시와 리처드 라이언이 교정에서 우연히 마주쳤다.[1] 데시는 임상심리학 학위를 막 딴 시점이었고 라이언은 대학원 학생이었다. 두 사람 모두 동기부여 분야에 관심을 가졌기에 긴 대화를 나누었는데, 이 만남을 시작으로 동기부여 분야의 근본적인 발상들을 대부분 뒤엎는 50년 세월의 협업이 이어졌다.

데시와 라이언이 자기결정이론을 정립하기 전까지만 하더라도 심리학자들은 동기부여를 '행동을 실천하는 데 필요한 에너지'라고 정의했다. 그리고 사람들을 동기부여와 관련해서 평가할 때의 등급은 해당 직무에 적절한 양의 동기부여를 가지고 있는 사람과 그렇지 않은 사람으로만 나누었다. 또한 심리학자들은 동기부여 에너지를 단일 특성으로 바라보았다. 즉 어떤 사람이 느끼는 동기부여의 양은 측정할 수 있어도 어떤 사람이 느끼는 동기부여의 질(혹은 유형)은 측정할 수 없다고 생각했다.

그러나 데시와 라이언은 연구조사 과정에서 발견한 몇 가지 힌트 덕분에 동기부여에는 여러 가지 유형이 있으며 각 유형이 제각기 다른 결과를 만든다는 사실을 믿게 되었다. 그래서 두 사람은 다른 심리학자들과의 치열한 경쟁 속에서 자신들이 가진 발상을 검증했다. 그들은 길고 길었던 일련의 실험에서 열정과 같은 내재적인 충동자들을 명망과 같은 외재적인 충동자들과 맞붙였으며, 또 이런 실험 결과들을 한데 모아 계산했다. 그리고 곧 그들은 기본적인 욕구들이 충족되지 않은 경우를 제외한 모든 상황에서 내재적 동기부여(이것은 충동과 같은 뜻의 용어다)가 외재적인 동기부여보다 훨씬 더 효과적임을 발견했다.

거기에서 더 나아가 그들은 외재적 동기부여 유형인 '통제된 동기부여'와 내재적 동기부여 유형인 '자율적인 동기부여' 사이에 결정적인 차이가 있다는 사실을 발견했다.[2] 예를 들어 어떤 사람이 특정한 행동을 하도록 꼬임이나 협박 등의 압력을 받았다면 이 사람에게는 통제된 동기부여가 작동한다. 즉 그 행동은 하기 싫어도 해야만 하는 일이 된다. 자율적인 동기부여는 정반대다. 어떤 행동을 하든 그 행동은 행위자의 의지에 따라 선택한 것이다. 데시와 라이언은 모든 상황에서 자율적인 동기부여가 통제된 동기부여보다 더 나은 결과를 낳는다는 것을 발견했다.

자율성은 언제나 더 강력한 충동자다.

사실 많은 상황에서 통제된 동기부여는 기대하던 결과를 내놓지 못한다. 본인 의지가 아니라 외부로부터 압력을 받아 행동을 할 때는 잘못된 지름길을 찾게 된다. 이것과 관련해서 데시가 즐겨 사용하는 사례가 엔론Enron이라는 에너지 기업이다.[3] 엔론은 직원들에게 동기를 부여하는 최고의 방법이 높은 성과를 낸 사람들에게 스톡옵션을 주는 것이라고 생각했다. (스톡옵션을 주는 것은 전형적인 유혹의 동기부여 방식이다.) 그러나 사람들은 성과급을 챙기는 최고의 방법은 주가를 인위적으로 띄우는 것임을 빠르게 파악했고, 결국 기업 사기를 저질러 끝내 회사를 파산의 길로 몰고 갔다. 엔론의 역사는 흔히 탐욕과 오만함을 경계하는 사례로 자주 예시되지만, 잘못된 동기부여가 얼마나 쉽게 잘못된 행동을 낳는지 보여주는 좋은 사례이기도 하다.

데시와 라이언에 따르면, 어떤 일을 '관심이 있고 또 재미있어서' 또는 '그 일이 자신의 핵심적인 믿음들이나 가치관과 일치해서'라는 이유로 한다면 자율성을 제대로 활용하는 방식이다. 달리 표현하면, 탐색 체계는 자신이 탐색하는 대상을 스스로 책임지는 것을 좋아한다.

이것은 우리가 호기심과 열정과 목적을 가지고서 충동을 탐색하기 시작한 이유이기도 하다. 이 삼총사는 (호기심과 열정을 통해서) 관심과 기쁨을 확고하게 다지며, 그런 다음에는 (목적을 통해서) 핵심적인 믿음들 및 가치관을 단단하게 합쳐놓는다. 다른 말로 하면, 충동의 삼총사가 이 책에 가장 먼저 등장한 것은 그들이 자율성을 극대화하는 데 필요한 토대이기 때문이다.

데시와 라이언이 새롭게 발견한 것이 또 있다. 자율성은 사람을 훨씬 더 효과적으로 바꾸어놓는다는 점이다. 자율성은 신경화학물질이 더 많이 생성되도록 함으로써 충동이 커지기도 하지만, 동시에 추가로 많은 기술이 향상된다. 예를 들어 사람은 운전대를 직접 잡을 때 더 집중력이 높아지고 생산적이며 낙관적이 되고 회복력이 높아지며 창의적이고 건강해진다. 그러나 만일 동기부여의 여러 요소에 자율성을 추가해서 성과 결과를 높이고자 할 때, 또 다른 의문이 생긴다.

과연 자율성을 얼마나 많이 추가해야 할까?

가장 자유로운 20퍼센트의 시간

충동자의 힘을 최대한으로 발휘될 수 있게 하려면 자율성을 얼마나 보장해야 할까 하는 문제는 지금까지 늘 까다로운 연구 대상이었다. 이것을 놓고 우리의 의사결정을 뒷받침할 일련의 길고 긴 '살아 있는 실험들'이 진행되어 왔다. 이 여러 실험에서 특히 기업들은 직원에게 '자율성'을 하나의 편익으로 제공함으로써 동기를 부여하려는 시도를 해왔는데, 구글의 경우를 가장 유명한 사례로 꼽을 수 있다.[4]

2004년 이후로 구글은 '20퍼센트의 시간²⁰ Percent Time'이라는 제도를 바탕으로 자율성을 충동자로 이용해왔다. 이 제도는 직원이 자기에게 주어진 업무 시간 가운데 20퍼센트를 자율적으로 자신의 핵심적인 열정과 목적에 부합하는 제도를 만들 수 있도록 하는 제도다. 이 실험은 지금까지 놀라운 결과를 만들고 있다. 구글 제품 가운데서 가장 매출액이 높은 제품들의 50퍼센트 이상이 바로 이 '20퍼센트의 시간'에서 비롯되었다. 애드센스, 지메일, 구글 지도, 구글 뉴스, 구글 어스, 지메일 랩스 등이다.

그러나 이 제도를 처음 발명한 당사자는 구글이 아니었다. 사실 구글은 3M에게서 이 제도를 빌린 셈인데, 3M의 '15퍼센트 규칙¹⁵ Percent Rule'이 처음 나타난 것은 1948년이었다.[5] 3M 경우에 직원들은 주어진 업무 시간 가운데 15퍼센트를 직접 개발하는 프로젝트에 들인다. 연구개발비를 10억 달러 넘게 집행하는 회사에서 직원들이 15퍼센트의 시간을 자유롭게 실험할 수 있도록 하는 것은 자율성에 연간 1억 5천만 달러의 예산을 책정하는 셈이다. 구글과 마찬가지로 3M이 그 제도로 얻은 경제적인 효과는 막대한 투자비용을 상쇄하고도 남았다. 예를 들어 포스트잇은 1974년에 '15퍼센트 규칙' 덕분에 탄생했는데, 포스트잇 하나만으로 3M은 연간 10억 달러가 넘는 매출액에 5천만 달러의 흑자를 기록한다. 이런 성과야말로 3M이 자율성에 과감하게 투자한 결과다.

마찬가지 이유로 오늘날 페이스북, 링크드인, 애플 그리고 그 밖에 수십 개 기업이 자율성 프로그램을 만들어서 실천하고 있다.[6] 그러나 더 중요한 사실을 우리는 그들의 사례에서 배울 수 있다. 구글은 '20퍼센트의 시간'으로 자율성이라는 충동자를 이용하는데, 이것은 직원에게 한 주에 여덟 시간 동안 각자 자기가 열정을 느끼는 생각을 자유롭게 추구하도록 보장한다는 뜻이다. 그런데 3M은 단지 15퍼센트만으로 즉 한 주에 약 한 번의 오후 일과시간만 자유롭게 보장하고서도 놀라운 결과를 얻는다. 다른 말로 하면, 만일 당신이 이미 열정의 비결을 끝까지 익혔고 이제는 자기 꿈을 추구하는 데 자신의 인생 가운데서 얼마나 많은 부분을 할애할 것인지 궁금하다면, 방금 언급한 살아 있는 실험들이 일러주는 조언에 귀를 기울이기 바란다. 그 실험들은 당신이 새로 발견한 목적에 한 주에 너덧 시간만 써도 얼마든지 원하는 결과를 얻을 수 있다고 증언한다. 실제로 다음 글에서도 보겠지만, 자율성을 이용하는 데 필요한 마법의 시간은 어쩌면 그보다 더 짧을 수도 있다. 그 시간을 매우 특수한 방법으로 제대로 쓰기만 한다면 말이다.

파타고니아의 자율성 정책

아웃도어 유통업체인 파타고니아는 미국에서 가장 일하기 좋은 직장으로 빈번하게 꼽힌다.[7] 왜 그런지 세부 사항들을 찾아보면, 가장 많이 거론되는 이유 중 하나가 직원 자율성이다.[8] 그러나 실제로 파타고니아는 직원에게 자율성을 그다지 많이 주지 않는다. 대신 특정한 몇 가지 유형의 자율성을 직원에게 보장한다.

파타고니아는 직원이 스스로 업무 일정을 짜도록 한다. 직원은 풀타임 근무를 해야 하지만 근무 시간을 스스로 결정한다. 또 회사 직원 가운데는 야외 운동선수가 많이 있으며 본사 건물도 태평양에 바로 붙어 있어서, 바다의 파도가 좋으면 직원은 언제든 일손을 놓고 (심지어 마감에 쫓기고 있을 때나 회의하던 도중이어도) 바깥으로 나가 서핑을 즐긴다. 이것은 파타고니아의 창업자 이본 쉬나드Yvon Chouinard가 주장했던 유명한 기업 정책인 '파도가 칠 때는 직원들이 서핑을 즐기게 하라' 덕분이다.

이 사례는 자율성이라는 충동을 활용할 때 자율성의 양이 얼마나 많이 필요한가하는 문제와 관련해 결정적으로 중요한 사실을 일러준다. 만일 파타고니아의 사례가 유효하다면, 자율성이 제대로 운용되기만 한다면 많은 양이 주어지지 않아도 된다는 뜻이다. 그렇다면 파타고니아가 기울인 노력 가운데서 일정 짜기와 서핑이라는 두 개의 범주를 자세히 살펴보자.

자신의 업무 일정을 본인 스스로 짤 때는 두 가지 효과가 있다. 하나는 수면이다. 자기 일정을 스스로 조정하는 자유는 최고의 숙면 기회를 보장한다. 연구 결과를 보면 사람은 누구나 밤에 일곱 시간에서 여덟 시간 동안 잠을 잘 필요가 있다.[9] 뒤에서 자세하게 살펴보겠지만, 여기에서는 적절한 양의 수면을 취하지 못한 사람은 업무 성과를 제대로 내지 못한다는 점만 확인하고 넘어가자. 동기부여, 기억력, 학습, 집중력, 반응시간 그리고 정서 조절 등의 부문에서 모두 부실해질 수밖에 없기 때문에 그렇다. 이것들은 정기적으로 회복해줘야 하는 손해라고 할 수 있다.[10]

또 자신의 일정을 짤 때는 자신만의 24시간 주기에 맞춰서 일할 수 있다. 극단적인 예로 아침형 인간 종달새는 오전 네 시에 일어나서 일하고 싶은 반면에, 저녁형 인간 올빼미는 오후 네 시에 하루 일과를 시작하고 싶어 한다. 그런데 만일 타고난 생물학적 시계가 일과와 어긋나면 누구나 주의력과 각성도가 떨어질 수밖에 없다. 그러므로 업무 일정과 관련된 자율성이 보장될 때 사람들은 숙면에 효과적인 시간대에 잠을 잘 수 있으며 또한 가장 높은 각성 상태로 업무 효율성을 극대화할 수 있는 시간에 일할 수 있다.

파타고니아가 정해놓은 또 다른 규칙인 서핑의 자유는 두 가지의 효과를 추가로 보장한다. 하나는 운동을 중요하게 여기는 것이고, 다른 하나는 몰입을 향상시키는 것이다.

하나씩 살펴보자.

운동은 최고 수행 상태에 도달하기 위해서는 당연히 필요한 요소다.[11] 운동이 가져다주는 온갖 이로움(건강, 활력, 기분 등)은 교과서를 가득 메울 정도로 많지만, 가장 큰 것은 바로 신경계 제어다. 불가능한 것을 추구한다는 것은 정서의 롤러코스터를 타는 행위에 비유할 수 있다. 만일 신경계를 안정적인 상태로 유지하지 못하면 정신적으로나 육체적으로 극도의 피로감에 휩싸여서 더는 버티지 못하고 무너질 수 있다. 그런데 운동은 몸 안의 스트레스 호르몬 수치를 낮춰줄 뿐만 아니라 엔도르핀이나 아난다미드와 같은 행복 호르몬의 생성을 촉진한다.[12] 이렇게 해서 나타나는 평온한 낙관성은 장기적인 차원에서 최고 수행 상태를 추구하는 데 필수적인 요소다.

게다가 서핑은 균형 잡힌 몸매를 만들어주는 것으로 끝나지 않는다. 이 장의 뒤에서 여러 가지 살펴보겠지만 서핑을 하는 사람은 몰입 상태로 들어갈 가능성이 매우 높다. 몰입 상태에서 추가로 나오는 기분 좋은 신경화학물질은 진정한 의미의 부스트다. 충동을 가속화해서 내재적 동기부여를 적정 수준까지 높이 끌어올린다.

답은 나왔다. 자율성이 제공하는 충동을 가속화하려면 수면과 일과 운동의 일정을 스스로 제어할 자유가 있어야 한다. 자신이 선택한 활동을 정기적으로 함으로써 몰입을 만드는 자율성이 필요하다. 이상적으로 말하자면, 일하는 시간은 목적을 위한 여러 활동에 온전하게 쓰일 것이다. 또 몰입을 만드는 활동은 서핑과 비슷하다. 실제로 일에서 잠시 벗어나서 휴식을 취하게 된다. 만일 이것이 지금 당장 당신의 삶에서 불가능하다면, 3M의 계획을 본떠서 시작해라. 즉 주어진 시간의 15퍼센트를 할애해서 당신의 핵심적인 열정 및 목적과 일치하는 프로젝트를 해라. 전체 업무 시간의 15퍼센트면 한 주에 약 오후 한나절인 너덧 시간이다. 이 시간을 두 시간 반짜리의 두 개 덩어리로 나누어서 활용할 수 있으며, 결과도 비슷하게 얻을 수 있을 것이다.

그렇다면 이제 최고의 결과를 얻으려면 그 시간을 어떻게 사용할 것인가 하는 문제가 남는다. 바로 여기에서 마지막 내재적 충동인 숙달이 작동한다.

자율성 다음은 숙달이다

데시와 라이언은 자율성의 힘을 발견한 뒤에 자율성이 주된 내재적 충동인지, 혹은 다른 요인들도 중요한지 알고 싶었다. 두 사람은 이 의문을 풀기 위해 매달리며 심리학 문헌들을 깊이 파고들었는데, 이 과정에서 당시만 하더라도 상대적으로 덜 알려졌던 논문인 하버드대학교의 심리학자 데이비드 맥클리랜드 David McClelland의 1953년 논문을 발견했다.

〈성취동기 The Achievement Motive〉라는 이 논문은 그때부터 이 분야에서 가장 많이 인용되는 논문이 되었다.[13] 이 논문에서 맥클리랜드는 자율성만큼 강력하거나 혹은 그보다 더 강력한 힘을 가진 두 번째 내재적 동기요인이 있다고 주장했다. 처음에 데시와 라이언은 맥클리랜드가 애초에 사용했던 용어인 '역량competence'을 그대로 썼는데, 지금 우리는 그 충동을 '숙달mastery'로 알고 또 사용하고 있다.

숙달은 자신이 하는 일을 더욱 잘하고 싶은 욕망이다. 이것은 더 나은 기술을 위한 헌신 즉 발전의 필요성을 느끼고 지속적으로 개선하고자 하는 열망이다. 인간은 작은 승리들을 하나씩 계속해서 쌓아나가는 것을 좋아한다. 신경화학적인 측면에서는 이런 승리들이 도파민을 만든다. 과학자들은 도파민은 그저 단순히 보상 약물reward drug이라고만 믿었다. 즉 목표를 달성했을 때 목표 달성을 강화하는 하나의 방편으로만 보았던 것이다. 그러나 지금 우리는 도파민은 실제로 뇌가 사람에게 어떤 행동을 하도록 촉구하는 역할을 맡고 있음을 잘 알고 있다. 즉 이 화학물질은 우리가 어떤 모험을 한 뒤에 나타나는 보상이 아니라 오히려 모험 전에 겪을 위험을 감수할 힘을 주기 위해 나타난다. 즉 도파민은 탐구와 혁신을 위한 생물학적 바탕이다.[14]

우리가 어떤 중요한 목표를 위해서 열심히 일할 때, 즉 숙달을 추구할 때 도파민 수치는 치솟는다. 그러나 진정한 승리는 이런 치솟음이 일시적으로 끝나지 않고 날마다 반복된다는 것이다. 정서적으로 도파민 수치의 지속적인 상승은 마치 과제 수행에 필요한 추진력처럼 느껴진다. 아닌 게 아니라 최고 수행 상태를 경험한 사람들은 이런 느낌을 자신이 가장 좋아하는 느낌이라고 설명한다. 예를 들어서 작가 다니엘 핑크Daniel H. Pink는 《드라이브Drive》에서 "단 하나의 가장 큰 동기요인은 의미 있는 작업에서 한 걸음씩 진전을 이루어나가는 것이다"라고 설명한다.[15]

물론 '진전되지 않을 때 비용은 가파르게 상승한다'는 정반대의 명제도 참이다. 진창에 빠져서 앞으로 나아가기는커녕 꼼짝달싹도 못할 때의 느낌은 과학자들이 지금까지 발견한 것 가운데서 동기부여를 가장 크게 갉아먹는 느낌이다. 운동량momentum 즉 가속도가 붙은 지속적인 진전이 최고 수행 상태를 경험한 사람들이 좋아하는 느낌이라면, 동기부여의 결핍은 가장 싫어하는 느낌이다.

몰입이라는 의식 상태를 논하지 않고서는 숙달과 운동량을 얘기할 수 없으며 또한 숙달이라는 이 충동자가 우리에게 '단 하나의 가장 큰 동기요인'인 이유를 따질 수도 없다. 이를 위해 심리학자 미하이 칙센트미하이Mihaly Csikszentmihalyi를 불러내 몰입 상태를 다룬 과학의 역사에 대해서 알아두는 것이 이 논의를 깊이 있게 하는 데 도움이 될 것 같다.

우리의 등을 떠미는 심리적 연료들

미하이 칙센트미하이는 몰입 심리학flow psychology의 대부로 일컬어진다.[16] 1970년부터 1990년까지 처음에는 시카고대학교 심리학부 교수였다가 나중에는 학장으로 재직했던 칙센트미하이는 몰입 및 최적 수행optimal performance에 대해서 세계적으로 연구작업을 했다. 바로 이 작업을 통해서 그는 몰입은 전 세계적인 현상이라고 단언했다. 몰입이라는 의식 상태는 보편적이어서 특정한 초기 조건이 충족된다면 누구에게나 또 어디에서나 나타난다는 것이다.

처음에 칙센트미하이는 이 조건들을 '몰입을 위한 근접proximal 조건들'이라고 불렀지만, 지금은 '몰입 촉발자들flow triggers' 혹은 더 많은 몰입 상태로 이어지는 전제조건들로 불린다.[17] 지금까지 연구자들은 스물두 개의 몰입 촉발자를 확인했지만 (실제로는 아마 이보다 더 많을 것이다), 이들은 모두 한 가지 공통점을 가진다. 몰입은 집중력과 관계가 깊다. 몰입 상태는 모든 주의력이 현재 순간에 집중할 때만 나타난다. 그모든 몰입 촉발자가 하는 일이 바로 이것이다. 이 촉발자들은 주의를 현재로 집중한다.

신경생물학적 관점에서 보면 이 촉발자들은 주의력을 세 가지 방식 가운데 하나로 몰아붙인다.[18] 도파민 혹은 노르에피네프린이 (이 둘은 뇌의 두 가지 주된 집중력 화학물질들이다) 나오도록 하거나, 인지부하 cognitive load 를 줄여준다. 우리는 인지부하를 줄임으로써 에너지를 절약하는데, 뇌는 지금 당장 해야 하는 과제에 집중하기 위해 절약한 에너지를 재배치한다.

바로 이 지점에서 호기심, 열정, 목적, 자율성 그리고 숙달이 다시 등장하는데, 이 다섯 가지의 가장 강력한 내재적 충동들은 몰입 촉발자로서 두 가지 역할을 수행한다. 이 모든 동기요인들은 우리 몸에서 도파민이 나오게 만들 수 있다. 그리고 상당 부분은 노르에피네프린과 비슷한 기능을 수행한다. 그리고 이 다섯 개가 적절하게 정렬되면 인지부하도 줄어든다.

진화의 관점에서 보면 이런 현상은 전혀 놀랍지 않다. 충동은 여러 가지 자원을 얻도록 우리의 등을 떠미는 심리적인 연료다. 그 자원들을 좇을 계획(호기심, 열정, 목적), 좇을 자유(자율성), 또 좇을 기술(숙달)을 가지고 있다면, 자원들을 얻을 가능성은 더 커진다. 만일 이 모든 내재적 동기부여 충동자들이 적절하게 쌓여 있지 않다면, 이들의 잘못된 정렬은 불안이라는 형태로 지속적으로 나타나는데, 이것은 우리가 하기로 되어 있는 것을 정확하게 하지 못하는 상황에 대한 심리적 부하다.[19] 반대로 동기부여 충동자들을 적절하게 정렬했을 때 부하는 가벼워진다. 지금 당장 해결해야 할 과제에 쏟을 에너지를 더 많이 가지게 되며, 자연히 몰입에 들어갈 가능성도 더 커진다.

게다가 더 반가운 사실은, 이 모든 과정이 대부분 자동으로 진행된다는 점이다. 우리가 호기심과 목적을 가지고 열정적일 때 인지부하는 가벼워지고 도파민과 노르에피네프린이 분비된다. 자율성에서도 마찬가지다. 다만 숙달에서는 그렇지 않다. 호기심, 열정, 목적 그리고 자율성이 충동을 높여주고 (충동을 높여주는 신경화학물질의 변화에 따른 결과로) 몰입 상태로 들어갈 가능성을 높여주며 우리의 신경생물학을 자동으로 바꾸어놓지만, 숙달은 더 나아가 미세하게 과정을 조정한다.

몰입 촉발자로서 숙달은 '도전과제-기술의 균형 challenge-skills balance'으로 일컬어진다.[20] 이 발상은 상대적으로 단순하다. 즉 몰입은 집중의 결과인데, 당장 해결해야 하는 과제의 수준이 과제하는 사람의 기술 수준보다 높을 때 그는 자신이 가진 주의력의 대부분을 현재의 과제에 집중한다는 말이다.

우리는 대상을 잡으려고 손을 뻗지만 그 대상을 쉽게 낚아채진 못한다. 그래서 자신이 가진 재능을 쏟아붓고 역량을 계속 개선해나갈 때 숙달의 길에 들어설 수 있다. 이런 사실을 뇌도 알아차리고 우리가 기울이는 노력에 대한 보상을 도파민으로 한다. 도파민은 집중력을 더 높이 끌어올리므로 몰입에 빠질 가능성은 그만큼 높아진다. 그런데 이 주기는 계속 반복된다.

쉽게 예를 들어보자.

나는 스키어다. 다섯 살 때부터 스키를 탔고 지금까지 한 번도 스키를 타는 것을 멈추지 않았다. 스키를 타러 산으로 갈 때마다 나의 열정과 목적에 맞는 선택을 한다. 즉, 나의 자율성이 움직이는 것이다. 눈 위에 스키를 내려놓는 행동만으로도 인지부하는 줄어들며 내 몸에서는 약간의 도파민과 노르에피네프린이 나온다.

내가 스키를 타러 어떤 산에 간다고 치자. 그런데 그 산 가운데서도 이전에는 한 번도 가보지 않았던 구역을 타고 내려오겠다고 마음먹는 순간, 다른 여러 동기요인에다 호기심이 추가되고, 신경화학물질도 추가로 조금 더 나온다. 아직 몰입 상태에 들어가지 않았더라도 충분히 많은 주의력이 지금 당장 해야 하는 일(즉 스키 타는 일)에 집중해서 내가 올바른 방향으로 스키를 타고 내려갈 수 있게 한다. 내가 정상의 수준까지 올라서려면 나를 '도전과제-기술 균형의 최적점challenge-skills sweet spot'으로 몰아넣는 것이 필요하다. 나는 테레인파크terrain park ● 로 가서 새로운 기술을 연습할 수도 있고, 혹은 지난번에 턴 동작을 다섯 번해야 했던 가파른 비탈길에서 이번에는 턴 동작을 네 번만 하는 일에 도전할 수도 있다. 이 둘 중 무엇을 선택하든 이로써 도전 수행 단계를 조금 높였고, 나의 뇌는 모험을 한 보상으로 더 많은 도파민을 분비한다. 이렇게 해서 몰입 상태로 들어가기에 충분한 신경화학물질이 생성된다.

하지만 이야기는 여기에서 끝나지 않는다. 몰입이라는 상태 그 자체가 행복 신경화학물질을 더 많이 쏟아낸다. 스키를 향한 나의 사랑은 더 깊어지며, 다음번 스키를 들고 산에 오를 때는 지난번에 했던 행

● 스키나 스노보드와 같은 겨울 스포츠를 안전하게 할 수 있도록 마련해 놓은 시설.

동들을 반복함으로써 스키 기술을 향상시키고 싶다는 욕구가 상당한 수준으로 올라간다. 따로 노력을 들이지 않아도 그렇게 된다. 만일 내가 이것을 연속해서 몇 번 하고 나면, 이 행위를 하는 데 필요한 에너지와 의욕이 자동으로 생긴다. 이 과정을 거치면서 나는 도전과제-기술 균형의 최적점을 찾는 습관이 생긴다. 지금 나는 숙달을 향해 나 있는 이 길을 자동으로 걸어간다. 이 길이야말로 불가능한 일을 가능하게 만들 수 있는 유일한 경로이기도 하다.

마지막으로 이 모든 것은 매우 현실적인 조언으로 요약할 수 있다. 숙달을 하나의 동기요인으로 제어할 수 있으려면, 당신 스스로 개척한 인생 시간의 15퍼센트를 떼어내서 (이렇게 떼어낸 시간을 '자율성의 시간autonomy time'이라고 부르자) 도전과제-기술 균형의 수준을 높이는 데 사용해 호기심과 열정과 목적을 가지고서 무엇이든 조금이라도 더 잘 하기 위해 노력해라. 기술과 실력이 조금씩 나아질 때의 기쁨을 추구해라. 한 걸음씩 앞으로 나아갈 때마다 나타나는 도파민의 선순환에 올라타라. 오늘 더 나아지려고 노력하고, 내일은 그보다 더 나아지도록 노력해라.

그리고 이것을 반복해라.

반복하고 또 반복해라.

이것 말고 다른 선택지는 없다.

앞에서 나는 다섯 가지의 내재적인 충동자들이 생물학적으로 서로 관련되어 있다고 말했는데, 이 말은 그 충동자들이 모두 하나의 흐름으로 함께 작동하도록 설계되어 있다는 뜻이다. 이것은 충동자들이 적절하게 연결만 되면 안정적으로 몰입에 들어가는 이유이기도 하다.

사람은 모두 저마다 최적의 성과를 낼 수 있도록 설계되어 있다. 우리 몸의 체계는 최적의 성과를 내는 식으로 작동하길 바라는데, 이렇게 돌아가지 않을 때는 여러 심각한 결과가 발생한다. 예를 들어 불안과 우울의 가장 큰 원인은 의미 있는 가치들과 일로부터 분리되는 것이다. 의미 있는 가치들로부터 떨어지는 것은 인생에서 호기심과 열정과 목적이 부족하다는 뜻이다. 또 의미 있는 일에서 떨어지는 것은 지루한 일이나 사람을 지치게 만드는 일을 억지로 할 수밖에 없으며 (즉 자율성이 부족하며) 핵심 기술을 연마하고 개발하지 않는다는 (즉 숙달이 부족하다는) 뜻이다.[21] 이것은 우리의 생물학이 우리에게 유리하게 하는 것이 얼마나 중요한지 보여준다. 이렇게 하지 못할 때는 심각한 심리적 벌칙들이 뒤따르기 때문이다.

그러나 만일 이 다섯 가지의 주요한 내재적 동기요인들을 제대로 정렬시킬 수만 있다면, 동기부여는 늘어나고 더 많은 몰입을 경험할 것이다. 불가능을 가능으로 바꾸는 길을 더 빠른 걸음으로 걸어갈 수 있다. 우리는 지금 과거의 자신보다 훨씬 더 빠른 속도로 인생을 살아가고자 하므로, 지금 어디로 가려는지 정확하게 아는 것이 중요하다. 그러므로 이제 목표라는 주제에 관심과 주의를 기울여야 한다.

4장

목표 세우기도 성공 공식이 있다

목표설정에서 가장 중요한 것

내재적인 충동자(동기요인)들이 앞으로 나아갈 수 있는 심리적 에너지를 만들어낸다면, 목표는 우리가 어디로 가야 할지 정확하게 일러준다. 우리는 1장에서 목표를 포착하는 과정을 가지고 이야기를 풀기 시작했고, 거대한 변화를 불러오는 목적 혹은 우리 인생의 실천과제를 만들어냈다. 이제 여기에서는 그 실천과제를 세부적인 덩어리로 쪼개서, 어렵지만 실천할 수 있는 일련의 목표들로, 즉 제대로 실천한다면 불가능해 보이는 것들을 더 가깝게 실행할 수 있는 일련의 목표들로 나누고자 한다.

이것은 새로운 발상이 아니다. 2천 년도 더 전인 까마득한 과거에 이미 철학자 아리스토텔레스는 목표를 설정하는 것이 (즉 자신이 바라는 결과가 무엇인지 설정하는 것이야말로) 인간 행동의 기본적 동기요인들 가운데 하나임을 알아차렸다.[1] 그는 목표를 네 개의 근본적인 원인 cause들 가운데 하나라고 불렀다. 그의 이런 발상은 당시로서는 획기적인 통찰이었으나 이 통찰이 온전하게 이해받기까지는 오랜 시간이 걸렸다.

문제는 복잡성이다. 목표설정이라는 발상은 단순해 보이지만 세부적으로 들어가면 문제가 있다. 연구자들이 밝힌 바로는 모든 목표가 같지 않으며 모든 상황에 들어맞는 것은 아니다. 무엇보다 잘못된 상황에서 잘못된 목표를 세운다면 성과는 심각할 정도로 낮아지고 실제로도 생산성과 동기부여를 떨어뜨린다.

과학적인 측면부터 살펴보자.

1960년대 말, 목표설정 이론의 대부로 일컬어지는 두 사람인 토론토대학교의 심리학자 게리 래섬 Gary Latham과 메릴랜드대학교의 심리학자 에드윈 로크 Edwin Locke가 아리스토텔레스의 발상에 살을 붙여서 현재 우리가 진리로 알고 있는 이론, 즉 목표설정이 동기부여를 촉진하고 성과를 드높일 수 있는 가장 손쉬운 방법들 가운데 하나라는 이론을 내놓았다.[2]

당시만 하더라도 이것은 놀라운 발견이었다.

래섬과 로크는 조직적으로 이 주제에 접근했다. 기업에서 직원들이 일을 더 열심히 하도록 동기를 부여할 방법에 관심을 가졌다. 1960년대 이전에는 스트레스 없이 행복한 사람이 생산성이 높다는 게 일반적인 인식이었다.[3] 직원에게 성과 목표를 설정하면 스트레스를 주기 때문에

이 방식은 기업에 불리하다고 생각했던 것이다. 그러나 래섬과 로크는 다른 학자들이 하지 않았던 시도를 했다. 그 이론을 실제로 검증하는 실험을 한 것이다. 그리고 스트레스를 많이 줄수록 업무 효과가 떨어진다는 발상이 실제 실험 결과와 맞지 않음을 입증했다.

래섬과 로크는 벌목꾼들을 대상으로 실험을 시작했다. 맹렬할 정도로 독립적이던 이 벌목꾼들을 우선 여러 개의 집단으로 나누었다.[4] 그리고 몇몇 팀에게는 똑똑하고 빠르게 작업을 하라고 했다. 압박감을 느끼지 않을 정도의 선에서 최선을 다하라고 한 것이다. 그러나 다른 집단들에게는 목표량을 제시했다. 예를 들어서 이 정도의 목표를 달성하면 훌륭하고 저 정도의 목표를 달성하면 굉장하다고 일러준 것이다. 그런데 여기에서 핵심은 설정된 목표를 달성한다고 해도 별도의 금전적인 보상은 주어지지 않는다는 점을 분명히 했다는 것이다. 그냥 목표설정만 했고, 그게 다였다.

그런데 목표를 설정한 벌목꾼들이 통제집단 벌목꾼들보다 훨씬 높은 성과를 올렸다. 이런 결과는 여러 차례 실험에서 반복해서 나났다. 벌목꾼의 경우만 그런 게 아니었다. 수십 개의 직종에서 수십 번의 연구실험을 한 끝에 마침내 래섬과 로크는 목표를 설정하면 성과와 생산성이 적게는 11퍼센트에서 많게는 25퍼센트까지 높아진다는 사실을 발견했다. 이 수치는 상당히 높은 것이었다. 최고치를 보자면 하루 여덟 시간을 일할 때 마음가짐을 달리하는 것만으로, 즉 자기가 하는 활동에 목표를 설정함으로써 두 시간을 더 일했을 때의 성과가 생기는 셈이었다.

목표설정이라는 래섬과 로크의 이론을 다른 차원에서 생각할 수 있는 또 하나의 방식은 라이언과 데시가 제시한 개념의 하위 개념으로 접근하는 것이다. 이와 관련해서 리처드 라이언은 나중에 다음과 같이 썼다.

"인간의 욕구(예를 들면 자율성과 숙달과 목적 등)는 행동에 필요한 에너지를 제공한다. 사람들은 목표를 중요하게 여기는데, 목표가 욕구를 만족시킨다고 여기기 때문이다."[5]

즉, 자율성 욕구는 사람들이 자신만의 사업을 시작하도록 충동질한다는 것이다. 목표 혹은, 단계별 목표를 세우는 것은 자신만의 사업을 하려면 반드시 거쳐야만 하는 관문이다.

목표설정이 발휘하는 힘을 온전하게 이해하려면 목표가 뇌의 기능에 어떻게 영향을 미치는지 알아야 한다. 뇌는 일종의 예측 엔진이다.[6] 다음번에 무슨 일이 일어날지 그 상황에서 얼마나 많은 에너지가 필요할지 늘 예측하려고 노력한다. 이 과정에서 정보 습득과 패턴 인식 그리고 목표 지시라는 세 가지 체계가 작동한다. 우리는 정보를 습득해서, 새로운 정보와 과거에 있었던 경험 사이의 연결성을 찾으며, 그 결과를 목표에 비추어서 다음에 할 일을 결정한다. 그 결정은 하나의 행동이고 또 행동에는 에너지가 필요하므로, 뇌는 얼마나 많은 에너지가 필요할지 예측하기 위해 애를 쓴다.

이 세 개의 체계는 서로 조화를 이루며 함께 작동한다. 목표 지시 체계에 어떤 목표를 제시하면, 패턴 인식 체계에는 어떤 목적을 제시하고, 정보 습득 체계에는 표적을 제시하게 된다. 그런데 어째서 이 표적이 그토록 중요할까? 그것은 바로 의식은 극단적으로 제한된 자원이기 때문이다.

1초에 수백만 비트의 정보가 인간 신체 감각 안으로 쏟아져 들어온다. 그러나 인간의 뇌가 한꺼번에 처리할 수 있는 정보량은 1초에 7비트밖에 되지 않으며, 하나의 정보와 다른 정보를 구분하는 데 걸리는 시간은 18분의 1초다.[7] 칙센트미하이가 《몰입 Flow》에서 설명했듯이 "이 수치들을 놓고 판단할 때, 사람의 뇌는 1초에 기껏해야 126비트의 정보밖에 처리하지 못한다."[8]

즉 많은 정보를 처리할 수 없다. 다른 사람이 하는 말을 이해하는 데는 약 40비트의 정보가 들어간다. 그러니 세 사람이 동시에 말한다면 우리의 뇌가 이해할 수 있는 최대한도에 다다르는 셈이다. 그러므로 이때 추가되는 정보는 전혀 처리하지 못한다. 그러나 우리가 놓치는 정보는 다른 사람이 하는 말뿐만이 아니다. 세상에서 일어나는 모든 일의 매우 많은 부분을 놓치며 살아간다. 이런 상황은 지속적으로 반복되고 그 결과가 쌓인다. 그래서 실제 현실의 많은 부분을 늘 보지 못하고 알지 못한다.

우리가 인식하는 것 가운데 많은 것들은 우리에게 무서움을 안겨주는 것들이다. 뇌는 생존을 목적으로 진화해왔기 때문에 생존에 위협이 될 만한 것에 우리는 주의를 빼앗긴다. 이것 외에 생존에 중요한 것은 바로 우리가 설정하는 목표들과 목표들을 달성하는 데 도움이 될 수 있는 모든 것이다. 뇌는 예측 엔진이고 또 의식은 제한된 자원이므로 공포와 목표는 우리의 실체라는 건물을 구축하는 기본 벽돌이다.

이것이 신경생물학의 토대이지만, 데시와 라이언은 그 과정에 어떤 질서가 형성되어 있음을 발견했다.[9] 목표들이 인지 형성 과정에 최대한 효과적으로 작용하려면 꼭 필요한 첫 단계가 있다. 자신이 가진 욕구들을 충족하는 방편으로서 이런저런 목표를 활용하기 전에, 어떤 욕구들을 가졌는지 즉 내재적인 동기요인들이 무엇인지 알 필요가 있다는 사실이다. 이 책이 바로 이 지점에서 시작하는 이유도 여기에 있다. 당신이 자율성과 숙달 위에 열정과 목적을 적절하게 쌓았다면 이제 당신은 목표설정에서 최대한의 이점을 얻을 준비가 된 셈이다.

그러나 래섬이 언젠가 말했듯이 모든 목표가 같지는 않다.

"동기부여와 생산성이 가장 크게 높아지길 바란다면 커다란 목표를 설정해야 한다. 커다란 목표가 최고의 결과로 이어진다는 사실을 우리는 발견했다. 커다란 목표는 작은 목표나 약간 큰 목표 혹은 모호한 목표보다 훨씬 더 나은 결과를 가져다준다."[10]

높고 힘든 목표도 중요하다

'높고 힘든 목표high, hard goal, HHG'는 래섬과 로크의 커다란 목표를 가리키는 기술적인 용어다. 이 목표는 앞에서 살펴보았던 거대한 변화를 불러오는 목적MTP과는 다르다. 예를 들어 거대한 목적은 '세계 기아를 없앨 지속 가능한 방법들을 발견하는 일'과 관련이 있지만, 높은 목표는 '영양학 학사 학위를 받는 일'이나 '곤충 단백질을 이용해서 지속 가능한 방식으로 인류를 먹여 살리는 비영리단체를 만드는 일'과 관련이 있다.

불가능한 것을 향해 나아가는 길에서는 거대한 목적과 높은 목표가 모두 필요한데, 일단 거대한 목적부터 이야기해보자. 만일 당신이 열정의 여러 단계를 정확하게 밟았다면, 아마도 두세 개의 핵심적인 열정-목적 조합을 추출했을 것이다. 그러나 이것은 어떤 거대한 목적을 위한 개요일 뿐이다. 이제 당신에게 필요한 것은 그 발상들을 핵심적인 실천과제들로 전환하는 것이다.

이해하기 쉬운 사례를 들어보자. 나는 인생에서 세 개의 거대한 목적을 가지고 있다. 사람들에게 커다란 영향을 주는 책을 쓰는 것, 몰입에 대한 과학과 훈련법을 발전시키는 것, 그리고 세상을 동물들이 살아가기에 더 나은 곳으로 만드는 것이다. 이 세 개의 목적은 내 인생의 실천과제다.

이것은 이 세 개의 목적이 나의 첫 번째 여과지라는 뜻이기도 하다. 만일 내 앞에 어떤 사업이 나타났을 때 이 사업이 세 개의 과제에 도움이 되지 않는다면 나에게 맞지 않으므로 걸러낼 수 있다. 이것은 매우 중요하다. 목표에 맞지 않는 일을 하는 것은 동기부여를 높이는 데 도움이 되지 않으며, 오히려 사소한 것에 동기부여를 낭비하는 결과만 가져다줄 뿐이다. 적절하게 활용되는 거대한 목적은 성과를 따지지 않고, 중요하지 않은 것들을 걸러준다.

높은 목표는 더 거대한 목적을 수행하는 데 도움이 되는 하위 단계다. 높은 목표도 중요한데, 최고 수행 상태를 지속적으로 유지하는 결정적인 두 개의 요인인 주의력과 고집스러움을 높여준다. 주의력과 고집스러움이 중요한 이유는 높은 목표는 올라가야 할 어려운 산이기 때문이다. 따분하고 고된 과정을 거쳐 올라가야 하기에 주의력과 고집스러움이 중요할 수밖에 없다.

그러나 서두르지는 마라.

로크와 래섬은 높고 힘든 목표가 마법을 제대로 부리도록 하려면 특정한 조정자^{moderato}들(심리학자들은 '만약~ 그렇다면~(if then) 조건문'을 묘사하기 위해서 조정자라는 단어를 사용한다)이 제자리를 잡고 있어야 한다는 사실을 발견했다. 이 조정자들 가운데 가장 중요한 것이 단호함이다. 여기에 대해서 래섬은 다음과 같이 설명한다.

"자신이 하는 일을 반드시 믿어야만 한다. 커다란 목표는 개인의 가치관과 그 목표가 소망하던 결과가 일치할 때 가장 효과적으로 작용한다. 모든 것이 깔끔하게 정렬되어 있을 때 사람들은 단호하게 행동할 수 있다. 즉 더 많은 주의를 기울이고 더 강한 회복력을 발휘하며 더 생산적일 수 있다."

이 입문서가 열정과 목적부터 시작하는 이유도 바로 여기에 있다. 커다란 목표는 해당 목표의 대상(즉, 해당 목표를 둘러싸고 있는 발상) 및 결과(즉, 해당 목표가 속해 있는 더 큰 목적)에 대해 당사자가 열정을 가질 때 가장 잘 작동한다. 이 책을 차례대로 읽기만 한다면 높고 힘든 여러 목표를 설정하기 전에 당신이 가지고 있는 동기요인들의 무더기에 자율성과 숙달을 추가하게 될 것이다. 이 과정이 로크와 래섬이 설정한 '만약~ 그렇다면~ 조건문'이 충족되게 해주며, 가치관과 욕구와 소망이 설정된 목표와 일치하도록 해주고 그 결과 성과를 최대한 높이 끌어올릴 수 있게 해준다.

이 접근법과 마찬가지로 중요한 점이 있다. 목표를 깊이 새기는 것이다.

래섬과 로크는 목표를 대외적으로 알리는 행동이 동기부여를 높여준다고 믿었지만, 뉴욕대학교의 심리학자 피터 골비처^{Peter Gollwitzer}가 일련의 추가 실험을 통해서 정반대의 현상을 확인했다. 어떤 목표에 대해서 이야기하면 그 목표를 달성할 가능성을 상당한 수준으로 줄였던 것이다.[11] 목표를 말로 표현해서 바깥으로 드러낼 때 이른바 '사회적 실체social reality'가 만들어져 실제 현실에서는 부정적인 결과를 초래한다는 뜻이다. 누군가에게 목표를 말하는 행위는 그 목표가 이미 달성되었다는 느낌을 안겨주고, 그래서 목표가 달성된 뒤에 나올 도파민이 목표 달성 전에 미리 나온다. 그리고 이 신경화학물질 덕분에 당사자는 미리 만족감을 느끼는데 이것이 문제다. 만족감을 느끼면 다시 만족감을 얻기 위해 힘든 노력을 하기 쉽지 않기 때문이다.

정말 중요한 것은 탄력모멘텀, momentum이다. 이것이 가장 중요하다. 높고 힘든 목표는 달성하기 어려워도 어쨌거나 달성할 수 있어야 한다. 설정된 목표가 너무 어려워서 늘 스트레스를 받는다면 달성하기도 전에 지쳐버리고 만다. 진짜 목표는 자기효능감self-efficacy● 즉 능력과 가능성의 근본적인 향상임을 기억하자. 이것은 목표를 달성한 뒤에 도달하게 된 새롭고 향상된 버전의 자기 모습이다.

모호할수록 실패 확률이 높아진다

목표는 명확해야 하므로 목표를 설정하는 일은 더 까다로울 수밖에 없다. 높고 힘든 목표와 명확한 목표 사이에는 상당한 간극이 존재한다는 사실이 밝혀졌는데, 명확한 목표는 높고 힘든 목표를 달성하기 위

●　자신이 어떤 일을 성공적으로 수행할 수 있다고 믿는 기대와 신념.

해 필요한 날마다 걸어야 하는 하부 단계들이다.

이 문제는 결국 기간의 문제다.

높고 힘든 목표는 우리가 장기적으로 해나가야 하는 과제라서 이 목표를 달성하는 데는 여러 해가 걸릴 수도 있다. 이 목표는 커다란 꿈을 향해 나아가는 커다란 발걸음들이다. 작가나 의사가 되고 싶다거나 혹은 기업을 설립하고 싶다는 것들은 모두 높고 힘든 목표다.

명확한 목표는 이런 목표와 반대다. 명확한 목표는 커다란 발걸음을 내딛는 과제를 수행하기 위한 작고 일상적인 발걸음들이다. 이것들은 더 짧은 기간에 걸쳐서 존재한다. 위대한 작가가 되겠다는 것은 거대한 변화를 불러오는 목적 혹은 인생 전체를 걸고서 도전하는 목표다. 이에 비해 소설 한 편을 쓰겠다는 과제는 그보다 낮은 단계여도 여러 해가 걸릴 수도 있는 높고 힘든 목표다. 그런데 오전 8시부터 10시까지 두 시간 동안 500단어 분량의 글을 쓰겠다는 것은 명확한 목표다. 또 오전 8시부터 10시까지 두 시간 동안 독자를 짜릿하게 흥분시킬 500단어 분량의 글을 쓰겠다는 것은 더 명확한 목표다.

그렇다면 실제 현실에서 명확한 목표는 무엇을 말할까? 바로 일별 과제 목록이다.

적절한 일별 과제 목록은 하루 동안에 꼭 하겠다고 마음먹은 일련의 명확한 목표들이다. 기본적으로 이 목록은 불가능한 것에 도전하며 나아가는 길이 어떤 모습일지 정확하게 보여준다. 날마다 해야 하는 실천 과제가 잘 드러난 목록이며, 이 목록에 담긴 항목 하나하나는 모두 거대한 변화를 불러오는 목적을 위해 있다. 그 목적을 장기적으로 달성하기 위해서 오늘 당장 할 수 있는 것을 세부적으로 쪼갠 목표다.

명확한 목표는 규모가 작은 과제다. 데시와 라이언이 최초로 발견했듯이, 만일 이 작은 과제가 당사자가 가지고 있는 핵심적인 가치들과 일치한다면, 당사자는 그 과제를 추구하는 데 필요한 동기를 가진다. 그리고 일단 이 목표를 달성하면 도파민 보상을 받는데, 이 경험은 그 사람이 내일도 그 보상을 받고자 하는 욕구를 강화한다. 작은 성취와 승리를 하나씩 쌓아나가는 것이 큰 승리로 나아가는 길이다.

또 하나 명심해야 할 점은 명확한 목표는 중요한 몰입 촉발제라는 사실이다.[12] 몰입이라는 의식 상태는 집중을 요구하는데, 명확한 목표는 우리가 주의를 언제 어디에 집중해야 할지 일러준다. 목표가 선명하면 지금 당장이나 또 나중에 무엇을 해야 할지 모른 채 허둥대지 않아도 된다. 목표가 명확하면 그 모든 걸 이미 알기 때문이다. 그러므로 집중력은 강해지고 동기부여는 높아지고 외부에서 들어오는 정보는 적절하게 걸러진다. 어떤 점에서 보자면 명확한 목표는 뇌의 우선순위 목록이 되어 인지부하를 줄여주면서 에너지를 어디에서 소비해야 할지 뇌에게 일러준다.

이런 발상을 일상에다 적용한다면, 업무라는 하나의 커다란 덩어리를 잘게 쪼개 거기에 맞춰서 적절하게 목표를 설정해야 한다는 뜻이다. 힘들긴 하지만 관리할 수 있는 목표, 즉 집중력을 강력하게 요구하지만 질릴 정도로 큰 스트레스는 주지 않는 목표를 생각해보라. 적절하고 명확한 목표는 당신의 도전과제-기술 균형의 최적점에 위치한다. 당신이 가진 역량을 최대한 발휘해야 할 정도지만 그래도 충분히 할 수 있는, 즉 당신을 불안에 빠지게 만들 정도로 어렵지는 않다.

이상을 종합하면, 목표설정을 올바르게 하려면 거대한 변화를 불러오는 목적과 높고 힘든 목표 그리고 명확한 목표라는 세 가지 등급의 목표를 모두 아우르는 조합이 필요하다. 서대한 변화를 부르는 목적은 평생 이어지고, 높고 힘든 목표는 여러 해 동안 이어지며, 마지막으로 명확한 목표는 아주 짧은 시간에 완수된다. 그러나 이것은 또 언제 어떤 목표에 초점을 맞추어야 할지 안다는 뜻이기도 하다. 짧은 순간마다 당장의 과제(명확한 목표)에 집중해야 하는데, 이런 짧은 순간에는 높고 힘든 목표나 거대한 변화를 부르는 목적에 초점을 맞추어서는 안 된다. 이런 실수를 하면 몰입 상태가 사라진다. 궁극적인 목표를 달성하는 데 필요한 성과 축적 기회도 없어지고 만다.

일별 과제 목록을 작성할 때는 하루가 끝나기 전에 다음 날의 목록을 작성하려고 노력해라. 이렇게 해야 일을 시작할 때 최대의 능률을 발휘할 수 있다. 나는 과제 목록의 항목 개수를 최대 여덟 개 전후로 제한한다. 이것이 내가 하루에 할 수 있는 최대치이기 때문이다. 달리 표현하면, 하루에 나 자신을 도전과제-기술 균형의 최적점으로 여덟 번까지 밀어붙일 에너지를 가지고 있다는 말이다. 그러므로 나는 아홉 개나 열 개 혹은 열한 개의 과제는 애초에 시도하지 않는다. 과부하가 되기 때문이다. 또한 여섯 개나 일곱 개로 일을 줄이지도 않는다.

따라서 자신에게 적당한 과제의 개수는 몇 개인지 파악해야 한다. 하루에 최대 몇 개의 과제까지 가장 좋은 상태에서 해낼 수 있는지 살펴보아라. 몇 주 동안 반복해서 과제를 하면 가장 알맞은 수를 알 수 있을 것이다. 그 수를 찾으면 명확한 목표의 일별 과제 목록에 그 수만큼의 과제를 설정하면 된다. 이렇게 할 때 동기부여를 극대화할 수 있다. 그러나 어떤 날을 성공한 날이라고 선언할 수 있을지 알아야 한다.

내 경우에는 여덟 개 항목의 과제를 모두 완수하면 '승리'를 선언한다. 일이 모두 끝났으므로, 뇌의 전원을 끄고 휴식을 취한다. 이것이 핵심이다. 최고 수행 상태를 지속적으로 유지하려면 회복 과정이 매우 중요하다. 그러나 최고 수행 상태를 경험한 사람은 쉽게 일중독에 빠져서 일손을 놓지 않으려 한다. 일손을 놓는 자신의 모습에 대해 나쁜 감정을 느끼지 않은 채로 일을 멈출 수 있어야 장기적인 성공도 가능하다. 단지 회복이 필요해서가 아니다. 휴식과 회복에 시간을 쓰는 것을 부정적으로 여기면 많은 시간을 들여 회복하려 해도 잘되지 않는다. 더 나아가서, 그런 부정적인 느낌은 성과에 악영향을 주고 동기부여를 떨어뜨리고 집중력을 흩트리며 몰입의 흐름을 막는다.

정말 중요한 점은, 불가능에 도전하는 과정은 언제나 체크리스트대로 실천하는 과정이다. 날마다 일별 과제에 적힌 과제 항목을 실천해라. 오늘 실천하고 또 내일도 실천해라. 이것을 계속 반복해라. 바로 이것이 명확한 목표가 높고 힘든 성취가 되는 과정이고, 거대한 변화를 부르는 목적으로 나아가는 길의 이정표가 되는 과정이다.

그러나 중요한 사실을 알아야 한다. 설사 날마다 승리를 거두며 목표를 향해 눈부신 성취를 이어가더라도, 이 과정을 끝없이 반복하려면 고집스러움이 필요하다. 그리고 회복력도 필요하다. 그래서 다음 장은 끈기로 이어진다.

5장

끈기, 높은 성과를 유지하는 힘

압력이 없다면 다이아몬드도 없다

"압력이 없다면 다이아몬드도 없다."

스코틀랜드의 철학자 토머스 칼라일^{Thomas Carlyle}이 300년 전에 했다는 말이다.[1] 이 말은 당시 진리였다. 그런데 지금도 여전히 진리다.

칼라일의 말은 탁월함을 얻기 위해서는 그만한 대가를 치러야 한다는 것이다. 높은 성과를 지속적으로 유지하기란 끝없이 고된 일이기에 아무리 내재적인 충동자들을 잘 갖추고 있으며 적절한 목표설정으로 결과를 높은 수준으로 끌어올려도 이것만으로는 충분하지 않다.

끈기가 중요한 이유가 바로 여기에 있다.

끈기는 확실한 동기부여 요인이다. 어려운 과제를 밀어붙여 성공시키는 에너지가 있다는 점 때문이 아니라 어려운 과제를 '오랜 세월에 걸쳐서 '지치지 않고 견뎌내' 기어이 성공시키는 에너지를 가지고 있다는 점에서 그렇다. 힘든 시기를 견뎌낼 능력이 없는 사람이 가치 있는 일을 성취할 가능성은 거의 없다. 이 점을 다음과 같이 생각해보자. 내재적 동기부여가 최고 수행 상태로 나아가는 길에 당신을 올려놓고, 적절한 목표설정은 그 길의 경로를 정하는 데 도움을 주지만, 그 길을 가는 도중에 어렵고 힘든 장해물을 만났을 때 포기하면 소용이 없다. 포기하지 않고 기어코 그 길을 걸어가도록 해주는 것이 바로 끈기다.

그러나 대부분은 끈기를 단일한 기술로만 여긴다. 그래서 끈기가 마치 모든 것을 설명하기라도 하는 듯이 예를 들어 "저 선수는 끈기가 좋아"라거나 "끈기가 대단한 학자야"라고 말한다. 그러나 실제로 끈기가 작동하는 방식은 더 복잡하다.

심리학자들이 끈기를 묘사할 때 흔히 펜실베이니아대학교의 심리학자 앤젤라 더크워스Angela Duckworth가 내렸던 "열정passion과 인내perseverance의 교차점"이라는 정의를 많이 빌린다.[2] 이 정의는 일부 맞는 이야기지만 여전히 부족하다. 최고 수행 상태를 유지하는 사람들과 대화를 나눠보면 그들은 자신이 정기적으로 훈련하는 여섯 개의 인내 유형을 자주 이야기한다. 여기에 대해서는 조금 뒤에서 다시 살펴보자.

심리학자들에 이어서 신경과학자들의 이야기를 들어보자.

신경과학자들이 끈기를 이야기할 때는 전전두엽 피질 즉 이마 바로 뒤쪽 뇌 부위에 논의의 초점을 맞춘다. 전두엽은 '목표 지향 행동'과 '자기 조절'을 포함해서 높은 수준의 인지 기능 대부분을 제어한다.[3]

목표 지향 행동은 목표를 달성하려면 반드시 해야 하는 모든 행동을 아우른다. 자기 조절은 목표 지향 행동에서 비롯된다. 목표를 달성하는 과정에서 어떤 감정을 느끼며 그 감정들로 무엇을 하는가와 관련이 있다. 즉 자기 조절은 감정을 통제하는 능력이자 어렵고 힘든 과제를 끈질기게 돌파하는 능력이다.

신경생물학적으로 말하면 이 두 가지 속성이 끈기의 비결이다.

기능적 자기공명영상fMRI 연구들에서 이런 속성들은 매우 특정한 방식으로 드러났다. 끈기가 없는 사람들은 우측 배측 중앙 전전두엽 피질에서 자발적인 '휴식 상태 활동성resting state activity'이 높은 수준으로 나타난다.[4] 그렇지만 끈기가 상대적으로 많은 사람은 활동성 수준이 낮다. 뇌의 이 부분은 자기 조절 및 장기적인 계획을 제어하는 데 도움을 주는데, 끈기가 상대적으로 많은 사람들의 활동성 수치가 낮은 이유를 알려면 도파민과 고집스러움 사이의 관계를 조금 더 살펴볼 필요가 있다.

앞서 4장에서 우리는 힘든 일을 성취할 때마다 도파민이 보상으로 나온다는 사실을 배웠다. 이 장에서는 이 사실을 토대로 어려운 과제를 반복해서 성공하면 뇌가 고집스러움을 성공의 보상인 도파민과 연결하기 시작한다는 사실, 즉 그 사람에게 이미 형성되어 있던 특정한 감정을 활용하는 행동을 습관으로 만든다는 사실을 확인하려고 한다. 어쩌면 이 자동화 때문에 끈기가 있는 사람의 배측 중앙 전전두엽 피질이 잠잠한지도 모른다. 어떤 과제에 깊이 파고드는 데 필요한 정서적인 강인함이 하나의 습관이 되면, 이 사람은 거기에 대해서 따로 생각하지 않아도 그 과제를 깊게 파고들 수 있으므로 거기에 대해 생

각해야 하는 뇌의 부위가 군이 작동할 이유가 없다는 뜻이다.[5]

그렇다면 이 탄력적인 보상의 순환고리를 훈련으로 단련하려면 어떻게 해야 할까?

최고 수행 상태를 유지하는 사람들에게 이 질문을 하면 그들은 과학자처럼 대답하지 않는다. 심리학자는 열정과 인내의 교차점에 대해서 말하는 경향이 있고, 신경과학자는 전전두엽 피질에 초점을 맞춘다. 그러나 최고 수행 상태를 유지하는 사람들은 더 넓은 범위에서 말한다. 그들에게 이 질문을 하면 여섯 개의 다른 대답을 들을 수 있다. 이 여섯 가지가 바로 최고 수행 상태를 유지하는 사람들이 정기적으로 개선하고자 노력하는 끈기의 여섯 가지 유형이다.[6] 지속적으로 높은 성과와 성취를 유지하려면 이 여섯 가지 모두 필요하다. 그리고 끈기의 여섯 가지 기술을 갖추는 데는 지름길이 따로 없으며 하나씩 훈련해서 습득해야 한다. 지금부터 차례대로 살펴보자.

힘든 일을 감당하게 만드는 것

1869년에 영국의 유전학자로 우생학의 창시자인 프랜시스 골턴[Francis Galton]은 최초로 끈기와 높은 성취 사이의 관계를 연구했다.[7] 골턴은 긴 시간 동안 역사적으로 정치, 스포츠, 미술, 음악 그리고 과학 분야에서 높은 성과를 거둔 사람들을 면밀하게 살폈고 그들이 성공을 거둔 이유가 무엇인지 밝히려고 했다. 골턴은 높은 성취를 거둔 사람들이 비범한 재능을 (그는 이 재능이 유전적으로 타고난 것이라고 생각했다) 가지고 있다는 점을 발견했지만, 이 사실만으로는 그들이 실제로 거둔 성취를 모두 설명하기에는 부족하다고 생각했다.

그래서 그는 훨씬 더 중요한 두 가지 특성에 주목했다. 바로 '열성 zeal'과 '힘든 일을 감당하는 역량capacity for hard labor'이었다. 그때 이후로 150년이 넘는 세월이 지났지만 지금까지 그 누구도 골턴이 틀렸음을 입증하지 못했다. 비록 그가 사용했던 용어들을 부분적으로 수정하는 작업은 꾸준하게 해왔지만 말이다.

2000년대 초에 앤젤라 더크워스는 '열성'을 '열정passion'으로 또 '힘든 일을 감당하는 역량'을 '인내'로 각각 대체했다. 더크워스가 '끈기grit'라고 불렀던 것은 바로 이 둘을 결합한 것이다. 그녀는 일련의 연구실험을 통해서 이 열정과 인내의 조합이 학문적 성취를 이루는 데는 지능지수IQ보다 두 배는 더 중요함을 발견했다. 그녀의 표현을 빌리자면 "높은 성취를 거둔 사람들은 모두 인내의 모범이었다."[8]

인내는 끈기를 가장 잘 보여주는 버전이다. 인내는 날마다 변함없는 꾸준함이다. 또한 주변 환경이 아무리 열악해도 거리낌 없이 헤쳐 나가도록 해주는 고집스러움의 한 유형이다. 다른 사람의 비난이나 칭찬에도 아랑곳하지 않고 자신의 모습 그대로 밀고 나가는 것이다. 그래서 내가 책상에 '어려운 일을 해라'라는 글귀를 붙여둔 이유나 해군 특수부대인 네이비씰 대원들이 '무조건 해라Embrace The Suck'를 비공식적인 슬로건으로 외쳐대는 이유도 바로 여기에 있다.

그러나 이 거친 말들은 놓치고 있는 점이 있다. 심리학자들은 인간은 세 가지 단계의 복지를 누릴 수 있음을 발견했다.[9] 가장 낮은 단계는 찰나의 '행복'으로 흔히 인생에 대한 쾌락적인 접근으로 묘사된다. 이것보다 높은 중간 단계는 '관계^{engagement}'다. 이것은 '높은 수준의 몰입 상태^{high-flow}'가 유지되는 생활방식으로 정의할 수 있는데, 쾌락을 추구하는 것이 아니라 몰입이라는 의식 상태를 만들 가능성이 높은 도전적인 과제들을 찾아나섬으로써 행복이 성취되는 단계다. 그리고 마지막으로 행복의 가장 높은 단계이자 인간이 지구에서 느낄 수 있는 최고의 감정은 '목적^{purpose}'이다. 목적은 2단계의 '높은 수준의 몰입 상태 생활방식'을 자신 뿐만 아니라 다른 사람들의 삶에도 영향을 주고자 하는 바람을 갖는 것이다.

앤젤라 더크워스와 예일대학교의 심리학자 캐서린 폰 컬린^{Katherine Von Culin}은 실험참가자 1만 6,000명을 대상으로 한 연구에서 끈기와 사람들이 추구하는 행복 단계 사이에서 명확한 연관성을 발견했다.[10] 끈기가 적은 사람은 쾌락을 통해서 행복을 좇는 반면에 끈기가 많은 사람은 관계를 추구한다. 줄기차게 관계를 선택하며 몰입에 들어감으로써 실제로 훨씬 많은 행복을 누린다. 그러므로 끈기는 단기적으로는 더 많은 에너지와 강인한 정서를 필요로 하지만, 장기적으로는 기분이나 동기부여 측면에서 더 강력한 상승 효과를 유도한다.

그러나 단언컨대 이것은 새로운 이야기를 하는 것이 아니다.

자, 당신이 살아온 인생을 돌아보라. 가장 자랑스럽게 여기는 성취에 대해서 생각해보라. 다음에는 그것을 이루기 위해서 얼마나 열심히 노력했는지 생각해라. 물론 모든 사람에게 행운은 몇 번씩 찾아온다. 많은 노력을 들이지 않았음에도 원하던 결과를 얻은 경험은 누구나 있을 것이다. 하지만 과연 그런 성취들이 가장 큰 행복을 안겨주었을까? 미래에 대한 낙관성과 자신감을 가져다주었을까? 혹은 장기적인 성과에 많은 기여를 했을까?

아마도 그렇지 않을 것이다.

우리 인간은 어렵고 힘든 일을 끈질기게 하는 것을 좋아한다. 왜냐하면 장기적으로 그 방식이 생존에 더 큰 편리함과 이익을 가져다주기 때문이다. 그러므로 이런 심리적 충동을 잘만 이용하면 삶의 질을 근본적으로 개선할 수 있다.

그러나 문제가 하나 있다. 끈기의 이 버전은 많은 사람이 의심하는 것보다 더 미묘하다. 연구자들이 '고집스러움'을 놓고 분석한 끝에 세 가지 심리적 특성이 있음을 발견한다. 그것은 바로 의지력^{willpower}과 마음가짐^{mindset} 그리고 열정이다. 이것을 습득하는 데도 역시 지름길은 없다. 높은 성과를 지속적으로 내려면 이 세 가지 특성을 모두 갖추어야 한다.

의지력을 다루는 법

의지력은 자신을 통제하는 힘이다. 산만해지지 않고, 집중하고, 거기에서 오는 만족감을 조금씩 유예하는 능력이다. 하지만 의지력도 유한한 자원이다. 얼마나 유한한 자원인지는 아직 의문으로 남아 있지만 말이다.

심리학자 로우 바우마이스터$^{Roy\ Baumeister}$는 의지력 등급을 에너지 등급과 연결하는 연구를 했는데, 여기에서 나온 결과는 시간이 흐를수록 의지력이 약해지는 이유를 보여준다.[11] 예를 들어 몸무게를 줄이려는 사람이 낮 동안에는 식단 조절을 잘하다가도 결국 잠자리에 들기 직전에 아이스크림의 유혹을 이기지 못하고 굴복한다. 이런 모습은 의사결정의 피로감^{decision fatigue} 즉 일련의 어려운 문제들을 해결해야 하는 압박을 받을 때 단단하던 결심이 시간이 흐를수록 물러지는 현상을 설명해준다.

바우마이스터의 연구조사는 건강한 토론의 주제가 되었는데, 특히 그가 에너지 수치 등급을 글루코스^{glucose●} 수치 등급과 직접 연결했기 때문에 더욱 그랬다. 그런데 이런 세부사항은 상대적으로 덜 중요하다. 최고 수행 상태를 유지하는 사람들에게 물어보면 하루하루가 지나면서 의지력이 조금씩 약해진다는 점에 대부분 동의한다. 이는 에너지 등급이 시간이 지나면서 정상적으로 떨어지는 하락일 수 있고, 혹은 바우마이스터가 만든 용어인 '자아 고갈^{ego-depletion●●}'과 연관이 있을 수도 있다. 어떤 경우에서든 그들은 주어진 일정을 상대로 싸움을 벌인다.

시간이 흐르면서 의지력이 무뎌지더라도 이를 신경 쓰지 마라. 가장 중요하고 어려운 과제부터 차례대로 하라. 이런 접근법을 기업에서는 '못생긴 개구리 먼저 잡아먹기^{eat your ugly frog first●●●}'라고 부른다. 사실 명확한 목표들을 목록으로 정리할 때도 중요도나 난이도 측면에서 중요하고 어려운 것부터 적어야 한다. 하루를 시작할 때면 언제나 명

● 흔히 포도당으로 부르는 대표적인 단당.
●● 스트레스를 견디는 데 필요한 에너지가 소진된 상태.
●●● 우리 속담으로는 '매도 먼저 맞는 게 낫다'라는 뜻.

확한 목표를 적어놓은 목록을 가지고 시작하되, 완수하기만 하면 최고 수행 상태를 가져다줄 과제부터 붙들고 늘어져라. 그러면 그날 하루는 승리로 기록될 것이다.

물론 의지력은 시간이 흐르면서 무뎌지므로 두 번째나 세 번째 '개구리들'은 점점 더 크고 힘들게 느껴질 것이다. 내가 책상에 '어려운 일을 해라'라는 글귀를 붙여둔 이유도 바로 여기에 있다. 이 문구는 인생의 도전과제들을 떠올리게 하지만, 실제 기능은 훨씬 더 작다. 즉 이 문구는 첫 번째 휴식을 취하기 전에 과제 목록에 있는 항목을 추가로 하나 더 하도록 상기시킨다. 만일 내가 날마다 하는 첫 번째 과제가 내가 무슨 책을 쓰든 간에 750 단어 분량의 원고를 쓰는 일이며 두 번째 과제는 강연 연습이라면, 그 문구는 첫 번째 휴식을 취하기 전에 강연 연습까지 이어서 하도록 상기시킨다. 이런 식으로 이 문구는 내가 최고 수준의 에너지를 가지고 있는 동안에 가장 힘든 일을 해치우도록 돕는다.

물론 경고의 의미도 담겨 있다. 사람이 지치면 전전두엽 피질의 활동성이 둔해지며, 성과는 상당한 수준으로 떨어진다. 주의력은 흔들리고 인지는 늦어지며 처리 과정에서 오류가 늘어난다. 창의성도 떨어진다. 에너지가 떨어져 있을 때 사람들은 보통 여러 발상 사이에 있을 수 있는 연관성, 특히 멀리 떨어진 연관성을 찾으려 애쓰지 않는다. 가장 쉬운 선택을 하면서 결과가 어떻든 신경 쓰지 않는다. 그렇다면 어떻게 해야 할까? 만일 당신이 수면 부족에 맞서서 싸우고 있다면, 의지력을 놓고 벌이는 싸움과 동시에 하지 마라.

마지막으로, 글루코스를 둘러싼 소동이 가라앉고 나면 음식을 섭

취해서 에너지 수치 등급을 올리는 것이 의지력을 다시 잡는 데 도움이 된다는 사실이 드러나리라고 나는 생각한다. 그러나 의지력 재설정에는 이것 말고도 '의식 상태를 바꾸어놓는' 것이 반드시 필요하다. 일과가 한창 진행되는 한낮에 의지력을 아침 수준으로 재설정하는 문제를 놓고 최고 수행 상태를 유지하는 사람들과 만나서 이야기를 나눠보면, 그들은 먹는 것과 관련된 이야기는 물론 낮잠과 명상과 운동도 자주 언급한다. 낮잠, 명상, 운동 모두 우리를 의지력이 전혀 고갈되지 않은 아침 수준으로 돌려놓지는 못하지만 우리의 마음 상태를 바꾸고 우리의 신경생물학을 재설정하는 것만큼은 분명하다. 바로 이것이 이 퍼즐 맞추기 게임의 또 하나 결정적인 퍼즐 조각일 것이다.

고정형 마음가짐과 성장형 마음가짐

마음가짐을 두고 내 친구이자 기업인인 피터 디아만디스는 "할 수 있다고 생각해도 틀리지 않지만 할 수 없다고 생각해도 틀린 것은 아니다"라는 말을 했다. 기술적으로 말하자면, 마음가짐은 학습에 대한 우리의 태도를 일컫는다.[12] 당신은 고정형 마음가짐 fixed mindset 을 가질 수도 (즉 재능은 타고나는 것이므로 아무리 노력해서 연습하더라도 재능이 나아지지 않는다고 믿을 수도) 있고, 혹은 성장형 마음가짐 growth mindset 을 가질 수도 (즉 재능이 단지 출발점에 지나지 않으며 노력해서 연습함으로써 모든 것이 달라진다고 믿을 수도) 있다. 그런데 인내를 지속적으로 유지하려면 성장형 마음가짐이 반드시 필요함을 연구 결과가 보여주고 있다.

스탠퍼드대학교의 심리학자 캐럴 드웩Carol Dweck은 감당하기 버거운 과제들과 씨름하는 사람들의 뇌를 스캐닝하면서 고정형 마음가짐을 가진 사람과 성장형 마음가짐을 가진 사람이 각각 보여주는 반응 사이에는 커다란 차이가 있음을 발견했다.[13] 어려운 문제에 맞닥뜨릴 때 고정형 마음가짐을 가진 사람의 뇌는, 마치 그 마음가짐이 머릿속으로 들어오는 정보를 모두 걸러내기라도 하는 것처럼, 활동성이 둔했다. 고정형 마음가짐을 가진 사람들은 재능은 타고나는 것이라고 믿으므로 문제를 해결할 수 있을 거라 믿지 않는다. 그러니 이 사람의 뇌로서는 문제를 해결하는 일에 굳이 에너지를 소모할 이유가 없다. 어려운 문제에 맞닥뜨릴 때 그 문제를 뇌에 아예 등록조차 하지 않는다는 말이다.

반면에 성장형 마음가짐을 가진 사람은 달랐다. 어려운 문제에 부딪혔을 때 뇌에서 폭죽이 터지듯이 많은 점화가 일어났다. 뇌 전체가 바쁘게 돌아갈 정도로 왕성한 활동을 보여주었다. 결과도 놀라웠다. 성장형 마음가짐을 가진 사람은 복잡한 도전과제에 직면해서 더 열심히, 더 오래, 더 똑똑하게 일하면서 더 다양한 문제 해결 전략을 동원한다. 이들은 또한 몰입 상태로 들어가서 그 상태를 유지하는 데도 훨씬 시간을 적게 들이고 또 쉽게 그렇게 한다.

몰입 상태를 약간 강화하는 것은 집중으로 이어진다. 고정형 마음가짐을 가진 사람은 실수를 하면 그 실수에 집착하는 경향이 있는데, 그 바람에 집중력이 흐트러지고 만다. 하지만 성장형 마음가짐을 가진 사람들은 그렇지 않다. 그들은 '살다 보니 별일을 다 겪네' 하는 태연한 마음으로 살아가고, 그 덕분에 몰입 상태는 더 강화된다.

그런데 이 지점에서 결정적인 의문을 던질 수 있다.

성장형 마음가짐을 어떻게 가꾸어야 할까?

호기심이 첫 번째 단계다. 계속 질문하고 학습하면, 학습 그 자체가 불가능하다는 생각이 들기 어렵다.

그다음에는, 이 기초 위에 자신의 개인사 목록을 만들어라. 자신이 어떤 기술을 갖고 있는지 목록을 만들어라. 아마도 그 기술들 자체는 그다지 중요하지 않을 가능성이 높다. 그러나 그 기술들을 처음에 배울 때는 분명 무언가를 인식하려고 노력했다는 점이 중요하다. 매우 구체적으로 파고들어라. 보이지 않는 기술을 찾아내라. 보이지 않는 기술이란 무엇일까? 예를 들어 상대방이 제기하는 어떤 주장을 무력화하는 방법을 알고 있는가? 이런 재능은 적성검사에서는 나타나지 않지만 실제 상황에서는 놀라울 정도로 쓸모가 많다.

목록이 완성되면 그 목록을 바탕으로 모든 것을 되짚어보아라. 가지고 있는 모든 능력을 낱낱이 해체해서 분석해라. 그 기술을 어떻게 배웠는가? 가장 처음에 배운 것은 무엇이었나? 두 번째 배운 것은? 세 번째 배운 것은? 네 번째, 다섯 번째는? 다른 모든 기술 하나하나에 대해서도 모두 똑같이 해라. 그리고 그렇게 확인한 것들에서 공통점을 찾아라. 만일 이렇게 해서 공통점을 찾는다면 거기에서 학습 방식에 대한 어떤 감을 포착할 것이다. 이렇게 되면 당신은 어떤 어려운 환경에서라도 자신도 알지 못하는 사이 무언가를 학습할 수 있음을 깨달을 것이다. 이것이 바로 당신에게 일어날 핵심적인 변화다. 학습할 수 있음을 믿고 나면 학습할 수 있는 모든 것에 호기심을 가지게 되며, 성장형 마음가짐을 정기적으로 활용해서 가장 큰 이익을 추구한다.

처음의 열정과 나중의 열정

우리는 이 입문서를 열정을 탐구하는 것부터 시작했는데, 열정 이야기를 다시 할 때가 되었다. 열정은 끈기를 논의하는 과정에서는 빼놓을 수 없이 중요한데, 열정이 없다면 여러 해 동안 줄기차게 인내를 발휘할 수 없기 때문이다. 석 달 동안 연속으로 새벽 3시까지 일하면 금방 지치고 만다. 그러나 작가 존 어빙John Irving이 고집스러움과 관련된 조언을 하면서 퉁명스러울 정도로 직설적으로 "집착하고, 또 집착해라"라고 말했던 이유도 바로 여기에 있다.[14]

불행하게도 어빙의 조언이 언제나 도움이 되지는 않는다. 문제는 진정한 열정이 맨 처음에는 전혀 진정한 열정으로 보이지 않는다는 점이다. 열정의 귀감을 떠올려보라고 하면 사람들은 대부분 백보드를 깨버릴 기세의 벼락같은 덩크슛을 꽂아대는 르브론 제임스Lebron James가 걸어 온 길을 떠올린다. 혹은 헝클어진 헤어스타일을 한 채로 금방이라도 머리에 쥐가 날 것만 같은 복잡한 방정식을 칠판에다 끄적이는 아인슈타인을 떠올린다. 우리는 그들에게서 불같이 강한 야망과 이마에 맺힌 땀방울을 본다. 그러고는 생각한다. 나는 절대로 그런 사람이 될 수 없을 것이라고.

그러나 그들도 우리와 다르지 않았다. 이 사실을 알아야 한다.

처음 단계의 열정은 나중 단계의 열정과 다르게 보인다. 르브론에게 처음 단계의 열정은 어땠을까? 자그마한 체구의 꼬마가 커다란 링 앞에 서서 어떻게든 슛을 성공하겠다고 애를 쓰는 모습, 바로 그것이었다. 시작 단계에서 열정은 여러 개의 호기심이 겹쳐져서 약간의 성공을 거두는 것일 뿐이다. 그렇다, 궁극적인 목표는 '집착하고, 또 집착하는 것'일지 모르지만, 우리의 여정이 시작되는 출발점은 '호기심을 가지고, 또 호기심을 가지는 것'이다.

두 번째 사항에 대해 특히 언급해야 할 것 같다. 바로 열정이 늘 즐겁지만은 않다는 사실이다. 열정은 안으로는 좌절감처럼 느껴지고 겉으로는 집착처럼 느껴지는 경우가 꽤 많다. 최고 수행 상태를 유지하려면 엄청나게 많은 불안과 압박감을 너그럽게 받아들이는 방법을 배워야 한다. 대부분 시간 동안 열정은 불안과 압박으로 느껴지기 때문이다. 열정이 사람을 끈기 있게 만들지 않는다. 열정은 끈기 때문에 생성되는 모든 부정적인 감정을 우리가 너그럽게 받아들이도록 만들어주는 것이다.

성장형 마음가짐을 가질 때 우리는 여러 가지 부정적인 모습을 승리의 신호로 너그럽게 받아들일 수 있다. 성장형 마음가짐은 흔히 하는 발상을 뒤집어 뇌가 고통을 즐거움으로 인식하게 해준다. 또 명확한 목표들을 적은 목록도 도움이 된다.

시시때때로 찾아오는 좌절감을 무시하고 당장의 만족은 미루고 체크리스트에 적은 목표 과제들을 하나씩 지워 나갈 때마다 작은 승리가 하나씩 쌓인다. 작은 승리가 축적될 때마다 느끼는 작은 즐거움은 도파민 덕분이다. 열정은 작은 승리들을 낳고, 작은 승리들은 도파민을 분출하며, 도파민은 시간이 흐르면서 성장형 마음가짐이 튼튼하게 자리를 잡도록 한다. 그러나 신경화학물질들이 뇌에서 매우 다양한 역할들을 수행하므로, 도파민의 증가는 집중력을 폭발적으로 올리며 몰입 상태를 충동질한다. 그리고 몰입은 시간이 흐르면서 끈기를 생성한다.

왜 그럴까? 몰입의 황홀경은 열정의 고뇌를 상쇄한다. 몰입이 인내에 대한 보상이라면, 이는 엄청난 보상이므로 우리는 아무리 많은 고통도 기꺼이 받아들이려 하기 때문이다.

그렇지만 사실 그 고통은 결코 적지 않다. 그래서 의지력과 동기부여, 열정을 아무리 적절하게 이용할 수 있더라도, 이런 종류의 끈기 있는 인내를 가지려면 철저한 훈련이 필요하다. 아닌 게 아니라 전문가들은 인내력을 키우는 방법에 관한 한 신체 운동을 대체할 만한 것은 거의 없다는 점에 대부분 동의한다. 운동을 해라. 정기적으로 운동을 해야 한다. 스키든 서핑이든 스노보딩이든 해라. 자전거를 타라. 밖으로 나가서 걸어라. 역기를 들어라. 달리기를 해라. 요가를 해라. 태극권을 해라. 무슨 운동이든 해라.

너무도 간단하지 않은가? 물론 말처럼 그렇게 쉽지는 않을 것이다. 피드백이 중요하다. 운동한 기록을 꾸준하게 측정하고 운동할 때마다 강도를 이전보다 조금씩 높여 나가라. 도전과제-기술 균형의 최적점을 늘 유지해라. 작은 승리들을 계속 유지해서 도파민이 꾸준하게 분비되도록 해라.

또 실패에 대비해라. 운동을 할 수 없을 때가 있을 것이다. 몸이 너무 지쳤거나 일이 너무 바쁠 때 혹은 몸도 지치고 일도 바쁠 때가 그렇다. 이런 일은 반드시 일어난다. 이때를 대비해서 따로 계획을 준비해둬라. 늘 하던 대로 오전에 운동을 할 수 없다면 오후에 그 절반의 시간만큼이라도 운동을 해라.

그리고 아무것도 할 수 없는 날에 대비해서 자신만의 '저강도 끈기 훈련법'을 미리 만들어 놓아라. 몸이 너무 지쳐서 아무것도 할 수 없다면 이 훈련을 하면 된다. 내 경우에는 푸시업을 200번 하는 것이다. 오랜 세월 나의 편집자로 일해 온 마이클 와튼$^{Michael\ Wharton}$은 20분 동안 달리기를 한다. 중요한 점은 다른 많은 운동을 할 수 없을 때도 무슨 일이든 끝까지 해낼 끈기가 있음을 상기시킬 수 있도록 충분할 정도로 힘든 운동 방식을 찾는 것이다. 늘 이렇게 상기시켜주는 장치를 마련해두는 것이 중요하다. 시간이 흐르면 이 장치는 고집스러운 끈기를 자동으로 만들어낸다.

좌절이 쌓일 때는 충동자가 필요하다

불가능하다.

좌절감이 '내' 안에 차곡차곡 쌓이는 소리가 들린다.

너무 힘들다. 시간이 너무 많이 걸린다.

머릿속에서 들리는 목소리는 포기하라고 말한다. 머리가 온통 뒤죽박죽이다. 어쩌면 유난히 나만 힘들지도 모른다는 생각이 든다.

그러나 당신은 지금 핵심을 파악했다.

만일 당신이 최선을 다하는 일에 관심이 있다면, 마음속 독백은 원하는 최고의 목표를 지지할 필요가 있다. 사실 성과를 유지하는 문제에 있어서는 의심과 실망이 끊임없이 뒤따르기 마련이어서 자신의 생각을 통제하는 일이 중요하다. 이 문제와 관련해 최고 수행 상태라는 주제를 다루는 심리학자 마이클 저베이스$^{Michael\ Gervais}$는 다음과 같이 설명한다.

"최고 수행 상태에 있는 사람들의 재능과 능력은 대부분 비슷합니다. 그렇지만 이들 사이에서도 성취와 성과의 차이가 나타나는데, 이 차이는 정신력에서 비롯됩니다. 최고 수행 상태는 90퍼센트가 정신력에서 비롯되며, 정신력의 대부분은 자기 생각을 통제할 수 있는 상태에서 나옵니다."[15]

이 주제와 관련해서 내가 좋아하는 '큰 그림 사고방식 big-picture thinking'은 작가 데이비드 포스터 월러스 David Foster Wallace가 했던 놀라운 강연인 "이것은 물이다 This Is Water"에 나온다.[16] 2005년에 케니언칼리지에서 했던 이 졸업식 연설은 표면적으로는 자유주의적인 예술 교육의 가치를 말하지만 실제로는 자신의 생각을 통제하는 것이 얼마나 중요한지 역설한다. 월러스의 목소리를 직접 들어보자.

"나는 대학교를 졸업한 지 20년이 지났습니다. 그런데 이제야 여러분에게 생각하는 법을 가르치는 자유주의적인 예술과 관련된 상투적인 말들이 실제로는 더 깊고 더 진지한 생각으로 나아가는 지름길임을 조금씩 깨닫기 시작했습니다. 생각하는 방법을 배운다는 것은 생각하는 방식이나 내용을 통제하는 방법을 배운다는 뜻입니다. 자신이 어디에 관심을 기울일지, 어떤 경험을 쌓고 그 경험에서 어떻게 의미를 만들지 선택할 수 있도록, 충분히 자기 의식을 선명하게 인식한다는 뜻입니다. 만일 성인이 되었는데도 이런 종류의 선택을 할 수 없다면, 어리석다는 뜻이겠죠. (……) 내가 생각하기에는 이것이야말로 여러분이 하게 될 예술 교육이 다루고자 하는 진짜 가치, 헛소리가 아닌 진정한 가치입니다. 어떻게 하면 안락하고 순조롭고 존경받지만 다른 한편으로는 죽어 있고, 의식도 없는 성인의 삶을 살지 않도록 할 것인가, 또 자기 머리의 노예가 되어 태어날 때부터 타고 난 성정의 노예로 매일 독특하고도 완벽하게 또 마치 제왕이라도 된 것처럼 외로운 삶을 살지 않도록 할 것인가 하는 진짜 가치 말입니다. 이런 말이 과장이나 추상적인 헛소리로 들릴 수도 있습니다. 자, 그럼 구체적으로 살펴봅시다. (……) 대학교 졸업 연설에서 그 누구도 말 하지 않는 것, 성인 미국인 삶을 차지하는 아주 커다란 부분이 있습 니다. 지루함과 늘 똑같은 반복과 소소한 좌절감에 절어 있는 그런 부분입니다. 여기 계신 여러분의 부모님이나 나이가 든 사람들은 지 금 하는 이 말이 무엇을 뜻하는지 너무도 잘 아실 겁니다."

　탁월함은 반복을 요구한다. 설령 열정과 목적을 완벽하게 잘 정렬 해두고 또 자신의 일을 완벽하게 사랑하더라도, 하는 일은 흔히 일별 체크리스트에 일개 항목으로 쪼그라들어 있다. 이것은 최고 수행 상태 가운데서 일정한 부분은 언제나, 월러스가 성인이 살아가는 삶의 특징 이라고 지적했던 것, 즉 '지루함과 늘 똑같은 것의 반복과 소소한 좌절 감'으로 빚어진다는 뜻이다.

　바로 이것이 자신의 생각을 통제하는 일이 그토록 중요한 이유다.

　생각을 통제하는 끈기가 없으면 모든 일상적인 것에서 비롯되는 지루함과 좌절감이 빠르게 당신을 덮칠 것이다. 최고 수행 상태를 경 험한 많은 사람이 결국에는, 자신이 진정으로 사랑하는 일이 있어도 인생을 철저하게 증오하며 살아간다는 매우 불편한 깨달음에 다다른 다. 이것은 새로운 차원의 어려움이다. 열정과 목적이 감옥이 되면 아 주 작은 좌절감도 맹목적인 분노로 타오른다. 이런 이야기는 꿈을 좇는 당신에게 아무도 해주지 않는다. 그래서 결국 머지않아서 당신은 꿈을 좇다가 절벽 아래로 떨어지고 만다.

사실 데이비드 포스터 월러스는 "이것은 물이다" 강연을 하고 몇 년 뒤에 스스로 목숨을 끊었다. 결국 그의 멋진 강연은 자기 생각을 통제하는 싸움이 얼마나 어렵고 힘든지 알려주는 비극적인 증거로 남았다.[17]

좋은 소식도 있다. 과학 학계와 과학자들이 이 문제에 관심을 가지기 시작한 것이다. 지난 수십 년 사이에 자신의 생각을 통제하는 문제는 가장 뜨거운 주제로 자리를 잡았으며, 의미 있는 논의가 빠르게 진행되었다. 여기에 대해서는 세 갈래 접근법이 개발되었는데, 차례대로 하나씩 살펴보자.

자기대화로 부정적인 생각을 없애라

자신의 생각을 통제하고 싶다면 우전 긍정적인 자기대화self-talk부터 시작해야 한다. 마이클 저베이스는 자기대화를 다음과 같이 설명한다.

"생각은 두 종류밖에 없습니다. 우리를 구속하는 생각이 있고 확장하는 생각이 있습니다. 부정적인 생각은 우리를 구속하고, 긍정적인 생각은 우리를 확장합니다. 누구나 이 두 생각의 차이를 느낄 수 있습니다. 스스로 확장되기를 원한다고 칩시다. 그러면 긍정적인 자기대화는 조금이라도 더 넓은 공간을 제공하는 생각을 선택해서 이야기를 펼칩니다."

생각을 구속하는 말은 예를 들어 다음과 같다.

이런 빌어먹을 것들. 나는 이거 도저히 못 하겠어. 내 인생은 왜 이렇게 불공정할까?

이런 말들은 당신의 선택할 수 있는 영역의 폭을 좁히고 당신의 능력을 옭아맨다. 반면에 긍정적인 생각은 반대 방향으로 나아간다. 예를 들어 다음과 같다.

나는 이 문제를 계속 파기로 선택한다. 내가 이걸 맡아서 하겠어. 이 문제에 관한 한 내가 확실하게 능력을 발휘할 수 있어.

이런 긍정적인 생각이 제대로 효과를 발휘하려면 긍정적인 자기대화를 생각보다 훨씬 더 많이 해야 한다. 노스캐롤라이나대학교의 바버라 프레드릭슨Barbara Fredrickson은 이른바 '긍정률positivity ratio'이라는 개념을 발견했다. 부정적인 생각 하나를 상쇄하는 데는 긍정적인 생각 세 개가 필요하다는 것이었다. 그녀는 최근의 어떤 학술지에 다음과 같이 썼다.

"3대 1이 우리가 발견한 임계비율이며, 이것을 넘어서면 긍정적인 감정의 온전한 효과가 나타난다."[18]

이 영향력은 한번 시작되면 많은 힘을 갖는다. 긍정적인 자기대화는 긍정적인 정서로 이어지고, 긍정적인 정서는 우리의 관점을 확장해 일상적인 발상을 넘어서는 행동 계획을 만들어낼 수 있게 해준다. 새로운 행동 계획은 체크리스트에 담긴 지루함과 좌절감의 무게를 덜어준다. 게다가 긍정적인 정서는 회복력을 가리키는 멋진 용어인 '회복효과bounce-back effect'를 유도한다.[19]

여기에서 반드시 알아야 할 점이 있다. 긍정적인 자기대화는 현실에 뿌리를 두어야 한다. 우리가 잘못된 주장으로 자신을 무장하려고 해도 뇌는 속지 않는다. 뇌는 사실인 자기 이야기[self-fact]와 허구인 자기 이야기[self-fiction] 사이의 잘못된 연결을 탁월하게 포착한다. 허구의 사실을 확실하게 단언할 때 역효과가 나타나는 이유도 바로 여기에 있다.[20] 자신에게 백만장자라고 말을 하지만 실제로는 가난한 노동자일 때, 거짓말임을 뇌는 잘 안다. 우리의 뇌는 긍정적으로 단언하는 환상과 실제 현실 사이의 불일치가 너무도 크다는 걸 깨닫는데, 이때는 동기부여가 오히려 떨어진다.

자신과 대화를 나누어서 기운을 북돋는 가장 좋은 방법은 진실인 것만 자신에게 이야기해주면 된다. 만일 비슷한 도전과제에 맞닥뜨려서 성공한 적이 있다면, 바로 그 지점에서 시작해라. 실제 정보가 뉴에이지[New Age]●의 야망을 언제나 이긴다.

부정을 긍정으로, 감사의 힘

인간의 감각은 1초에 1,100만 비트의 정보를 수집한다.[21] 이 정보는 우리의 뇌가 처리하기에는 너무 많다. 그래서 뇌는 주로 새로 들어온 정보를 분류해서 중요한 정보를 쓸모없는 정보에서 떼어내는 작업을 한다. 그리고 어떤 유기체든 간에 가장 중요한 관심사는 생존이므로, 대

● 기존 서구식 가치와 문화를 배척하고 종교, 의학, 철학, 천문학, 환경, 음악 등의 영역의 집적된 발전을 추구하는 신문화운동.

부분의 정보를 거르는 첫 번째 여과지는 편도체 즉 우리 몸의 위협 감지기다.[22]

불행하게도 이 편도체는 우리를 지키려는 목적에 너무 충실한 나머지 부정적인 정보 쪽으로 심하게 편향되어 있다. 늘 위험한 게 없는지 찾아다니는 것이다. 캘리포니아대학교 버클리 캠퍼스의 심리학자들이 했던 일련의 실험에서 사람이 받아들이는 정보의 부정적인 정보와 긍정적인 정보의 비율이 9대 1임이 드러났다.[23] 9대 1이라는 비율은 균형이라는 측면에서 보자면 터무니없이 엉망이다. 그런데 최고 수행 상태는 최상의 조건에서는 거의 나타나지 않는다.

부정적인 생각은 높은 스트레스로 이어진다. 이 생각은 낙관성을 뭉개고 창의성을 억누른다. 뇌가 부정적인 사고로 기울어져 있을 때 우리는 기묘한 것을 놓치고 만다. 기묘함은 패턴 인식의 토대이며, 더 나아가 창의성의 토대다.[24] 창의성이 없으면 혁신도 없고, 혁신이 없으면 불가능한 것을 가능하게 만들 수도 없다.

이 문제를 해결하는 방법이 긍정적인 자기대화다. 그리고 또 다른 방법이 감사하는 마음을 표현하는 것이다. 날마다 감사하는 마음을 표현하면 뇌의 부정적 편향이 바뀌는데,[25] 편도체의 필터가 바뀌어서 뇌는 긍정적인 정보를 더 많이 받아들인다. 이것이 잘 작동하는 이유는, 감사하게 여기는 긍정적인 정보가 이미 일어난 일에 대한 것이기 때문이다. 그 정보는 더 이상 위협 감지기를 작동시키지 않는다.

감사를 표현하기에 가장 좋은 때는 미해결 문제를 확인할 때다. 개인적으로 나는 일과를 마친 뒤, 즉 다음 날에 할 선명할 목표들의 목록을 작성한 뒤에 감사를 표현한다. 그러나 아침에 일어나 스트레스를 많이 받고 있다고 느낄 때는 집필 작업에 들어가기 전에 커피 물이 끓는 소리를 들으면서 첫 번째 일과로 감사를 표현한다.

감사를 표현하는 접근법에는 두 가지가 있다.

첫 번째 방법은 감사한 일 열 가지를 글로 쓰는 것인데, 한 가지씩 쓸 때마다 충분한 시간을 들여서 감사하는 마음을 직접 느낀다. 이때 감사를 전하는 정확한 신체 부위가 어디인지 회상해서 그 감정이 신체의 어디에 있는지 (내장에 있는지, 머리에 있는지, 심장에 있는지) 정확하게 어떤 느낌인지 알려고 노력해야 한다.

두 번째 방법은 감사한 일 세 가지를 글로 쓰되 하나를 한 문단 분량으로 묘사한다. 이 글을 쓰는 동안에 감사를 전하는 신체 부위에 집중해야 한다.

두 방법 모두 효과가 있다. 어느 방법을 택하든 인지에 변화가 일어날 것이고, 정보를 긍정적으로 볼 확률이 높아질 것이다. 이렇게 되기까지 많은 시간이 필요하지도 않다. 연구 결과에 따르면 3주 동안 감사를 표현하면 뇌에서는 신경 재배선이 시작된다.

마지막으로 감사와 몰입 사이에도 강력한 연관성이 있다. 날마다 감사를 표현하는 행동과 높은 수준의 몰입 상태high-flow가 유지되는 생활방식 사이에 직접적인 연관성이 있음을, 연구기관인 플로우 리서치 콜렉티브와 서던캘리포니아대학교의 신경과학자 글렌 폭스Glenn Fox가 진행한 연구조사에서 확인했다. 왜 그럴까? 감사하는 마음에서 나오는 자신감과 낙관성이 불안을 낮춤으로써 능력을 최대한 펼치는 것을 덜 두려워하게 되며 더 높은 수준의 도전과제-기술 균형의 최적점을 (이것은 몰입의 가장 중요한 촉발제이다) 목표로 할 수 있게 되는 것이다.

오롯이 나에게 집중하기

끈기를 개발해서 자신의 생각을 통제하는 데 관심을 가진 사람이라면, 어떤 생각이 나타나는 순간과 뇌가 그 생각에 어떤 감정을 덧붙이는 순간 사이의 시간적인 간극에도 관심이 있을 것이다. 시간적인 간극은 1,000분의 1초다. 그런데 어떤 감정이 덧붙여지고 나면 (그 감정이 부정적일 때 특히) 통상적으로 그 감정을 차단하는 데는 매우 많은 에너지가 소비된다. 그러나 만일 생각과 감정 사이로 비집고 들어갈 수 있다면, 당신은 나쁜 생각을 좋은 생각으로 바꿔서, 단기적으로는 스트레스 반응을 중성화하고 장기적으로는 뇌의 배선 체계를 새롭게 구성할 수 있다.

이것은 마음챙김^{mindfulness} 명상 훈련이 가져다주는 가장 큰 좋은 점들 가운데 하나다. 마음챙김은 자신의 마음에 집중하는 행위로 정신적 훈련이 아니라 인지의 도구다. 어떤 사람이든 생각이 일어나는 상태를 관찰함으로써 생각과 감정 사이의 간극을 알아차릴 수 있는데, 얼마 지나지 않아 단순한 인식 행위도 자유를 가져다준다는 사실을 깨닫는다. 움직일 공간이 있으면 선택할 자유가 있게 마련이고, 이때 사람은 능동적일 수 있다.

마음챙김 명상에도 두 가지 방법이 있다.

첫 번째 방법은 단일대상 명상^{single-point meditation}이다. 자신이 가진 주의력을 단 하나의 대상에 집중하는 것이다. 자기의 호흡, 촛불의 불꽃, 반복되는 단어나 문구, 멀리서 들리는 바람소리……그중 한 대상을 골라 집중하면 된다. 만일 자신이 초심자라면 정보를 받아들일 때 가장 많이 반응하는 유형의 대상을 선택하는 게 좋다. 예를 들어 단어에 마음이 많이 움직인다면 마음을 움직이는 단어를 찾아라. 혹은 운동감각적인 지향이 강하다면 여러 가지 감각에 초점을 맞추어라.

집중할 대상을 선택했으면 가만히 앉아서 그 대상에 집중해라. 우선 하루에 다섯 번씩 해라. 마음이 가장 평온해지는 시각을 선택하는 게 좋다. 하루를 시작하기 전이나 중요한 회의 전 혹은 아이들이 집으로 돌아오기 전의 여유로운 시간이 좋다. 연구조사 결과에 따르면 들숨과 날숨의 길이가 같을 때 교감신경 반응(투쟁-도피)과 부교감신경 반응(휴식-이완)의 균형이 이루어진다.[26] ● 이 균형이 우리를 빠르게 진정시켜준다. 그리고 진정된 마음 상태는 주의력을 더 강하게 만든다.

마음챙김 명상을 5분 동안 하는 것이 편안하게 느껴진다면 시간을 6분이나 7분, 혹은 그 이상 본인이 원하는 대로 늘리면 된다. 연구 결과를 보면 하루에 단 5분의 마음챙김만으로도 스트레스와 불안이 줄어드는데,[27] 더 많은 인지상의 좋은 점들(예를 들어 높은 집중력, 낙관성, 회복력, 정서적인 통제력 등)은 하루 12분에서 20분까지 해야 나타나기 시작한다.[28]

물론 마음챙김 명상을 할 때 초반에는 온갖 잡생각이 들게 마련이다. 하지만 그러려니 생각하고 선택한 단일 대상에 집중만 하면 된다. 생각을 통제하는 능력이 부족하다고 지레짐작하지 마라. 오히려 자신이 통제할 수 없는 생각들이 무엇인지 확인한 다음에 계속 밀고나가라. 이 명상법을 '마음챙김'이라고 하는 이유는 마음을 챙기는 방법을

● 교감신경은 신체가 위급한 상황일 때 이에 대처하는 기능을 하고, 부교감신경은 에너지를 보존하는 기능을 한다.

배우는 것이기 때문이다. 강력하고 사나운 생각을 통제하는 것이 목표가 아니라 '강력하고 사나운 생각을 통제하는 게 어렵구나' 하고 깨닫는 것이다. 달리 말하면, 자기 생각을 통제하는 끈기를 개발하는 최고의 방법은 실제로 얼마나 통제할 수 없는지 깨닫는 것부터 시작한다.

두 번째 방법은 감각개방 명상^{open-senses meditation}이다. 이 방법은 머릿속으로 들어오는 온갖 생각에 모든 주의를 기울이는 것이다. 머릿속에서 펼쳐지는 쇼를 구경하되 참여는 하지 마라. 창의성에 유리한 단일대상 명상은 수렴적 사고를 드높이며 확산적 사고를 억누른다. 그런데 감각개방 명상은 이것과 반대다.[29] 만일 사방으로 펼쳐지는 온갖 연관성을 필요로 하는 프로젝트에 관여하는 건축가라면 감각개방 명상을 하는 것이 좋다. 그러나 계약의 허점을 파고들려는 변호사라면 단일대상 명상을 할 때 쓰는 집중력이 필요하다.

두 접근 방식 모두 뇌를 재훈련시켜서 단순한 교훈 하나를 가르친다. 우리는 대상을 인식하고 관찰하지만 거기에 반응을 보이지 않고 판단을 내리지 않는 것이 인생의 어려운 도전과제를 처리하는 데 가장 효과적이라는 교훈이다. 개인적으로 나는 이 둘을 섞어서 사용하는 방식을 사용하는데, 한 주에 단일대상 명상을 두 차례 하고 감각개방 명상을 두 차례 한다. 내가 즐겨 하는 마음챙김 명상법은 들숨을 쉰 뒤 잠시 숨을 참았다가 입으로만 날숨을 내뱉는 박스 호흡법[30]을 10분에서 20분 동안 한 다음에 감각개방 명상을 10분 동안 하는 것이다. 아쉬탕가 요가를 즐겨 하는데 이 요가는 브레이크댄스를 느린 동작으로 하는 것과 같으며 다른 활동보다도 잡생각이 들지 않는다. 또 아쉬탕가 요가는 호흡과 집중을 강조하기 때문에 요가 선생이 말을 적게 하는데 생각과 감정 사이의 간극을 확장하는 방법을 배우려는 사람에게는 이런 점이 매우 중요하다. 그렇지만 나에게 잘 맞는 방법이라 해도 다른 이에게도 잘 맞을지는 모른다. 사람마다 맞는 방법이 모두 다르니 실험을 통해 자신만의 방법을 찾아라.

끈기로 공포를 극복한다

위대한 서퍼인 레어드 해밀턴 Laird Hamilton 을 처음 만난 때가 2000년대 초반이었다. 당시에 나는 잡지 〈ESPN〉으로부터 해밀턴을 인터뷰해달라는 청탁을 받았다. 이 인터뷰는 총 서른 명이 넘는 나이든 액션 스포츠 선수들을 다루는 기사의 한 부분으로 들어갈 예정이었으며, 잡지 편집자가 보기에 그들은 그동안 쌓았던 전설적인 경력을 뒤로하고 곧 은퇴할 나이였다.[31] 그런데 문제는 해밀턴은 은퇴는 생각도 하지 않고 있다는 점이었다.

우리가 만났을 당시 해밀턴은 막 견인 서핑 방식 tow-in surfing● 을 개발했을 때였으며, 자기 소유의 최초 수중익선 hydrofoil●● 을 건조했고 또 패들 서핑 paddle surfing●●● 을 막 생각하기 시작하던 참이었다. (이 세 분야는 그로부터 얼마 지나지 않아 액션 스포츠의 미래를 바꾸어놓았다.) 그러나 〈ESPN〉은 레어드가 한물갔다고 확신하고서는 나에게 전성기를 지나

● 제트스키와 같은 동력 장치를 이용하는 서핑 방식.
●● 선체 밑에 날개가 있어 고속으로 달릴 때 선체가 물 위로 떠오르는 배.
●●●보드 위에 서서 노를 사용하는 서핑 방식.

고 난 느낌이 어떤지 물어봐달라고 한 것이다. 나는 그때 기자로서 강한 본능을 느꼈다.

당시에 해밀턴은 액션 스포츠의 황제이자 거친 사나이 중의 거친 사나이로 널리 인정받고 있었으며, 기자들에게는 특히 통명스럽다고 소문이 나 있었다. 나는 겁이 났다. 아닌 게 아니라 그는 기대한 것과 다르지 않은 모습을 보여주었다.

그는 기자들에게 '이런저런 짓들'을 시키는 걸 좋아했다. 그 가운데 세 가지 '짓'은 기자에겐 필수과목이었다. 첫 번째는 서핑이었고, 두 번째는 제트스키였다. 다행히 서핑은 어렵지 않았다. 파도가 대체로 잔잔했기 때문이다. 그때 파도가 약간 높게 일었는데, 그는 제트스키로 파도를 넘어가는 방법을 가르쳐주겠다고 했다. 그때까지만 하더라도 나는 제트스키를 한 번도 타보지 않았지만, 그에게 그건 문제가 되지 않았다. 해밀턴은 시범을 보여준다면서 나를 제트스키 뒷자리에 태우고 바다로 나갔다. 우리는 바다 위를 훨훨 날아다녔지만 당시의 나는 제트스키의 빠른 속력에 전혀 준비가 되어 있지 않은 상태였다.

내가 열두 살 때였다. 친구 형이 더러운 자전거 뒷좌석에 나를 태우고는 자신이 낼 수 있는 최대 속도로 숲길을 달렸다. 그러다가 어느 한순간 그가 핸들 조작을 잘못했고, 내 몸은 허공을 날아서 나무에 처박혔다. 여기저기 긁히기만 했고 부러진 데는 없었지만 그 일로 나의 배짱은 확실히 부러지고 깨졌다. 그때 이후로 다른 사람이 조작하는 탈것 장치의 뒷자리에 앉는 일은 나에게는 어마어마한 용기를 내야만 하는 무서운 일이 되었다. 특히 남이 운전하는 자동차에 타는 일이 그랬다. 제트스키 경험도 그랬다. 나는 5분 동안 끔찍한 공포를 느꼈고,

더는 탈 수 없었다. 그러나 특별한 건 없었다.

레어드 해밀턴을 만났을 무렵에 나에게 공포는 익숙한 경험이었다. 어쩌면 그것이 나에게 가장 익숙한 경험인지도 몰랐다. 나는 늘 겁에 질려 있었다. 공포는 내 인생에서 변수가 아니라 상수였다. 나는 공포도 공포에 질리는 내 모습도 지독하게 싫었다. 나 자신이 겁쟁이에 패배자로 느껴졌다. 공포를 느끼는 감정을 얼마나 싫어했던지 나를 무섭게 만드는 것은 무엇이든 직접 해보겠다는 시도를 막 시작했었다. 공포의 부끄러움을 안고 살아가기보다는 나를 무섭게 만드는 것을 직접 해보는 게 차라리 더 쉬웠다. 이런 마음을 가지고 있었기에, 해밀턴이 운전하는 제트스키를 탈 수 있었다.

해밀턴은 제트스키에서 튕겨나가도 나에게 일어날 최악의 상황은 그저 숨이 턱 막히는 것뿐이라고 장담했다. 시속 약 80킬로미터 속에서 그의 말이 진짜인지 아닌지 확인해보기로 마음먹었다.

스키점프에서 몸을 날렸고, 물에 떨어졌다. 정말로 숨이 콱 막혔다. 그것 말고 다른 일은 아무 것도 일어나지 않았다. 해밀턴이 제트스키를 돌려 나를 건져 올리면서 했던 두 단어의 말이 공포에 대한 나의 생각과 관계를 완전히 바꾸어놓았다.

"당신도 역시 You, too."[32]

그가 했던 이 말은, 액션 스포츠의 황제이자 거친 사나이 중의 사나이인 그도 과거에는 공포에 사로잡혀 있었다는 뜻이었다. 그도 공포를 느끼는 자신의 모습이 지독하게 싫었던 것이다. 그도 공포에 정면으로 맞서는 방법을 나중에야 터득했다. 나로서는 신선한 사실이었다. 나는 용감함은 두려워하지 않는 것이고 '남자'라면 당연히 가져야만 하는 감정이라고 생각했다. 조금 더 구체적으로 말하면 두려움을 전혀 느끼지 않아야 한다고 생각했다. 공포도 괜찮은 감정이라고 받아들여야 한다는 사실을 전혀 몰랐던 것이다.

다시 해밀턴과의 그 해변으로 돌아가보자. 그는 나에게 이런 설명을 보탰다.

"공포는 내 인생에서 가장 흔하게 경험하는 감정입니다. 나는 지금까지 너무도 오랫동안 두려움 속에서 살아왔습니다. 솔직히 말해 공포를 느끼지 않은 적이 한 번도 없었던 것 같습니다. 그러나 공포에 어떻게 대처하느냐에 따라서 모든 게 달라집니다."

그의 말은 백 번 천 번 옳다. 불가능한 일에 관심을 가진다면 어려운 도전에 관심을 가지는 것이고, 자연스럽게 공포를 느낄 것이다.

공포는 근본적이고 피할 수 없는 감정이다. 우리는 모두 공포를 느낀다. 이 감정에 어떻게 대처하느냐에 따라서 모든 게 달라진다.

내가 만난 성공한 사람들은 모두 무언가를 향해 전력으로 달린다. 왜 그럴까? 이유는 단순하다. 공포는 환상적인 동기요인이다. 공포를 회피해야 할 위협이 아니라 적극적으로 맞서야 하는 도전과제로 대하는 법을 배울 때 우리 인생이 크게 달라질 수밖에 없는 이유도 여기에 있다. 이 접근 방식은 가장 기본적인 충동인 안전과 보안에 대한 욕구를 사로잡은 다음 우리에게 유익한 이익이 따라오도록 한다.

그 결과, 집중력은 저절로 생긴다. 인간은 자신을 무섭게 하는 대상에 자연적으로 주의력을 기울인다. 어떤 것이 우리를 공포로 몰아넣을 때 그 공포에 집중하지 않을 수 없다. 공포는 주의력을 충동질한다. 이것은 정말 대단한 사실이다. 평소에는 1톤의 힘을 필요로 하는 일일지라도 공포에 맞설 때는 적은 힘으로도 자동으로 그 일을 처리한다.

이와 비슷한 맥락인데 모든 강력한 감정들은 기억 보유^{mnemonic} ^{retention} 역량을 높여주며, 이런 점에서는 공포가 으뜸이다. 여러 연구 결과에 따르면 사람은 좋은 경험보다 나쁜 경험을 더 잘 기억하는데, 이것은 공포를 동기요인으로 사용할 때 집중력은 저절로 생겨나면서도 학습 효과가 더 높아진다는 말이 된다.

중요한 점은 공포는 최고 수행 상태에 도달하는 데서 변수가 아니라 상수로 작용한다는 사실이다. 만일 공포를 느끼면서 일하는 법을 배우지 않는다면, 무슨 일을 하든 공포는 당신을 따라다니면서 괴롭힐 것이다. 그러나 만약 당신이 공포에 동반되는 그 모든 에너지를 사용해서 단기적으로는 집중력을 높이고 장기적으로는 공포를 방향을 가리키는 표지판으로 이용한다면, 끈기의 여러 기술에 또 하나의 강력한 힘을 보태는 셈이 된다.

공포를 연습하라

크리스틴 울머$^{Kristen\ Ulmer}$는 역사상 최고의 스포츠 선수들과 최고로 용감한 사람들 가운데 한 명으로 손꼽힌다. 산악 스키인이며, 빙벽 등반가이자 암벽 등반가이며, 불가능한 일을 가능한 일로 바꾸어놓은 길고 긴 경력의 패러글라이더이다.[33] 1990년대와 2000년대 초에 울머는 12년 연속으로 '최고의 여성 익스트림 스키어'로 선정되었는데, 이런 기록은 스포츠계에서도 매우 드문 일이다.

　그랬던 울머는 갑자기 진로를 바꿔 세계 최고 수준의 공포 전문가가 되어 1만 명이 넘는 사람에게 공포 관련 개인 지도를 해왔다. 공포와 맺고 있는 관계를 바꾸는 첫걸음은 '공포 연습'을 정기적으로 실천하는 것이라고 울머는 믿는다. 이와 관련해서 울머는 다음과 같이 설명한다.

　"모든 사람이 똑같은 문제를 안고 있습니다. 편도체가 유입되는 모든 정보를 여과할 뿐만 아니라 그런 여과 장치의 대부분은 기억도 하기 어려운 어린 시절에 형성되었다는 문제입니다. 그것은 어떤 결과로 나타날까요? 흔히 자신이 느끼는 감정이 공포인지 알아차리지도 못합니다. 그래서 공포는 잘못 해석되고 엉뚱하게 쓰여 비난, 분노, 슬픔 혹은 비이성적인 생각이나 행동으로 나타나는 겁니다."

　이런 현상을 극복하려면 우선 자신이 느끼는 공포를 인식하는 기술을 개발해야 한다.

　"몸에 드러나는 공포, 즉 근육운동 감각을 알아차리는 일부터 시작해야 합니다. 정서적인 불편함 혹은 심지어 신체적인 불편함이 어디에 위치하는지 발견하라는 말입니다. 그다음에는 거기에 집중하는 게 아니라 몸으로 그것을 느끼는 데 시간을 써야 합니다. 마음(정신)에 신경을 쓰는 것과 몸(신체)에 신경을 쓰는 것은 매우 다릅니다. 불편함을 있는 그대로 받아들이세요. 불편함을 마치 친구처럼 대하고, 또 무엇을 말하려 하는지 확인하세요. 이렇게 하면 공포는 생각하는 만큼 불쾌한 감정이 아님을 깨달을 겁니다. 정말 불편하고 불쾌한 것은 공포를 회피하고자 하는 것입니다. 그러나 일단 공포의 감각에 모든 주의력을 집중하면, 공포는 스르르 사라져버립니다. 물론 생각하는 것만큼 쉬운 일은 아니지만 이런 식으로 신체 감각에 직접적으로 집중하면 실제로 그 감각이 흩어져버립니다."

울머는 동시에 공포와 관련된 언어를 바꾸라는 조언도 한다. "무섭지만 한번 시도를 해봐"라고 말하지 말고 "무서우니까 한번 시도를 해봐"라고 말하라는 것이다. 공포를 흥분감으로 혹은 집중에 도움이 되는 어떤 감정으로 바라보아라. 울머는 이렇게 제안한다.

"공포를 놀이 친구처럼 대하면 됩니다. 그러면 공포는 해결해야 하는 골치 아픈 문제가 아니라 음미할 유쾌한 대상이 됩니다."

공포를 친구로 삼기로 마음먹었으면 관계를 강화할 차례다. 레어드 해밀턴은 앞으로 나아가는 최고의 방법은 위험 감수를 정기적으로 연습하는 것이라고 믿는다. 그래서 그는 다음과 같이 설명한다.

"일단 공포에 맞서고 나면, 상상 속의 공포가 실제 공포보다 훨씬 크게 부풀려졌음을 금방 깨닫습니다. 공포는 많은 에너지 소모가 필요한 값비싼 감정입니다. 그런데 상상 속의 공포가 실제보다 훨씬 과장됐음을 깨달으면, 고작 이 감정에 많은 에너지를 낭비할 이유가 있을까 하고 깨닫습니다. 공포에 맞섬으로써 몸은 공포의 크기를 있는 그대로 재측정해서 축소하고, 다음에 그와 비슷한 것에 맞닥뜨릴 때는 예전보다 더 작은 반응을 보입니다."

그렇지만 실제로는 어떻게 공포에 맞설 수 있을까?

과학이 밝혀낸 바로는 공포에 맞서는 방법은 두 가지밖에 없다. 심리학자들이 '체계적 둔감법 systematic desensitization'이라고 부르는 점진적인 방법과 심리학자들이 '홍수법 flooding'이라고 부르는 급작스러운 방법이다. 어떤 방법이든 과정은 같다.

첫째, 울머가 제안했던 것처럼 자기 신경 체계 안에 존재하는 공포를 파악하는 법을 배워라. 몸의 긴장으로 파악할 수도 있고 사고 패턴의 긴장으로 파악할 수도 있다. 그다음에는 그것과 비슷한 느낌을 주었던 다른 것과 맞닥뜨렸던 여러 상황을 생각하고, 차례대로 그 상황을 극복해라. 그 과정에서 어떤 방법으로 극복했는가? 첫 번째 시도에서는 어떤 심리적 기술들을 사용했는가? 일단 그 기술들을 확실하게 알면, 그 기술들을 반복해서 연습해라.

예를 들어 사람들 앞에서 연설하는 상황을 보자. 이런 경험을 할 때마다 당신은 두려움에 떤다. 우선 그 두려움이 몸과 마음 어느 부분에 있는지 그리고 어떤 모습으로 드러나는지 파악해라. 속이 메스껍고 울렁거리는가? 머릿속이 하얘지는가? 아니면 둘 다인가?

그럼 지금까지 살아온 과정에서 이것과 비슷한 감각을 느꼈지만 결국에는 잘 대처했던 때를 떠올려보아라. 어떤 친구를 상대로 어렵지만 꼭 해야만 하던 이야기를 꺼내기 전에 당신은 머릿속이 하얗게 변했고 속이 울렁거렸다. 그러나 과거의 나쁜 감정들을 털어내는 어려운대화를 하고 났을 때 두 사람의 우정은 더 돈독해지지 않았던가?

마지막으로 어떤 심리적 기술들이 처음 시도에서 도움이 되었는가? 친구에게 어려운 이야기를 꺼내기 전에 심호흡을 열 번 했는가? 그게 효과가 있었다면 당장 심호흡 기법을 연습해라. 자기인식과 정서 지능이 효과가 있었는가? 그렇다면 이 기술들도 훈련해라.

심리학자 마이클 저베이스도 우리에게 다음 사실을 상기시킨다.

"개선 정도를 판단하는 방법을 알아야 합니다. 이런 기술들을 얼마나 잘 구사했는지, 그 기술들 덕분에 심리적 공간이 얼마나 더 많이 형성되었는지 당사자는 당연히 궁금합니다. 공간을 만드는 방법을 안 다는 것은 적대적이고 험난하고 스트레스로 가득 찬 환경에서 대응하 는 방법을 배우는 것입니다."[34]

더 바람직한 사실은, 위험은 몰입을 촉진하는 동기요인이므로 (몰 입 상태에서는 주의가 한 곳에 집중된다) 이런 유형의 정기적인 공포 연습은 이 영역에서 소비되는 시간을 자동으로 늘려준다. 위험을 감수할 때는 우리 몸에서 도파민이 분비되는데, 이것은 탐구적인 행동에 대해 뇌가 보상을 주는 현상이다.

어떤 유형의 위험이든 도파민을 생성할 것이다.[35] 신체적인 위험, 정서적인 위험, 지적인 위험 혹은 창의적인 위험으로도 시도해보라. 사회적인 위험에는 특히 잘 작동할 것이다. 뇌는 사회적인 위험과 신 체적인 위험을 같은 부분에서 처리한다. 하지만 대중 연설에 대한 공 포가 전 세계 최고의 공포이며, 회색곰에게 잡아먹히는 공포처럼 진화 론적인 의미로 설명할 수 있는 공포와는 다르다.

명심해야 할 점은 사람마다 공포를 유도할 수 있는 정도가 다르다 는 사실이다. 레어드 해밀턴은 공포라는 촉발자를 유도하는 데 50피트 (약 15미터)의 파도를 타는 게 필요했을지 모르지만, 나로서는 5피트(약 1.5미터)짜리 파도면 충분하다. 아무리 부끄럼이 많고 온순한 사람이라 고 하더라도 새로운 신체 활동을 하거나 사람들 앞에서 연설하거나 혹 은 낯선 사람에게 잠시 시간을 내달라고 부탁하는 등의 시도를 함으로 써 이 촉발자를 유도할 수 있다. 그리고 며칠 뒤에는 낯선 사람 두 명 에게 그런 부탁을 하고, 다시 며칠 뒤에 더 많은 사람에게 부탁하면 된다. 공포 훈련을 하는 목표는 불편한 것을 편안하게 받아들이려는 것이다. 불쾌한 감각은 사라지지 않겠지만, 그 감각과 이런 훈련을 하는 사람이 맺는 관계는 영구적으로 재조정된다. 바로 이렇게 되기를 우리는 진정으로 바라고 또 그렇게 되도록 노력한다.

공포를 나침반으로 사용하기

불편한 것을 편안하게 여기는 방법을 배울 수 있다면 과정의 마지막 단계를 시작할 수 있는데, 마지막 단계는 바로 공포를 나침반으로 사용하는 방법이다. 최고 수행 상태에 있는 사람들에게 공포는 나아갈 방향을 가리키는 표지판이 된다. 그들 앞에 놓인 것이 당장 피해야 하는 급박한 위협이 아닌 한, 최고 중에서도 최고인 사람들은 흔히 자신이 가장 두려워하는 것을 향해서 곧바로 나아간다.

이유가 뭘까?

다시 또 집중과 몰입이다. 두려움을 주는 대상을 향해 나아갈 때 주의력은 크게 높아지며, 주의력은 몰입으로 이어진다. 몰입 덕분에 나타나는 높은 성과는 공포를 돌파해서 더 큰 도전을 하는 데 도움을 준다. 그러나 더 높은 성과와 진정한 잠재력은 우리가 가진 가장 큰 공포의 반대편에 놓여 있다는 깨달음을 얻었을 때 비로소 나타난다. 공포와 직접 대면함으로써 자신의 역량을 키우며, 불안정하고 통제할 수 없다는 느낌을 주는 상황에서조차도 심리적인 안정을 유지하며 스스로를 통제하는 방법을 배운다.

최악의 상황에서도 최고의 능력을 발휘하는 법

조슈아 웨이츠킨Josh Waitzkin은 최고 수행 상태를 유지하는 박식가다. 영화 〈위대한 승부Searching for Bobby Fischer〉의 실제 주인공인 웨이츠킨은 어린 시절 체스 신동으로 1993년과 1994년에 미국 주니어 체스 챔피언이 되었으며, 열여섯 살이 되기 전에 이미 '전국 체스 달인'으로 불렸다. 그 뒤에 그는 격투기의 세계에 뛰어들어서 세계태극권대회에서 세계챔피언이 되었으며, 다시 브라질 무술인 유술로 관심을 돌린 뒤에 전설적인 파이터 마르셀로 가르시아 문하에서 검은띠 등급을 땄다. 그리고 나중에는 작가가 되어 《배움의 기술The Art of Learning》이라는 책을 출간했으며, 이 책은 어떻게 하면 높은 성과를 낼 수 있을까 하는 문제를 다루는 분야의 고전이 되었다. 최근에는 자신이 습득한 모든 분야의 전문성을 활용해 사람들을 가르치는 일을 하는데, 최고 수준의 운동선수 및 투자자 등과 같은 사람들과 함께 작업한다. 서두를 길게 쓰고 있지만 내가 말하고자 하는 핵심은 조슈아 웨이츠킨은 끈기에 대해서 약간 다른 접근법을 구사한다는 점이다.[36]

웨이츠킨은 인내와 자기 생각의 통제 그리고 공포 극복이 장기적인 성과에 결정적으로 중요한 요소라고 믿지만, 훨씬 더 중요한 요소는 따로 있다고 생각한다.

"가장 중요한 끈기는 최악의 상황에서 최고의 능력을 발휘하는 법을 배우는 것입니다. 이것이야말로 엘리트 등급에 속하는 사람들과 그렇지 않은 사람들을 가르는 결정적인 요인입니다. 이런 유형의 끈기를 따로 떼어내 하나의 기술로 훈련해야 합니다. 이렇게만 할 수 있다면 진정한 힘을 알게 됩니다. 바로 거기에 진짜 힘이 놓여 있습니다. 자신이 가졌는지 미처 알지 못했던 바로 그 힘 말입니다."

심리학자 윌리엄 제임스도 이 말에 동의한다. 100년도 더 전에 미국철학협회에서 했던 연설 "사람이 가지고 있는 여러 가지 에너지^{The Energies of Man}"에서 다음과 같이 지적했다.

평소에 습관적으로 사용하지 않는 에너지 저장고의 존재는 이른바 '세컨드 윈드^{second wind}' ● 라는 현상으로 우리에게 잘 알려져 있습니다. 통상적으로 우리는 첫 번째 피로가 찾아오는 시점에 하던 일을 멈춥니다. 그때까지 '충분히 많이' 걸었거나 놀았거나 일했다고 여기며 하던 일을 멈춥니다. 이 시점까지 축적된 피곤함의 양은 하던 일을 그만두게 만들기에 효과적인 방해물입니다. 그러나 이것은 일반적인 상황에서의 이야기입니다. 만일 이례적인 필요성 때문에 하던 일을 멈추지 않고 계속해야 할 때는 놀라운 일이 일어납니다. 피로가 누적되어 임계점에 다다르면, 그 피로가 점차 혹은 갑작스럽게 사라집니다. 아무 일도 없었던 것처럼 몸이 가벼워지는 겁니다. 우리는 이런 새로운 차원의 에너지를 활용해왔던 게 분명합니다. 이런 경험은 여러 차례 반복될 수 있습니다. 세 번째와 네 번째의 '바람' 이 이어질 수 있다는 말입니다. 신체적인 차원에서뿐만 아니라 정신적인 차원에서도 이런 현상이 나타납니다. 예외적인 상황에서는 극단적인 피로와 고통을 겪으면서도, 자신 안에 그런 힘이 있으리라고

● 격렬한 운동을 하는 중 어느 순간에 고통이 점차 줄어들고 새롭게 활력이 생기는 상태.

는 상상도 하지 못했던 힘이 나타나는 경우가 있는데, 이 힘의 원천은 평소에 사용되던 것이 아닙니다. 왜냐하면 우리는 습관적으로 초기 임계점이라는 그 장벽을 넘지 않기 때문입니다.[37]

다행히도 이런 유형의 끈기를 훈련하는 손쉬운 방법들이 있다. 이게 좋은 소식이라면 나쁜 소식도 있다. 이 방법들을 실천하는 것이 그다지 유쾌하지 않다는 점이다. 사실 최악의 상황에서 최고의 능력을 발휘할 유일한 방법은, 충분히 짐작하겠지만, 최악의 상황에 대비해 훈련하는 것이다.

예를 들어 액션 스포츠 세계에서 사람들이 병원 신세를 지지 않는 여러 비밀 가운데 하나가 극도로 피곤한 상황에서도 균형을 유지하는 법을 알기 때문이다. 이 방법을 훈련하려고 나는 일과를 마친 뒤 극도의 피로감을 느끼기 위해 고강도 줄넘기를 한 다음에 10분 동안 인도 보드Indo Board에 올라서서 균형을 잡았다. 그런데 10분 안에 이 보드가 바닥에 닿으면 처음부터 다시 시작한다. 이것은 극도로 피곤한 상태에서 균형을 잡는 훈련법이다. 최악의 상황에서 최고의 능력을 발휘하게 해주는 이 훈련법 덕분에 나는 치료비를 엄청나게 많이 줄일 수 있었다.

나는 인지 기술 훈련에서도 비슷한 방식으로 접근한다. 새로운 강연 연습을 할 때 언제나 최악의 상황에서 처음부터 끝까지 단번에 한다. 잠을 충분히 자지 못했으며 이미 10시간 동안 일했고 또 체육관에서 힘들게 훈련하고 난 시점을 선택한다. 이렇게 힘든 상황에서 나는 반려견들을 데리고 산에 오르면서 강연 연습을 한다. 만일 언덕을 기어오르면서도 논리 정연하게 말할 수 있다면 어떤 악조건 아래에서도 강연을 잘할 수 있지 않겠는가.

다른 조건에서도 마찬가지다. 최악의 상황에서 최고의 창의성을 발휘하는 법을 배우려면 추가 단계가 필요하다. 그 이유는 생리학적인 차원이다. 조건이 나쁘다는 것은 스트레스가 많다는 뜻이지만, 스트레스 호르몬이 많이 나올수록 정신은 그만큼 덜 산만해진다.[38]

정신의학과 교수인 키스 애블로 Keith Ablow 는 약간의 인지 재구성 cognitive reframing● 으로 이 문제를 해결한다고 설명했다.

"나는 에너지가 모두 고갈되는 번아웃 burnout syndrome ●● 이 오히려 좋은 것이라는 매우 강력한 철학적 입장을 가지고 있습니다. 가치 있는 목표를 위해서 열심히 일해서 녹초가 되었다면, 이런 나의 상태는 오히려 나에게 이득이 됩니다. 이렇게 관점을 바꾸어서 바라본다는 것은 녹초 상태를 부정적인 것에서 긍정적인 것으로 재구조화한다는 뜻입니다. 이렇게 재구조화할 때 에너지 소진에 대한 일정한 면역이 형성됩니다. 재구조화는 녹초 상태의 부산물로 나타나기도 하는 공포와 불안을 누그러뜨립니다. 불안을 조금 누그러뜨리면 숨어 있던 혁신적인 생각이 자유롭게 풀려나 뛰어놉니다."[39]

● 상황, 경험, 사건을 바라보는 방식을 식별하고 변경하는 심리적 기법.
●● 정신적 육체적으로 극도의 피로를 느끼고 이로 인해 무기력증, 자기혐오, 직무 거부 등에 빠지는 증상.

약점도 지울 수 있다

앞의 글에서 우리는 최악의 상황에서 최고의 능력을 발휘할 수 있도록 하는 훈련은 극단적인 압박감 아래에서 수행하는 훈련임을 확인했다. 이런 훈련의 결과로 얻는 끈기는 공포를 통제하고 집중력을 유지하며, 자신의 기술을 최상으로 활용하는 경험을 훈련을 통해 했으므로, 실제 최악의 상황이 펼쳐질 때 능숙하게 대처하도록 해준다. 그러나 이것은 전체 훈련 가운데 절반의 과정밖에 되지 않는다.

나머지 절반은 자신의 약점을 단련하는 것이다. 최악의 상황에서 최고의 능력을 발휘하는 훈련을 하더라도 그 연결 고리에는 언제나 약한 곳이 몇 개씩 있게 마련이다. 바로 이런 잠재적인 실패 지점들은 실제 상황에서도 실패 지점이 된다.

어쩌면 너무도 당연한 말이다. 사람은 자신의 약점을 가장 덜 좋아하며 이 약점을 단련하고 싶은 마음도 가장 적게 든다. 고대 그리스 시인인 아르킬로코스Archilochus가 오래전에 지적했듯이, 위기 상황을 맞닥뜨렸을 때 안타깝게도 "사람들은 자신이 기대하는 수준까지 능력을 발휘하지 못하고 훈련한 수준에서 그치고 만다."[40]

여기에서 다시 한 번 더 공포가 문제로 떠오른다. 공포가 클수록 선택의 여지는 좁아진다. 갈등이나 분쟁 상황에서는 뇌의 반응 속도를 최대한 빠르게 하려고 선택의 가짓수를 제한한다. 극단적인 사례가 '도피-투쟁'인데, 상황이 워낙 급박하다 보니 단 세 개의 선택권만 제시된다. 도망치는 것과 싸우는 것, 그리고 그 자리에 얼어붙은 듯 가만히 있는 것이다.[41] 그런데 이것과 똑같은 양상이 강도는 약하지만 스트레스가 높은 조건에서 펼쳐진다. 스트레스 상황에서 우리가 하는 반응들은 완벽하게 자동화된 반응이다. 예전에 수없이 반복했던 습관적인 행동들이 자동으로 튀어나온다.

바로 여기에 해결책이 있다. 자신의 가장 큰 약점을 파악하고 이 약점을 고치는 것이다. 스키어인 셰인 맥콘키가 산에서 끊임없이 최악의 조건을 찾아다닌 이유, 아놀드 슈왈제네거가 근력 운동을 할 때 언제가 자신의 가장 약한 근육을 강화하는 운동부터 시작했던 이유, 또 노벨상 수상자인 물리학자 리처드 파인만이 말년에 여자와 대화하는 법을 배우겠다고 마음먹은 이유도 바로 여기에 있다. 물론 파인만은 스트립 클럽들을 찾아다니면서 자기의 특수한 약점을 단련하려고 했다. 그러나 이 이야기는 결이 다른 이야기니까 여기까지만 하자.[42]

그런데 자신의 약점을 단련하는 일은 생각보다 쉽지 않다. 인지 편향은 지각에 영향을 주는데, 먼저 자신을 정확하게 파악하기가 어려울 수 있다. 이 문제를 해결할 한 가지 방법은 바로 다른 사람에게 도움을 청하는 것이다. 친구들에게 약점을 지적해달라고 해라. 그런데 친구들이 솔직하게 진실을 말하길 바라겠지만 크게 기대하지는 마라. 이렇게 해서 정리된 약점들 가운데서 가장 많이 언급된 세 개만 있으면 훈련을 충분히 진행할 수 있다. 당신이 가지고 있다고 지적받는 온갖 단점들을 시시콜콜하게 다 들어서 자존감이 땅에 떨어지는 경험을 하지 않아도 된다는 말이다. 정말 중요한 점은 친구들도 편향에 사로잡혀 있을 수 있으므로 반드시 서너 명 혹은 다섯 명 정도의 친구에게 물어보고 이 친구들의 답변에서 공통점을 찾아야 한다는 것이다. 만일 다섯 명의 친구가 한목소리로 어떤 약점을 지적한다면 그 약점을 고치는 일부터 시작하는 게 좋다.

약점은 신체적, 정신적, 인지적이라는 세 가지 범주 중 하나로 묶일 가능성이 높다. 기력이 부족하다면 신체적인 약점이고, 성격이 예민하고 급하다면 정서적인 약점이며, 상황에 맞게 생각하지 못한다면 인지적인 약점이다. 그러나 범주가 달라도 해결 방식은 다르지 않다.

신체적 및 정서적 약점을 단련하는 가장 좋은 방법은 정면으로 그리고 느리게 다가가는 것이다. 한두 주 만에 문제들을 완전히 해결할 수 있다고 기대하지 마라. 오래된 습관은 쉽게 고쳐지지 않는다. 느리지만 점점 나아지는 자신의 모습을 사랑하는 법을 배워라. 예전 습관으로 되돌아가는 일도 일어나기 마련이니 이런 모습조차도 받아들이는 법을 배워라. 그리고 당연한 말이지만, 훈련 과정이 상당히 불편할 것임을 예상하고 받아들여라.

인지적 약점을 고치는 일은 더욱 어렵다. 그러나 조슈아 웨이츠킨은 지속적으로 좋은 결과를 가져다주는 특별한 훈련 방법을 개발했다. 그는 지난 석 달 동안의 자신의 모습을 돌아보고 다음 질문을 하라고 제안한다.

내가 지난 석 달 동안 굳게 믿었던 것들 가운데서 지금은 진실이 아니라고 생각하는 것은 무엇일까?

그리고 이어서 두 개의 핵심적인 질문을 하라고 말한다.

나는 왜 그것이 진실이라고 믿었을까? 또, 어떤 유형의 사고 오류를 저질렀기에 그런 잘못된 결론에 다다랐을까?

이런 유형의 사고 오류들에 특정한 경향이 있다는 게 좋은 소식이라면 좋은 소식이다. 사람은 저마다 맹점을 가지고 있어서 그와 관련된 실수를 한다.

약점들은 각각 근본 원인이 있으므로 우리는 이 근본 원인을 다스림으로써 약점의 전체 범주를 한꺼번에 지울 수 있다.

회복하고 또 회복할 것

끈기에는 탈진과 압도감이라는 부정적인 부분이 그림자처럼 따라다닌다. 번아웃을 단순히 극단적인 스트레스로만 바라보면 안 된다. 번아웃은 모든 것을 뒤엎을 수 있다.

번아웃은 탈진과 우울감 그리고 냉소라는 세 가지 증상으로 확인된다.[43] 번아웃은 스트레스가 반복되고 지속되면서 생기는데 오랫동안 일을 해서 생기는 것이 아니라 특정한 조건들 아래에서 일을 오래한 결과다. 고위험, 통제감 부족, 열정과 목적의 잘못된 연결, 노력과 보상 사이의 깊고 불확실한 간극 등이 그런 조건들이다. 안타깝게도 이런 조건들은 높고 힘든 목표를 추구할 때 자연히 따라오는 것들이다.

그러므로 우리는 회복력에 대해 끈기를 가져야만 하는 이유를 확실하게 짚고 넘어가야 한다. 끈기는 어쩔 수 없이 요구되는 덕목이다. 최고 수행 상태에 있는 사람이 느긋하고 태평스럽게 있기란 어렵다. 탄력이 가장 중요한 때에 가만히 있는 상태가 바로 게으름이다. 우리 마음속에서 열정과 목적이 더 긴밀하게 정렬할수록 우리는 시간이 '낭비'되고 있다는 느낌을 더 강하게 받는다. 그러나 번아웃은 인지 능력을 상당한 수준으로 떨어뜨리므로 (아닌 게 아니라 이런 점은 최고 수행 상태를 지속적으로 유지하는 데서 가장 흔히 보이는 장해물들 가운데 하나다) 투지와 끈기를 가지고서 회복력을 유지해야 한다.

그런데 회복력 전략들이 모두 같은 것은 아니다.

주로 많이 선택하는 전략은 수동적인 회복과 능동적인 회복이다. 수동적인 회복은 예를 들면 텔레비전 시청, 맥주 한 잔 마시기다. 그러나 술은 숙면을 방해하고 텔레비전 시청은 일반적이지 않는 방식으로 뇌를 활성화시킨다.[44] 뇌파가 알파파 범위로 이동해야만 진정한 회복이 가능하다. 그런데 텔레비전 시청은 (회복에 좋은) 대뇌피질 센터cortical center를 닫는 바람에 끊임없이 바뀌는 이미지들이 시각 체계를 과도하게 자극해서 뇌를 알파파 범위에서 (각성 및 경계의 진형적인 뇌파인) 베타파 범위로 밀어넣는다.[45]

능동적인 회복은 정반대다. 뇌가 쉴 수 있도록 하고 신체의 회복을 돕는다. 스트레스 호르몬이 분비되지 않도록 하고 뇌파를 알파파로 바꾼 다음에 다시 델타파로 바꾸어놓음으로써 우리가 몸과 마음을 재정비하도록 해준다. 최고 수행 상태를 유지하는 사람들은 이 능동적인 회복 방식을 적극적으로 실행해서 고압 산소실과 감각 차단 탱크sensory deprivation tanks● 그리고 칼로리 섭취량을 꼼꼼하게 확인하는 영양 전문가 등을 동원한다. 모두 유용한 도구이므로, 관심이 있으면 알아봐도 좋다. 그러나 연구 결과에 따르면 이런 방법들보다 더 단순한 세 단계를 통해서 회복력의 끈기를 확보할 수 있다. 그 세 단계는 다음과 같다.

● 피부와 같은 온도의 소금물을 채우고 빛과 소리를 차단해 그 안에 들어간 사람의 시각, 청각, 후각 모든 감각을 차단하는 장치. 감각 차단 효과를 시험하기 위해 개발됐다.

첫째, 수면을 보호하라. 깊은 델타파 수면은 회복과 학습에 결정적으로 중요한데, 이 수면에서는 기억 공고화$^{memory\ consolidation}$●가 일어난다.[46] 어두운 조명과 선선한 온도가 필요하며 모든 종류의 화면은 없어야 한다. 휴대폰 불빛은 일광과 동일한 주파수 범위 안에 있어서 뇌가 문을 닫고 완전한 휴식을 취하지 못하도록 방해한다. 그러므로 휴대폰도 잠시 꺼두어라. 사람은 대부분 일곱 시간에서 여덟 시간 잠을 잘 필요가 있다. 그러나 사람마다 적당한 수면 시간이 다르므로 자신의 수면 시간은 어느 정도가 적정한지 알아낸 다음에 그 시간만큼은 숙면을 취하도록 해라.

둘째, 능동적인 회복 계획을 세우고 실천해라. 신체 운동, 회복 요가, 태극권, 숲길 산책, 엡솜염$^{Epsom\ salt}$ 목욕, 사우나, 온수 욕조 목욕 등이 전통적인 회복 방식이다. 내가 개인적으로 좋아하는 방식은 적외선 사우나다. 나는 이것을 한 번에 45분씩 세 번 하려고 노력한다. 사우나를 하면서 책을 읽거나 마음챙김 명상을 한다. 사우나는 코르티솔^{cortisol}●● 분비량을 줄여주는데, 사우나를 하면서 마음챙김 명상까지 함께할 때 더 빨리 회복할 수 있다.

셋째, 총체적인 재정비가 중요하다. 더는 뒤로 물러설 수 없는 지점을 모든 사람이 가지고 있다. 만일 당신이 하는 일이 지속적으로 평균치를 밑돌고 좌절의 단계가 점점 높아진다면, 일손을 놓고 며칠 쉬어야 한다. 나는 10주 혹은 12주에 한 번씩 이렇게 한다. 나의 휴식은

● 단기 기억이 장기 기억으로 바뀌는 과정.
●● 급성 스트레스에 반응해 나오는 스테로이드 호르몬 물질.

혼자서 이틀 동안 스키 여행을 가는 것이다. 책을 읽고, 스키를 타고 눈밭을 내려오고, 그 누구와도 대화하지 않는다. 이게 나의 총체적인 재정비다. 당신의 재정비는 무엇인지 알아내라.

그런데 가장 중요한 태도는 이 문제를 정면으로 바라보고 대응하는 것이다. 번아웃은 동기부여와 운동량을 동시에 갉아먹는다. 단기적으로는 만성적인 스트레스가 인지 기능을 방해하므로 일의 성과를 떨어뜨린다. 장기적으로 보면, 문제 해결부터 감정 조절에 이르는 모든 부문에 오랫동안 신경학적으로 악영향을 주어서 불가능에 도전하겠다는 생각 자체를 없앨 수 있다.[47] 그러므로 업무 일정을 연기하면서까지 휴식을 취하는 것이 시간 낭비처럼 느껴질 수도 있지만, 번아웃이 찾아왔을 때 낭비하게 될 시간에 비하면 아무것도 아니다. 만일 당신이 많은 시간이 걸리든 적은 시간이 걸리든 간에 회복의 끈기를 확보하고 나면 그 뒤부터는 예전보다 더 빠른 속도로 나아갈 수 있다.

6장

맹렬함도 습관이 된다

피터 디아만디스는 바쁘게 산다.[1] 나의 친구이자 여러 권의 책(《어번던스》,《볼드》그리고 《컨버전스 2030 The Future Is Faster Than You Think》)을 함께 내기도 했던 저자인 그는 공익재단인 엑스프라이즈재단 XPRIZE Foundation 의 설립자이고 싱귤래티대학교*의 공동설립자이며 22개의 기업을 거느리는 기업가다. 2014년에 〈포춘〉은 그를 '세계 50인의 위대한 지도자들' 가운데 한 명으로 선정했으며, 내기 알기로는 지금도 여전히 그 명예를 누리고 있는 유일한 인물이다. 그러나 우리가 처음 만났을 당시에는 이 모든 것들이 아직은 알 수 없는 미래일 뿐이었다.

●   실리콘밸리의 상위 1퍼센트 인물들이 구글과 미국항공우주국 NASA 의 자금 지원으로 2008년에 설립한 대학교.

피터와 나는 1999년에 만났다. 그때는 우리 둘 다 젊었고 경력을 쌓기 시작한 지 얼마 되지 않았다. 우리가 만난 것은 내가 엑스프라이즈의 초창기에 중요한 기사로 꼽히는 여러 기사 가운데 하나를 썼기 때문이다. 엑스프라이즈는 우주를 개척하겠다는 황당하기 짝이 없는 피터의 시도를 담고 있었는데, 구체적으로는 저궤도 우주선을 최초로 만들어서 정부의 도움 없이 2주 동안 왕복 비행에 두 번 성공하는 사람에게 줄 상금 1,000만 달러를 기부금으로 확보하고 있었다.

재사용이 가능한 우주선은 나사도 만들지 못했는데 될 듯 안 될 듯 애태우며 낮은 가능성만 남기고 있었다. 만일 지구를 떠날 때마다 로켓을 태워 없애지 않고 재사용할 수 있다면 로켓 발사 비용은 획기적으로 줄어들 터였다. 피터는 재사용 로켓이야말로 우주 시대를 여는 첫 번째 발걸음이라고 느꼈다.

나는 이 이야기를 기사로 작성하려고 여섯 달 동안 여러 관계자 및 전문가를 만나서 수십 차례 인터뷰를 했다. 그런데 내가 인터뷰한 모든 사람은 입을 모아 피터가 정신 나간 사람이라고 했다. 재사용이 가능한 우주선은 절대 만들 수 없다는 이야기였다. 나사는 그 작업에 수십억 달러가 소요될 것이며 엔지니어도 수만 명이 필요할 것이라고 말했다. 항공우주업계의 주요 업체들도 한목소리로 나사가 했던 말을 앵무새처럼 반복했다. 다른 점이 있다면 더 화려하고 그럴듯한 표현만 추가되었을 뿐이다. 세계 최고의 전문가들이 하는 말에 따르면 엑스프라이즈가 내건 상금을 따는 일은 절대적으로 불가능하다고 했다.

그러나 그 불가능한 일이 가능한 일로 바뀌기까지는 그다지 오래 걸리지 않았다.

그로부터 채 10년도 지나지 않은 시점에서 개성 강한 우주선 설계자이던 버트 루탄Burt Rutan이 스페이스십원SpaceShipOne을 발사해서 저 궤도에 올려놓았다. 그리고 2주 뒤에 다시 한 번 더 발사했다. 루탄은 1만 명이 넘는 엔지니어를 동원했을까? 아니다. 그 작업에 참여한 엔지니어는 대략 30명이었다. 그 작업에 수십억 달러의 자금이 들어갔을까? 아니다. 실제로 들어간 비용은 2,500만 달러 정도였다. 이렇게 해서 불가능한 일이 가능한 일로 바뀌었으며, 그 사이에 피터와 나는 매우 친해졌기에 그 위업이 달성되는 과정을 가까이에서 지켜볼 수 있었다.

그렇다면 불가능한 일은 실제로 어떻게 보일까?

한 마디로, 익숙한 것으로 보인다.

피터가 우주 개척의 자물쇠를 푸는 데 도움이 되었던 비결은 다음과 같다. 그는 아침에 일어나서 한동안 컴퓨터 앞에 앉아 자판을 두드린 다음에 아침을 먹었다. 그러고는 어딘가로 가서 누군가와 대화를 나누었고, 다시 또 다른 곳으로 가 다른 사람과 대화를 나누었다. 그다음에는 다시 컴퓨터를 열고 자판을 두들겼다. 그러다가 점심을 먹었다. 점심을 먹은 뒤에는 다시 또 어딘가로 가서 다른 사람과 대화를 나누거나 전화통화를 했으며, 그다음에는 다시 컴퓨터를 열고 자판을 두드렸다. 비행기를 타고 이동하기도 했고 체육관에 가기도 하다. 가끔은 샤워를 했으며, 잠을 자고 목욕을 했다. 그는 매일 이런 일을 반복했다. 반복하고 또 반복했다.

바로 이것이 불가능한 일을 수행하는 과정을 가까이에서 바라본 모습이다. 이 과정은 피터에게만 해당되는 게 아니다. 모든 사람에게 해당된다.

탁월함에는 언제나 비용 혹은 대가가 따르기 마련이다. 만약 당신이 세워둔 목표가 위대하다면 사용할 수 있는 모든 시간을 목표에 쏟을 것이다. 그것도 날마다 똑같은 모습으로. 이런 관점에서 보자면 오하이오의 클리브랜드에서 최고의 세탁 장인이 되는 데도 우주 개척의 비밀을 푸는 것과 비슷한 양의 시간과 에너지가 들 것이다. 당연한 얘기다. 어떤 수준에서든 탁월함은 언제나 우리가 가진 모든 것을 쏟기를 요구한다.

그렇다면 불가능한 일을 좇는 사람들은 무엇이 다른 걸까?

내가 아는 한 그것은 세 가지 핵심적인 특성이다. 첫째는 독창적인 전망의 크기다. 놀라운 위업을 우연히 달성하기란 어렵다. 큰 꿈을 꾸어야 한다. 피터는 우주로 나가길 바랐다. 다른 사람들도 우주여행을 나서길 바랐다. 그의 꿈은 터무니없었고 황당했지만, 그의 입버릇처럼 "어떤 것이 진정으로 획기적이라는 사실이 밝혀지기 전까지는 계속 미친 생각일 뿐이다."

여기에 관해서 우리는 이미 앞에서 잘해오고 있다. 당신이 호기심을 열정으로, 열정을 목적으로 바꾸었다면 그리고 또 거대한 변화를 부르는 목적을 세우는 데 정보를 사용했다면, 다른 사람들은 당신을 무언가에 정신을 빼앗긴 사람으로 볼지도 모른다. 그리고 만일 당신이 숙달로 나아가는 길을 걸으면서 토대를 튼튼하게 구축하고 있다면, 그냥 지금처럼 계속 걸어가라. 그 길이 불가능한 일을 가능한 일로 바꾸는 미래로 향하는 길이기 때문이다.

두 번째 특성은 몰입의 절대적인 양이다. 불가능한 일을 좇는 과정은 언제나 길고 긴 여정이다. 몰입은 장기적인 인내의 핵심 요소들 가운데 하나다. 어떤 활동이 만들어내는 몰입의 양은 여러 해에 걸쳐서 한눈팔지 않고 불가능한 일을 기꺼이 좇겠다는 의지와 비례한다. 그러나 이 문제 역시 앞에서 충분히 다루었고 당신은 잘 알고 있다. 이책에서 소개하는 모든 단계는 몰입 상태를 유도하는 촉발자다. 그러니 각 단계를 따라 차근차근 해나가는 것이 몰입 시간을 늘려준다(여기에 대해서는 뒤에서 조금 더 자세하게 다룰 것이다).

불가능한 일을 좇는 사람들이 가지는 세 번째 공통점은 (내가 만든 용어로 말하자면) '습관적인 맹렬함habit of ferocity'이다. 이것은 어떤 도전과제가 나타나든 즉각적이고 자동적으로 대처하는 능력이다. 최고 수행 상태에 있는 사람들은 인생을 살면서 어려운 문제에 부닥칠 때마다 본능적으로 더 적극적으로 나선다. 적극적으로 나서야겠다는 생각을 하기도 전에 이미 그렇게 한다. 최고 중에서도 최고인 사람들은 인생의 장해물에 맞닥뜨리면 가던 길에서 벗어나지 않아야 한다는 강박은 갖고 있지 않고 갖고 있을 필요도 없다. 차곡차곡 쌓인 동기부여 요인들과 잘 훈련된 반사적인 끈기 덕분에 장해물이 나타나는 순간에 이미 자동으로 대처하는 것이다.

이런 점은 두 가지 이유로 중요하다.

첫째, 사람은 자신이 기대하는 수준까지 능력을 발휘하지 못하고 훈련한 수준에서 그치고 만다는 흔한 문제 때문이다. 불안은 기능적 자기공명영상으로 보면 강박 장애와 비슷하게 보인다.[2] 신경망은 규모가 작고, 생각의 순환고리는 융통성이 없으며, 뇌는 자기 주변만을 뱅 뱅 맴돌고, 멈출 수도 없고 새로운 해결책도 없다. 최고 수행 상태로 이어지는 어떤 길에서든 습관적인 맹렬함을 개발하지 않으면 (즉 충동과 목표와 끈기라는 동기부여의 삼총사가 알아서 움직이도록 만들지 않으면) 빠르든 늦든 언젠가는 자신의 공포에 발이 걸려 넘어지고 말 것이다. 이것은 기본적인 생물학의 문제다.

둘째, 불가능한 일이 결코 쉽지 않음은 명백한 진리이기 때문이다. 그러나 당신이 습관적인 맹렬함을 갖추었을 때는 고통에서 비롯되는 에너지를 모두 연료로 전환할 수 있다. 내 친구이자 칼럼니스트인 마이클 와튼Michael Wharton은 고등학생 시절 육상 선수였다.[3] 당시 육상부에는 특이한 방법론으로 선수들을 지도하던 위대한 감독이 있었다. 선수들은 야외로 달리기 훈련을 하러 나가서 앞에 언덕이 나타날 때마다 핵심 달리기 기술인 보폭을 길게 하기와 두 팔을 강하게 흔들기 그리고 두 발을 높이 차올리기에만 집중해야 했다. 속도와 가속도보다 완벽한 기술에 초점을 맞추었는데, 시간이 흐른 뒤에 이 기술이 속도와 가속도를 높여주었다.

물론 처음에는 이 방법이 잘 통하지 않았다. 그 기술이 몸에 밸 정도로 익히는 과정은 믿을 수 없이 힘들었다. 그러나 얼마 지나지 않아 선수들이 배우는 과정에 익숙해지면서 완벽한 기술을 극복해야 할 도전과제로 받아들였고 해결을 위해 적극적으로 나섰다. 그러자 그들의 기술이 늘어났고, 속도가 빨라졌으며, 언덕을 달려 올라가는 일은 아무렇지도 않아졌다.

제법 많은 시간이 흐른 뒤까지도 선수들은 그 사실을 알아차리지 못했다. 그들 앞에 언덕이 나타나더라도, 선수들은 자신이 어떻게 달리는지 깨닫기도 전에 이미 언덕을 절반 넘게 뛰어 올라가고 있었다. 이것은 그 선수들에게 확실한 강점이었다. 대부분의 육상 선수는 언덕을 만나면 기량이 뛰어난 선수도 속도를 늦추기 마련이다. 자동적으로 뇌는 언제 어디서고 에너지를 아끼려고 하기 때문이다. 최고의 선수들만 원래의 속도를 유지하려고 노력한다. 그러나 마이클의 팀은 더 나아가 언덕이라는 도전과제에 맞닥뜨리면 더욱 속도를 내는 법을 배웠다. 바로 이것이 습관적인 맹렬함이다.

습관적인 맹렬함은 인생의 모든 측면에 적용되는 철학이다. 실제 상황에서 적용하기까지는 시간이 좀 걸릴 수 있다. 피터 디아만디스는 "당신이 무엇을 위해서 죽을 수 있을지 확인해라. 확인했으면, 이제는 그것을 위해서 살아라"라는 말을 즐겨 한다. 아닌 게 아니라 실제로 그것을 위해서 살아라, 몇 주고, 몇 달이고, 몇 년이고…… 극단적이긴 하지만 당신이 개발하고자 하는 것은 심리학 용어로 '실천지향action orientation'이다.

실천지향에도 좋은 점과 나쁜 점이 있다. 실천지향은 더 많은 몰입을 생성하는데, 기본적으로 당신이 도전과제-기술의 균형을 갖추도록 촉진한다는 것이 좋은 점이다. 나쁜 점은 이 단계에서는 아무것도 빠르게 일어나지 않는다는 것이다. 당신이 좇는 습관은 힘들기 짝이 없는 것이다. 하지만 그것이 없다면 불가능은 계속 불가능으로 남는다.

윌리엄 제임스는 다른 관점에 서서 습관에 관한 논의를 가지고 심리학 원리를 정립하기 시작한다.[4] 왜 습관이었을까? 왜냐하면 제임스는 인간은 습관의 기계이며 비범한 인생을 살아가는 가장 쉬운 방법은 특별하고 비범한 습관을 개발하는 것이라고 확신했기 때문이다. "행동 하나를 씨로 뿌린 사람은 어떤 습관 하나를 수확하고, 습관 하나를 씨로 뿌린 사람은 어떤 특성 하나를 수확한다. 그리고 어떤 특성 하나를 씨로 뿌릴 때 운명 하나를 수확한다"는 말도 있지 않은가.

지금까지 우리가 배운 거의 모든 내용에서 제임스가 품었던 가설적인 의심이 근거가 있음을 확인해줬다. 즉 그의 조언은 전반적으로 환상적이며 습관적인 맹렬함에 적용될 때 중요성이 배가된다는 뜻이다.

습관적인 맹렬함은 시간 절약의 효과가 있다. 극단적인 성취에 관심을 둘 때 습관적인 맹렬함은 주어진 24시간을 극대화해서 쓰도록 돕는다. 육상선수이던 내 친구 이야기로 다시 돌아가 보자. 대부분 사람들이 달리기할 때 패턴은 특별할 것이 없다. 오르막이 나타날 때, 즉 도전과제의 단계가 높아질 때는 자연스럽게 속도를 늦춘다. 그러나 습관적인 맹렬함이 몸에 배어 있을 때는 자신도 모르는 사이에 최선을 다해 최고의 속도로 달린다. 한 차례의 도전마다 10분을 절약한다면, 오랜 시간에 걸쳐서 무수히 쌓인 10분 덕에 얼마나 많은 시간이 절약될까? 어려운 문제 여러 개를 하루에 푼다고 치자. 이때 절약하는 20분이 1년 동안 쌓이면 수백 시간이 넘는데, 이것은 당신이 다른 사람들과의 경쟁에서 5일의 여유를 가진다는 뜻이 된다.

게다가 습관적인 맹렬함을 개발하면 인지부하도 줄어든다. 우리는 장차 해야 할 과제를 앞두고 걱정하느라 많은 에너지를 소모한다. 그러나 적극적으로 최선을 다하는 맹렬함의 본능이 자동으로 작동하면 시간을 절약할 뿐만 아니라 에너지까지 절약한다. 다시 말하면, 경쟁에서 5일의 여유에 더해 5일을 공략할 탱크의 연료도 그만큼 더 가진다는 말이 된다. 이것이 복리의 복리가 아닐까?

그렇다면 습관적인 맹렬함은 어떻게 개발해야 할까? 이 책에서 소개하는 여러 가지 훈련법을 따르면 된다. 당신이 가진 모든 내재적인 동기요인을 정렬해라. 그다음에는 적절한 목표설정으로 동기요인 축적량을 늘려라. 그리고 끈기의 여섯 단계를 모두 훈련해라.

그다음에는 계속 나아가고 또 나아가라.

그런데 개선된 모습으로 나아가는 것은 어떻게 측정할 수 있을까? 자신이 습관적인 맹렬함을 이미 개발했음은 또 어떻게 알 수 있을까? 어렵지 않다. 누군가가 당신에게 당신이 무엇을 하고 있었는지 물었을 때 지금까지 성취한 내용의 목록이 저절로 나오는 순간, 그 사람과 당신 둘 다 깜짝 놀랄 것이다. 그리고 이제 당신은 무엇을 얼마나 성취하고 개발했는지 알 것이다.

THE ART OF
IMPOSSIBLE

나만의 진실 필터부터
감정까지 설계하라

" 우리가 각자 자신의 하루하루를 소비하는 방식은,

너무도 당연한 얘기지만,

자신의 인생을 소비하는 방식이기도 하다. "

_애니 딜러드Annie Dillard[1]

7장

한계를 깨부수기 위한 조건

높은 성취를 추구할 때 동기부여는 당신을 무한 게임으로 데려가지만 게임을 계속 이어가도록 해주는 것은 학습이다. 당신이 큰 불가능에 관심을 가져서 그 누구도 한 적이 없는 일을 하든 혹은 작은 불가능에 관심을 가져서 당신이 해본 적이 없는 일을 하든 간에, 그 길을 가려면 전문성을 개발해야 한다.

심리학자 게리 클라인 Gary Klein 은 의사결정 문제를 다룬 고전적인 저서인 《인튜이션 Sources of Power》에서 이 점에 착안해 전문가의 눈에는 보이지만 비전문가의 눈에는 보이지 않는 지식의 여덟 가지 유형을 정리했다.

- 초심자는 알아채지 못하는 패턴들.

- 일어나지 않은 이상 현상이나 사건들, 혹은 기대를 깨뜨리는 사건들.
- 복잡한 문제에 대한 큰 그림.
- 일들이 작동하는 방식.
- 가능성과 즉흥성.
- 과거에 이미 일어났거나 미래에 일어날 사건들.
- 너무 미미해서 초심자는 알아채지 못하는 차이들.
- 자신의 한계.[1]

클라인의 목록에 있는 지식이 없다면 불가능한 일은 불가능한 것으로만 남는다. 그 목록의 내용은 불가능한 일의 요소이기 때문이다. 필수적인 지식 기반이지만 이를 쌓는 데는 엄청난 분량의 학습이 필요하다.

평생학습lifelong learning이라는 말은 엄청난 분량의 학습을 가리키는 전문용어다. 평생학습은 두뇌를 훈련시켜 인지 능력이 무뎌지지 않도록 하며 기억 능력도 훈련시킨다. 또한 자신감과 의사소통 기술을 익히고 경력을 쌓을 기회를 늘린다. 그래서 심리학자들은 평생학습이야말로 만족과 행복의 토대라고 생각한다.[2] 그러나 최고 수행 상태에 관심을 가진다면 더 나아가 몰입도 함께 살펴봐야 한다.

우리의 목표가 도전과제-기술 균형 사이에서 보내는 시간을 극대화하는 것이라면, 자신이 가진 능력의 한계를 끊임없이 넓혀야 한다. 즉 계속해서 학습하고 개선하며, 다음 차례에 도전할 과제의 크기를 키워야 한다. 그러나 더 커진 도전과제들을 넘어서기 위해 다시 더 많은 기술 및 지식을 습득해야 한다. 평생학습은 도전과제-기술 균형의 최적점인 움직이는 목표를 따라잡는 방법이다. 이것은 높은 수준의 몰입 상태가 유지되는 생활방식의 바위처럼 튼튼한 토대다.

그러나 바로 이 지점에 어려움이 있다. 학습은 보이지 않는 기술이고 우리는 더 많은 지식을 쌓기 전까지는 무지할 수밖에 없다. 특정 정보를 의식적으로 깊이 파고들겠다는 선택을 했을 때 필요한 경우에 발품을 팔 끈기를 가질 수는 있지만, 전체 과정의 대부분은 온전하게 바라보지 못한다. 학습과 관련된 신경학적 주요 메커니즘들은 (예를 들어 패턴 인식, 기억 공고화, 신경망 구축 등은) 기본적으로 일반인으로서는 먼 나라의 이야기다.

바로 여기에서 중요한 질문이 제기된다.

자신이 바라볼 수 없는 문제를 어떻게 개선한다는 말인가?

8장

성장형 마음가짐과 진실 필터

학습하고자 하는 것 가운데 상당히 많은 것이 기본적인 필요성과 관련이 있다. 스키를 타고 싶은 욕구가 아무리 크더라도 폴과 부츠 그리고 바인딩과 같은 스키 장비가 없다면 스키 타는 법을 깨우칠 수 없다. 학습도 마찬가지다. 더 많은 것들을 배우고 또 학습 속도를 빠르게 높이는 일에 관심이 있어도 먼저 올바른 장비부터 갖추어야 한다. 그 장비란 바로 '성장형 마음가짐'과 '진실 필터'다.

지금부터 하나씩 살펴보자.

성장형 마음가짐에 대해서는 이미 앞에서 한 차례 살펴보았다. 내용을 떠올리는 차원에서 다시 한 번 더 보자. 성장형 마음가짐이 없다면 학습을 할 수 없다. '고정형 마음가짐'은 당사자의 뇌를 지배하는 기본 신경 구조를 바꿔 새로운 정보를 익히는 일을 어렵게 만든다. 그

러므로 학습을 시작하기 전에 먼저 학습이 가능하다는 사실을 믿어야 한다.[1]

또 성장형 마음가짐은 시간을 절약해준다. 즉 뇌는 새로운 지식을 흡수할 준비를 언제나 하고 있으므로 헛수고를 하며 시간을 낭비할 필요가 없다. 또 성장형 마음가짐은 부정적인 자기대화를 막는 중요한 방법인데, 부정적인 자기대화는 여러 발상 사이의 연관성을 발견하는 능력에 악영향을 주기 때문에 학습에 또 하나의 장해물이 된다. 그런데 가장 중요한 점은 성장형 마음가짐을 가지고 있는 사람은 실수를 하면 자신을 비난하는 것이 아니라 실수를 개선의 기회로 삼아서, 더 빠르게 앞으로 나아가며 감정적인 스트레스를 덜 받는다.

올바른 마음가짐이 뇌가 학습하도록 준비를 시킨다면, 올바른 '진실 필터'는 학습 내용을 평가하는 데 도움을 준다. 최고 수행 상태를 유지하는 사람들 가운데 내가 만난 사람들 대부분이 자신만의 진실 필터를 가지고 있었다. 그들은 힘겨운 시행착오를 거치며 진실 필터를 마련했다. 여기에서 줄 수 있는 조언은 진실 필터를 발견하는 과정을 단축하라는 것이다. 최고 수행 상태를 지속적으로 유지하려면 끊임없이 학습해야 한다. 학습에서 성과로 이어지는 과정을 개선하는 최고의 방법은 빠르게 학습하는 방법을 배우는 것이다. 학습 과정을 둘러싸고 있는 메타 기술(기술에 대한 기술)들을 배운 다음에 이것을 이용해 보이지 않는 것이 쉽게 보이도록 하라. 신속하고 정확한 정보 평가를 하는 체계를 마련하면 가능해진다.

나는 나만의 진실 필터를 어렵지만 확실하게 마련했다. 나의 기본 배경은 저널리즘인데, 저널리즘은 과학 및 공학과 나란히 진실 필터가 일의 성패를 좌우하는 산업 분야다. 과학과 공학에서는 과학적 방법론이 진실 필터 역할을 맡았다. 그런데 신문과 잡지는 어떤 정보가 진실인지, 이 정보를 공개해도 되는지 판단할 때는 과학적 방법론이 아닌 다른 지표에 의존한다. 만일 어떤 사람이 당신에게 무언가를 말했다고 치자. 이때 당신은 해당 분야의 전문가 세 사람에게 그 내용이 진실인지 아닌지 확인받을 수 있다. 그들이 모두 진실이라고 대답하면, 당신은 내용이 틀렸을지도 모른다는 부담 없이 기사를 낼 수 있다.

그러나 너무 서두르지는 마라.

2000년대 초에 나는 주요 잡지사로부터 신비체험과 관련된 신경과학을 다루는 기사를 써달라는 원고 청탁을 받았다. 내가 취재를 통해서 발견한 사실들 가운데 하나는 과학자들이 이 분야에서 상당한 진전을 이루어냈다는 점이었다. 예전에는 '신비하다'고 여겨지던 경험들이 비로소 '생물학적 현상'으로 밝혀지기 시작했으며, 이런 사실이 대단한 뉴스처럼 비쳤다. 그런데 여전히 많은 사람이 이 발전에 대해 알지 못하는 이유가 궁금해졌다.

나는 나의 주요 취재원에게 이 질문을 했다. 그러자 그는 문제는 두 사람의 '연구자들'이 (그의 견해에 따르면 이들은 존경할만한 과학자가 아닌 영적인 이야기를 하는 사기꾼이었다) 해당 주제를 다루는 베스트셀러 저서를 이미 여러 권 냈기 때문이라고 대답했다. 이 책들은 엄정해야 할 과학을 수수께끼 같은 통찰로써 흐리멍덩하게 만들었고, 그게 다였다. 과학적 호기심은 형이상학적인 차원과는 거리가 먼 곳으로 흘러갔고, 그러다 보니 결국 이 분야의 연구 자금은 고갈되었다.

이런 정보를 들은 나는 기자로서 해야 할 당연한 행동을 했다. 다른 전문가 세 사람에게 그 정보의 진실성을 확인한 것이다. 그런데 그들 모두 그 정보가 진실하다고 말했다. 세 사람 모두 두 권의 베스트셀러 저서를 낸 두 연구자에 대해서 똑같은 얘기를 한 것이다. 더 확인할 것도 없다고 생각한 나는 이런 정보를 기반으로 기사를 썼고, 이 기사는 세상 사람들에게 공개되었다.

그런데 그 기사가 나간 뒤에 편집자는 내가 이름을 언급한 그 두 연구자 가운데 한 명으로부터 항의 전화를 받았다. 알고 보니 그 사람은 매우 존경받고 또 널리 알려진 신경심리학 박사였으며, 신비체험의 과학을 다룬 그의 책은 베스트셀러도 영적인 측면을 다루는 내용도 전혀 아니었으며 심지어 다른 연구자들이 작성한 동료평가peer-reviewed 문건을 모아놓은 것이었다.

그 사람은 당연히 항의를 할 만했다. 나는 용서를 구했다. 네 사람이 나에게 똑같이 잘못된 사실을 제공할 일이 일어날 확률이 얼마나 될까? 그러나 잘못은 온전하게 나에게 있었다. 추가로 발품을 팔아 더 철저하게 사실 확인을 했어야 함에도 그렇게 하지 않고 훌륭한 과학자를 근거 없이 사기꾼으로 난도질하고 말았다. 내가 가졌던 진실 필터가 비록 미디어업계에서는 표준이긴 했지만 결코 충분하지 않았다.

비록 업계에서는 새로운 정보를 확인할 세 사람에게 물어보는 것이 표준이었지만 나는 앞으로 반드시 다섯 명에게 확인하겠다고 다짐했다. 그때 이후로 어떤 정보든 반드시 전문가 다섯 명에게 사실 확인을 한다. 바로 그때부터 특이한 현상을 발견했다. 어떤 질문을 네 사람에게 할 때 비슷한 대답을 들을 가능성이 높다. 이런 일이 일어나는 이유는, 때로는 내가 질문을 하는 전문가들이 연이어 다른 사람을 대면서 사실 확인을 하기에 적합한 사람이라고 나에게 추천하기 때문이기도 하며, 때로는 해당 분야마다 지배적인 흐름이 있기 때문이기도 하다. 그러나 일부러 따로 시간을 내어서 다섯 번째 사람에게 물어보면, 그는 지금까지 내가 들었던 것과 상반되는 정보를 얘기할 가능성이 있었다. 이 경우에는 상반되는 정보의 사실 확인을 위해 다시 다섯 명의 다른 전문가들에게 물어보아야 한다. 이것이 나의 진실 필터다. 그래서 나는 하나의 질문당 다섯 명의 전문가에게 물어본다. 만일 다섯 명의 의견이 다르면 다시 다른 전문가 다섯 명에게 물어본다.

《볼드》에서 나는 색다른 사례를 제시하려고 일론 머스크의 '제1원칙 기반의 사고방식first principle thinking' 혹은 이른바 '환원주의적 진실 필터reductionist truth filter'를 설명했다.[2] 이 발상의 기원은 아리스토텔레스까지 거슬러 올라가는데, 아리스토텔레스는 '제1원칙'을 '어떤 것이 어떠어떠하다고 알려져 있을 때 알려진 내용의 첫 번째 근거'라고 정의했다. 금방 이해하기 어렵지만, 예를 들어보면 쉽다.

일론 머스크는 태양에너지 사업에 뛰어들지를 두고 고민했다. 그때 그는 이 산업에서 해결해야 할 가장 큰 문제는 태양열 발전이 간헐적으로밖에 이루어지지 않으며, 발전된 전기를 저장해두어야 한다는 점임을 잘 알았다. 태양은 어두워진 뒤에는 빛을 뿜지 않으므로 밤에 사용할 에너지를 낮 동안에 배터리에 모아둘 수 있어야 한다는 말이었다. 그런데 그는 태양에너지 시장 진입 결정을 하기 위해서 그 시장의 상황이나 잠재적인 경쟁자들의 상품을 분석한 내용을 토대로 삼지 않고, 온라인에 접속해서 런던금속거래소London Metal Exchange 홈페이지를 방문했다.[3] 여기에서 그는 무엇을 찾았을까? 그는 니켈, 카드뮴, 리튬 등의 기준가격을 보았다. 배터리를 구성하는 기본적인 요소들에 얼마나 많은 비용이 들어갈지 따져본 것이다. 그는 기술은 끊임없이 개선되고 발전한다는 사실을 알고 있었다. 지금 당장은 아무리 비싸도 나중에는 얼마든지 싸질 수 있었다. 머스크는 이 기본적인 구성 요소들이 매우 싼 가격에 팔린다는 점을 알고서는 장차 기술이 발전할 여지가 매우 많음을 알았다. 이렇게 해서 태양에너지 서비스에 특화된 기업인 솔라시티^{SolarCity}가 테슬라의 자회사로 탄생했다. 바로 이것이 제1원칙 기반의 사고방식이다. 이것은 일종의 진실 필터이며, 더 나은 선택을 더 빠르게 하게 해주는 정보 평가 체계다.

머스크는 로켓 회사인 스페이스엑스를 설립할 때도 이것과 똑같은 접근법을 사용했다. 당시에 그는 우주산업으로 진출할 생각을 하지 않았다. 로켓 구입 비용이 얼마일지 알아보고자 했을 뿐이다. 화성 표면에서 실험을 하겠다는 생각을 했고, 실현하려면 로켓이 필요했기 때문이다. 그는 항공우주산업의 수많은 전문가와 대화를 나누었고, 마침내 6,500만 달러라는 어마어마한 비용이 든다는 사실을 알았다.

그러나 그는 잡지 〈와이어드^{Wired}〉와의 인터뷰에서 밝혔듯이 선뜻 우주산업에 뛰어들었다.

"그래서 내가 말했죠, 좋다고요, 제1원칙에 주목하자고 말입니다. 로켓이 무엇으로 만들어집니까? 항공우주급 알루미늄 합금, 여기에다 티타늄과 구리 및 탄소섬유가 들어가죠. 그래서 내가 이런 재료들의 시장가격이 얼마냐고 물었습니다. 그렇게 따지니까 로켓에 들어가는 재료의 비용은 일반적으로 따지는 로켓 가격의 약 2퍼센트밖에 되지 않더군요."[4]

이렇게 해서 스페이스엑스가 탄생했으며, 그로부터 몇 년 지나지 않아 머스크는 제1원칙 기반의 사고방식을 토대로 해서 로켓 발사 비용을 90퍼센트 넘게 줄였다.

제1원칙 기반의 사고방식과 과학적 방법론 그리고 나의 '5인의 전문가 규칙'은 모두 진실 필터다. 내 것이든 머스크의 것이든 자유롭게 가져다 써도 되지만 이게 싫으면 자신만의 진실 필터를 새로 만들어라. 엄정한 진실 필터를 사용하는 것이 중요하지 그 필터가 누구의 것인지는 전혀 중요하지 않다. 어쨌거나 잘못된 정보를 토대로 해서는 불가능한 일을 가능한 일로 바꾸지 못하기 때문이다.

진실 필터가 제대로 작동할 때 추가되는 이점이 또 있다. 정보를 신뢰할 때는 불안과 의심 그리고 인지부하가 (이 셋은 집중력을 흐트러리고 몰입 상태로 들어가는 능력을 갉아먹으며 학습 자체를 가로막는 삼총사이다) 낮아진다. 새로운 정보에 접근하는 올바른 마음가짐과 정보를 정확하게 평가하는 도구로 기능할 엄정한 진실 필터를 갖추었다면, 당신은 보이지 않는 것들이 잘 보이도록 하는 데 필요한 토대를 이미 닦은 셈이다.

9장

독서의 투자 수익률

성장형 마음가짐은 뇌가 언제든 학습할 수 있도록 준비시킨다. 그리고 진실 필터는 학습한 내용을 평가할 방법을 제시하는데 바로 이 지점에서 질문이 나온다. 학습 소재와 관련된 질문이다.

정확하게 무엇을 가지고 학습해야 할까?

이 질문은 학습에 관심을 가진다면 책에도 관심을 가져야 한다는 힘든 진실 앞에 우리를 데려다 놓는다. 작가의 편협한 이기심으로 보일 수 있지만 불편하더라도 끝까지 내 말을 들어보기 바란다. 디지털 세상에서 내가 선택한 직업과 관련된 가장 불편한 사실들 가운데 하나는 사람들이 더는 책을 읽지 않는다는 말을 너무도 많이 한다는 점이다. 가끔 잡지에 실린 기사나 블로그에 게시된 글을 읽는 정도다. "책 한 권을 읽으려면 대단한 결심이 필요하다"는 말을 너무도 많이 한다.

이런 현상은 놀랍지도 않다. 미국의 국립예술기금^{National Endowment} ^{for the Arts}에 따르면 성인 대부분은 하루에 평균 7분의 독서를 즐거움을 좇아서 한다.[1] 여러 해 전에 퓨리서치센터는 미국 성인의 거의 4분의 1이 지난 한 해 동안 책을 단 한 권도 읽지 않았다고 발표했다.[2]

이는 새삼스러운 이야기는 아닐지라도 학습에 관심을 가지는 사람에게만큼은 충격적인 사실이다. 이렇게 된 이유를 설명하기 위해서 우선 내가 주로 듣는 "책 한 권을 읽으려면 대단한 결심이 필요하다"는 말에 관한 이야기부터 시작해보자. 충분히 맞는 말이지만, 그 결심의 대가로 무엇을 얻을까. 여기에는 가치제안^{value proposition}●을 적용할 수 있다. 독자와 저자는 시간과 생각을 교환한다. 그렇다면 이 거래를 분석해서 정확한 성격을 살펴보자. 블로그의 글(포스트)부터 시작해보자.

평균적인 성인의 독서 속도는 1분에 약 250단어다.[3] 평균적인 블로그 게시글은 약 800단어이므로, 게시글을 읽는 데 3분 30초가 걸린다는 뜻이다. 그렇다면 그 시간을 들여서 독자는 무엇을 얻을까?

내 경우로 보자면 독자는 저자의 약 사흘치 노력을 얻는다.

일반적인 블로그 게시글 하나를 쓸 때 나는 1.5일을 들여서 해당 주제와 관련된 조사 작업을 하고 다시 1.5일을 들여서 원고를 쓴다. 조사 작업은 주로 책과 기사를 읽는 것으로 채워진다. 해당 분야의 전문가들과 나누는 대화도 포함된다. 만일 그 주제가 내가 익히 잘 아는 내용이라면 보통 한두 차례의 대화만으로도 충분하다. 그러나 잘 모르는

● 상품 구입을 유도할 목적으로 상품 구입으로 얻게 되는 편익과 구입 비용 사이의 차이를 설명하는 일.

주제라면 대화의 회수는 서너 번으로 늘어난다. 원고 집필에 들어가더라도 대개는 추가 독서 및 한두 번의 추가 대화가 필요하며, 또 단어들을 맵시 있게 뽑아내고 정렬하는 일은 상당히 어렵다.

이것이 바로 가치의 교환이다. 독자는 3분 30초를 들여서 저자의 노력을 자기 것으로 소화한다. 저자가 들이는 노력은 다음과 같다. 우선 50~100쪽 분량의 내용을 소화한 다음에 작게는 세 시간에서 많게는 다섯 시간을 들여서 이 내용을 놓고 다른 사람과 대화를 나누며, 그 뒤에는 1.5일을 들여서 새롭게 생각해낸 생각들을 덧붙이고 마지막으로는 이 모든 것들을 읽기 좋은 글로 만드는 것, 이것이 저자가 들이는 노력이다.

이제는 잡지의 기사를 살펴보자. 〈와이어드〉나 〈애틀랜틱 먼슬리 Atlantic Monthly〉와 같은 데서 볼 수 있는 그런 기사 말이다. 이런 기사들은 분량이 보통 약 5,000단어인데, 평균적인 사람이 모두 읽으려면 20분이 걸린다. 자, 여기에서 독자가 20분이라는 시간을 들이는 대가로 무엇을 얻을까?

내 경우로 보자면 독자는 저자의 약 4개월 치 노력을 얻는다. 우선 저자는 한 달 동안 조사 작업을 한 다음에 6주에 걸쳐서 전문가들을 만나서 대화를 나누고 (전문가들을 상대로 25회 대화를 나누며, 이것 외에도 25권이 넘는 책을 읽는 저자의 모습을 상상해보라), 그 뒤에 다시 6주에 걸쳐서 원고 집필 및 편집 작업을 한다. 그러므로 어떤 사람이 내가 쓴 기사에 20분을 할애하겠다고 마음먹는 대가로 이 독자가 얻어가는 것은 나의 뇌 및 신체가 약 4개월 동안 쏟았던 그 모든 노력과 결과물이다.

이런 식으로 판단하자면 독자로서 잡지 기사를 읽는 일은 이익이 되는 거래다. 블로그 게시글과 비교하면 독자가 들이는 시간은 다섯 배 늘어나지만, 저자가 들이는 시간은 서른 배 늘어났다. 이 정도면 엄청나게 이익이 남는 거래가 아닌가? 그러나 책을 놓고 보면 완전히 다른 차원의 얘기가 펼쳐진다.

예를 들어서 몰입 및 인간의 궁극적인 성취를 주제로 다룬 나의 책 《슈퍼맨의 부상The Rise of Superman》을 놓고 살펴보자. 이 책은 약 7만 5,000 단어 분량이다. 그러므로 평균적인 독자가 이 책을 다 읽으려면 약 다섯 시간을 들여야 한다. 그렇다면 이 독자가 대가로 얻어가는 것은 무엇일까? 그것은 저자인 내가 인생에서 약 15년 동안 기울인 노력이다.

자, 그럼 이제 정리하는 차원에서 다음 수치들을 보자.

블로그: 3분으로 3일을 얻는다.
잡지 기사: 20분으로 4개월을 얻는다.
책: 다섯 시간으로 15년을 얻는다.

그렇다면 블로그 게시글을 읽는 것보다 책을 읽는 일이 왜 더 나을까? 책에는 지식이 압축되어 있기 때문이다. 만일 당신이 내 블로그에 찾아와서 다섯 시간 동안 내가 올려놓은 게시물들을 게시글당 3.5분의 속도로 읽는다면 약 86편을 읽을 것이다. 그러니까 다섯 시간을 들여서 내 노력의 257일 치를 받아가는 셈이 된다.

그러나 똑같은 다섯 시간 동안 《슈퍼맨의 부상》을 읽었다면 내 노력의 5,475일 치를 받아가는 셈이 된다. 책은 지구상의 그 어떤 매체보다도 지식을 밀도 높게 압축한 결과물이다.《슈퍼맨의 부상》을 읽으며 한 시간을 보낸다는 것은 내 인생의 약 3년을 가져가는 셈이 된다. 이보다 더 이윤이 남는 장사는 여기 말고는 어디에도 없을 것이다.

물론 다른 정보 원천들도 있다. 많은 사람이 책만 읽지는 않는다. 어떤 사람은 강연을 더 자주 듣거나 다큐멘터리 영상물을 자주 볼지도 모른다. 그러나 강연이나 다큐멘터리 영상물은 호기심에 불을 붙이는 데는 탁월하지만 정보의 밀도 면에서는 책을 따라가지 못한다.

다르게 표현해보자. 나는 한 달에 몇 차례 강연을 하는데 보통 한 시간 정도 한다. 몰입이라는 의식 상태를 주제로 강연을 한다면, 이 한 시간 동안 청중이 듣는 정보량은 블로그 게시글 두 편,《슈퍼맨의 부상》20쪽, 그리고《불을 훔친 사람들Stealing Fire》의 20쪽에 담긴 정보량에 해당된다. 어쩌면 그 책들에 나오지 않는 몇몇 이야기가 양념처럼 첨가될 수도 있다. 얼핏 보면 괜찮은 거래 같다. 그러나 거기에는 세부적인 사항이 빠져 있다는 문제가 있다.

다시《슈퍼맨의 부상》을 놓고 이야기하면 강연을 들은 청중은 그 책의 20쪽 분량의 정보를 얻지만 각 쪽의 세부적인 사항 한두 개밖에 얻지 못한다. 그러나 책은 훨씬 더 많은 정보를 담고 있다. 독자가 얻는 정보는 각 쪽에 적게는 네 개에서 많게는 여덟 개까지 된다. 책은 메시지와 관련된 맥락과 조건까지도 명확하게 밝혀준다. 독자는 훨씬 더 많은 시간을 들여서 그 정보를 처리한다.

게다가 책은 정보 전달 외에도 기본적인 신경생물학적 측면의 편익을 별도로 제공하기도 한다.[4] 여러 연구 결과를 보면 책은 장기 집중력을 개선하고 스트레스를 줄이며 인지력 감퇴를 줄인다. 독서는 또한 공감과 수면과 지능을 개선하는 것으로 입증되었다. 만일 이런 편익들을 책이 제공하는 밀도 높은 정보와 결합한다면, 빌 게이츠, 마크 저커버그, 일론 머스크 등과 같은 기술 분야의 거인들부터 오프라 윈프리, 마크 큐반, 워런 버핏 등과 같은 문화의 아이콘들이 성공의 비결로 왜 독서를 향한 열정을 꼽는지 쉽게 알 수 있다.[5]

책은 또한 내가 어린 시절에 불가능한 일과 관련된 것을 처음 배울 때, 눈을 떴던 마술 공연의 비밀을 담고 있기도 했다. 그 비밀을 가르쳐준 사람은 나의 어린 시절을 차지한 마술용품 가게 '판도라의 상자'의 주인이었던 조 레플러라는 멋진 마술사였다.

판도라의 상자는 온갖 놀라움으로 가득 차 있던 길고 좁은 가게였다. 가게의 오른쪽 벽은 모두 창문이었고 왼쪽 벽은 밝고 빛나는 온갖 마술 도구들이 진열되어 있었다. 카드, 동전, 깃털, 꽃, 비단천, 칼, 새장, 톱 해트top hat●, 온갖 형태의 거울, 그리고 또 당연히 밧줄도……. 그러나 가게 안으로 들어서면 맨 먼저 눈에 들어오는 뒷벽은 무슨 까닭인지 책으로만 가득 채워져 있었다. 왼쪽 벽에서 오른쪽 벽까지, 바닥에서 천장까지 온통 책이었다.

나는 그게 이상했다. 보보J. B. Bobo의 책 《현대 동전 마술Modern Coin Magic》이 사람들의 눈에 가장 잘 띄는 자리에 놓여 있었다. 그 자리에 보석 장식이 박힌 동양 칼을 두었다면 장사에 더 도움이 될 게 분명한데도 말이다.[6] 어느 날 나는 품고 있었던 궁금증을 참지 못하고 조에게 물었다. 책을 눈에 덜 띄는 곳으로 치우고 손님들의 시선이 자주 가는

●　남자가 쓰는 서양용 모자.

그 자리에 팔 물건으로 채워두지 않는 이유가 무엇이냐고…….

조는 머리를 가로저으면서 손으로 책이 있는 가게 뒷벽 쪽을 가리키면서 말했다.

"그들은 자신이 있을 자리에 있는 거야."

"무슨 말이에요?"

그러자 조는 미소를 지으면서 말했다.

"책 말이다. 책은 비밀을 담고 있잖니."

10장

거의 모든 것을 배우는 다섯 단계

여러 해 전에 뉴멕시코 북부 지역에서 산악자전거를 탔는데, 그때 있었던 일이다. 체어리프트를 타고서 어떤 대학생과 대화를 나누었는데, 그가 흥미로운 질문을 했다. 이름만 대면 알 수 있는 잡지나 신문에 특정한 주제를 다루는 기사를 쓸 때 주제에 대해서 이제 그만 원고 집필 단계로 들어가도 될 정도로 충분히 많은 내용을 알았다고 느끼는 때가 언제냐는 질문이었다.

그 학생이 실제로 알고자 했던 내용은 다소 복잡하기도 했고 또 민감한 것이기도 했지만, 어쨌거나 그때 받은 질문을 계기로 나는 학습한 내용에 대해 충분히 자신감을 갖고 대중을 향해 의견을 밝힐 수 있으려면 무엇이 필요할까 하는 생각을 했다.

그 질문에 대한 지금의 내 대답은 '거의 모든 것을 배우는 쉽지 않은 다섯 단계'다. 이제 우리는 논의의 초점을 다음 대상으로 옮길 필요가 있다. 지금까지는 학습에 필요한 조건을 갖추는 데 초점을 맞추었지만, 이제는 학습 그 자체를 깊이 파고들 차례다. 구체적으로 말하면, 어떤 주제에 대한 것이든 내 의견을 가지고서 대중 앞에 나서기 전에 내가 거쳤던 다섯 단계의 과정을 깊게 파고들겠다는 말이다. 나는 그 과정을 기자로 살았던 30년 세월에 걸쳐서 개발했는데, 기자로 사는 동안 어떤 주제에 대한 준전문가가 되는 것이야말로 그 주제에 대한 글을 쓸 수 있는 전제조건이라 생각했다. 30년이라는 기간 동안 나는 100곳 가까운 매체에 기사를 썼는데, 자연과학부터 첨단기술과 스포츠, 정치, 문화에 이르기까지 다양한 분야를 다루었다. 그랬기에 꽤 짧은 기간 안에 매우 다양하고 어려운 주제에 대해서 준전문가 수준이 될 정도로 많은 것을 알아야만 했다.

또 당시에는 신문사나 잡지사가 사실 확인을 담당하는 사람이나 교정교열을 전문으로 하는 사람을 따로 둘 정도로 예산이 넉넉했기에 내 원고의 정확성은 언제나 믿을 수 없을 정도로 엄격한 심사를 거쳤다. 오보는 해고의 지름길일 정도였다. 나도 먹고살아야 했기에 모든 것을 (그야말로 기사에서 다루는 모든 것을) 학습할 방법을 배워야 했다.

남성 패션 잡지 〈GQ〉의 편집자로 예전에 나와 일했던 짐 넬슨Jim Nelson도 다음과 같이 설명한다.

"한 달에 약 백만 명이 이 잡지를 읽는다. 우리는 전통적인 언론사들이 다루지 않는 이야기를 다루기 때문에, 기사를 쓰면 독자가 언론 매체에서 보는 해당 주제에 대한 유일한 의견인 경우가 많다. 당연히 무거운 책임이 뒤따른다. 혹시라도 틀리지 않을까 염려하며 그런 일이 절대로 일어나지 않도록 노력하는 이유도 바로 여기에 있다."

내가 쓰는 기사가 오류의 함정에 빠지지 않는 방법을 배웠는데, 그 방법을 소개하면 다음과 같다.

1단계: 다섯 권의 책으로 시작하라

구체적인 권수는 사람마다 다를 거라 짐작하지만, 새로운 주제에 접근할 때 나는 책 다섯 권을 읽으면서 나 자신의 어리석음에 푹 젖어든다. 해당 주제를 다루는 책 다섯 권을 무조건 다 읽되, 읽는 도중에 학습하는 내용에 대해서 이렇다 저렇다 판단하지 않는다는 말이다.

이 말은 몇 번이고 되풀이해서 말할 가치가 있는데, 처음에는 학습해도 똑똑해졌다고 느끼지 않는다. 오히려 자신이 어리석다는 느낌을 받는다. 처음 보는 개념 및 전문용어가 나타날 때마다 좌절감이 든다. 그러나 학습 과정에서 느껴지는 자신의 무지로 자신을 평가하지 마라. 최고 수행 상태로 나아가는 길에서 느끼는 감정의 본질이 처음과 다른 경우가 꽤 있다.

무언가를 잘하지 못한다는 점에서 비롯되는 좌절감을 놓고 따져보자. 이 좌절감은 자신이 발전이 없어 생기는 분노의 감정이지만 사실 올바른 방향으로 나아가고 있다는 신호다. 좌절감은 뇌의 학습 신경세포를 활성화하는 것이 주된 기능인 노르에피네프린 수치를 점점 높여준다.[1] 아닌 게 아니라 이 신경화학물질이 생성되려면 좌절감을 느껴야만 하고, 학습이 이루어지려면 이 신경화학물질이 분비되어야만 한다. 따라서 좌절감을 느낀다면, 정확한 방향으로 나아가고 있다는 신호라는 사실을 기억하자. 그러므로 다섯 권의 책을 읽는 동안에 당신이 할 일은 부지런히 책장을 넘기되 그 과정에서 그 어떤 혼란과 좌절을 느끼더라도 개의치 않는 것이다.

다섯 권의 책을 읽는 주된 목표는 전문용어에 익숙해지는 것이다. 앞에서도 이 문제를 다루었지만 전문용어를 익히는 일은 원고 집필이라는 전투에서 매우 중요하다. 학습이 어려운 이유의 많은 부분이 전문용어 때문인데, 어떤 분야에 대해서 실질적인 감각을 가질려면 그 분야의 책을 대략 다섯 권은 읽어야 한다. 이것은 처음 세 권까지는 아무리 읽어도 도무지 무슨 말인지 알아듣지도 못하는 게 당연하다는 뜻이다. 그러나 여기에서 멈추면 안 된다. 무슨 뜻인지 모르겠어도 처음부터 다시 읽지 않아도 된다. 뜻을 모르는 용어들을 일일이 찾아보면서 확인하지 않아도 된다. 좌절감에 사로잡히지 않은 채로 계속해서 읽어나가는 것이 승리의 비결이다.

생물학적으로 볼 때, 많은 양의 학습은 패턴 인식으로 이어지고, 이런 일의 대부분은 무의식에서 일어난다. 당신이 책을 읽어나가는 동안에 적은 양의 정보를 얻을 것이며 패턴 인식 체계는 작은 정보 조각들을 하나씩 꿰고 이어서 더 큰 조각으로 만들 것이다. 그리고 이 커다란 조각은 새로운 지식의 해변에서 다리 역할을 할 것이다.

그런데 이 다리를 구축할 때는 주의가 필요하다. 초심자라면 노트를 꺼내서 필기를 해라. 매우 특수한 방식으로 필기를 해야 한다.[2] 이때의 목표는 알 필요가 있다고 생각하는 모든 것을 다 적지 않는 것이다. 초점을 맞추고 집중해야 할 대상은 세 가지뿐이다.

첫째, 앞에서도 언급했듯이 역사적인 서사를 노트에 적어라. 뇌는 새로운 정보에 명령을 내리고 학습 능률을 올릴 준비를 한다.

둘째, 역시 앞에서 언급했듯이 전문용어에 집중해라. 만일 어떤 기술적인 용어가 서너 번 나타나면 그 단어를 노트에 적고 찾아보아라. 그리고 그 단어가 다시 나타날 때마다 단어의 정의를 확인하고 읽어라. 단어의 의미를 온전하게 이해할 때까지 이 과정을 반복해라.

셋째, 이 점이 가장 중요한데, 마음을 사로잡는 내용이 있으면 언제나 노트에 적어라. 영혼을 울리는 인용 문구를 만났을 때나 생각하지 못한 놀라운 사실을 만나면 나중을 위해서 적어라. 갑자기 머릿속에 의문이 떠오른다면 그것도 적어둬라. 호기심을 일으키는 내용은 많은 에너지를 담고 있는 내용이다. 인간의 뇌는 주의를 끄는 것은 무엇이든 기억하도록 신경이 구성되어 있다. 이렇게 해야만 나중에 그 대상을 떠올리기가 한층 쉽기 때문이다. 처음에 주의를 사로잡았던 사실을 노트에 기록하면 이 내용은 대개 장기 저장 창고에 보관된다.

해서는 안 된다고 조언하고 싶은 것도 있다. 당신의 노트가 모든 것을 기록하는 노트가 되어서는 안 된다. 적는 행위 자체는 중요한 것이 아니다. 중요한 것은 해당 주제에 대해 기술적인 내용을 적은 다음 주제를 관통하는 호기심을 따라가면서, 흥미롭게 여기는 것, 손쉽게 기억할 수 있는 것들을 나중에 학습할 내용을 위한 구조적인 토대로 활용하는 것이다. 그리고 해당 주제를 다루는 책 다섯 권을 선정할 때 아무 책이나 골라 순서도 없이 읽어서는 안 된다. 다음과 같이 정해둔 순서에 따라 차례대로 읽어야 한다.

제1권. 해당 주제에 대해 가장 인기가 높은 베스트셀러 책부터 시작해라. 픽션이든 논픽션이든 중요하지 않다. 목표는 오로지 재미를 찾는 것이다. 첫 번째 책은 실제 학습과는 상대적으로 거리가 멀지만 새롭게 알려고 하는 세상 및 해당 주제의 기본적인 전문용어들을 친숙하게 받아들이도록 한다.

제2권. 대중적이지만 조금 더 전문적이고 조금 더 핵심에 다가선 책을 선택해야 한다. 이 책은 파고들려는 주제에 밀접하게 혹은 직접적으로 관련 있는 책이다. 대중적인 책을 선택하는 것에서 알 수 있듯 여기에서도 목표는 주제에 대한 흥미를 갖는 것이다. 동기부여를 강화한다는 점에서 흥미는 중요하다. 흥미진진함이야말로 실질적 학습의 토대가 된다. 나중에 해당 주제에 대한 지식이 쌓일 때는 유별나다 싶을 정도의 세부적인 사항들이 마음을 감질나게 만들면서 끌어당기겠지만, 시작 단계에서는 상상력에 불을 붙이는 일이 더 중요하다.

제3권. 이번에는 준전문적인 수준의 첫 번째 책이다. 흥미진진하게 읽을 수 있지만 책장이 쉽게 넘어가지 않는 그런 책 말이다. 앞의 두 책에서 학습한 내용을 강화하는 동시에서 해당 주제와 관련해 더 정확한 언어와 전문가적 수준의 구체적인 사항들을 담고 있어야 한다. 이 책은 또 해당 주제의 커다란 윤곽을 처음으로 잡아나가는 책이기도 한다. 따라서 주제에 대한 폭넓은 관점을 제공하는 것을 찾으려 노력해야 한다. 만일 나무라는 주제를 다루는 책을 읽는다면, 세 번째 책에서는 시스템 생태학 system ecology ●을 학습해야 한다는 말이다. 만일 부부 치료법 couples therapy을

● 생태계의 역학을 다루면서 생태계 과정을 시스템 분석 등 수량적인 방법론을 동원하여 연구하는 생태학 분야.

다루는 책을 읽는다면 사회심리학의 역사를 읽어야 한다는 말이다.

제4권. 드디어 여기까지 왔다. 네 번째 책은 해당 주제와 관련해서 당신이 읽고 싶어 하는 첫 번째의 전문적인 책이다. 앞의 책들과는 다르게 비록 재미는 없지만 해당 분야의 진짜 전문가들이 생각하는 여러 문제를 맛보기로 접할 수 있다. 여기에서는 해당 주제 분야의 경계선이 현재 어디에서 어떻게 그어져 있는지 주의 깊게 살펴라. 주제에 대한 기본적인 발상이 어디에서 시작해서 어디에서 끝나는지, 그 시점과 이유까지도 파악해라. 또 전문가들이 허튼소리라고 여기는 발상은 어디에 놓여 있는지 파악해라. 이런 의견들에 대한 동의 여부와 상관없이 이런 의견들이 존재한다는 사실과 존재하는 이유를 알아야 한다.

제5권. 다섯 번째 책이 언제나 가장 읽기 어렵지는 않지만 (아닌 게 아니라 네 번째 책이 가장 읽기 어려운 경우가 많다) 가장 이해하기 어려운 것만은 분명하다. 이 단계의 책은 해당 주제의 미래가 무엇인지, 어디로 향하는지, 그 미래가 언제 올지를 직접적으로 다룬다. 해당 주제와 관련된 최첨단의 내용 및 사건이 무엇인지 감을 잡게 해주기 때문이다.

다섯 권의 책을 다 읽으면 당신의 뇌에는 해당 분야에 대한 감을 잡을 수 있을 만큼 충분히 많은 데이터가 확보된다. 전문용어도 익숙해졌으며 큰 그림도 그려져 있다. 주제에 대해 실질적인 이해가 시작되는 시점으로 의미 있고 분명한 질문을 할 수 있을 때 기본 사항들을 이미 학습했다는 자신감을 느낀다.

그렇다면 지금까지 정리한 내용이 현실에서는 어떻게 비칠까? 내가 쓴 첫 번째 소설 《비행 최적 각도The Angle Quickest for Flight》를 예를 들어서 살펴보자.[3] 이 책은 13세기에 가톨릭이 유대인에게서 훔쳐서 비밀

문서보관소에 보관하고 있는 유대교 신비주의 저서를 훔치려고 로마 교황청에 숨어 들어가려는 다섯 명의 인물을 다룬다(이 책이 어떤 책인지 궁금하다면, 이 책보다 몇 해 전에 나왔던 댄 브라운^{Dan Brown}의 소설 《다빈치코드^{Da Vinci Code}》를 떠올리면 된다). 이 책을 쓸 때 우선 바티칸의 역사와 바티칸의 비밀 문서보관서의 역사를 제법 많이 알아야 했다. 이런 상황에서 나는 어떤 책을 읽었을까?

제1권. 2차 세계대전 때 미술품 도난 사건에 교회가 관련된 사건을 다룬 스릴러 소설인 토머스 기퍼드^{Thomas Gifford}의 《아사시니^{The Assassini}》다. 이 소설은 무척 재미있었으며, 이 소설 덕분에 나는 로마 교황청의 실상을 어렴풋이나마 알았다. 또 내가 막 발을 들여놓으려 하는 세상의 전문용어들을 조금이나마 배웠고 그 세계에 대한 감각을 어느 정도 익혔다.[4]

제2권. 말라키 마틴^{Malachi Martin}의 《로마 교회의 쇠퇴와 몰락^{The Decline and Fall of the Roman Church}》이다.[5] 마틴은 전^前 예수회 신부이자 로마 교황청의 역사학자이며 해당 주제에 대한 픽션 및 논픽션을 쓰는 인기 작가다. 이 책은 재미있으면서도 많은 정보를 제공한다.

제3권. 카렌 암스트롱^{Karen Armstrong}의 《신의 역사^{A History of God}》다.[6] 암스트롱은 이 분야에서 가장 존경받는 학자들 가운데 한 명으로 손꼽히며, 이 책은 유대교와 기독교 그리고 이슬람 탄생의 4천 년 역사를 말하는데, 나는 이 책 덕분에 해당 주제에 대한 거시적인 관점을 가질 수 있었다. 암스트롱은 또한 재능이 넘치는 작가여서, 그가 설명하는 4천 년이라는 시간은 생각보다 훨씬 더 빠르게 지나간다.

제4권. 마리아 루이사 암브로시니^{Maria Luisa Ambrosini}와 메리 윌리스

Mary Willis의 《바티칸의 비밀 문서보관소^{The Secret Archives of the Vatican}》다. 이 책은 해당 주제에 대한 핵심 서서로 상세하고 직접적인 정보로 빽빽하게 채워져 있다.[7]

제5권. 토머스 리즈^{Thomas Reese}의 《바티칸의 내부^{Inside the Vatican}》다.[8] 정확하게 말하면 미래를 들여다보는 책은 아니고, 과거를 어마어마하게 폭넓게 바라보도록 하는 책이다. 세상에서 가장 복잡한 종교 조직을 철저하게 학문적으로 다루고 있다.

마지막으로 두 가지만 더 보태겠다. 첫째, 이것은 당신이 해당 주제 학습에 도움을 주고자 하는 것이지 구체적인 기술들을 알려주고자 하는 게 아니다. 예를 들어 피아노 연주 기술을 배우고 싶다면 책만 읽어서는 절대로 안 된다. 기술 습득에 대해서는 다음 장인 11장에서 살펴볼 테니 여기에서는 지식 습득을 살펴보자.

둘째, 사람들이 독서를 좋아하지 않는 ADHD(주의력 결핍 및 과잉 행동 장애)의 시대에 책 다섯 권을 읽는다는 것 자체는 엄청난 시도로 보일 수 있다. 하지만 전혀 그렇지 않다. 그래봐야 대학교에서 강좌를 수강할 때 읽어야 하는 책보다 적지 않을까. 그러니 이 다섯 권을 다 읽었다고 해도 자신을 속이지 마라. 지금까지 안 지식은 알아야 할 전체 지식에 비하면 얼마 되지 않으니까 말이다.

2단계: 바보가 되어라

다섯 권의 책을 모두 읽고 나면 노트가 꽤 많은 질문으로 빽빽할 것이다. 그 질문들을 찬찬히 훑어보아라. 그 질문 가운데 많은 것의 답은 이미 알고 있을 것이다. 그렇다면 나머지 질문들은? 바로 나머지 질문들이 다음 단계로 들고 들어갈 재료다. 전문가들을 찾아서 그 질문들을 놓고 대화해라.

나는 기자이므로 이 단계에서는 상대적으로 유리하다. 기자라는 신분 덕분에 기말 리포트를 준비하는 학생보다는 훨씬 쉽게, 〈뉴욕타임스〉의 이름을 내걸고 노벨상 수상자와 전화통화를 할 수 있다. 그러므로 만약 당신이 노벨상 수상자와 전화통화를 할 수 없다면 이 사람의 제자에게 문자나 메일을 보내라. 필요한 준비를 다 했고 그래서 진짜 질문다운 질문을 할 수만 있다면, 당신이 원하는 사람 대부분이 당신과 대화하기를 바랄 것이다. 사실 입을 꾹 다물고 아무 말도 하고 싶지 않은 사람은 별로 없다. 자존심을 접고 자기보다 훨씬 더 똑똑한 사람과 대화하는 것이 중요하다. 나는 늘 사람들에게 이런저런 일들을 설명해달라고 부탁한다. 마치 서너 살 어린아이처럼 부탁한다. 이 대화에서 기꺼이 바보가 되려 한다. 충분히 똑똑한 전문가와 대화를 나누었음을 나는 어떻게 알까? 전문가들이 바보에게 좋은 질문을 한다고 일러줄 때 올바른 길로 나아가는 중이라 확신한다.

인터뷰도 하나의 기술이다. 상대의 마음을 편안하게 해주고 그가 존중받는다는 느낌이 들도록 해야 한다. 모든 사람의 시간은 중요하다. 자신의 이야기를 너무 많이 하거나 조사한 내용으로 대화를 이끌려고 하지 마라. 질문 문항들을 미리 정리하고, 인터뷰 시간은 30분이 넘지 않도록 하며, 단 1초라도 낭비하지 마라. 당신이 찾아볼 수 없는 사항에 대해서는 절대로 질문하지 마라. 인터뷰에 나서기 전에 상대의 강연과 책, 그리고 논문은 반드시 미리 조사해라. 가장 중요한 점은 처음 몇 차례의 질문에서 인터뷰 상대에 대한 개인적인 정보와 해당 주제에 대한 전반적인 지식을 가지고 있음을 드러내라. "현재 진행되고 있는 의식성 논쟁에 대해서는 어떻게 느낍니까?"라고 묻지 말고, "당신은 〈의식성 연구 학회지〉에 발표한 논문에서 범심론panpsychism ● 을 지지하는 신경생물학적 차원의 주장을 하셨는데, 이 주제에 대해서 그렇게 생각하기 시작한 것은 언제부터입니까?"라고 물어라.

이런 종류의 질문들은 상대를 편안하게 하고 존경받는다는 느낌이 들게 해준다. 사전에 충분히 많은 시간을 들여서 여러 저작을 조사했으며 또 전문용어를 자유롭게 말해도 될 정도로 해당 분야의 흐름을 최근까지 파악했음을 상대가 알게 해야 한다. 대화 내용을 녹음하고 또 노트에도 부지런히 메모해라. 당신의 주의와 관심을 잡아끄는 부분이 있으면 놓치지 말고 적어라(이 부분은 앞에서 언급했던 책 읽기 단계에서 지켜야 하는 규칙과 다르지 않다). 녹음된 내용을 이용해서 이중으로 사실 확인을 철저히 해라. 그래야 첫 번째 인터뷰 때 놓쳤던 것을 챙길 수 있다.

3단계: 범주와 범주 사이의 간극을 탐구해라

오늘날 전문가는 대부분 특정한 세부사항을 전공하는 경향이 있다. 그래서 자신이 선택한 영역에서 믿을 수 없을 정도로 깊은 지식을 가지

● 만물에 마음이 있다는 주장.

긴 해도, 전공 이외의 영역에서는 어떤 일이 일어나는지 거의 모르는 경우가 많다. 그러므로 2단계까지 거치면서 똑똑한 질문을 하기 시작했다면, 전문가들이 하는 대답에 맹점이 있음을 알아차리게 된다. 때로 이 맹점들이 나중에 보면 해당 분야에 던져야만 하는 중심 질문으로 드러나기도 한다. 즉, 호기심을 좇아서 어떤 지점까지 왔는데, 그곳이 바로 대부분의 연구자가 호기심을 좇아서 도달한 그 지점이라는 말이다. 대단하지 않은가? 문제가 되는 내용을 실제로 학습하고 있다는 증거다. 그러나 그 내용은 이 단계에서 좇아야 할 대상은 아니다.

당신이 좇는 대상은 과학 저술가인 스티븐 존슨^{Steven Johnson}이 '느린 직감^{slow hunch}'●이라고 부르는 것이다. 즉 지금 탐구하는 분야의 특정한 정보 조각이 이미 탐구한 다른 분야의 데이터 조각과 관련이 있음을 알아차려야 한다는 말이다. 처음에는 이 직감을 떠올리기 어렵다. 즉 멀리 떨어져 있는 것들 사이의 연관성을 찾아내기 어렵다. 기존 교육 과정 내용만 졸졸 따라다니지 않고 해당 주제와 관련된 호기심을 줄곧 좇은 이유는 이런 종류의 연관성들을 자연스럽게 추적하고자 함이다. 존슨은 이 점을 인터넷 언론사인 〈리드라이트^{ReadWrite}〉와의 인터뷰에서 다음과 같이 설명했다.

"만일 어떤 사람이 다양성을 추구하면서 온갖 다양한 것에 관심을 가진다고 가정해보죠. 이 사람은 자신이 알지 못하는 것들이나 전문성을 가진 특정 분야의 언저리에 속한 온갖 재미있는 것들을 끊임없

● 느린 직감은 순간적으로 떠오르는 아이디어가 아니라 수십 년을 두고 차근차근 구체화되고 뚜렷해지는 아이디어를 말한다.

이 수집한다고 칩시다. 그러면 결국 혁신적인 발상을 떠올릴 가능성이 매우 높습니다. (……) 비결은 전혀 다른 것을 바라보면서 거기에서 참신한 생각을 빌려오는 것입니다. 말하자면 '이것이 이 분야에서 잘 작동하는데, 다른 분야에서 새로운 맥락으로 적용하면 어떻게 될까?' 하는 질문을 던지는 것과 마찬가지입니다.'"[9]

서로 다른 지식 기반들 사이에 존재하는 이런 간극은 이 과정의 두 번째 단계에서 선명하게 드러난다. 예를 들어 누군가가 특정한 주제에 대한 자신의 사고방식을 파악하려고 파고든다고 하자. 그런데 이 사람이 특히 그 주제의 경계선에 집중적으로 주의를 기울인다면, 해당 주제의 전문가라는 사람들조차 의문을 제기하지 않는 어떤 지점에 다다른다. 이렇게 해서 당신이 똑똑한 질문들을 하는 지점에 다다르면, 이제는 그 질문들을 따라서 그 간극 속으로 들어가야 하는 시점이 된다.

이것은 우리가 어떤 주제를 둘러싼 호기심을 좇는 이유이기도 하다. 자신이 가진 자연스러운 관심사를 기반으로 학습을 진행함으로써 존슨이 말했던 '느린 직감'을 포착하는 데 필요한 여러 조건을 만들어낸다. 그러나 그 포착은 쉽게 이루어지지 않으므로 대비해야 한다. 예를 들어 누군가가 자신만의 커리큘럼을 가지고 학습이라는 버스를 운전한다고 치자. 이때 당신은 이 버스에 올라타 그 버스의 기법들(다른 사람이 구사하는 기법들)을 적용할 수 있다. 왜냐하면 그 기법들이 어느 정도 효과가 있기 때문이다. 그러나 그 버스, 즉 그 사람의 학습 커리큘럼 자체가 당신의 것이 아니므로 학습 목표 자체가 다르다. 그러니 자신이 어디에서 출발했는지를 기억해야 한다. 어떤 주제에 대해 당당하게 공개적인 의견을 가지기 전에, 애초에 무엇을 필요로 했는지를 놓치지 말아야 한다. 어떤 의견을 가진다는 것은 핵심적인 발상들에 대한 확고한 근거를 가지는 동시에 그 문제를 바라보는 새로운 생각을 가진다는 뜻이다.

책이 1단계를 거치는 토대였다면, 3단계에서 내가 선호하는 토대는 블로그, 언론 기사, 강연 등이다. 앞에서 열정의 비결을 다루면서 나는 하루에 10분에서 20분 혹은 30분 동안 자신이 궁금해하는 발상들을 놓고 '놀이'를 하라고 제안했다. 여기에서도 그것과 비슷하게 접근하면 된다.

예를 들어 동물 행동에 관심을 있다고 치자. 동물 행동에서 추상단위를 한 단계 높이면 생태계 행동이 되는데, 두 범주 사이의 영역으로 뛰어들어라. 전체 생태계의 작동 방식을 학습하는 것이 개별적인 작동 방식을 밝히는 데 어떤 선명한 관점을 제시할 수 있을까? 혹은 한 단계 더 높여서, 동물들이 생태계를 형성하지만, 이 생태계도 사실은 어떤 관계망의 한 가지 사례일 뿐이다. 그렇다면 관계망 행동을 연구함으로써 동물 행동에 대해서는 무엇을 배울 수 있을까? 그 간극 안으로 뛰어들어라.

전문화 때문에 전문 지식은 시간이 흐르면서 작은 분야들로 쪼개지는 경향이 있다. 그 결과 가장 흥미로운 주제들은 보통 범주와 범주 사이에 있는 것들이다. 즉 간극 속에 존재하는 것들이다. 어떤 주제를 에워쌌을 때 그 간극 속에서 어쩔 줄 모르고 허우적거리게 된다. 이 허우적거림이야말로 당신이 좇는 바로 그것이다. 바로 거기에서 '느린 직감'이 나타나기 때문이다. 만일 당신이 대답보다 더 많은 질문에 둘러싸여 있음을 깨달았다면 길을 제대로 찾은 셈이다. 진정한 맹점에 들어섰다. 지금까지 제대로 잘했다면, 호기심을 좇아 맹점까지 들어선 것이므로 그 누구도 대답할 수 없는 중요한 문제들에 맞닥뜨리기 마련이다. 결국 당신은 그 대답을 스스로 찾아내려고 애를 쓴다. 이 좌절의 상황에서 벗어날 때 비로소 진정한 학습이 실질적으로 시작된다.

4단계: 늘 최상의 답변을 추구하라

이 조언은 앞에서 제시했던 진실 필터에 관한 조언과 비슷하다. 기자들의 세계에서 기자가 가지는 표준적인 기준은 어떤 사실이 제시되었을 때 이 사실의 진실성을 세 사람에게 물어봐서 확인하는 것이다. 세 사람 모두 똑같은 말을 할 때 해당 사실이 진실일 가능성이 매우 높다. 그러나 앞에서도 언급했듯이 다섯 번째 사람에게 물었을 때 전혀 다른 얘기가 나올 수 있음을 나는 확인했다. 앞에서 다른 사람들에게서 들었던 이야기들과 엇갈리는 대답을 들었던 것이다. 통상적으로 늘 그랬다.

그렇기에 늘 최상의 답변을 추구해야 한다. 이 말은 전체 과정의 바로 이 시점에서 다른 것들과 엇갈리는 대답을 찾아나서야 한다. 이미 확인했던 답변과 엇갈리는 의견을 내는 전문가들을 찾아내라. 옳다고만 생각했던 것이 완전히 틀린 것으로 판명되는 그 지점에 다다랐다면, 올바른 길을 가고 있는 셈이다.

그리고 맞닥뜨린 그 수수께끼를 풀려고 노력해라. 어쩌면 풀려고 시도하는 그 문제가 사실은 현실적으로 해결할 수 없는 문제일 수도 있지만 상관없다. 여기에서 목표는 해답에 대한 자신만의 의견을 가지는 것이다. 어느 한 편을 선택하고 당신이 선택한 편을 방어할 수 있도록 해라. "전문가들이 이 점에 대해서 견해가 엇갈리지만, 내 생각은 이러저러하다"라는 식으로 말할 수 있도록 해라. 그리고 또 그런 식으로밖에 느낄 수 없는 이유를 함께 설명해라.

개인적으로 나는 이때 짜릿함을 느끼고 나서야 무언가를 배웠다고 생각한다. 내 의견이나 태도가 적어도 한 차례 이상 뒤집어지지 않는 한 의문을 품은 채 엇갈리는 의견과 태도를 찾아나선다.

5단계: 이야기 구조를 발견해라

인간의 뇌는 원인과 결과를 연결하도록 설계되어 있다. 이 설계 역시 생존 메커니즘의 하나다. 만일 우리가 '무엇'을 두고 '왜'라는 질문으로 되짚을 수 있다면 미래를 예측하는 법을 배울 수 있다. 우리의 뇌가 이야기 구조를 무척이나 좋아하는 이유도 바로 여기에 있는데, 이야기 구조도 사실상 거대한 인과관계이기 때문이다.

그러나 규모에 관계없이 기본적인 생물 구조는 변함이 없다.

우리가 원인과 결과를 연결하는 과정은 특정한 패턴을 인식하는 과정이다. 패턴 인식 행동에 대한 보상을 위해 우리 몸에서는 소량의 도파민이 나온다. 도파민이 가져다주는 즐거움은 '무엇'과 '왜' 사이의 연결성을 강화하며, 궁극적으로는 학습 효과를 크게 올린다. 예를 들어 1990년대 말에 케임브리지대학교의 신경과학자 볼프람 슐츠^{Wolfram}

Schultz는 원숭이들에게 소량의 주스를 주었을 때 (이 주스는 원숭이들이 좋아하는 보상물이었다) 그들의 뇌에서 도파민 수치가 가파르게 치솟는 현상을 관찰했다.[10] 이 실험을 시작할 때만 하더라도 원숭이들의 뇌에서는 실제 주스를 받아 마실 때만 도파민이 나왔다. 그러나 시간이 지나자 도파민 수치는 실험실 문이 열리고 연구원이 모습을 드러내는 시점, 즉 실제 주스를 마시기도 전에 높아졌다. 그리고 실험이 끝나갈 무렵에는 실험실 바깥 복도에서 연구원이 걸어오는 발자국 소리가 들리기만 해도 수치가 높아졌다.

슐츠의 실험을 통해서 기본적으로 확인할 수 있는 사실은 학습 과정에서 도파민의 역할이다. 우리가 주스와 같은 보상을 받을 때마다 뇌는 최근 과거를 샅샅이 뒤져 그 보상을 받게 한 것이 무엇이었는지, 즉 인과관계를 찾는다. 만일 이 패턴이 반복된다면 그 원인을 다시 한 번 포착하고, 그래서 더 많은 도파민이 나오게 한다. 그다음 단계에서는 원인을 더 멀리 추적해서 (즉 주스가 제공되기 전에 실험실 문이 열리고 연구원이 들어선다는 사실을 확인해서) 더 많은 양의 도파민 분비와의 추가적인 연결성을 강화한다.

쉽지 않은 다섯 단계의 마지막 다섯 번째 단계까지 왔다. 이제부터는 이 단계에서 작동하는 신경생물학적 과정을 확인하고 이용하자. 우리의 목표는 앞서 네 개의 단계에서 생긴 패턴 인식에서 비롯되는 최초의 도파민 발생을 (아울러 뒤에서 살펴보겠지만, 다수의 신경화학물질의 분비를) 이야기 구조와 사회적 지원에서 비롯되는 더 강력한 도파민 발생과 연결하는 것이다.[11] 이 과정은 새로운 정보를 강화해서 장기 기억 창고에 넣는 과정이기도 하다.

그러므로 이제는 자신이 알게 된 사실을 공개할 시점이다.

내 경우에 무언가를 학습했음을 확신하는 유일한 방법은 학습 내용을 다른 사람에게 하나의 이야기로 들려주는 것이다. 두 명에게 들려주는데 한 명은 그 사실을 전혀 알지 못하는 사람으로, 대개는 그 주제를 지겨워하는 부류다. 내 경우에는 가족 구성원이지만, 전혀 알지 못하는 낯선 사람도 가능하다. 만일 내가 학습한 내용 전체를 주제에 적대적인 상대의 관심을 충분히 끌 수 있을 만큼 매력적인 이야기로 바꾸어놓으면서 그 이야기가 담고 있는 중요한 정보를 전달할 수 있다면, 가야 할 길 가운데 절반쯤은 왔구나 하고 느낀다.

내가 이야기를 들려줄 또 한 사람은 전문가 부류다. 내가 틀렸을 때 이 사실을 거리낌 없이 알려줄 사람을 늘 찾는다. 이렇게 해서 두 부류의 사람을 모두 만족시킨다면, 거기까지 오는 동안 내 몸에서는 내 지식을 강화하기에 충분히 많은 도파민이 나왔고, 본질적으로 해당 주제에 대해 많은 것을 학습한 셈이 된다. 나는 많은 노력을 들이는 쉽지 않은 길을 거친 끝에 해당 주제에 대한 내 의견을 마련했다는 느낌이 들며, 이 의견을 다른 사람에게 공개할 때도 마음이 편안하다. 만일 당신이 이 지점까지 온다면, 똑같은 마음일 것이다.

이런 자신감이 드는 데는 신경생물학의 역할이 크다. 자신이 학습한 내용을 이야기 구조, 인과관계로 전환함으로써 (즉 그 내용을 누군가에게 하나의 이야기로 들려줌으로써) 더 많은 패턴을 발견하고 더 많은 도파민 분비를 경험한다. 이것을 자신이 학습한 내용을 공개할 때 나오는 모든 신경화학물질들과 (예를 들어 위험을 감수할 때 더 많은 도파민, 흥분할 때의 노르에피네프린, 스트레스를 받을 때의 코르티솔, 사회적 상호작용이 진행될 때의 세로토닌과 옥시토신 등과) 연결해라. 이럴 때 당신은 기억을 강화하는 강력한 도구를 가지게 된다.[12]

사람들이 이 기법을 사용할 때 공통적으로 맞닥뜨리는 문제점이 두 가지 있다. 하나는 처음 다섯 권의 책을 끝내고 자신이 무언가를 알게 되었다고 생각하는 것이다. 무술계에서 흔히 하는 말인데, 초심자 단계에서 막 벗어난 노란띠 등급과 그보다 약간 더 높은 수준인 초록띠 등급이 학습 과정에서는 가장 위험한 등급이다. 노란띠나 초록띠를 맨 사람은 자신이 싸움 기술을 잘 안다고 생각하며 실력을 시험해보고 싶어 한다. 그러다가 결국 실컷 얻어맞고 만다. 지식 학습 경우도 마찬가지다. 어떤 주제를 다루는 책 다섯 권은 상당한 토대가 될 수 있지만, 이걸 실질적인 전문성으로 착각해서는 안 된다.

두 번째 문제점 역시 서서히 퍼지는 것인데, '쉽지 않은 다섯 단계'를 모두 거친 사람은 자신이 알지 못하는 것들도 잘 안다는 착각에 빠진다. 그렇지만 전문가들은 어설픈 초심자들과 다르게 자신이 다루는 주제와 관련해 무지하다고 여긴다. 전문가들은 자신이 모르는 것이 무엇인지 알며, 모르는 것이 많다는 걸 안다. 이 두 가지 사실 때문에 전문가들은 자신이 부족하다고 느끼며, 자칫하면 심각한 결함을 가질 수 있음을 안다. 앞으로 나아가는 걸음이 오히려 뒷걸음질로 느껴지며, 그 바람에 동기부여가 꺾일 수도 있다. 그러나 이런 상태를 유리한 방향으로 이용해라. 지식이 부족하다는 인식은 호기심의 토대이니, 다시 다섯 권의 책을 더 읽는 것부터 시작해서 '쉽지 않은 다섯 단계'의 전체 과정을 새로 밟아 가라.

11장

기술에 접근하는 기술을 익혀라

학습의 그다음 단계는 새로운 주제들에 숙달되는 것부터 새로운 기술들에 숙달되는 방법을 학습하는 것까지다. 사람들이 이 단계를 쉽게 밟아나가도록 돕고자 나는 베스트셀러 작가이자 엔젤투자자^{angel} investor[●]이며 또한 탁월한 만능 라이프해커^{life hacker}^{●●}이기도 한 팀 페리스와 많은 시간을 들여 대화를 나누었다. 팀은 내가 아는 어떤 사람 못지않게 '기술 습득의 가속화'라는 문제에 깊이 파고들었다.[1]

두 해 전에 팀은 이 분야에서 새로운 경지에 올랐는데, 그때 그는 열세 개의 매우 어려운 기술을 (여기에는 악기 연주, 레이싱카 운전 기술, 외

●   신생기업이나 벤처기업에 투자하는 사람.

●●   생활이 더 쉽고 효율적이 되는 데 필요한 아이디어, 도구, 기술 등을 알아내는 사람.

국어 학습 등이 포함되어 있었다) 학습하는 여정을 매우 어려운 조건들 아래에서 시작했다. 악보를 읽을 줄도 모르고 박자를 맞출 줄도 모르는 상태에서 팀은 과연 닷새 만에 사람들이 지켜보는 무대에서 연주할 정도로 드럼을 잘 치게 될지 시험했다. 팀은 그룹 폴리스Police의 드러머인 스튜어트 코플랜드Stewart Copeland에게서 드럼을 배웠다. 그런데 팀은 흥미로운 조건 하나를 제시했는데 록그룹 포리너Foreigner를 설득해 포리너가 많은 관객 앞에서 공연할 때 자신이 드러머로 연주에 참가해 그동안 연습한 기술을 최종적으로 검증받기로 한 것이다.

팀 페리스는 브라질 무술인 유술 분야에서도 똑같은 도전을 했다. 딱 닷새 동안 유술을 익힌 뒤에 링에 올라 세계챔피언과 겨룸으로써 자신이 닦은 기술을 검증했다. 포커 게임에서도 마찬가지였다. 수십만 달러를 잃을 가능성도 있었지만 실력을 확인하기 위해 세계 최고 수준의 프로 게이머들과 카드 게임을 했던 것이다.

이른바 "팀 페리스 실험The Tim Ferriss Experiment"으로 불리는 이 시도는 (아이튠즈에서 확인할 수 있다) 빠르게 기술을 학습한 상황에서 외부의 여러 가능성을 전면적으로 탐구하는 것이었다. 이 실험에 대해서 팀은 다음과 같이 설명한다.

"이 실험은 성인 시기에 학습할 때 사람들이 가지고 있는 잘못된 생각을 깨부술 목적으로 마련했습니다. 성인이 되어서는 외국어나 악기 연주를 새롭게 배우기 어렵다는 생각, 전문성을 갖추기까지 여러 해에 걸친 연습이 필요하다는 생각을 깨겠다는 것이었죠. 이런 생각은 전혀 사실이 아닙니다. 사람들이 슈퍼맨이 되지 않고서도 슈퍼맨처럼 결과를 내는 방법을 알려주는 것이 이 프로그램의 목적이었습니다."

팀은 총 열세 개의 실험을 했는데, 당신도 이 실험을 모두 보고 나면 몇 가지 비슷한 방법들이 쓰이고 있음을 발견할 것이다. 학습하는 모습만 보면 그저 서핑을 배우고 타갈로그어를 배우는 것처럼 보인다. 즉 그가 진행한 두 개의 실험, 서핑 학습과 타갈로그어 학습이 매우 다른 것처럼 보인다.

그러나 그 학습들에는 공통점들이 있으며, 바로 이 점을 찾는 게 우리의 목표다. 예를 들어 모든 학습 상황에서 공포를 극복하는 모습을 보였다. 이것은 팀이 서퍼인 레어드 해밀턴에게서 배운 '마음을 차분하게 가라앉히는 기법'들이 (이 기법들은 금방이라도 머리를 뒤덮을 기세로 몰려드는 거대한 파도를 타는 방법 즉 초심자가 다 배우기까지는 대략 2년이 걸린다는 이 기술을 배울 때 시도하는 것들이다) 수십만 달러나 되는 돈을 잃을지도 모른다는 위험을 감수하는 포커판에서도 그대로 적용될 수 있다는 뜻이었다. 이 방법은 관객이 지켜보는 가운데 드럼을 연주할 때도 쓸 수 있었다.

그래서 팀이 새로운 기술에 하나씩 도전할 때마다 가장 먼저 하는 일은 공통점을 찾는 것이었다. 그의 접근법을 정리하면 이렇게 된다. 그는 해당 도전을 여러 개의 개별적인 행동으로 나눈다. 그러고는 새롭게 학습해야 할 대상과 저지르지 말아야 할 공통의 실수를 찾는다.

그다음에는 겹치는 부분 즉 다른 도전 항목들에서도 비슷하게 나타나는 요소들을 찾는다. 이런 공통 요소들이 해당 도전과제를 무사히 끝내는 데 가장 많은 영향을 준다. 예를 들어 팝송은 대부분 네 개나 다섯 개의 화음으로 구성되어 있으므로, 이 화음들에 익숙해지면 다른 음악 기술들을 학습할 때보다 훨씬 빨리 목표에 다다를 수 있다.

'숙달로 나아가는 다섯 개 화음 접근법'이라는 이 방법은 '80 대 20 법칙'이라고도 불리는 파레토법칙 Pareto principle의 한 가지 사례다. 이 법칙은 어떤 행동 결과의 80퍼센트는 그 행동의 20퍼센트에서 비롯된다는 것이다.* 이 법칙을 새로운 기술을 학습할 때 적용하면, 중요한 20퍼센트에 노력을 집중하라는 말이 된다. 모든 팝송에서 화음이 네 개나 다섯 개 사용된다는 사실을 떠올려보라.

이런 중요한 요소들을 파악하려면 조사하고 단순화시키는 작업이 필요하다. 예를 들어 팀이 닷새 만에 브라질 유술을 익힐 때 유술의 전체 기술을 배우는 대신 길로틴 초크라는 목조르기 기술에 집중했다. 그런 다음에는 공격과 수비에 들어가는 모든 상황에서 길로틴 초크를 사용하는 방법을 배웠다.

길로틴 초크는 전체 기술 가운데 20퍼센트밖에 되지 않는 기술이지만, 팀은 이 기술 하나를 익힘으로써 맞닥뜨리는 상황의 80퍼센트에서 상대와 대등하게 겨룰 수 있는 능력을 보였는데 닷새 만의 노력으로 거둔 결과로는 놀라웠다.

그러나 실제로 당신이 어떤 기술을 충분할 정도로 습득하는 데는 팀과 다르게 닷새보다 더 많은 시일이 걸릴 수 있다. 그러나 설사 여러 달이 걸려도 기술을 학습할 때 80 대 20 접근법을 기억한다면 장기적으로 엄청나게 많은 시간을 절약할 수 있을 것이다.

한 가지 명심할 점이 있다. 배우고자 하는 '80 대 20 법칙'의 기술

---

* 이 법칙은 이탈리아 전체 부의 80퍼센트를 상위 20퍼센트 인구가 차지하는 현상을 관찰한 데서 처음 나왔다.

이 당신이 A라는 지점에서 B라는 지점으로 보다 빠르게 이동할 수 있게 도움을 준다면 이 기술보다 더 환상적일 기술이 있을까? 하지만 상황에 따라 다를 수 있다. 예를 들어 약점을 강화하는 훈련을 할 때는 이 기술이 적합하지만 '거대한 변화를 부르는 목적'에 핵심적인 기술을 익힐 데는 적합하지 않다.

나는 몰입 상태와 관련해서는 '80 대 20 접근법'을 고려하지 않는다. 그렇지만 사업 계약서 내용을 이해하기 위해 난해한 법률 용어들을 학습할 때는 이 접근법을 이용해왔다. 내 변호사와 법률 관련 대화를 나누는 데는 그걸로도 충분하기 때문이다. 물론 내 변호사가 법률을 학습할 때 '80 대 20 접근법'을 구사하는 일은 당연히 없어야겠지만 말이다.

만일 학습하는 기술이나 정보가 거대한 변화를 부르는 목적을 위해 있다면 실질적인 목표는 그것 전체를 학습하는 걸로 해야 한다. 즉 파레토의 법칙에서보다 더 많은 내용을 학습해야 한다. 이렇게 해야만 하는 이유가 궁금하다면 전문가들은 알지만 비전문가들은 알지 못하는 것들로 심리학자 게리 클라인이 작성한 목록을 다시 살펴보라. 2부 7장에 있다. 80퍼센트의 차이를 가져다줄 학습 대상 정보의 20퍼센트 부분에 학습 노력을 집중하라는 말이며, 이것을 반복할 때 우리는 훨씬 더 빠른 속도로 능숙해질 수 있다. 팀은 이 접근법을 구사하면 누구든 그리고 그 어떤 분야에서든 1년 반 만에 전문성을 획득할 수 있다고 주장한다. 그러니까 1만 시간의 노력을 들인 사람보다 8년 반을 단축할 수 있다.

그런데 팀 페리스가 했던 실험이 썩 유쾌하지는 않을 것이다. 그는 넘어지고, 뼈가 부러졌다. 특히 한 주 만에 파쿠르^Parkour●를 충분할 정도로 익히려고 할 때 그랬다. 그러나 사실 그 부분이 핵심이다. 그가 하는 다음 말을 보면 확실히 그렇다.

"보세요, 나는 훌륭한 학습자가 아니었습니다. 어릴 때부터 외국어도 엉망이었습니다. 수영도 서른 살이 되어서야 배웠습니다. 이 접근법이 효과가 있음을 확신하는 근거도 바로 여기에 있습니다. 내가 할 수 있다면, 누구나 다 할 수 있다는 뜻이거든요."

● 안전장치 없이 주변의 지형, 건물, 사물을 이용해 한 지점에서 다른 지점으로 빠르게 이동하는 개인의 훈련 혹은 곡예 활동.

12장

강점을 더 강하게

지금까지 우리는 기술 및 학습을 둘러싼 메타 기술(기술에 대한 기술)을 탐구해왔다. 이제부터는 초점을 바꾸어서 정확히 무엇을 학습하려는가를 살펴보고자 한다. 우리가 탐구할 범주는 세 개다.

첫 번째 범주는 '명백한 것'이다. 만일 달성하기 어려운 목표를 좇는다면 그 목표를 추구하는 방법을 배우기 위해 필요한 것은 무엇이든 배워라.

두 번째 범주는 '불편한 것'이다. 앞에서 우리는 약점을 훈련하는 끈기를 개발해야 한다는 점을 살펴보았다. 어쨌든 이 끈기를 개발하려면 새로운 기술들 혹은 새로운 지식을 레퍼토리에 추가하는 게 필요하다. 이것 또한 당신이 배우고자 하는 것이다.

마지막으로 세 번째는 주의력의 초점을 자신이 가진 핵심 강점들로 옮기고자 한다. 자신이 가장 잘하는 것들이 무엇인지 파악하는 방법을 학습하는 것이야말로 최고 수행 상태에 도달하는 데 꼭 필요하다. 1940년대 이후로 칼 로저스^{Carl Rogers}와 칼 융^{Carl Jung}으로부터 마틴 셀리그만^{Martin Seligman}과 크리스토퍼 피터슨^{Christopher Peterson}에 이르는 심리학자들은 자신이 가진 핵심 강점들을 정기적으로 쓰는 것이 행복과 복지 및 몰입의 양을 늘리는 최고의 방법들 가운데 하나라고 주장해왔다.[1] 사실 셀리그만은 몰입의 양을 늘리는 최고의 방법은 자신이 가진 다섯 가지 강점 가운데 하나 이상을 활용하는 활동에 최대한 많은 시간을 쏟는 것이라고 주장해왔다.

심리적인 차원에서 볼 때, 자신이 이미 잘하고 있는 것을 더 잘하게 될 때 강력한 두 내재적 충동자인 자율성 및 숙달의 정도가 높아진다. 이 충동자들은 자신감과 집중력 그리고 몰입도를 높이는데, 이 세 가지는 하나로 결합해서 학습 효율을 높이고 몰입을 더 강화한다. 그렇게 해서 최종적으로는, 강화된 몰입 덕분에 학습 능률은 더 올라가므로 이것이 우리의 강점들을 강화하는 선순환이 이뤄진다.

신경생물학적으로 볼 때 강점들은 제각기 다른 기능이 있다. 가장 중요한 것이 도파민이다. 우리는 무엇이든 능숙하게 잘하고 싶어 하는데 이때 도파민이 분비돼 집중력을 높이고 동기부여를 강화하며 우리가 기존에 잘하는 것을 더 잘하게 돕는다.[2]

많은 연구자는 우리의 강점들이 '감각 게이팅^{감각 관문, sensory gating}' ●에서 일정한 역할을 한다고 믿는데, 감각 게이팅은 뇌가 유입되는 정

● 즉 뇌가 처리하는 정보의 양을 스스로 조절하는 과정.

보 가운데서 어떤 것들은 유익하다고 판단하고 또 어떤 것들은 무의미하다고 판단해서 걸러내는 과정이다. 사람들은 어떤 일이든 잘하기를 바란다. 그래서 이 목적에 도움이 되는 정보에는 중요하다는 꼬리표가 붙어서 의식적인 처리 절차 대상이 된다.[3]

그러나 자신이 가진 강점을 훈련시킨다는 발상은 심리학에서는 아직 새로운 개념이라 훈련해야 할 강점들의 완벽한 목록에 대해서는 여러 의문이 남아 있다. 셀리그만과 피터슨은 이 주제를 다룬 최근 저서에서 스물네 개의 핵심 강점들을 나열하지만, 갤럽 Gallup의 클리프턴 강점 테스트 CliftonStrengths는 서른네 개까지 항목을 늘려잡고 또 강점 프로파일 Strengths Profile은 잠재적인 강점과 약점 및 학습된 행동을 예순 가지로 나열한다. 그렇다면 과연 어떤 진단을 신뢰할 수 있을까?

당사자 본인의 것, 이것이 내가 제시하는 대답이다. 셀리그만과 피터슨의 발상을 시험 삼아 적용해보고 싶다면 두 사람의 웹사이트 www.viacharacter.org를 방문하면 되는데, 여기에서는 240개의 진단 질문을 무료로 제공한다. 검사 결과는 믿을 만하며 곧바로 개인 수신함으로 전송된다. 이것 말고도 클리프튼 강점 테스트와 강점 프로파일 및 수많은 평가진단을 온라인에서 찾을 수 있다.[4] 그러나 이 수수께끼를 풀 더 쉬운 방법은 자신의 역사를 믿는 것이다.

우선 당신이 거두었던 가장 큰 승리 즉 가장 자랑스럽게 여기며 인생에서 가장 큰 긍정적인 영향을 주었던 업적 다섯 가지를 가지고서 시작하면 된다. 이 다섯 가지를 선택한 다음에 각각의 승리를 분석해 승리에 결정적인 역할을 한 핵심적인 강점으로 어떤 것들이 있는지 찾아보아라. 이때 가장 중요하게 여길 것은 특별함이다. 그 강점의 목록에 그저 '고집스러움'이라고만 써서는 안 된다. 만일 수도 없이 자주 도서관을 찾아가 해당 주제와 관련된 정보를 최대한 많이 수집한 일이 승리에 큰 도움이 되었다면, '지적인 엄격함'이 '고집스러움'보다는 훨씬 더 유용할 것이다.

이렇게 해서 강점의 목록을 작성했으면, 각 강점들이 교차하는 지점을 찾아라. 이 책을 시작하는 부분에서 우리가 가진 핵심적인 열정들이 핵심적인 목적들과 교차하는 지점들을 발견한 다음에, 이것을 가지고서 거대한 변화를 부르는 목적과 높고 힘든 목표 그리고 명확한 목표를 세웠다. 이와 마찬가지로 여기에서는 강점을 동기요인들과 딱 들어맞게 정렬할 적절한 장소를 찾음으로써 목적과 목표를 찾는 과정을 더 확장하고자 한다.

당신이 설정한 거대한 목적이 '인류의 굶주림을 몰아내는 것'이라고 하자. 높고 힘든 목표들 가운데 하나는 수직농업^{vertical farming}● 분야를 발전시키는 것이다. 그런 다음 날마다 업데이트하는 명확한 목표의 목록에서 여러 강점을 최대한 발휘해라. 만일 팀워크나 사회적 지능 그리고 리더십 등과 같은 대인 관련 기술들이 강점이라면, 연구실에서 조용하게 생활하기보다 공동체 운동에 앞장서는 편이 훨씬 더 잘 맞을 것이다.

그리고 셀리그만은 일단 설정한 거대한 목적에 적절하게 들어맞

● 도심의 고층 건물을 농장으로 삼아 수경재배가 가능한 농작물을 재배하는 수직농장에서 실시하는 농법.

는 핵심적인 강점이 무엇인지 파악했으면 새로운 방식으로 새로운 환경, 예를 들어 가족과 함께 혹은 직장에서 그 강점을 한 주에 한 번씩 활용하라고 추천한다.[5] 하나의 강점을 두세 달에 걸쳐서 훈련한 뒤에 즉 그 강점을 적어도 한 주씩은 새로운 방식으로 새로운 상황에서 시도해본 뒤에 다음번 강점으로 넘어가라. 이렇게 1년에 걸쳐서 다섯 개의 강점을 모두 시도하면, 갖고 있는 여러 강점 중 어떤 강점이 어느 지점에서 당신의 거대한 목적과 교차하는지 알게 된다. 그것이 바로 진정한 목표다. 만일 자신이 가진 핵심적인 강점들을 활용해 인생의 목적을 향해서 일할 수 있다면, 분명 인생을 살면서 몰입의 양을 상당한 수준으로 높일 것이다. 아울러 목적을 향해 더 빠르게 멀리까지 나아갈 것이다.

바로 이것이 "과연 나는 무엇을 배워야 할까?"라는 질문에 대한 대답이다. 자신이 가진 칼을 날카롭게 하라. 강점들을 사용하는 법을 배워서 자신이 가진 대의를 키우고 또 전진시켜라. 만일 정체성에 정확하게 들어맞는 법을 배운다면, 우리가 나아가는 속도는 훨씬 더 빨라질 것이다. 일은 더 빠르게 완수될 것이고, 마지막에 우리는 훨씬 더 아름다운 수확을 거둬들일 것이다.

13장

정서지능의 80 대 20 원리

이 책의 절반 지점에서 우리는 다음과 같은 극단적인 혁신과 관련된
질문에 맞닥뜨린다.

기량을 한 단계 올리려면 무슨 일을 해야 할까?

과거에 없었던 새로운 일을 하려면 무엇을 해야 할까?

혹은 과장하지 않은 이런 질문이 있을 수 있다.

**높은 성과 수준을 유지하면서 일련의 높고 힘든 목표들을 달성하려
면 무슨 일을 해야 할까?**

이런 질문들에 대한 대답 하나를 미시간대학교의 심리학자 크리
스 피터슨Chris Peterson이 제시하는데, 피터슨은 긍정 심리학이 가져다주
는 교훈들 대부분을 "다른 사람이 중요하다Other people matter"라는 단 하
나의 문구로 정리할 수 있다고 믿는다.[1] 피터슨은 행복과 복지 그리고

인생의 전반적인 만족에 관심을 가지는 사람에게는 다른 사람이 꼭 필요하다는 사실을 말한다. 사회적 지원^{social support}(예를 들어 사랑, 공감, 보살핌, 연결성 등)은 정신 건강에 꼭 필요하다. 다른 사람, 그리고 다른 사람과의 관계가 중요하다. 여기에 대해서 피터슨은 〈사이콜러지 투데이 Psychology Today〉에 기고한 글에서 다음과 같이 설명했다.

"그 문구는 마치 자동차에 붙여놓은 스티커 문구와 비슷하지만 실제로 긍정적인 심리학 연구에서 광범위하게 해석되는 좋은 삶에 대해 잘 요약한 것이다."

그런데 이 문구는 불가능한 일에 관심을 가지는 사람에게 특히 맞아떨어지는 내용이다.

우리가 어려운 상황에 맞닥뜨릴 때마다 뇌는 우리가 맺고 있는 가까운 인간관계들의 질과 양을 토대로 기본적인 위험 평가를 한다. 그런데 문제를 해결하는 데 도움을 줄 친구나 가족이 주변에 있다면, 실제로 문제를 해결할 잠재적 가능성이 높아진다. 이때 그 사람의 뇌는 문제적 상황을 위협이 아닌 흥미로운 도전과제로 받아들이며 도파민이 나온다. 뇌가 도전과제를 붙들고 씨름할 준비를 하게 해주도록 신호를 주는 것이다.

그러나 만일 그 상황을 혼자서 맞닥뜨린다고 치자. 정서적인 지원이나 외부 도움을 받을 수도 없다면, 성공적으로 해결할 가능성은 줄어들고 자연스럽게 불안감도 높아진다. 몸에서 도파민이 아닌 코르티솔과 같은 스트레스 물질이 나오기 때문이다. 이런 물질들은 성과 창출을 방해할 수 있으므로, 만일 불가능한 일에 관심을 가지고 있다면 신경계에서는 당신이 다른 사람의 도움을 받아 함께 여정을 헤쳐 나가도록 요구한다.

잊지 말자. 당신과 당신이 가진 꿈들 사이에는 다른 사람들이 서 있다. 이들은 꿈을 이루는 과정에서 때로는 장해물이 되고 때로는 기회가 되지만, 어떤 경우든 불가능한 일을 혼자만의 힘으로 달성하는 사람은 거의 없다. 이런 이유만으로도, 당신이 가진 최고 성과 기술들의 목록에는 의사소통과 협업 그리고 협력 등과 같은 개인과 개인 사이의 여러 기술이 포함되어야 한다.

물론 이 말이 자기중심적으로 들릴 수 있다. 그러나 불가능한 일을 가능한 일로 바꾸는 게 목표라면 높은 정서지능을 개발하는 것이 성공 가능성을 높여주는 결정적인 요소일 것이다.

'정서지능emotional intelligence, EQ'은 자신은 물론 다른 사람의 감정을 정확하게 인지하고 표현하며 평가하고 이해하며 조절하는 능력을 종합적으로 표현하는 용어다. 심리학적인 용어로 말하자면, 정서지능은 동기부여와 자의식 그리고 자제력 같은 개인적인 차원의 기술인 동시에 보육과 관심 그리고 공감 같은 개인과 개인 사이라는 사회적 차원의 기술이기도 하다. 정서지능을 신경생물학적인 용어로 말하자면 약간의 설명이 더 필요하다.[2]

가장 먼저 알아야 할 점이 있는데 이는 최근까지도 우리가 거의 몰랐던 사실이다. 버러스 프레더릭 스키너Burrhus Frederic Skinner와 그가 주장한 행동주의에 따르면 정서(감정)는 너무 모호하고 또 너무 주관적이어서 과학자가 진지하게 다룰 주제가 아니라고 보았다.[3] 그러나 1990년대에 뇌 영상 기술이 획기적으로 발전하면서 과학자들은 인간의 기본적인 감정들의 신호가 전달되는 뉴런(신경세포) 경로를 발견했다.[4] 이로써 50년 가까운 논란에 마침표가 찍혔으며, 인간을 포함한 모든 동물에게 앞서 언급한 일곱 개의 감정 관련 신경망 체계가 존재한다는 게 드러났다.

여기에서 체계[system]라는 말이 중요하다. 어떤 감정이든 뇌의 단한 군데 지점에서 비롯되지 않는다. 이 체계들은 공포, 욕망, 보육[care], 놀이[play], 분노[rage], 탐색[seeking], 공황—슬픔[panic-grief]이라는 일곱 개의 핵심적인 신경망에서 발생한다. 각각의 신경망은 뇌에 퍼져 있는 특수한 전기화학적 경로인데 특정한 감정 및 행동을 유발한다. 그러므로 신경생물학적 관점에서 볼 때 정서지능은 이 일곱 개 신경망 각각을 효과적으로 '관리'하는 데 필요한 인지 능력이다.

그리고 뇌의 어느 부분들이 그런 역할을 담당하는지에 대한 논의도 과학자들 사이에서 점점 의견이 하나로 모아지고 있다. 뇌의 한층 깊은 영역들(예를 들어 시상, 시상하부, 기저핵, 편도체, 해마, 전대상 피질 등)도 포함되며 또 전전두엽 피질 삼총사(배외측·복내측·내측안와 전전두엽 피질)도 포함된다.[5] 실제적인 의미에서 정서지능 훈련에는 뇌 영역들이 보낸 신호들을 인식하는 방법 및 그 신호들을 토대로 행동하거나 행동하지 않는 법을 배우는 것이 포함된다.

그리고 이런 기술들을 학습해야만 하는 매우 분명한 이유들이 있다. 지난 수십 년 동안 수십 개의 영역에서 연구가 이루어졌으며, 그 결과 정서지능은 높은 성취도를 보여주는 확실한 지표로 꼽힌다. 높은 정서지능은 좋은 분위기와 좋은 인간관계부터 높은 성공 가능성까지 관계가 깊다. 이 점을 강조하기 위해 기자 낸시 깁스[Nancy Gibbs]는 잡지 〈타임〉에 "취업을 지능지수로 한다면 승진은 정서지능으로 한다"라

고 재미있게 표현했다.[6]

그리고 이것은 학습 단계에서 우리가 배울 필요가 있는 다음 차례의 대상으로 우리를 안내하는데 바로 정서 지능을 최대한 '충전'하는 방법이다.

연구자들은 정서 지능을 자기인식self-awareness, 자기관리self-management, 사회적 인식social awareness 그리고 인간관계 관리relationship management라는 네 가지 영역으로 나눈다.[7] 처음의 두 개 범주에는 자신이 맺는 인간관계가 포함된다. 자기인식은 일반적으로 자신의 감정, 동기, 욕망, 성격 등에 대한 지식으로 정의되며, 자기관리에는 자신의 행동과 행복에 대해서 책임을 지는 것이 포함된다.

나중의 두 개 범주인 사회적 인식과 인간관계 관리에는 다른 사람과 맺는 인간관계가 포함된다. 사회적 인식에는 다른 사람이 겪는 개인과 개인 사이의 투쟁을 이해하는 능력 및 사회가 안고 있는 문제들(예를 들어 인종차별이나 여성혐오 등)을 인식하는 능력이 포함된다. 마지막으로 인간관계 관리는 개인과 개인 사이의 의사소통 기술에 대한 모든 것을 아우른다.

1부에서 소개했던 여러 기술은 이런 범주들을 훈련하기 위한 기술들이다. 예를 들어 끈기를 다룬 장에서 이야기한 마음챙김 훈련은 생각과 감정 사이의 간극을 벌리는 가장 좋은 방법으로, 자신의 생각을 뚜렷하게 의식하게 해주는 한편 감정을 절제하게 한다. 예를 하나 더 들어보자. 열정의 비결 훈련과 목표설정 훈련은 동기부여와 자기관리 기술을 드높이며 자기인식을 넓힌다.

더 중요한 사실은, 대부분의 자기인식–자기관리 전술들은 자동조종 인식autopilot awareness이라는 공통점이 있다. 심리학자 윌리엄 제임스가 지적했듯이 인간은 습관의 기계다. 제임스는 습관을 '사회의 위대한 플라이휠'flywheel●이라고 불렀으며, 최근의 연구 결과는 이런 주장을 뒷받침한다.[8] 우리가 하는 행동 가운데서 대략 40퍼센트에서 80퍼센트가 의식하지 못한 상태에서 습관적으로 이루어진다는 사실이다.[9] 이것은 뇌가 에너지를 절약하기 위한 전략이지만, 잘못된 습관을 가지고 있다면 뇌의 이 전략 때문에 우리의 삶이 산산조각 날 수도 있다.

그러므로 팀 페리스의 '80 대 20' 접근법을 정서지능에 활용하는 방식으로 자동조종 인식을 개발할 수 있다. 만일 자신이 하는 자동반사 행동을 알아차릴 수만 있다면 자신의 행동을 선택할 수 있다.

이것이 좋은 자동반사인가, 아니면 나쁜 자동반사인가? 과연 도움이 되는 좋은 습관인가, 아니면 재난을 부르는 습관인가?

자신의 패턴을 깨닫는다면 기존의 패턴들을 깨부수고 더 나은 패턴들을 만들 수 있다. 사실 정서지능과 관련이 있는 매우 많은 뇌 부분들은 전전두엽 피질에 있는 구조들인데, 우리가 자동으로 하는 행동을 지운 다음에 더 나은 행동을 자동으로 하도록 돕는다. 이것이 자동조종 인식으로 적어도 말이나 글만으로도 훈련할 수 있다.

우선 말과 행동을 하거나 반응을 하기 전에, 특히 감정이 고조된 상황에서, 한 호흡 쉬어라. 이렇게 쉬는 동안 자신이 왜 그 행동을 하

● 무거운 소재로 제작된 일종의 바퀴인 플라이휠은 회전 장치가 관성을 유지하도록 하는 기능을 한다.

려 했는지 스스로에게 물어라. 그다음에는 하려는 그 반응을 평가해라. 자신의 결점을 바꾸고, 부정적인 자기대화를 살피고 고쳐서 사용해라. 그런 다음에 자신이 구사하는 정서 어휘를 확장해라. 마지막 항목에 대해서는 망설이며 결정을 미루지 마라. 자신이 느끼는 감정을 더 구체적이고 정확하게 묘사할 수 있을 때 감정의 지형은 확장된다. 철학자 루트비히 비트겐슈타인^{Ludwig Wittgenstein}이 알려주었듯이 "어떤 사람이 가진 언어의 한계는 그 사람이 사는 세계의 한계다."[10]

'80 대 20 접근법'을 정서지능의 세 번째와 네 번째 범주인 사회적 인식과 인간관계 관리에도 쓸 수 있다. 그러기 위해서 이 두 개 범주에 관한 한 연구자들이 가장 강조하는 두 가지 기술 경청과 공감을 살펴보자.

경청은 몰입적 현재감^{engaged presence}, 즉 현재에 온전하게 몰입할 수 있는 기술이다. 상대가 하는 말에 진심으로 호기심을 느끼고 귀를 기울이면서도 결과에 어떤 판단이나 애착을 갖지 않는 것이다. 다른 망상을 하거나 상대의 말이 끝난 다음에 해줄 멋진 말을 생각하는 것도 아니다. 핵심은 인내하는 마음이다. 진정한 관계를 맺기 위해서는 상대가 하고 싶은 말을 다할 때까지 기다린 다음 그가 말한 내용을 분명하게 이해하기 위한 질문을 하는 것이다. 많은 전문가는 상대가 한 말을 큰 소리로 요약할 것을 추천하는데, 이렇게 할 때 의사소통 질은 높아지고 두 사람의 유대감은 강화되어서 서로 상대가 나를 바라보고 자신의 말에 귀 기울였다고 느낀다.

경청은 또한 우리의 다른 성취 전술들과도 잘 어울린다. 경청은 자동으로 호기심을 자극시켜서 도파민과 노르에피네프린이 나오게 만든다. 이런 화학물질들은 주의력을 높이고 학습 효율을 높여주며 들었던 내용을 이용해 머릿속에 오래전에 한 생각들과의 연결점을 찾을 최고의 기회를 제공한다. 따라서 패턴 인식이 가능한 조건들이 생성되며, 또한 그 결과로 우리 몸에서는 더 많은 도파민이 나온다. 몸 안에서 나온 신경화학물질 덕분에 우리가 몰입에 들어갈 가능성은 한층 커지는데, 노스캐롤라이나대학교의 심리학자 키스 소여 Keith Sawyer가 경청을 몰입 촉발제로 부른 이유도 바로 여기에 있다.[11]

이 주제에 대해서는 뒤에서 다시 살펴보기로 하고, '공감'으로 넘어가자.

공감은 다른 사람의 감정을 이해하고 또 그 감정을 공유하는 능력으로 정서지능을 훈련하는 지름길 가운데 하나다. 공감 능력 개발법을 학습하면 자신을 이해하고 또 자신이 다른 사람들에게 미치는 영향을 이해하는 능력이 강화된다. 이럴 때 개인적인 차원에서는 일의 효율이 높아지고, 사회적인 차원에서도 의사소통과 협업의 질이 올라간다.

최근 여러 해 동안 과학자들은 공감을 이해하는 영역으로 연구 범위를 깊숙하게 확장했는데, 이 과정에서 공감 능력이 쉽게 익힐 수 있는 기술이라는 깨달음도 함께 얻었다.

아직까지는 완벽하게 이해할 수 없는 다양한 이유들로 해서 "운동 공감motor resonance은 정서 공감emotional resonance으로 이어진다." 그래서 다른 사람이 어떤 행동을 하거나 어떤 느낌을 경험하는 모습을 볼 때, 실제로 그 행동을 하거나 그 느낌을 경험할 때 활성화되는 뇌 부위가 활성화된다.[12] 이런 일은 자동으로 일어난다. 우리는 바로 이 생물학적 사실을 활용해 공감 능력을 훈련하고 개선할 수 있다.

연구자들은 공감 능력 훈련의 핵심적인 두 가지 전략으로 '상상하기'와 '명상하기'를 언급했다. 상상하기는 어떤 상황을 실제로 자신이 경험하는 것처럼 상상하는 것이다. 다른 사람의 처지가 되어서 1마일이라는 거리를 머릿속으로 걸으며 이때의 느낌이 어떤지 자문하는 것이다. 이 전략은 뻔한 질문을 머릿속에 던지는 것부터 시작한다.

만일 이 일이 일어난다면, 어떤 느낌일까?

이때는 반드시 탐색을 해서 무언가를 알아내야겠다는 마음을 가져야 한다. 문제의 상황에서 나타날 수 있는 모든 감정 상태를 이해할 수 있도록 다양한 각도에서 상황을 살피고 생길 수 있는 감정들을 느껴 보아라. 해당 느낌이 자기 몸 어디에서 일어나는지, 그 감정들의 질과 깊이를 알아라. 따끔거리는 통증인지 얼얼한 통증인지, 통증이 빠르게 변하는지 묵직하게 계속 이어지는지. 그리고 가장 중요한 것이 남았다. 바로 그 감정들이 인지에 어떤 색깔을 입힐 수 있는가 하는 점을 알아내는 것이다.

공감 능력 개발의 두 번째 전략은 '연민의 감정을 드높이는 명상'이다. 하버드대학교의 심리학자 대니얼 골먼Daniel Goleman과 위스콘신대학교의 심리학자 리처드 데이비슨Richard Davidson이 공동으로 진행한 연구실험에서, 실험참가자들을 대상으로 연민의 감정을 드높이는 명상을 일곱 시간 동안 했을 때 이들의 공감 능력은 확인할 수 있을 정도로 높아졌으며 뇌에서도 영구적인 여러 변화가 일어났다.[13] 감정을 포착하는 뇌 부위인 뇌섬엽 그리고 대안적인 여러 관점에서 사물을 바라보도록 해서 공감을 느끼게 하는 뇌 부위인 측두엽과 두정엽의 연결 지점 ^{temporal parietal junction}에서 활동성이 강화되었던 것이다.

연민의 감정을 드높이는 명상을 직접 해보는 것도 어렵지 않다. 조용한 장소를 찾아서 자리를 잡고 앉아서 눈을 감아라. 그러고는 당신에게 친절하게 대해줬으며 고맙게 여기는 사람을 머리에 떠올려라. 그가 안전하고 건강하고 행복하게 잘 살기를 진심으로 기원해라. 그다음에는 당신이 사랑하는 다른 사람에게도 똑같이 해라. 아마 친구나 가족이 그 대상일 것이다. 계속해서 직장 동료, 아는 사람, 모르는 사람, 아침에 들렀던 세탁소 주인, 당신의 고장난 컴퓨터를 고쳐준 사람(……) 마지막으로 자신에게도 똑같이 해라.

실험을 통해 하루에 20분씩 2주 동안 이 명상을 한 사람들의 공감 능력이 두드러지게 개선됐다는 사실이 입증됐다. 그 결과를 면밀하게 살펴라. 연민 훈련을 포함한 마음챙김 훈련에서 겪는 어려움 가운데 하나는 원인과 결과 사이의 간극이 상당히 크다는 점이다. 예를 들어 오늘 내가 20분 동안 명상했는데, 닷새가 지나서야 어머니와 전화 통화를 하면서 예전과 다르게 어머니의 감정에 공감한다는 말이다. 그러나 이런 태도의 변화를 꾸준하게 지켜보면서 쌓이는 결과를 계속 기록해라. 이 훈련법이 효과가 있다고 믿는 마음이 동기부여를 유지하는 데 결정적으로 중요하다.

그리고 업무와 관련해서 '연민의 감정을 드높이는 명상'만 하지 마라. 상상하기와 명상하기를 결합할 때 최고의 결과가 나온다. 다른 사람과 처지를 바꾸어서 생각할 때, 특히 그 사람이 힘든 상황에 놓여 있을 때는 더욱 그렇다. 하지만 이때 뇌는 어떤 교활한 작업을 한다. 바로 상대에게 관심을 주려고 하지 않는 것이다. 뇌는 고통을 좋아하지 않으므로 (설령 그 고통을 직접 겪지 않을 때도 마찬가지다) 다른 사람의 말을 듣지 않음으로써 고통을 덜어내려고 한다. 대니얼 골먼도 〈패스트컴퍼니^{Fast Company}〉에 기고한 글에서 뇌의 그런 활동을 "친절함이 아니라 무관심으로 이어지는 지름길"이라고 설명했다.[14]

그러나 이 문제를 해결할 손쉬운 방안이 있다.

독일 막스플랑크연구소^{Max Planck Institutes}의 과학자들은 공감을 상상하는 훈련과 연민을 드높이는 명상 훈련을 함께할 때 다른 사람의 고통을 보고 활성화되는 신경회로들이 달라진다는 사실을 발견했다. 실험참가자들은 다른 사람의 고통을 외면하지 않았다. 과학자들은 자식의 고통에 반응하는 어머니의 뇌에서 활성화되는 부분과 같은 부분이 실험참가자들의 뇌에서 활성화되는 모습을 확인했다. 이 훈련 방식은 잠금 상태로 초기설정된 뇌의 밸브를 열 뿐만 아니라 더 빠르게 공감할 수 있도록 한다.[15]

경청할 때 깊은 공감까지 할 수 있다면 우리는 긍정적인 사회적 상호작용에서 비롯되는 기분 좋은 신경화학물질(즉 도파민, 엔도르핀, 옥시토신 그리고 세로토닌)의 세례를 받아 매우 기분이 좋아진다. 정서지능이 높은 성과를 가능하게 해주는 일관적인 지표인 이유도 바로 여기에 있다. 이것은 정서지능이 인간의 행동 및 감정이 불가능을 좇는 탐색의 연료라는 뜻이기도 하다.

14장

1만 시간의 법칙을 넘어서

심리학자 안데르스 에릭슨^{Anders Ericsson}이 주장한 '1만 시간의 법칙'을 살펴보지 않고서는 학습에 대해 말할 수 없다. 특히 최고 수행 상태와 관련해서 보면 재능이란 헛된 신화일 뿐이라고 '1만 시간의 법칙'은 말한다. 재능이 아니라 훈련이 관건이다. 물론 이 훈련은 단순한 훈련이 아니다.

에릭슨의 연구조사에 따르면 주어진 분야에서 능숙한 수준에 도달하려면 1만 시간의 '계획적인 훈련^{deliberate practice}'이 필요하다.[1] 훈련이 계획적인 것은 다음 세 가지 조건을 충족하기 때문이다. 첫째, 학습자는 가장 좋은 방법론에 대해서 명확한 지도를 받을 것. 둘째, 학습자는 즉각적인 피드백을 받을 것. 셋째, 학습자는 같거나 비슷한 과제를 반복해서 해낼 수 있을 것. 간단하게 말해서 어린 시절부터 전문 분야를 정하는 조기 전문화 및 극단적인 반복이 필요하다.

에릭슨의 연구에서 비롯된 결과들은 지금까지 열매를 맺어왔다. 관련 내용이 《전문 지식과 전문가 수행에 관한 케임브리지대학교 편람The Cambridge handbook of expertise and expert performance》이라는 책에 수록됨으로써 공신력을 얻었으며, 또 《아웃라이어Outliers》의 저자인 말콤 글래드웰Malcolm Gladwell과 같은 작가들에 의해서 대중화되었다.[2] 그리고 또 전문화를 지지하는 산업도 나타나서 타이거맘tiger mom•, 헬리콥터맘helicopter mom•• 같은 부류도 나타났다. 그러나 여기에는 문제가 하나 있다. 조기 전문화는 애초에 목표로 했던 전문성과 비슷한 어떤 것도 가져다주지 않는다는 점이다.

매우 흔한 경우인데, 이 방법을 쓸 때 어린 자녀들은 한때 숙달을 위해 애쓰던 바로 그 활동을 그만두고 만다.[3] 성인 학습자도 마찬가지다. 극단적인 전문화로 이들은 지나치게 편협해지거나 자만심에 빠져드는 경향이 있다. 특히 대부분의 사실에는 눈감으면서 자신이 아는 지극히 적은 사실들에 지나치게 의존한다. 이는 1만 시간의 법칙에 대해서 중요한 문제 제기를 하게 만든다.

첫 번째 문제 제기는 에릭슨 본인이 시작했다.[4] 말콤 글래드웰이 《아웃라이어》란 책으로 극단적인 전문화라는 발상을 세상에 내놓았을 때였다. 에릭슨은 자신이 특정 영역에서 전문성을 연구해왔고 (1만 시간의 법칙은 바이올린 연주자들을 대상으로 한 연구에서 비롯되었다) 자신이 발

• 호랑이처럼 엄격하고 혹독하게 자녀 교육을 관리하는 엄마.
•• 자녀 주변을 늘 맴돌며 자녀를 과잉보호하는 엄마.

견한 내용이 다른 여러 분야, 예를 들면 골프 영역에서 똑같이 확인되고 있지만, 모든 분야에 적용되지는 않는다는 점을 지적했다. 더 나아가 1만 시간이라는 것도 임의적인 수치일 뿐이라고 했다. 글래드웰이 1만 시간을 선택한 것은 최고의 기량을 습득한 스무 살의 바이올린 연주자가 그동안 했던 평균적인 연습량이 1만 시간이었기 때문이다. 만일 이 연주자가 열여덟 살이나 스물두 살에 최고의 기량에 다다랐다면 그 시간도 완전히 달라졌을 것이다.[5] 즉 사람들 대부분이 어떤 분야에서 숙달의 경지에 다다르기까지는 1만 시간보다 훨씬 더 많은 시간이 걸린다. 때로 몇몇 분야에서는 특정한 사람이 훨씬 적은 시간 만에 그 경지에 다다르기도 한다. 그러나 에릭슨은 자신이 발견한 사실들을 놓고 판단할 때 1만 시간을 전문성을 규정하는 엄격한 기준으로 삼을 수는 없다고 느낀다.

두 번째 문제 제기는 액션·모험 스포츠 선수들이 지난 30년 동안 거두었던 유례없는 발전을 살핀 나의 책 《슈퍼맨의 부상》에서 나왔다. 그 기간에 그 선수들은 불가능한 일을 가능한 일로 바꾸는 위업을 역사상 그 어떤 집단의 사람들보다 많이 거두었다. 그런데 바로 여기에 당혹스러운 사실이 있다. 이들은 1만 시간의 법칙을 따르지 않고 불가능한 일에 도전해 위대한 업적을 이룬 것이다. 즉 1만 시간 법칙의 그 어떤 것도 최고 수행을 가능하게 해주는 의식 상태와는 아무런 관련이 없다.[6]

지난 50년 동안 과학자들이 탁월함과 성취에 주의를 기울일 때 어머니와 연주자와 마시멜로라는 세 가지 요인이 큰 역할을 해왔다. 기본적으로 이것들은 어떤 일에 정통해지는 고전적인 세 가지 경로다.

어머니는 환경 및 양육(영양)을 뜻하는데, 유전자의 영향과 어린 시절의 환경이 학습과 성공에 결정적인 영향을 준다는 사실에는 이론의 여지가 없다.[7] 연주자는 안데르스 에릭슨이 '계획적인 연습'이라는 발상을 구체화하기 위해서 연구했던 바이올린 연주자들을 떠올린다. 마지막으로 마시멜로는 스탠퍼드대학교의 심리학자 월터 미셸Walter Mischel이 어린이를 상대로 했던 전설적인 만족 유예 실험을 떠올린다.[8] 미셸은 현재의 유혹(지금 당장 마시멜로를 먹는 것)을 이겨내는 아이들이 인생에서 성공할 가능성이 훨씬 높음을 발견했다. 그리고 이것은 성공 외에 여섯 개의 다른 항목에서도 마찬가지로 적용된다. 학점, IQ 점수, SAT 점수 혹은 다른 어떤 것보다 만족을 미루는 능력이야말로 미래의 성취를 가늠할 수 있는 일관된 지표인 것 같다.

그러나 이런 발견들에도 불구하고, 《슈퍼맨의 부상》에서 다루었던 위대한 선수들 가운데 이런 강점 중 어느 하나라도 가진 사람이 거의 없었다. 결손가정과 불우한 어린 시절이라는 환경에서 성장한 사람들이 일반적일 정도로 많았는데, 이것은 환경과 양육 두 가지 점 모두 불리함에도 불구하고 위대한 성취를 달성했다는 뜻이다.

계획적인 연습 1만 시간도 마찬가지다. 액션·모험 스포츠 선수들이 상당히 많은 시간을 들여서 기량을 닦지만, 암기 반복 연습에는 거의 시간을 들이지 않는다. 그들은 살아 있는 환경, 즉 계획적인 연습을 반복하는 일이 필요하지도 않고 가능하지도 않은 산과 바다라는 대자연에서 대부분의 시간을 보낸다. 게다가 이 사람들 가운데 다수는 계획적인 연습의 반복적인 훈련이 싫어서 프로 스포츠 경력을 내던진 사람들이다. 아닌 게 아니라 이들이 자신을 설명하려고 만든 프리 스키어, 프리 서퍼, 프리 라이더 등의 용어들도 이런 거부감의 표현이다.

마지막으로 유예된 만족과 관련된 조건은 뭐라고 말을 갖다 붙일 수도 없을 정도다. 액션 스포츠는 대부분 즉각적인 만족을 추구한다. 액션 스포츠 선수들은 '짜릿한 쾌감'을 좇는 철저한 쾌락주의자들이다. 미셸의 마시멜로가 이들 앞에 놓인다면 아마 금방 먹어치울 것이다. 그러나 탁월함의 고전적인 규칙 가운데 그 어떤 것도 따르지 않아도 이들은 여전히 인간이 가진 가능성의 한계를 계속 넓혀나간다.

1만 시간의 법칙에 대한 세 번째이자 마지막 문제 제기는 데이비드 엡스타인^{David Epstein}이 환상적일 정도로 멋진 저서인 《늦깎이 천재들의 비밀^{Range}》에서 제기했다. 이 책은 기본적으로 전문화에 대한 맹목적인 추종을 잘 짜여진 논리로 반박한다.

엡스타인은 한 분야에서 10년이라는 세월 동안 의도적으로 진행된 신중한 훈련이 아니라 최고 수행 상태를 유지한 사람들을 연구하면서 1만 시간의 법칙과 반대되는 경향을 발견했다. 데이터를 보면 그들은 하나의 주제를 선택하고 거기에만 매달리는 게 아니라 폭넓은 '샘플링 기간^{sampling period}' 즉 자신의 적성과 관심을 폭넓게 탐사하는 기간을 가지고서 자기 커리어를 시작했던 것으로 나타난다. 이 기간은 발견의 시간이다. 이 시간 동안 그들은 모든 종류의 새로운 활동을 검증하며 여기에서 저기로 수도 없이 오갔는데, 때로는 특별한 이유도 없이 그렇게 했다. 그러니 조기 전문화나 1만 시간을 통한 숙달들은 잊어버려라. 엡스타인이 했던 연구는 최고의 정점 상태에 도달하는 가장 빠른 방법은 지그재그로 나아가는 사실을 보여준다.

그럼 어떻게 되는 걸까? 1만 시간의 훈련은 일반적인 법칙일까,

아니면 특별한 법칙일까? 수십 년의 의도적인 훈련을 해야 할까, 아니면 더 쉬운 길이 있을까? 혹은 더 쉬울 뿐만 아니라 더 짧은 지름길이 있을까?

이 질문에는 한 마디로 딱 잘라서 그렇다거나 아니라고 말할 수 없다. 답은 더욱 복잡하다.

샘플링 기간을 활용하라

엡스타인이 발견한 사실 즉 최고의 정점 상태에 도달하는 가장 빠른 방법은 지그재그로 나아가는 것이라는 사실부터 이야기를 풀어가자. 가장 멀리 돌아가는 길이 어째서 가장 빠른 길이 될까? 그 이유는 '직무 적합도^{match quality}'라는 개념으로 정리할 수 있는데, 이것은 경제학자들이 기술, 관심, 작업들이 어떤 사람에게 얼마나 잘 들어맞는지를 묘사할 때 사용하는 용어다. 위대한 스키어 셰인 맥콘키가 "나는 내가 하는 일을 사랑한다"라고 했던 말이야말로 직무 적합도의 가장 정확한 표현이다.

엡스타인의 연구 결과를 보면, 최고의 상태를 유지하는 사람들은 자신과 완벽하게 맞는 일을 찾기 위해 다양한 것을 해보는 '샘플링 기간'을 들여 자기 경력을 시작했던 경향이 있다. 바깥에서 보면 그 기간은 조기 전문화와 정반대로 보이며, 이 기간 및 이 기간에 들이는 노력은 대부분 낭비로 보인다.

우와, 공룡이 우주에서 가장 멋지네! 우와아, 만화책이 공룡보다 더

멋지잖아! 우와아아, 테니스가 만화책보다 훨씬 더 멋지네!

그러나 최고 수행 상태를 유지하는 사람은 자신에게 맞는 것을 발견하면, 즉 자신이 하는 일을 사랑하는 방법을 배우고 나면 결과는 터보 엔진을 장착한 것처럼 빠른 속도로 나타난다.

수십 건의 연구를 통해서 드러난 사실이지만 직무 적합도는 상대적으로 높은 학습률과 직접적인 관계가 있다. 그래서 학습률은 최고 수행 상태를 지속적으로 유지하는 것을 가장 잘 예측하는 지표들 가운데 하나다. 엡스타인의 말을 빌리자면 "직무 적합도가 높으면 마치 투지로 불타는 끈기처럼 보인다."[9] 빠르게 진행되는 학습과 높아진 끈기가 하나로 합쳐질 때 복리複利 효과가 나타난다. 이것은 직무 적합도가 조기 전문화보다 장기적인 성공이 가능함을 보여주는 지표이기도 하다.

예를 들어서 교육 분야에서, 헤드스타트Head Start● 와 같은 조기 전문화 프로그램들은 오히려 교육 대상 어린이들에게 상당히 높은 수준의 '페이드아웃 효과fadeout effect'를 보여서, 아이들은 점점 더 지루해하다가 결국에는 하고 있는 활동에 대한 흥미를 완전히 잃어버려 아무런 교육 효과도 얻지 못했다.[10] 기업의 경우도 비슷하다. 조기 전문화가 초기에는 성과를 거둘 수 있을지 모르나 지속되지 않는다. 6년 정도만 지나도 폭넓은 샘플링 기간을 가졌던 사람들이 조기 전문화를 했던 사람들을 따라잡을 뿐만 아니라 큰 격차로 앞지른다. 조기 전문화를 했던 사람들은 직무 적합도가 부족해 몸과 마음이 지쳐 다른 분야로 옮

● 1965년 미국 연방정부가 경제적·문화적으로 불우한 아동을 위해서 만든 유아교육 프로그램.

기도 한다. 만일 관심사가 어느 한 직무에서의 전문화된 훈련이 아니라 여러 직무를 아우르는 행정 분야라면, 주어진 분야에서 당신이 수행하는 제각기 다른 직무의 숫자는 당신이 장차 CEO로 성공할지 어떨지를 가늠하는 지표가 된다.[11]

바로 이런 이유 때문에 나는 이 책에 '직무 적합도' 개념을 담았다. 열정 훈련도 따지고 보면 실천을 통한 학습을 강조하는 길고 긴 샘플링 기간일 뿐이다. 시행착오는 자신을 알아가는 가장 빠른 길이다. 이 과정을 통해 무엇을 좋아하고 잘하는지 직접 부딪히며 학습한다. 여러 연구 결과들도 자신이 좋아하는 대상을 파악하고, 자신의 능력을 경험하지 않고서는 앞을 예측할 수 없다고 말한다. 과학이 제시하는 방침도 "일단 먼저 행동하고, 다음에 생각해라"다. 이것은 또한 앞에서●, 자신이 가진 힘을 확인할 때는 미래를 지레짐작하는 진단에 의지하기보다 자신이 걸어온 역사를 신뢰해야 한다고 했던 이유기도 하다. 우리의 인생은 실제로 인생을 살아가는 과정에서 가장 잘 드러날 것이다.

큰 그림의 관점에서 보자면 직무 적합도는 우리가 가진 다섯 개의 기본적인 내재적 동기요인(즉 호기심, 열정, 목적, 숙달, 자율성)이 얼마나 적절하게 잘 쌓여 있는지 보여주는 일종의 신호다. 이 동기요인들이 잘 정렬되어 있으면 주의력은 상당한 수준으로 높아지는데, 주의력이야말로 언제나 든든한 학습의 토대다. 이것은 결국 에너지가 된다.

우리가 무언가에 주의를 기울이는 것은 에너지를 어떻게 사용할지 신중하게 선택한다는 뜻이다. 희소한 신경 자원들을 단일한 원천으

● 본문 197쪽 참고.

로 향하도록 이동시키면서 어떤 질문에 대한 해답을 찾으려 세상의 정보를 필터로 거른다. 주의를 기울이는 것은 일종의 탐문이다. '나'는 중요한가? 만일 이 질문의 답이 '그렇다'이면, 또 주의력을 기울이는 대상에 일정한 에너지를 소비할 만큼 가치가 있다면, 학습하게 된다. 바로 이것이 우리 몸의 체계가 활동하는 방식이며, 직무 적합도가 높을 때 몸의 체계가 우리를 위해 활동하도록 만든다.

더 많은 몰입을 위해

어떻게 해서 액션 스포츠 선수들은 불가능했던 위업을 역사상 그 어떤 집단보다 많이 달성했을까? 정말 궁금한가? 이 질문의 대답은 직무 적합도에서 시작해서 몰입이라는 의식 상태로 끝난다. 그 이유는 짐작하겠지만 신경화학물질의 영향이다.

만일 숙달로 이어지는 지름길로 빨리 가고 싶다면 학습 능률과 기억력을 올리는 방법을 익혀야 한다. 어떤 경험을 하는 동안 뇌에서 신경화학물질들이 많이 나올수록 그 경험은 단기 기억에 그치지 않고 장기 기억 창고에 저장될 가능성은 높아진다. 특정한 경험을 장기 기억 창고에 저장하는 일은 신경화학물질들의 또 다른 역할인데 이 물질들은 여러 경험에 '이 기억은 중요함, 나중에 사용할 수 있도록 저장할 것'이라는 딱지를 붙인다.

몰입할 때는 뇌가 생성하는 네다섯 개에서 여섯 개의 강력한 신경화학물질이 신경 작동 체계 안으로 쏟아져 들어온다. 이는 '중요해서 나중에 사용하도록 저장되는 것'이 그만큼 많다는 뜻이고, 이때 학습 효율과 기억이 폭발적으로 늘어난다. 신경 진단 장비 회사인 어드밴스드 브레인 모니터링 Advanced Brain Monitoring의 연구자들은 미국 국방부와 공동으로 신출내기 저격병들을 대상으로 실험을 진행했다. 연구자들은 실험참가자들을 몰입 상태로 들어가게 한 다음에 전문가 수준으로 훈련시켰다. 실험참가자들은 권총과 소총 그리고 활을 가지고 훈련을 받았다. 그런데 이들이 전문가 수준에 도달하는 데 걸린 시간은 몰입 상태로 들어가지 않은 통제집단에 비해서 절반밖에 되지 않았다.[12] 그렇다면 숙달에 이르기까지는 1만 시간이 필요하다는 저 유명한 법칙이 왜 이 훈련병들에게는 통하지 않았을까? 그 연구실험은 몰입 상태는 숙달에 필요한 시간을 절반으로 줄여준다는 사실을 입증했다.

바로 이것이 내가 《슈퍼맨의 부상》에서 소개한 액션·모험 스포츠 선수들이 인간이 거두는 성과의 한계를 그토록 빠르게 또 멀리 확대한 비결을 설명해준다. 그들은 자신이 사랑하는 일을 했으며 (즉, 직무 적합도가 최적인 일을 했으며) 또 그 일을 하는 과정에서 엄청난 양의 몰입을 보여주었다. 이 몰입 상태가 학습에 미치는 영향 덕분에 그들은 숙달로 나아가는 지름길을 걸어갔다. 이것은 선순환이며, 또한 불가능한 일을 가능한 일로 바꾸어놓는 여정이 많은 사람이 생각하는 것보다 훨씬 짧은 또 하나의 이유이기도 하다.

몰입이 보상으로 주어질 때, 의식적으로 학습에 에너지와 노력을 들이는 과정은 기쁨 속에서 자동으로 학습하는 과정으로 바뀐다. 바로 학습에 적용되는 습관적인 맹렬함이다. 만일 우리가 모험에 불을 붙이는 호기심의 불꽃이 처음 일어나는 그 순간부터 결코 끝나지 않는 결론인 숙달이라는 최종 목표 지점에 이르기까지, 이 총체적인 본능이 자동으로 나아가게 할 수만 있다면, 우리는 자신이 가진 열정과 목적에 끊임없이 연료를 주입할 수 있을 것이다. 바로 이것이 우리가 무한게임에 도전하도록 만들어주는 과정이다. 만일 당신이 학습을 계속 이어간다면 놀이를 계속할 수 있다. 그리고 놀이를 몇 년이고 계속 이어간다면 어느 날에는 기대를 훌쩍 뛰어넘는, 처음에는 상상조차 하지 못했던 수준까지 성과를 올릴 수 있음을 깨달을 것이다. 사람들이 그 게임을 '무한게임'이라고 부르는 이유도 바로 여기에 있다.

THE ART OF
IMPOSSIBLE

폭발적이면서도
오래가는 힘 만들기

" 나는 마약을 하지 않는다. 나 자신이 마약이다. "

_살바도르 달리|Salvador Dali[1]

15장

창의성은 단련된다

높은 성과를 거두고 싶은가? 그렇다면 창의성이 중요하다. 바로 이 지점에서 이야기를 시작해보자. '21세기 학습을 위한 파트너십Partnership for 21st Century Learning'이라는 비영리 교육 단체가 있다. 애플, 시스코, 마이크로소프트 등의 ICT 선두 기업 이사들, 미국 최대 규모의 민간 교원단체 조직인 전미교육협회, 미국 교육부 인사들로 2002년에 조직된 이 단체는 아이들이 21세기를 잘 살아가는 데 어떤 기술이 필요한지 결정하는 책임을 갖고 나섰다. 예전의 상식으로 보면 그 기술들은 당연히 3R 즉 읽기reading와 쓰기writing 그리고 셈하기arithmetic였다.[1] 그런데 시대가 바뀌면서 기술들도 새롭게 선정되었다. 바로 4C 즉 창의성creativity, 비판적 사고critical thinking, 협업collaboration 그리고 협력cooperation이다.

이것과 비슷한 결과를 기업에서도 볼 수 있다. 2010년에 IBM의 연구자들은 기업 운영에 필요한 기술들을 더 잘 이해하고 싶었다. 이 궁금증을 풀려고 그들은 전 세계 60개국에서 43개 산업에 종사하는 1,500명이 넘는 재계 지도자들에게 CEO가 갖추어야 할 가장 중요한 덕목을 물었다.[2] 이 설문조사에서도 창의성이 가장 중요하다는 대답이 나왔다.

어쩌면 어도비 Adobe가 2016년에 미국, 영국, 일본, 독일, 프랑스 5개국의 성인 5,000명 이상을 대상으로 시행했던 설문조사 '스테이트 오브 크리에이트 State of Create'에서 가장 좋은 자료가 나온 게 아닐까 싶다.[3] 이 설문조사에서 어도비는 산업에만 초점을 맞추지 않고 더 일반적인 질문을 했다. 창의성은 사회에 얼마나 중요한가?

매우 중요하다는 응답이 돌아왔다.

창의적인 사람은 그렇지 않은 사람보다 더 많이 성취하고 더 많이 동기부여되어 있으며 더 많은 성공을 거두는 현상이 국경을 초월해서 드러났다. 창의적인 사람이 그렇지 않은 사람보다 평균 13퍼센트 더 많은 소득을 거두었다. 또 창의성에 투자한 기업은 매출액 성장, 시장점유율, 경쟁력이 있는 리더십, 고객만족 등 다시 말해, 거의 모든 부문에서 경쟁 기업보다 앞섰다. 삶의 질이라는 측면에서도 창의적인 사람은 그렇지 않은 사람보다 34퍼센트나 더 행복하다고 응답했다. 특히 이런 점은 우울증에 대처하는 방식과 관련해서 우리가 반드시 다시 생각해봐야 할 사항이다.

마지막으로, 불가능한 일에 매달리는 것에도 창의성은 더 중요한 역할을 한다. 거대한 꿈을 좇을 때 지금 서 있는 지점에서 장차 가고자 하는 지점까지 일직선으로 이어지는 경우는 거의 없다. 아닌 게 아니라 꿈이 클수록 그 꿈에 다가가는 경로는 눈에 더 희미하게 보인다. 예를 들어 당신이 최고 수행을 추구하는 무한게임을 하고 있다고 치자. 이때 동기부여가 당신을 그 게임에 참가하도록 이끌었으며 학습이 그 게임을 계속 이어가도록 붙잡아둔다면, 창의성은 당신이 그 게임 속에서 방향을 파악해서 앞으로 나아가는 방법을 일러준다.

그렇기에 다음 질문이 제기된다.

도대체 창의성이란 무엇일까?

창의성은 발견이다?

과학자들은 창의성에 대한 답을 찾기 위해 지금까지 꽤 오랫동안 노력해왔다. 그럴 수밖에 없었던 이유는 그것이 질문이라는 사실 자체를 이해하는 데만도 상당한 시간이 걸렸기 때문이다. 그리스와 인도와 중국을 포함한 고대 문화권에서는 창의성이라는 이 특정한 기술을 가리키는 단어가 없었고 창의성을 '발견'이라고만 생각했다. 왜냐하면 어떤 발상 혹은 아이디어는 신이 주는 것이며 인간은 그것을 '발견'할 뿐이라고 보았으니까 말이다.[4]

그런데 이런 발상은 신이 부여한 통찰은 위대한 인간의 마음에서 비롯된다는 인식을 가진 르네상스를 거치면서 바뀌었다. 18세기에 우리는 '저절로 일어나는 생각'에 이름을 붙였는데, 상상력 즉 '감각의 다른 투입 없이 어떤 것을 마음에 떠올리는 과정'이라는 개념이었다. 그러다가 19세기에서 20세기로 넘어갈 무렵에 프랑스의 만능 과학자

앙리 푸앵카레$^{Henri Poincaré}$가 그 개념을 하나의 과정으로 확장했다.

어려운 수학 문제를 풀어나가는 자신의 마음이 움직이는 방식에 흥미를 느낀 푸앵카레는 통찰력이 갑자기 나타난 게 아니며, 통찰력이 신뢰할 수 있는 5단계 주기를 따른다는 걸 깨달았다.[5] 그 뒤에 런던정경대학교의 그레이엄 월러스$^{Graham Wallas}$가 푸앵카레가 제시했던 주기 개념을 더 정밀하게 들여다보았다. 그러고는 그 가운데 두 개의 단계가 하나로 합쳐질 수 있다고 보았으며, 이 결과를 고전적인 저서 《생각의 기술$^{The Art of Thought}$》에 발표했다.[6]

월러스와 푸앵카레에 따르면 이 주기는 준비 단계부터 시작한다. 준비 단계에서는 어떤 문제를 발견함으로써 의식적인 차원에서 탐구한다. 두 번째 단계인 부화로 이어지는데, 이 단계에서는 문제가 의식적인 차원에서 무의식적인 차원으로 넘어가며, 패턴 인식 체계에서는 해당 문제를 분석한다. 그리고 세 번째 단계인 발현 단계에서는 어떤 생각 하나가 갑자기 의식 속으로 불쑥 튀어나오는데, 이 과정은 우리가 '통찰'이라고 부르는 경험을 통해서 이루어진다. 그리고 이 주기는 마지막 단계인 검증^{verification}에서 끝나는데, 새로운 생각이 의식적으로 검토되고 검증되며 실제 현실의 여러 문제에 적용된다.

1972년에 철학자 앨프리드 화이트헤드$^{Alfred North Whitehead}$가 이 주기에 '창의성^{Creativity}'이라는 이름을 붙였고,[7] 이 이름은 광고업계에 종사하던 알렉스 오스본$^{Alex Osborn}$이 그의 베스트셀러 《당신의 창의력$^{Your Creative Power}$》에 수록하면서 누구나 사용하는 보통명사가 되었다.[8] 그런데 과학적인 차원의 천지개벽 같은 변화는 그로부터 2년 뒤에 시작되었는데, 심리학자 J. P. 길퍼드^{Guilford}가 미국심리학협회에서 회장단 연설을 하면서 이전에는 연구자들이 창의성이라는 중요한 개념을 무시했지만 오스본 덕분에 개념이 세상에 널리 퍼졌다고 지적했다.[9] 그러고는 심리학계에서도 그 개념을 적극적으로 받아들이는 작업을 시작했다.

그런데 이 작업을 하기 전에 길퍼드는 지능지수[IQ] 검사 분야를 개척하는 데 애를 쓰면서 특이한 점을 포착했다. 특정한 부류에 속하는 사람들, 즉 창의성이 높은 사람들이 검사지의 문제를 풀지 못해서가 아니라 해당 문제에 대한 접근법이 여러 가지 해법을 낳는 바람에 지능지수 점수가 낮은 경우가 많다는 점을 깨달은 것이다.

길퍼드는 이 과정을 설명하기 위해서 '확산적 사고[divergent thinking]'라는 용어를 만들었다. 반(反)체계적인 문제 해결 접근법으로 문제 해결 방식에 제한이 없으며 논리적이지 않은 사고방식인데, 바로 이런 점이 쟁점이 되었다. 지능지수 검사는 이것과 정반대인 수렴적 사고를 측정할 목적으로 설계되었기 때문이다. 수렴적 사고는 논리적인 단계를 하나씩 밟아감으로써 불확실한 가능성을 줄인 끝에 마침내 단 하나의 생각으로 수렴하는 사고방식을 말한다. 길퍼드는 또한 확산적 사고가 자유분방한 것만은 아님을 깨달았다. 길퍼드가 말하길 확산적 사고는 다음 네 가지 특성을 가진다.

유창성: 주어진 짧은 시간 안에 여러 가지 생각을 산출하는 능력.
융통성: 다양한 각도에서 해당 문제에 접근하는 능력.
독창성: 참신하고 독특한 생각을 산출하는 능력.
정교성: 참신한 생각들을 한층 세밀하고 치밀하게 발전시키는 능력.[10]

이 특성들은 그야말로 획기적이었다. 이로써 고대 그리스인들이 적절하게 표현할 단어를 가질 수 없었을 정도로 특이한 발상이던 창의성이 측정 가능한 발상이 되었다. 한 무리의 사람을 심리 실험실로 들여보낸 다음에 해결해야 할 문제들을 제시하고 각자 얼마나 많은 생각을 산출하는지 세기만 하면 된다. 또 사람들이 제시한 답을 비교하고 대조해 어떤 생각들이 나왔으며 또 어떤 생각들이 충격적일 정도로 독창적인지 파악할 수 있다. 이 작업을 통해서 창의성을 측정하는 도구를 가질 수 있게 되었으며, 창의성을 '가치 있는 독창적인 생각을 개발하는 과정'으로 정의할 수 있게 되었다.

1960년대에는 더욱 많은 진전이 있었다. 분할 뇌 환자(간질을 치료할 목적으로 뇌량이 절단된 환자)를 통해서 좌뇌와 우뇌의 기능 차이가 드러났다. 즉 언어와 논리는 좌뇌에서 주관하고 상징과 공간 개념은 우뇌에서 주관하는 것으로 드러난 것이다.[11] 그것은 퍼즐의 마지막 조각이었다. 이렇게 해서 우리는 '창의성은 하나의 과정이다'라는 해답을 가지게 되었다. 확산적 사고의 네 가지 특성이라는 길퍼드의 개념에 의존하는 푸앵카레의 4단계 주기가 이렇게 해서 우뇌에 자리를 잡은 능력으로 확인되었다.

한동안은 이렇게 창의성은 해독되었다고 여겨졌다. 그러나 안타깝게도 그 뒤에 밝혀진 것처럼 이 내용은 대부분 사실이 아니거나 정확하지 않다. 우리는 기묘한 지점에 서게 되었다. 그 연구는 창의성은 높은 성취와 높은 성과를 올리는 토대임을 말해주지만, 창의성이 실제로 무엇인지는 말해주지 못한 것이다. 드디어 신경과학자들이 나설 차례가 되었다.

그때 이후로 신경과학자들이 알아낸 사실은 창의성은 단일한 무언가가 아니라는 점이다. 그 바람에 예전의 케케묵은 신화들은 설 자리가 잃어버렸다.

예를 들어 푸앵카레의 창의성 주기는 가끔은 맞을 수 있지만 늘 들어맞는 건 아니다. 때로는 한두 단계를 건너뛰고, 흔히 기간을 축소한다. 한편 길퍼드의 확산적 사고의 네 가지 특성이 유지되는 가운데서도 이 특성들은 끊임없이 더 작은 단위로 쪼개지고, 새롭게 이름이 붙고 또 재조직된다. 우뇌가 창의성을 담당하고 좌뇌가 논리를 담당한다는 발상도 정확하게 맞아떨어지지 않는다. 창의성을 가지는 데는 전체 뇌가 동원된다. 그리고 창의적인 방식으로 논리적일 수 없음을 입증하거나 논리적인 방식으로 창의적일 수 없음을 입증하는 자료는 전혀 없다.[12]

하지만 그렇다고 해서 우리가 지금까지 살펴본 내용이 아무것도 아니란 뜻은 아니다. 실제로 뇌 영상 기술이 꾸준하게 발전한 덕분에 우리는 과거 어느 때보다도 많은 사실을 알게 되었다. 그러나 기존에 학습한 것을 풀어놓기 전에 더 기본적인 질문을 가지고 시작해보자.

뇌는 무슨 일을 할까?

뇌는 정보를 행동으로 바꾼다. 뇌는 정보를 모으는데, 여러 외부적 감각과 내면의 여러 과정(예를 들어 생각과 감정)으로 모은다. 그다음에는 이 정보 근육을 통해서 최대한 에너지를 효율적으로 쓰는 행동으로 바꾼다. 이 과정 또한 뇌의 기본적인 구조를 어느 정도를 설명한다. 감각 및 내면적인 원천을 통해서 들어온 정보는 뇌의 입력 몰입^{input} stream을 대변하고 동작 행동은 출력 몰입^{output stream}을 대변한다. 대부분의 동물은 행동을 선택하는 데 제한을 받는다. 뇌가 작기 때문이다. 그야말로 부동산의 문제다. 감각 입력^{sensory input}과 동작 출력^{motor output} 사이에 신경생물학적 부동산이 충분하게 많지 않아 그 회로가 극단적으로 빡빡하다. 우리가 '본능'이니 '반사행동'이니 하는 용어를 사용하는 것도 여기에서 나왔다. 오늘날 아프리카에 서식하는 얼룩말이 오래전에도 아프리카에 서식했으며 또 지금까지 종족을 이어왔던 얼룩말의 행동과 똑같은 행동을 하는 이유도 바로 여기에 있다.[13]

그러나 인간은 분명히 다르다. 인간의 뇌가 얼룩말의 뇌와 다르기 때문이다. 인간의 대뇌피질은 대부분 동물의 대뇌피질보다 훨씬 크게 발달했다. 덕분에 우리는 두 가지 점에서 유리한데 첫째, 이 추가 부동산은 감각 입력과 동작 출력 사이의 간격을 벌린다. 뇌 용량이 추가됨으로써 자동으로 행동하지 않고 여러 가지 선택권을 가지고 있을 수 있다. 추가된 뇌 용량을 사용해 본능적인 행동을 억누르고, 더 많은 데이터를 수집하며, 다양한 가능성을 고려하고, 행동 혹은 기다림을 선택하고, 또 판당고^{fandango} 춤을 추는 선택도 할 수 있다. 즉 우리는 매우 다양한 수많은 행동 계획들 가운데서 하나를 선택할 수 있다.

둘째, 대뇌피질의 앞부분인 전전두엽 피질은 시뮬레이션을 수행할 수 있다.[14] 뇌의 이 부분 덕분에 우리는 시간여행을 하면서 가능한 다른 미래들 및 과거들을 놓고 실험할 수 있다. 전전두엽 피질은 우리에게 이렇게 물을 수 있다.

어때? 어땠을 것 같아? 어떨 것 같아?

창의성은 뇌 구조라는 관점에서 볼 때 언제나 다양한 선택권과 연관 있다. 그래서 창의성을 이해하는 것이 그토록 어렵고 까다로웠던 것이다. 창의성은 행동 계획의 탐구와 실행이라는 우리 인간의 가장 오래된 기술 속에 숨겨진 보이지 않는 기술이다. 만일 우리의 탐구가 같은 행동 계획을 산출한다면, 우리는 본능적(즉, 효율적)으로 행동하겠지만 창의적이지는 않다. 만일 우리가 효율적이면서도 가치 있는 행동 계획을 내놓는다면, '가치를 지니는 특이한 발생의 산출'이라는 오늘날 신경생물학적 토대를 바탕으로 한 표준적인 창의성의 정의에 다다른다.[15]

게다가 우리는 뇌가 가치 있는 생각들을 내놓는 방식을 이미 통찰하고 있다. 쉽게 말하면 창의성은 언제나 재조합을 통해 이뤄지는 것임을 학습을 통해 알고 있다. 창의성은 뇌가 특이한 정보를 접할 때, 기존의 정보와 결합하고 그 결과를 이용해 새로운 것을 산출할 때 발생한다. 우리는 또한 이 재조합 과정이 전형적으로 서로 겹치는 세 개의 신경망(즉 주의력 신경망과 상상력(디폴트모드) 신경망 그리고 현저성 신경망) 사이의 상호작용을 필요로 한다는 사실도 이미 발견했다.[16] 만일 우리가 세 개의 신경망의 기능을 이해한다면 각각의 효과를 늘리는 방안을 생각할 수 있으며, 훈련을 통해서 창의성을 키울 수 있다는 뜻이기도 하다. 바로 이것이 우리가 살펴봐야 하는 주제다.

뇌가 특이한 정보를 받아들일 때 창의성이 움직인다는 사실에서 우리는 무엇을 얻어야 할까? 바로 주의력이다. 이에 대해서 심리학자 윌리엄 제임스가 했던 유명한 설명이 있다.

"수백만 개의 정보가 나의 여러 감각 앞에 펼쳐지지만, 이 정보 가운데 나의 경험 속으로 적절하게 들어오는 정보는 거의 없다. 왜 그럴까? 내가 전혀 관심을 가지지 않기 때문이다. 나의 경험은 내가 주의를 기울이겠다고 동의한 것이다. 오로지 내가 알아차린 정보들만 마음에 관여한다. 선택적 관심이 없는 경험은 완전한 혼돈이다."[17]

실행주의력 체계는 제임스가 말했던 '선택적 관심' 혹은 때로 '집중조명 주의력 spotlight attention'이라고 일컬어지는 과정을 제어한다.[18] 주의력 신경망 attention network 은 강렬한 집중으로 우리가 선택을 할 수 있도록 레이저와 같은 집중을 하는 데 반드시 필요한 신경망이다. 우리는 무엇에 초점을 맞추고 또 무엇을 무시할지 선택할 수 있다. 논문을 쓰거나 강의를 듣거나 혹은 공을 찰 때 이 신경망은 표적에 집중하도록 만들어준다.

신경생물학적으로 이 신경망은 배측면 전전두엽 피질 dorsolateral prefrontal cortex, 안와 전두 피질 orbitofrontal cortex, 전대상 피질 anterior cingulate cortex, 두정엽 피질 parietal cortex 그리고 시상하핵 subthalamic nucleus 으로 구성되어 있다. 이런 이름들이 당신에게 지금은 아무 의미가 없을지라도, 각자가 맡고 있는 기능을 설명하면 그것들의 그림이 한층 선명하게 떠오를 것이다.[19]

이야기는 시상하핵에서 시작된다.

정보가 감각 기관들을 거쳐 들어오고 이것이 시상^{thalamus}을 경유해서 시상하핵에 다다른다. 여기에서 뉴런(신경세포)들이 하는 주된 업무는 두 가지다. 하나는 본능적인 행동을 제어하는 데 도움을 주고, 다른 하나는 집중조명 주의력에 '집중조명'을 제공하는 것이다. 그런데 집중조명을 제공하는 방식은 당신이 상상하는 그런 방식이 아니다.

즉 시상하핵은 주의를 기울이려는 대상에 집중조명을 들이대는 게 아니라 그 대상을 제외한 나머지 부분의 조명을 어둡게 해서 다른 것들로 주의가 분산되지 않도록 한다. 이런 상상을 해보자. 댄서 백 명이 조명이 환하게 비치는 무대에서 춤을 춘다. 이 상황에서 어떤 댄서에게 주의를 집중해야 할지 알기 어렵다. 그러나 단 한 사람의 댄서를 비추는 조명만 빼고 나머지 조명을 모두 끈다면, 문제는 간단하게 해결된다. 주의와 관심은 선택의 여지 없이 그 댄서에게 집중된다. 이것이 바로 시상하핵이 하는 일이다.

거기에서 데이터는 전대상 피질과 두정엽 피질로 간다. 전대상 피질은 실수를 보정^{error correction}한다. 만일 새롭게 들어온 정보가 뇌가 미리 만들어둔 예측과 일치하지 않는다면 전대상 피질은 이런 사실을 알아차린다. 예를 들어 당신이 어떤 방에서 나가려고 문손잡이를 잡으려 손을 뻗는다고 치자. 문이 잠겨 있지 않을 것이라고 생각하지만 실제로는 문이 잠겨 있다. 당신의 손이 문이 열리지 않는 것을 감지하는 순간 (즉 문손잡이가 돌아가지 않을 때) 전대상 피질이 점화되어 불빛을 반짝인다. 이것은 현실이 예측과 맞아떨어지지 않는다는 뜻이며, 이때는 그 문을 열 수 있는 더 창의적인 계획을 마련하고자 할 것이다.

실행주의력 경우에 두정엽은 세 가지 기능을 한다. 두정엽은 우리의 눈이 표적에 집중하도록 도우며, 주의력을 기울여 목표를 생각하고, 목표들을 달성할 수 있도록 더욱 참신한 행동 계획이 실행되도록 한다. 이것을 다르게 설명해보자. 만일 파티가 진행되는 방에서 나가겠다는 마음을 먹고 문손잡이를 잡으려 손을 뻗는데 친구가 당신을 부른다. 이때 당신의 눈이 문손잡이와 그것을 잡으려고 뻗는 당신 손에 고정되도록 만드는 뇌 부위가 바로 두정엽이다. 또한 당신이 늘 하던 대로 파티장에서 맥주를 한 잔 더 하지 않고 나가도록 돕는 뇌 부위도 두정엽이다. 이렇게 해서 당신은 술을 마시자고 붙잡는 친구를 뿌리치고 집으로 간다. 그리고 다음 날 아침에 잠자리에서 일어나도 숙취 없이 머리가 맑을 때 두정엽에 고마워해야 한다.

거기에서 정보는 배측면 전전두엽 피질과 안와 전두 피질로 날아간다. 이 둘을 동시에 살펴보자.

배측면 전전두엽 피질은 작업 기억이 머무는 곳이다. 작업 기억은 뇌에 머무는 단기적인 정보로서 우리가 추가 정보를 모으고 다음번에 무엇을 할 것인지 생각하는 동안에 일시적으로 정보들을 갖고 있다.

한편 안와 전두 피질은 주로 우리가 위험을 평가하고 사회적으로 인지하면서 의사결정을 내리도록 돕는다. 어려운 문제를 혼자 풀려고 애를 쓰면 위험할 수도 있다. 하지만 이 문제를 잘 풀 수 있도록 도움을 줄 친구가 많이 있다면 그렇게 위험하지 않다. 안와 전두 피질은 사회적 계산을 하도록 돕는 뇌 부위다. 이것은 본능적으로 행동하지 못하도록 저지하고 더 창조적인 선택을 할 수 있도록 해주는 뇌 부위이기도 하다.

물론 실행주의력에는 다섯 개 부위 말고도 많은 뇌 부위가 관여하고, 또 이 다섯 개의 뇌 부위도 방금 살펴보았던 역할 외에 매우 많은 일을 담당하고 있다. 지나치게 단순하게 설명한 듯하지만 지금 신경망들이 어떻게 연결되며 또 주의력 신경망이라는 특정한 신경망이 창의성에 필요한 주의와 관심을 어떻게 제공하는지 살펴본 셈이다.

온갖 대안을 찾는 상상력 신경망

심리학자 스콧 배리 카우프만^{Scott Barry Kaufman}이 이름 붙인 상상력 신경망 혹은 더 공식적인 표현으로는 '디폴트모드 신경망'은 모든 즉흥적인 생각과 관련됐다.[20] 이 신경망은 깨어 있지만 어떤 것에 집중하지 않고 멍한 상태로 있을 때 활성화되는데, 연구 결과에 따르면 사람이 멍한 상태로 보내는 시간은 전체 시간의 약 30퍼센트다. 이 신경망이 작동하면 뇌는 백일몽을 꾸는 상태가 되며 온갖 대안들을 상상하며 창의적으로 가능성을 시험한다.[21]

신경생물학적으로 볼 때 이 신경망에는 내측 전전두 피질^{medial prefrontal cortex}, 내측 측두엽^{medial temporal lobe}, 쐐기앞소엽^{precuneus} 그리고 후대상 피질^{posterior cingulate cortex}이 포함된다.[22] 뇌 부위들의 역할을 살펴보면 이들 각각이 어떻게 협력해서 창의성이라는 큰 특성을 만들어내는지 분명히 알 수 있다.

내측 전전두 피질은 마음 이론, 즉 자신과 다른 사람의 마음과 정신적 상태를 이해하는 선천적인 능력과 관련된 것으로 창의적인 자기 표현을 담당한다.[23] 예를 들어 친구에게 농담을 했는데 그 친구가 갑자기 울음을 터트린다면, 내측 전전두 피질은 울음의 의미를 알아차리고, 당신에게 농담을 거두고 친구를 위로하라고 알려준다.

내측 측두엽은 쐐기앞소엽처럼 뇌에서 기억을 담당하고 있는 부위다. 비록 쐐기앞소엽은 주로 개인적인 기억을 떠올리는 부위지만 말이다. 위에 들었던 예를 이어 설명하자면, 당신이 실수를 멈추고 친구를 위로하겠다는 창의적인 결정을 하면 내측 측두엽과 쐐기앞소엽은 당신이 예전에 농담을 잘못해서 친구들의 마음을 상하게 했던 경험과 관련된 자료를 샅샅이 뒤지는 일을 돕는다. 이 두 부위의 목표는 당신이 친구를 위로하는 데 도움되는 정보를 찾아내는 것이다.

쐐기앞소엽은 기억을 뒤지는 일에서 더 나아가 자의식과 자신과 관련된 정신적 시뮬레이션 그리고 무작위적인 생각 생성 등을 제어한다. 만일 당신이 나쁜 농담을 친구에게 하고서는 갑자기 놀이공원에서 롤러코스터를 타고 비명을 질러 데이트 상대에게 창피함을 느끼는 상황을 상상한다면, 당신의 쐐기앞소엽을 탓해라.

마지막으로 후대상 피질은 다양한 지적 생각들을 더 일관성이 있는 전체로 통합하게 해준다. 즉 다른 뇌 부위들이 만들어낸 모든 정보를 수집해서 단 하나의 생각으로 만든다.

그러나 이 뇌 부위들은 이야기의 전체 즉 총체적인 내용을 말해주지 않는다. 애초에 우리는 이 신경망들이 유용하고도 특이한 생각들을 산출하는 과정에서 서로 공조하는 방식을 알아내는 것이 목표였다. 그런데 여기에 문제가 하나 있다. 이 신경망들은 일반적인 상황에서는 공조하지 않는다.

상상력(디폴트모드) 신경망과 실행주의력 신경망은 정반대로 작동한다. 일반적으로 하나가 작동하면 다른 쪽은 작동을 멈춘다. 그러나 창의적인 사람의 경우는 다르다. 두 개의 신경망이 동시에 작동하거나 이 둘 사이를 더 유연하게 오갈 수 있다.

다시 앞서 들었던 예로 설명해보자. 창의적인 사람이 친구에게 농담하는데, 이때 집중조명 주의력이 필요하다. 이 사람은 자신의 농담 때문에 친구가 울기 시작한다는 사실을 알아차리는데, 이것은 집중조명을 강화해야 한다는 새로운 신호다. 그러나 창의적인 사람은 자신이 과거에 롤러코스터를 타고서 비명을 지른 때를 떠올리는데 이것은 상상력 신경망이 만들어낸 신호다. 창의적이지 않은 사람에게는 이런 일이 일어나지 않아서, 오로지 울고 있는 친구에게만 집중한다. 그러나 창의적인 사람은 자기의 집중조명을 비춘 채로 오랫동안 그 당혹감을 떠올린다. 그런데 갑자기 후대상 피질이 개입한다. 그래서 친구가 창피해서 울고 있다고 깨닫고, 친구를 위로하기보다 자신이 모욕적인 농담을 한 일을 사과한다.

이 정보는 우리에게 앞으로 진행될 일을 미리 바라보게 해준다. 우리가 뇌를 더 창의적으로 만들기 위해 훈련시킬 때 훈련 내용의 일부는 신경망을 동시에 활성화하는 것이다.

왜 그럴까?

두 개의 신경망이 동시에 활성화될 때 3B 즉 휘기^{bending}와 쪼개기 ^{breaking}와 섞기^{blending}를 수행할 수 있다.[24] 이 셋은 창의성을 뒷받침하는 기술로 우리 눈에 보이는 현상을 비틀거나 전체를 각 부분으로 해체시키거나 전혀 새로운 방식으로 섞어서 바라보게 한다. 여기에 한 가지가 더 있는데, 그것은 바로 전체 쇼를 실질적으로 통제하는 신경망이다. 이 신경망은 지금까지 살펴보았던 주의력 신경망과 상상력 신경망 사이를 우리가 자유롭게 오갈 수 있도록 해주는 현저성 신경망salience network이다.

거대한 정보 필터인 현저성 신경망

현저성은 눈에 두드러진다는 뜻이다.[25] 사물은 색이나 밀도 때문에 제각기 물리적 현저성을 가진다. 예를 들어 반짝이는 붉은색 콜베트함corvett•은 이목을 끈다. 사물은 또한 정서적이거나 개인적인 현저성을 가질 수도 있다. 예를 들어 어떤 사람은 반짝이는 콜베트함을 보고 자기 할아버지의 낡은 자동차를 연상할 수 있다. 현저성 신경망은 이처럼 두드러지는 것을 알아차리는 뇌의 신경망이다.[26]

이 신경망은 마치 거대한 정보 필터처럼 작동하면서 새로 들어오는 데이터를 모니터링해 중요한 것과 중요하지 않은 것으로 분류·처리한다. 또한 외부 세계와 내면 세계를 모두 모니터링하는데, 바로 이런 점이 현저성 신경망이 창의성에 결정적으로 중요한 이유다.

우리의 내면 세계는 선명하지 않다. 모든 신호가 흐릿하며 머릿속에 끓어오르는 생각과 감정은 대체로 매우 미묘하다. 또 흔히 외부 세계에서 들어와 주의를 사로잡는 정보들과 갈등을 일으키며 충돌한다.

• 다른 배들을 적의 공격으로부터 보호하는 소형 호위함.

현저성 네트워크는 방금 머릿속에 떠오른 생각이 좋은 생각이며 주의를 기울일 가치가 있음을 알려주는 일을 한다.

더 중요한 점이 있는데, 그런 주의를 기울이기 위해서 현저성 신경망은 디폴트모드 신경망과 실행주의력 신경망 사이를 오가는 능력을 제어한다는 사실이다. 이 신경망은 한층 고양된 창의성으로 나아가는 관문이자 마스터스위치다.

현저성 신경망의 작동 방식을 이해하려면 몇 개의 뇌 부위를 더 설명할 필요가 있다. 우선 전측 뇌섬엽anterior insula과 배측 전대상 피질dorsal anterior cingulate cortex을 하나씩 따로 살펴보자.

뇌섬엽은 자각이라는 영역에서 중요한 역할을 맡고 있다. 뇌섬엽은 당신의 몸에서 신호를 받아서 (이 신호에는 에너지 수준에 대한 것부터 정서 상태에 대한 것이 포함된다), 주변 환경의 핵심적인 특징들과 섞은 다음에, 가장 중요한 결과들을 이용해 의사결정을 내린다. 예를 들어 사다리를 오르는데, 다음 차례의 발판에 발을 내려놓는 순간, 허전한 느낌을 받았다고 치자. 이때 뇌섬엽은 허전한 느낌을 발을 디디지 않는다는 의사결정으로 바꾸는 뇌 부위다.

배측 전대상 피질은 전대상 피질의 위쪽 절반 부위다. 전대상 피질은 실수 보정을 담당한다. 예를 들어 열릴 거라고 생각했던 문이 열리지 않을 때 이 부위가 활성화된다. 이 부위의 위쪽 절반 부분은 인지와 관련된 실수를 담당하고 아래쪽 절반 부분은 정서와 관련된 실수를 담당한다. 그래서 사다리를 올라갈 때 발판이 느슨하다고 느끼는 순간에 뇌섬엽은 그 느슨함을 이용해서 당신의 주의를 사로잡고, 전대상 피질은 그 현저성을 실수 신호로 전환한다. '그 발판을 디디지 마라,

무언가 불안정하다!'라고 경고한다.

마지막으로 뇌섬엽과 전대상 피질을 고려하는 동안 현저성 신경망의 고정 요소인 세 개의 뇌 부위 역시 중요하게 이야기해야 한다. 그 셋은 편도체^{amygdala}와 복측 선조체^{ventral striatum}와 복측 피개영역^{ventral tegmental area}이다. 편도체는 위협을 감지한다. 새롭고 특이한 정보를 포착하는 뇌 부위로, 특히 위험에 민감하게 반응한다. 복측 선조체와 복측 피개영역은 동기부여 및 보상과 관련이 있다. 이 부위들은 행동을 충동질하고 행동을 강화하기 위해서 기분 좋은 신경화학물질들을 쏟아낸다.

창의적인 사람의 뇌에서는 그렇지 않은 사람의 뇌에 비해서 이런 부위들이 다르게 작용하는데,[27] 익숙한 자극을 자동으로 억제해서 뇌 활동 에너지를 절약하는 '반복 억제^{repetition suppression}'가 다르게 작동한다. 예를 들어서 어떤 사람이 샌프란시스코에 가서 롬바드 스트리트의 구불구불하고 가파른 길을 처음 봤을 때 뇌 안에서는 엄청난 반응이 쏟아진다. 그러나 그 길을 두 번째 볼 때는 처음보다 반응이 약해지고, 세 번째는 더욱 약해진다. 네 번째는 거의 반응이 없다. 이것은 롬바드 스트리트의 풍경이 배경 속에 존재하는 그저 또 하나의 흐릿한 형체가 되어 더는 주의를 끌지 못하게 되었기 때문이다. 이것이 반복 억제다.

그러나 창의적인 뇌는 이런 경향에서 벗어나 반복 억제 반사 반응이 작동하지 않는다.[28] 이런 모습은 익숙한 것들 중 새로운 것을 포착하는 능력으로 나타난다.

이것은 무엇을 뜻할까? 훈련을 통해서 창의성을 높이고 싶다면 현저성 신경망과 디폴트모드 신경망 그리고 실행주의력 신경망, 세 가지를 모두 훈련할 필요가 있다는 말이다. 이와 관련해 컬럼비아대학교의 심리학자이자 창의성 전문가인 스콧 배리 카우프만은 〈애틀랜틱〉에 기고한 글에서 다음과 같이 썼다.

"최적의 창의성을 갖추려면 여러 개의 뇌 신경망이 동시에 최대한으로 가동되어야 하며, 또한 창의적인 과정의 단계에 따라 몰입하거나 빠져나올 유연한 준비가 되어 있어야 한다."[29]

그렇다면 어떻게 하면 그 신경망들이 최대한으로 가동될까? 다음 장에서 살펴보자.

16장

창의성을 폭발시키는 일곱 가지 전략

'해킹'이라는 용어의 이미지는 좋지 않다. 이 말은 컴퓨터의 암호화에서 나왔으며, 범죄를 저지를 목적으로 컴퓨터 체계를 통제하려는 시도를 뜻한다. 그런데 뜻이 조금 바뀌어서 대중문화 속에서 '임시적인 미봉책'이나 '지름길'을 뜻하는 약칭이 되었다. 여기에서 우리가 사용하는 '해킹'의 뜻은 이런 것들과 전혀 다르다. 우선 우리가 통제하려는 체계는 우리 자신의 신경생물학이며, 또 최고 수행 상태를 지속적으로 유지하는 데 지름길은 없기 때문이다.

최고 수행 상태로 나아가는 어떤 접근법을 내가 '해킹'이라는 용어를 들어서 설명하는 것은, 우리의 관심사가 "자기의 신경생물학이 자신에게 불리한 쪽이 아니라 유리한 쪽으로 작동하게 만드는 방법을 알아내는 것"이기 때문이다. 이것은 최고 수행 상태로 접근하기 위한 방법이었다. 이 책 첫 부분부터 줄곧 그랬다. 그리고 창의성을 높일 여러 가지 방법을 알아볼 때도 마찬가지다.

그 방법은 정확하게 일곱 가지다. 이 장에서는 지금까지 배운 모든 것을 동원해서 창의성이라는 문제에 적용할 것이다. 기발하고 유용한 생각을 산출하는 능력을 한껏 높이는 일곱 개의 전략이 각각 무엇인지 알아볼 것이며, 또 이것들이 뇌에서 어떻게 기능하는지 탐구하고, 또 실생활에서는 어떻게 적용할지 살필 것이다.

첫 번째, 당신의 전대상 피질과 친해져라

연구자들이 창의성을 놓고 대화를 할 때 가장 많이 화제가 되는 것이 통찰력이다. 통찰력은 어떤 것을 갑작스럽게 이해하게 되는 경험, 즉 농담을 이해하거나 수수께끼를 풀거나 혹은 모호한 상황을 해결할 때 기막힌 해법이 머리를 스치는 바로 그 순간의 경험이다.

그러나 통찰력은 오랜 세월 동안 창의성이라는 신비의 핵심으로 여겨졌지만 20세기의 대부분 기간에도 여전히 미지의 영역으로 남아 있었다.

그런데 이런 상황이 20세기에서 21세기로 넘어가던 시점에 바뀌었다. 노스웨스턴대학교의 신경과학자 마크 비먼Mark Beeman과 드렉셀대학교의 인지심리학자 존 쿠니우스John Kounios가 그 문제에 한 줄기 빛을 드리우는 길을 발견했다.[1]

두 사람은 일련의 (보통 통찰력 문제로 일컬어지는) 원격 연상 문제

remote association problem[●]를 실험참가자 학생들에게 제시한 다음에, 실험참
가자들이 그 문제를 풀려고 애를 쓸 때 뇌파^{EEG}와 기능적 자기공명영
상을 사용해서 그들의 뇌를 모니터링했다.

단어 퍼즐이 일종의 원격 연상 문제다. 실험참가자들에게 세 개의
단어를 제시하면 실험참가자는 이 각각의 단어에 공통으로 덧붙일 수
있는 네 번째 단어를 찾아야 한다. 예를 들어 '소나무^{pine}—게^{crab}—소스
^{sauce}'가 제시될 때의 정답은 '애플^{apple}'이다. '파인애플^{pineapple}', '크랩
애플^{crab apple}', '애플소스^{applesauce}'라는 단어를 만들 수 있기 때문이다.
어떤 학생들은 이 문제를 단어를 하나씩 대입해보는 식으로 논리적으
로 푼다. 그런데 어떤 학생들은 통찰력을 가지고 접근함으로써 해답이
저절로 머릿속에 떠오르게 한다. 그리고 소수의 학생은 이 두 개의 접
근법을 섞어서 사용한다.

비먼과 코우니우스가 발견한 사실은 뇌 분야에서 두드러진 성과
였다. 실험참가자들이 결국에는 통찰력을 가지고서 풀게 되는 어떤 문
제를 살필 때였다. 이들이 이 문제를 살피기 직전에, 이들의 뇌 가운데
서 전대상 피질 부위의 활동성이 고조되는 현상이 발견되었다. 앞에서
이미 확인했듯이 전대상 피질은 현저성 신경망과 실행주의력 신경망
에서 모두 일정한 역할을 수행하며, 뇌에 저장된 정보들 중 서로 상충
하는 신호(정보)들을 찾아냄으로써 실수를 보정하는 일을 맡아 수행하
는 뇌 부위다. 여기에 대해서 코우니우스는 다음과 같이 설명한다.

"여기에는 문제 해결을 위한 대안적인 전략들이 포함된다. 뇌는

● 원격 연상은 서로 관련성이 별로 없어 보이는 생각들 사이의 공통점이나 연결점을 말한다.

두 개의 서로 다른 전략을 동시에 사용할 수 없다. 어떤 신호들은 강하게 활성화되는데, 가장 명확하기 때문이다. 그리고 어떤 신호들은 약하며 오로지 멀리서만 해당 문제와 연상된다. 그러니까 이런 것들이 이상하고 황당한 생각, 창의적인 생각이다. 전대상 피질이 활성화될 때 전대상 피질은 희미하게 활성화된 그 생각들을 감지한 다음 이 생각들에 주의를 기울이라는 신호를 뇌에 보낸다. 이때가 바로 '아하!' 하는 깨달음의 순간이다."

비먼과 코우니우스가 발견한 것은 우리가 엉뚱한 생각에 골몰해 있을 때 전대상 피질이 활성화된다는 사실이다. 여기에서는 다양한 가능성을 추적하는 디폴트모드 신경망과, 흥미로운 것을 발견하면 곧바로 활성화될 준비를 한 상태로 디폴트모드 활동을 모니터링하는 현저성 신경망이 관련된다. 그런데 전대상 피질은 또한 마지막 단계를 관장한다. 우리가 흥미로운 무언가를 발견하면 전대상 피질은 디폴트모드 신경망의 스위치를 끄고 실행주의력 신경망의 스위치를 켠다. 이렇게 함으로써 우리는 심사숙고의 과정을 시작할 수 있게 된다.

그런데 여기에서 핵심적인 질문이 제기된다.

무엇이 전대상 피질을 활성화할까?

이 질문의 답은 '좋은 기분'이다. 기분이 좋을 때 전대상 피질은 특이한 생각이나 이상한 육감에 민감하게 반응한다.[2] 다르게 표현하면, 좋은 기분은 활성화된 전대상 피질이 작동할 수 있는 상태이고 전대상 피질이 활성화되면 통찰력이 일어난다. 반대 역시 참이다. 좋은 기분은 창의성을 높이지만 나쁜 기분은 분석적으로 생각하게 한다.

겁에 질릴 때 뇌는 결과가 증명된 선택만 하도록 행동에 제한을 둔다. 그 행동은 논리적이고 명백하게 우리가 알고 있는 것들이다. 기분이 좋을 때는 반대다. 자신이 안전하고 또 안정적이라고 느끼므로 전대상 피질은 약한 신호들에 더 많은 주의를 기울이도록 하고 모험도 기꺼이 감수한다. 이것이 중요하다. 창의성은 언제나 조금씩 모험적이고 위험하다. 새로운 발상은 전에 없던 문제를 만들기 마련이다. 새로운 발상이 완전히 틀리거나 실천이 까다로울 수 있고 기존의 안정적인 것들을 위협할 수도 있다. 그러나 이것은 우리가 부정적인 것에 두 배로 패널티를 내야 한다는 뜻이기도 하다. 즉 나쁜 기분은 상대적으로 약한 신호들을 감지하는 전대상 피질의 능력을 제한하며, 새롭게 감지하는 신호에 따라서 어떤 행동을 하려는 우리의 의지도 제한한다.

그리고 좋은 기분은 창의성을 고양하는 출발점이라는 것을 앞에서 살펴보았다. 일상적으로 감사하는 행동, 마음챙김 훈련, 정기적인 운동 그리고 숙면. 동기부여를 다룬 1부에서 소개했던 이 네 가지 활동은 지금까지 발견된 행복감을 키우는 방법 중 최고의 비결이다.

이 네 가지 활동 각각은 좋은 기분은 물론, 창의성 자극에 더 도움이 되므로 많은 문제를 동시에 해결하는 매우 좋은 길이다. 이 점 또한 중요하다. 최고 수행 상태에 다다른 사람들은 너무 바빠서 문제들을 한 번에 하나씩 해결할 시간이 없다. 언제나 다목적 해법을 찾는다. 위의 네 가지 활동은 새롭고 이상한 것을 유용한 것으로 바꾸어놓는 능력을 우리에게 불어넣는 다목적의 창의성 촉진제다.

감사는 뇌가 긍정적인 일에 초점을 맞추도록 훈련시켜서, 기존에 부정적으로 편향된 정보 필터링 방향을 긍정적으로 바꾼다. 감사는 기분에 영향을 주면서 기발함을 향상시킨다. 우리는 부정적인 것에 익숙해져 있어서 긍정적인 것은 낯설고 참신하다. 새롭고 신기한 정보는 창의성의 재조합 과정이 시작되게 하므로 감사는 현저성 신경망에 더 많은 원재료를 공급하고, 그 결과 더욱 좋아진 기분은 디폴트모드 신경망이 그 재료를 사용해서 새로운 것을 만들도록 촉진한다.[3]

마음챙김 훈련은 평온한 상태로 집중하는 방법을 뇌에 가르쳐서 실행주의력을 크게 올린다. 그러나 이 훈련 역시 생각과 느낌 사이에 약간의 공간을 마련해서, 전대상 피질이 온갖 가능성으로 열려 있는 여러 가지 것을 생각할 시간을 더 많이 보장한다. 그리고 이보다 더 중요한 게 있는데, 어떤 종류의 마음챙김 훈련을 하는가다.

자신의 호흡에 집중하거나 주문을 반복해서 외우는 주의 집중 명상법이 수렴적 사고에는 환상적으로 잘 들어맞는다. 그러나 흔히 멀리 떨어져 있는 생각들이 이어지는 확산적 사고에서는 열린 관찰open monitoring 방식의 명상이 필요하다.[4] 열린 관찰 방식의 명상에서는 다양한 생각과 감정을 억지로 억누르거나 회피하지 않고 아무런 판단도 내리지 않은 채로 그저 내버려둔다. 이때 당신은 현저성 신경망에게, 의식의 몰입을 관찰하는 데서 흔히 나타나는 통상적인 부정성을 배제한 채로, 디폴트모드 신경망이 생성한 온갖 생각들을 관찰하라고 가르친다.

한편 운동은 스트레스 수치를 낮춰주고 몸 안의 코르티솔을 씻어내며 그 대신 세로토닌, 노르에피네프린, 엔도르핀, 도파민 등과 같은 기분 좋은 신경화학물질들이 나오게 한다. 운동은 불안을 떨쳐내고, 좋은 기분을 강화하며, 희박한 온갖 가능성을 감지하는 전대상 피질의 능력을 올린다. 게다가 운동 덕분에 누릴 수 있는 일상에서의 탈출은 푸앵카레가 제시했던 창의성 주기의 두 번째 단계인 부화 역할을 한다.

　마지막으로 숙면으로 밤에 충분한 휴식을 취하면 또 다른 편익들이 있다. 에너지 수준이 높아지고 인생의 갖가지 도전에 맞서는 데 필요한 더 많은 자원이 생긴다. 이렇게 해서 마련되는 안정감은 기분을 좋게 만들고 또 기꺼이 위험을 감수할 의지를 높여준다. 게다가 수면은 가장 중요한 부화 시간이다. 잠을 잘 때 뇌는 시간적인 여유가 확보되므로, 이 시간을 활용해 우리가 가진 생각들 사이에 숨어 있는 온갖 연결점들을 찾는다.[5] 이런 이유로 한밤중에 '유레카'의 순간을 맞이하는 경우가 많다.

　따라서 우리가 최고 수행 상태를 지속적으로 유지하기 위해서는 감사, 마음챙김, 운동, 수면을 빠뜨려서는 안 된다. 생활이 복잡해지면 네 가지 실천은 일상에서 빠지기 마련이다. 그러나 연구 결과를 보면 이 네 가지야말로 우리가 반드시 해야 하는 마지막 선택이다. 당장은 힘들더라도 반드시 실천해라. 엉켜버린 생활의 복잡함을 푸는 데 반드시 필요한 요소인 창의성을 얻는 길이기도 하다.

두 번째, 큰 그림을 이해하라

이 장을 시작할 때 우리는 우뇌와 좌뇌를 분리하면서 창의성은 우뇌에서 담당하고 논리는 좌뇌에서 담당한다는 낡은 생각을 언급했으며, 창의적이려면 우뇌와 좌뇌가 모두 필요하다는 사실을 확인했다. 물론 두 개의 반구 사이에는 실질적이고도 중요한 차이점들이 있고 이 차이점들이 창의성에 중요하게 작용함은 명백한 사실이다.

이 둘의 가장 큰 차이는 부분을 지향하느냐 혹은 전체를 지향하느냐다. 좌뇌는 세부적인 것들을 지향하고 우뇌는 보다 큰 그림을 이해하려고 한다. 즉 좌뇌는 나무를 보고 우뇌를 숲을 본다. 그리고 만일 우리의 관심사가 훈련을 통해 창의성을 높이는 것이라면, 우뇌를 사용해서 더 큰 그림을 바라보는 방법을 배울 필요가 있다.[6]

이것은 기분이 중요한 또 하나의 이유다. 위기의 순간에 우리는 '지금 당장 바로 여기'의 세부 사항에 초점을 맞춘다. 문제를 해결하는 데 도움이 되며 지금 당장 동원할 수 있는 데이터가 있는지 알려고 한다. 분석적이고 논리적인 것을 취하며 성공 가능성이 높은 단순한 행동 계획을 선호한다.

그런데 마음이 풀어져 있을 때는 반대 상황이 펼쳐진다. 우선 시야가 확장되며 더욱 넓은 맥락에서 생각하려 들며, 따라서 우뇌에 더 많이 기댄다. 하지만 그렇다고 해서 좋은 기분이 더 큰 그림을 볼 유일한 길은 아니다. 이미 밝혀진 사실이지만 드넓은 풍경은 주의를 확장한다. 물리적으로 먼 곳을 바라보면 정신적으로도 먼 곳을 바라볼 수 있게 된다. 자연에서 보내는 시간이 창의적인 통찰과 연결되는 이유도 여기에 있다. 자연에서 보내는 시간은 부화 시간처럼 작용해서, 전대상 피질에게 희박한 온갖 가능성들을 모두 살펴보도록 한다. 또한 기분을 좋게 만드는 자연의 효과 덕분에, 희박한 가능성 및 연관성을 포착하고 창의성을 드높이는 전대상 피질의 능력은 더욱 올라간다.[7]

이것과 비슷한 맥락으로 작고 좁은 공간에 있으면 반대의 효과가 나타난다. 이때는 전체가 아닌 부분에 집중한다. 창의성을 원한다면 좁은 책상에서 일어나서 바깥으로 나가 사방을 둘러보아라. 필요하면 필요한 대로 이 행동을 반복해라.

세 번째, 시간을 비우고 사람과 거리를 두어라

'비시간非時間, non-time'이라는 말은 내가 만든 용어다. 내가 오전 집필을 시작하는 오전 네 시부터 세상의 다른 사람들이 잠에서 깨어 일어나는 오전 일곱 시 사이에 넓게 펼쳐지는 비어 있음을 가리키는 말이다. 바로 이것이 비시간이며, 그 누구에게도 속하지 않는 칠흑 같은 어둠이다. 이때는 아침과도 가깝지 않아서, 일상의 근심이나 압박감이 나에게 부담을 주지 않는다. 궁극의 사치인 인내를 위한 시간이 여기에 있다. 설령 어떤 문장 하나를 바로잡는 데 두 시간이 걸린다 한들 상관하지 않는다. 그때는 비시간이니까 말이다. 또 다섯 문단의 글을 써야 한다면 얼른 그렇게 쓰고 난 다음에 추가로 다섯 문단을 더 쓴다. 비시간에는 시계가 없기 때문이다.

창의성은 비시간을 필요로 한다. 마감시한은 스트레스 요인이 될 수 있다.[8] 우리가 마감시한에 쫓겨서 시간과 싸움을 벌일 때는 압박감이 좌뇌를 활성화해 세부적인 사항들에만 초점을 맞추도록 강요해서 더 큰 그림을 바라보지 못하게 한다. 게다가 이런 압박은 흔히 스트레스를 불러온다. 우리는 서두르는 상태 자체를 행복하게 받아들이지 않는다. 기분을 상하게 만들면서 집중력을 더 바짝 조이기 때문이다. 그래서 시간에 속박된 상황에서는 창의성은 쉽게 방해를 받는다.

그러나 최고 수행 상태는 한가한 시간을 좋아하지 않는다. 이것은 '회복'이 끈기의 한 가지 기술로 여겨지는 이유다. 또한 우리가 비시간을 자기 일정 속의 한 부분으로 마련해야 하는 이유기도 하다. 비시간은 백일몽을 꾸며 심리적 거리두기를 하는 시간이다. 백일몽은 디폴트 모드 신경망의 스위치를 켠다. 그러므로 무의식이 온갖 생각들 사이에서 멀리 떨어져 있는 연관들을 찾도록 만드는 것이 목표라면, 이 신경망이 작동하도록 할 필요가 있다.

또한 자신이 안고 있는 문제들과 거리를 두기 위해서도 비시간은 매우 중요하다. 이 거리두기 덕분에 다양한 관점에서 사물이나 상황을 바라볼 수 있으며 또 다른 사람의 관점을 살필 수 있다. 만일 이런 심리적 거리두기를 할 시간이 없고 자신의 감정에서 벗어나고 세상과 거리를 둘 공간을 찾을 시간이 없다고 가정해보자. 이럴 때 우리는 인내의 사치를 전혀 누리지 못할 것이며 대안이 될 수도 있는 여러 가능성을 갖지도 못할 것이다.

비시간만 중요한 게 아니라 비인간非人間, no one도 중요하다.

혼자 있는 것은 중요하다. 창의성은 많은 상황에서 협업을 필요로 하지만 결과물로 내놓을 때는 정반대다. 세상에서 비롯되는 감각의 온갖 융단폭격에서 잠시 벗어날 때 뇌는 정보와 데이터 창고의 구석구석을 느긋하게 돌아다닐 수 있다. 예를 들어서 유타대학교의 심리학자들이 2012년에 했던 연구실험에서는, 자연 속에서 혼자 나흘 동안 시간을 보낸 실험참가자 집단이 통제집단에 비해서 창의성 표준 시험에서 50퍼센트나 더 좋은 성적을 받았다.[9] 이것만 보더라도 온갖 번잡한 것들을 차단한 상태에서 한 시간 반에서 두 시간 동안 아무것으로부터 방해받지 않고 집중하는 것으로 하루를 시작해야 옳지 않을까? 비시간이 가져다주는 높은 수준의 몰입은 장기적으로 엄청난 배당금을 보장하는 투자이기도 하다.

네 번째, 연관성을 찾는 능력을 키워라

흥미로운 실험을 하나 소개하겠다. 2012년 1월에 시카고대학교의 과학자들이 40명의 실험참가자에게 애니메이션 영화 한 편을 보여주었다.[10] 이 가운데 절반에게는 그냥 영화를 보게 했고, 나머지 절반에게는 보드카 크랜베리 칵테일을 마시면서 영화를 보게 했다. 그다음에는 창의적인 문제 해결 과제를 제시했다. 앞에서 이미 소개한 '소나무pine_게crab_소스sauce'라는 세 단어를 제시하고 이 단어들과 합쳐질 수 있는 단어 '애플apple'을 찾는 문제였다. 술을 마시기 전에 이 두 집단이 해당 과제를 수행하는 능력은 큰 차이가 없었으나 술을 마신 뒤에는 달라졌다.

술에 취한 실험참가자 집단이 ('취했다'는 표현이 과장이긴 하다. 왜냐하면 혈중알코올농도 수준이 음주운전 허용 기준인 0.08보다 조금 낮은 0.075였으니까 말이다) 문제를 푸는 속도나 정확성 측면에서 술을 마시지 않은 집단을 앞서는 것으로 나타났던 것이다. 평균적으로 보면 문제 하나를 푸는 데 걸린 시간이 11.5초 대 15.2초였고, 정답 개수는 9 대 5였다. 그렇다면 이 이야기에서 어떤 교훈을 얻을 수 있을까? 창의성을 발휘하려면 점심 식사 때 반주로 마티니 석 잔은 마셔야 할까? 어쩌면 그럴

지도 모른다. 혹은 그보다 한결 쉬운 방법이 있을지도 모른다.

첫째, 우리가 원격 연상 문제를 풀 때 술이 어떻게 도움이 되는지 살펴보자. 우리의 뇌는 일종의 패턴 인식 기계다. 정신이 멀쩡할 때는 패턴을 찾아다닐 때 낯익은 지역망을 검색하는 경향이 있다. 그러나 창의성을 발휘하려면 낯선 접근법이 필요하다. 낯익은 곳이 아니라 뇌기억 창고의 구석구석을, 즉 뒷방이나 다락방 혹은 존재조차 잊고 있었던 벽장을 찾는 게 필요하다.

술은 예리한 집중력을 부드럽게 만들고 주의력을 확장시킨다. 술에 취한 상태는 거대한 자연 풍경을 볼 때와 상태가 비슷하다. 술은 전 대상 피질에게 멀리 떠도는 생각들 사이의 연관성을 찾아다니라고 말한다. 술은 우리의 검색 변수들을 많이 만들며, 패턴 인식 체계가 검색하는 데이터베이스의 크기를 더 크게 키운다.[11]

술에 취한 사람은 멀쩡한 사람보다 장난기가 더 많다. 놀이를 할 때면 실패에 대한 두려움은 줄어들고 모험을 감수하려고 한다. 재미있는 영화를 보고 난 사람이 단어 연상 문제를 상대적으로 더 잘 푸는 이유도 여기에 있다. 유머는 사람을 기분 좋게 만드는데, 이럴 때 멀리 떨어져 있는 연관성을 찾는 뇌의 능력은 커진다. 그렇다면 이런 원리를 일상생활의 경험으로 바꿀 수 있을까? 그렇다. 재미있는 동영상이 제 역할을 한다면 굳이 대낮에 마티니를 마셔댈 필요는 없다.

따로 살펴야 할 접근법들도 있다. 예를 들면 낯선 것부터 시작하는 접근법이 그렇다.[12] 창의적인 과제에 맞닥뜨릴 때 어디부터 시작하는가에 따라서 결과는 크게 달라진다. 만일 일상생활에서 더 많은 창의성을 원한다면 이미 알고 있는 것과 직접 연결되지 않는 생각에서 시작해라. 낯선 것부터 시작함으로써 뇌가 검색 변수들을 넓히고 또 원격 연상 기술들을 작동하도록 강제할 수 있다.[13]

예를 들어 회사가 발행하는 뉴스레터 원고를 써야 할 때 첫 줄부터 색다르게 시작해서, "지난달에 우리는 분기별 목표를 달성했습니다"라고 쓸 게 아니라 "지난달에 우리 회사의 직원들은 구내식당에서 새끼 코끼리를 발견했습니다"라고 써라. 중요한 것은 당신이 바로 이 문장을 그대로 살려 그 원고를 마감하지는 않을 것이라는 점이다. 즉 틀림없이 나중에 그 부분을 수정할 것이라는 말이다. 그렇지만 그렇게 첫 문장을 시작할 때 그 문장과 이어지면서도 회사의 뉴스레터에 맞는 문장을 만들려고 노력하게 될 것이고, 그러면 자연스럽게 당신의 뇌는 예전과는 다른 특이한 연결을 찾아나설 것이다. 이 방법이 술을 마시는 것보다 훨씬 더 낫지 않은가? 숙취도 없고 말이다.

다섯 번째, 상자 안에서 생각해라

'상자 바깥에서 생각해라'는 말이 있지만, 반대로 시도해보자. 상자 안에서 생각하는 방법을 배워라. 구속이 창의성을 충동질한다. 재즈계의 거인인 찰스 밍거스Charles Mingus도 "아무것도 없는 것을 개선할 수는 없지 않은가. 개선하려면 무언가를 놓고서 해야 한다"고 말했다.[14]

라이더대학교에서 한계와 창의성 사이의 관계를 연구하는 실험이 있었다. 실험에 참가한 학생들에게 명사 단어 여덟 개를 제시하고 그 단어들을 사용해서 연하장에서 볼 수 있을 것 같은 운율이 있는 2행시를 지으라고 했다. 또 다른 집단에게는 따로 단어 제시 없이 그냥 2행 시를 지으라고 했다. 그리고 이 두 집단의 결과물에 담긴 창의성을 독립적인 전문가들이 평가를 했다. 결과는 명사 단어 여덟 개를 제시받은 학생들이 그렇지 않은 학생들보다 높은 점수를 받았다.[15]

노스캐롤라이나대학교의 심리학자 키스 소여도 이것과 비슷한 결과를 배우들의 즉흥 연기를 연구한 끝에 확인했다.[16] 소여는 다음과 같이 말했다.

"즉흥 연기 배우들은 구체적으로 연기해야 한다고 배운다. '조심해, 총이야!'라고 말하기보다는 '조심해, 신형 ZX-23 레이저 살인 도구야!'라고 말해라. 또 '뭐가 문제니?'라고 묻지 말고, '내가 네 목걸이를 변기에 빠뜨린 일로 네가 아직도 화가 풀리지 않았니'라고 말해라."

제한 사항들이 창의성을 충동질한다는 것이 핵심이다. 아무것도 없이 비어 있는 노트는 너무 비어 있어서 적합하지 않다. 내 자신이 '시작하는 지점과 끝나는 지점을 언제나 알고 있어라'를 작업의 기본적인 규칙으로 삼는 이유도 바로 여기에 있다. 시작점과 끝점이라는 제한은 나를 자유롭게 만들어주는 제한이다. 이 두 가지만 명확하게 알고 있으면 무슨 일을 하든 즉 책을 쓰든, 신문기사를 쓰든 혹은 강연 원고를 쓰든 두 개의 점을 연결만 하면 된다. 그러나 이렇게 연결할 두 점이 없다면 무엇을 어떻게 해야 할지 모른 채 그저 황망하게 서 있거나 관련도 없는 곳을 헤매며 시간을 낭비할 것이다. 아닌 게 아니라 나는 그렇게 시간을 낭비하느라 첫 번째 소설을 완성하기까지 무려 11년이라는 시간이 걸렸다. 창의성이 필요한 상황에서, 그 창의성을 결코 발휘하지 못할 방법은 최종 목적지가 어디인지 끝까지 알려고 하지 않는 것이다.

주의해야 할 점이 있다. 시간과 관련된 제한 즉 마감시한이 창의성을 가능하게 해주는 조건으로 생각할 수 있지만 이 믿음은 맞을 수도 있고 틀릴 수도 있다. 앞에서 나는 시간의 압박을 받지 않는 것이 창의성을 강화하는 열쇠들 가운데 하나라고 언급했다. 이 말은 여전히 유효하다. 그러나 마감시한은 창의적인 프로젝트가 무제한으로 지연되는 것을 막아줄 수도 있다. 따라서 마감시한을 설정할 때 충분한 준비시간을 당신의 일정에 미리 배치해둬라. 즉 창의적인 마감시한이 설정되어야 하며, 이 도전과제-기술 균형의 최적점, 즉 우리를 팽팽하게 긴장하게 만들 정도지만 나가떨어질 정도로 부담스럽지는 않게 설정해야 한다.

여섯 번째, 성긴 그물로 패턴을 인식하라

창의성은 패턴 인식을 요구한다. 그런데 패턴 인식은 무엇을 요구할까? 정보를 요구한다. 만일 패턴 인식 체계에 새로운 정보를 정기적으로 제공하지 않으면 뇌는 생각들 사이의 연관성을 만들고 또 찾아내는 데 필요한 정보가 부족해서 허덕일 것이다. "준비된 사람에게만 기회가 찾아온다"는 것이다. 그런데 우리가 여기에서 말하고자 하는 것은 도파민이다.

패턴 인식은 생존의 기본적인 요소이므로 뇌는 경험에 보상을 준다. 앞에서도 언급했듯이, 두 개의 생각을 연결할 때마다 즉, 뇌가 어떤 패턴을 인식할 때마다 소량의 도파민이 보상으로 주어진다. 십자말풀이나 스도쿠를 해본 사람은 어떤 경험인지 잘 알 것이다. 정답을 맞힐 때마다 즐거움을 몸으로 느끼는데 그 즐거움의 정체가 도파민이다.

또한 도파민이 신호 대비 소음 비율을 조정해서 훨씬 더 많은 패턴을 소음 속에서 가려내도록 돕는다. 십자말풀이의 사례를 보면 처음에 정답을 맞히면 두 번째와 세 번째도 정답을 찾아 빈칸에 채워 넣는다. 첫 번째 패턴 인식에 성공했을 때 나온 도파민은 그다음 빈칸을 계속 채우게 만든다. 창의적인 생각이 꼬리에 꼬리를 물고 나타나는 이유도 바로 여기에 있다.

그러나 여기에서도 명심해야 할 사항이 있다.

만약 우리가 패턴 인식 체계에 제공하는 정보와 이 정보가 연결하려는 정보가 밀접한 낯익은 패턴이라면 바라던 반응을 내기 어려울 수 있다. 이런 점은 오늘날과 같은 전문화 세상에서는 충분히 심각한 문제가 될 수 있다.

전문화가 전문성으로 나아가는 표준적인 경로지만 패턴 인식에 관해서는 형편없이 엉성한 공식이다. 이런 맥락에서 스콧 배리 카우프만도 다음과 같이 경고했다.

"전문성은 양날의 검이다. 어떤 전문성은 창의성에 도움이 된다. 그러나 극단으로 치우쳐서 너무 많은 전문성이 쌓여 있다면 이야기는 달라진다. 멀리 떨어져 있는 연관성을 포착하는 작업을 오히려 가로막을 수 있다."[17]

이 문제를 해결하는 해법은 눈이 성긴 그물을 사용하는 것이다.

당신의 전공 분야와 동떨어진 내용을 담은 책을 하루에 25쪽에서

50쪽까지 읽어라. 여러 호기심이 교차하는 지점에 놓인 어떤 주제 하나를 선택하되 (여기에 대해서는 2장에서 열정의 비결을 학습하는 과정에서 설명했다) 당신이 현재 하는 일과 전혀 상관없는 주제로 선택해라. 그 책을 읽을 때는 여유를 가지고 백일몽을 꿔라. 그러다가 어떤 발상이 당신의 주의를 끌면, 잠시 책을 덮고 뇌가 연결성을 만들 기회를 줘라. 그 연결을 잘할 수 있을지는 걱정하지 않아도 된다. 뇌는 패턴 인식을 자동으로 수행한다. 만일 당신이 뇌에 충분한 정보를 제공하기만 하면 뇌는 점화되고 활성화되는 길을 찾아낼 것이다.

일곱 번째, 맥가이버 방법론을 활용하라

텔레비전 드라마의 등장인물인 맥가이버는 탁월한 문제 해결사다. 맥가이버라는 캐릭터를 만든 작가이자 제작자인 리 즐로토프 Lee Zlotoff 도 탁월한 문제 해결사가 되어야만 했다. 여기에 대해서 즐로토프는 한 인터뷰에서 다음과 같이 설명했다.

"드라마를 한 회씩 쓰기 위해서 빡빡한 마감시한 안에 엄청나게 많은 양의 창의적인 소재를 만들어내야만 했습니다. 멍하게 있을 시간이 없었죠."[18]

여러 해 동안 이 작업을 한 끝에 즐로토프는, 아이디어가 막힐 때 자신이 찾던 해답은 당연하다고 여기는 명확한 장소에서는 결코 나타나지 않음을 깨달았다. 예를 들어서 책상에 앉아서 풀리지 않는 문제를 붙잡고 씨름해서는 소용이 없었다. 오히려 운전하거나 샤워할 때 해답이 불쑥 머리에 떠올랐던 것이다. 이런 일이 얼마나 잦았던지, 그는 아이디어가 막히면 으레 사무실에서 나와 집으로 차를 몰고 가 샤워를 하곤 했다.

그러다가 마침내 즐로토프는 왜 이런 일이 일어나는지 이유를 알아내겠다고 마음먹었다. 그는 샤워와 같은 자극이 가벼운 활동이 의식적인 차원을 차지하는 부분이 그다지 많지 않음을 알았다. 부화 시간으로 작용함으로써 풀어야 할 문제가 의식 차원에서 무의식 차원으로 넘어간다. 그런데 무의식은 의식보다 훨씬 더 유능한 문제 해결사다. 훨씬 속도가 빠르고, 훨씬 에너지 효율적이며, 또 무제한 용량의 RAM*을 가지고 있다. 즉 의식은 한꺼번에 약 7비트의 정보밖에 처리하지 못하지만, 무의식이 한꺼번에 다룰 수 있는 생각의 가짓수는 무제한인 것 같다.

즐로토프가 발견한 더 중요한 사실이 있다. 무의식을 미리 프로그래밍할 수 있음을 발견한 것이다. 해결해야 할 어떤 문제를 뇌에 의식적으로 제시한 다음에, 가벼운 자극을 주는 활동을 이용해서 무의식을 활성화하고, 그런 다음에 다시 의식적인 상태로 돌아와서 무의식 활동에서 이루어졌던 것을 확인해 해답을 찾는 방식이다. 즐로토프는 이것을 '맥가이버 방법론'이라고 부른다.

이 방법론이 어떻게 작동하는지 단계별로 살펴보자.

1단계: 문제 확인

● 기억된 정보를 읽어내기도 하고 다른 정보를 기억시킬 수도 있는 메모리.

해결해야 할 문제를 글로 적어라. 반드시 글로 적어야 하며, 큰 소리로 말하는 것도, 친구에게 말하는 행동도 도움이 되지 않는다. 핵심은 글을 쓰는 것이다. 촉각의 경험과 기억 사이의 상관성 때문에 그렇다. 최대한 구체적으로 써야 한다. 쓰는 각 내용들의 연관성은 크게 신경 쓰지 않아도 된다.

예를 들어서 내일 어떤 책의 새로운 장을 시작할 예정이지만 어디부터 시작해야 할지 몰라서 막막하다고 치자. 이럴 때 나는 다음과 같이 쓴다.

내일 나는 재미있고 흡인력이 있으며 손에 땀을 쥘 수밖에 없는 결말과 또 푸른 고래와 테레사 수녀와 관련 있는 내용을 쓰고 싶다.

나는 최대한 구체적으로 쓰길 원하지만 세부적인 것들이 연관성이 있을지 어떨지 걱정하지 않는다. 왜? 나의 뇌에는 패턴 인식 체계가 있기 때문이다. 목표만 선명하면 나머지는 자동으로 진행된다.

2단계: 부화

해결해야 할 문제와 잠시 떨어져 있어라. 이 방법이 익숙한 사람이라면 한 시간에서 네 시간쯤 문제와 떨어져 있으면 되지만, 처음에는 하루의 반나절 정도로 목표를 잡아라(또는 밤새 그 문제를 끌어안고 잠들 수도 있다). 이 시간 동안에 자극적이지만 힘은 많이 들지 않는 활동을 해라. 즐로토프는 모형 비행기 조립을 즐겨 했다. 정원 손질, 집 청소, 농구 자유투 연습 등 뭐든 좋다. 오랜 시간 동안 걸어도 좋다. 그러나 해서는 안 될 것이 있는데, 바로 텔레비전 시청이다. 텔레비전은 정신을 너무 많이 붙잡아서 의식의 스위치를 내리기 어렵기 때문이다.

또 이 부화 시간 동안에 운동을 한다면 가벼운 운동이어야 한다. 격렬한 운동 때문에 녹초가 되면 해법을 찾을 역량이 떨어져서 해답을 찾지 못하고 오히려 스트레스가 쌓일 수도 있다. 이때 불안이 더 커지는 바람에 여러 가지 생각들을 이어주는 능력도 떨어져 해법을 찾는 것이 더 어려워질 수 있다.

3단계: 자유로운 글쓰기

이 시간들이 모두 지나고 나면 다시 책상에 앉아서 글을 쓰기 시작해라. 무슨 글이든 좋다. 좋아하는 책의 문구를 옮겨 적을 수도 있고, 노랫말을 받아 적을 수도 있다. 몇 분 정도면 된다. 얼마 지나지 않아 문제를 해결해줄 해답들이 서서히 모습을 드러낼 것이다.

나는 예전에 무작정 "다음 장 원고를 쓰려는데 무슨 내용을 어떻게 써야 할지 모르겠다. 어쩌고저쩌고 진짜 모르겠다"라고 쓰곤 했다. 방법은 쉽지만 결과는 놀라웠다. 창의적인 문제 해결을 평소보다 훨씬 빠르고 효율적으로 하는 자신의 모습을 보게 될 것이다.

즐로토프는 가장 큰 이득이 정서적인 측면이라고 믿는다.

"나는 어떤 문제를 놓고 절대로 걱정하지 않습니다. 해결을 찾지 못하고 막혔을 때 나의 의식이 꿈도 꾸지 못했던 해결책을 무의식이 가져다주거든요. 의식보다 훨씬 빠른 속도로 말입니다. 글을 쓰는 과정에서 불안이나 걱정은 사라진 지 오랩니다."

17장

지속적으로 창의성 발휘하기

10년 전에 나는 매우 중요하지만 많은 논의가 이루어지지 않은 유형의 창의성을 조사하기 시작했다. 과학자들이 대부분 일상 속의 창의성이나 당장 눈앞의 문제를 해결하는 데 필요한 창의성에 초점을 맞추고 있을 때 나는 수십 년 동안 하나의 경력을 가지고 살아가면서 발휘하는 창의성 유지에는 어떤 것들이 필요한지 궁금했다. 이 주제를 놓고 생각하면서 떠올린 개념은 장기간에 걸친 창의성 long-haul creativity 이다.[1]

장기간에 걸친 창의성은 수수께끼 위에 쌓인 수수께끼다. 창의적인 경력을 발휘하기란 쉽지 않다. 한 번의 성공을 거두는 사람은 많지만 지속적으로 성공하는 슈퍼스타는 매우 드물다. 창의적인 직업을 가진 사람이나 오랫동안 창의성을 발휘해야 하는 사람은 단지 높은 산을 오르는 게 아니라 언제나 높은 산을 오르는 것과 마찬가지다. 이 정도 수준이 되려면 독창성뿐만 아니라 끊임없이 자신을 재창조하는 과정이 필요하다.

발명하고, 다시 발명하고, 또 다시 발명하고…….

장기간에 걸친 창의성은 처음 혹은 두 번째 행동이 아니라 세 번째와 네 번째 그리고 다섯 번째의 행동에 관한 것이다. 불가능에 도전하며 그저 뚜벅뚜벅 계속 걸어가는 것이 목표인 무한게임에 관한 것이다.

앞의 장에서는 일상에서 창의성을 높이는 일곱 가지 방법을 살펴보았는데, 이번 장에서는 평생에 걸쳐서 높은 수준의 창의성을 유지하는 방법을 알아본다. 안타깝게도 이 분야에 대한 과학적 연구는 아직 깊은 수준이 아니다. 장기간에 걸친 창의성에 관한 연구 저작은 별로 없다. 어떤 합리적인 접근법에도 변수들이 매우 많다. 그래서 연구자들이 이 주제를 피해왔다.

하지만 그렇다고 해서 우리가 깜깜한 어둠 속에서 헤매야 하는 것은 아니다. 적어도 이 장에서만큼은 기존의 접근법을 바꾸어서 다가가야 한다는 뜻이다. 이 주제를 명쾌하게 정리한 연구 저작이 없었기에 나름대로 연구를 할 수밖에 없었다. 지난 10년 동안 최고의 성과를 거둔 되는 사람들(예를 들면 운동선수, 화가, 과학자, 저술가, 건축가, 디자이너, 음악가, 시나리오 작가 등)을 200명 만나 대화를 나누면서, 오랜 세월의 시간을 거치며 입증된 해법을 찾으려고 노력했다.

한 가지 확실한 것이 있었다. 장기간에 걸친 창의성에는 평범하지 않은 기술들이 많이 포함되어 있으며, 이 기술들 가운데 상당수는 창의성에 필요하다고 일반적으로 여겨지는 방법과 달랐다. 게다가 장기간에 걸쳐서 창의성을 유지하는 사람은 그 창의성으로 생계를 꾸려야 한다. 하지만 창의적인 것과 창의적으로 사업을 하는 것은 다르다. 첫 번째 시도에서 잘하는 법을 배운 사람들 중 대부분은 두 번째 시도에서는 처참할 정도로 실패한다. 마지막으로 언급할 점은 창의성을 유지하려면 정서적 차원의 대가, 즉 정서적으로 안정되지 않은 예민한 상태를 감수해야 한다는 점이다. 10년이 지나고 20년이 지나는 동안 이 대가의 영향은 계속 쌓이고 쌓인다.

여기에서 나는 장기간에 걸친 창의성을 획득하고자 힘들게 노력하는 것과 관련된 나만의 아홉 가지 교훈을 소개하고자 한다. 대부분은 내가 다른 사람들에게서 배운 것이지만 직접 적용해서 상당한 성공을 거둔 것들이다. 다만 당신에게도 효과가 있는 방법인지는 모른다. 이 교훈들을 각자 자신에게 맞게 수정해서 적용하기 바란다.

화살통에 최대한 많은 화살로 가득 채워라

대학원생 시절에 나는 운이 좋게도 노벨상 수상자인 소설가 존 바스 John Barth의 지도를 받으며 공부했다.[2] 미국 메타픽션 meta-fiction ●의 대부로 일컬어지는 바스는 언어로 표현할 수 있는 수준을 극한으로 밀어붙이고 그 과정에서 문학운동을 북돋는 것으로 경력을 쌓았다. 그는 나에게 몇 가지 조언을 해주었는데, 지금까지 내가 장기간에 걸친 창의

● 허구과 현실 사이의 관계에 대해 의문을 제기하려고 소설 속에 소설 제작의 과정 자체를 노출하는 소설 경향.

성과 관련해서 받았던 조언들 가운데서도 최고로 남아 있다.

그 얘기를 조금 자세하게 하면 다음과 같다.

바스와 나는 토머스 핀천^{Thomas Pynchon}의 소설 《중력의 무지개 Gravity's Rainbow》를 놓고 토론을 한 적이 있다. 이 소설을 모르는 사람을 위해서 잠깐 소개를 하자면, 이 소설은 그야말로 끔찍하기 짝이 없다. 800쪽이 넘는 분량에다 800명이 넘는 인물이 등장하며, 문체도 그때까지 나왔던 그 어떤 소설보다도 초양식적^{hyper-stylized}이다. 사실 그런 이유로 우리는 그 소설을 놓고 토론했다. 핀천의 문체는 불꽃놀이처럼 화려했고, 나는 그 문체를 흉내 내는 데 사로잡혀 있었던 것이다. 나도 형식적으로 난해하며 온갖 현란함이 켜켜이 쌓인 복잡한 문장을 쓰고 싶었다. 그러나 바스는 그것 말고 또 다른 것이 있다고 지적했다.

《중력의 무지개》에서 핀천은 소설 주제의 중심이라고 할 수 있는 이야기 두 개를 하는데, 그 이야기만큼은 매우 평범한 언어로 썼다고 바스는 설명했다.[3] 핀천은 자신이 필요하다고 느끼면 내용을 올바로 전달하기 위해서 문체를 포기했다는 것이다.

"화살통에 화살을 많이 채우면 채울수록 좋다."

바스는 그렇게 설명했다. 어떤 책을 쓰든 대부분의 작가는 대여섯 가지의 제각기 다른 문체를 능수능란하게 구사해야 한다는 것이다. 핀천은 《중력의 무지개》에 광고 문안부터 노랫말과 단편소설에 이르기까지 모든 것을 담았다. 이와 비슷하게, 전문 작가라면 길고 긴 작가 경력 과정에서 십여 개의 제각기 다른 의사소통 방식에서 (예를 들어 광고 문안, 마케팅, 소설, 논픽션, 신문기사, 블로그, 영업 홍보편지, 웹사이트 등에서) 전문성을 발휘해야만 할 것이다. 바스는 자신이 가진 기술을 다양하게 활용할 필요성을 강조했다. 그리고 이것은 창의성을 가지려면 어렵지만 반드시 익혀야 하는 교훈이다.

창의성이 가져다주는 재미는 자신의 일을 잘하는 것이지만, 다른 사람의 일도 잘하는 법을 배우는 것이기도 하다. 흥미진진함과는 거리가 멀지만 이것이 바로 자신의 경력을 유지하는 방법이다. 모든 분야에서 그렇다. 바스의 지적처럼 화살통을 메고 사냥터로 나갈 때는 화살통에 화살을 가득 채워라. 아무리 많아도 지나치지 않다.

페리스가 제안하는 네 가지 비결

앞에서 팀 페리스의 '80 대 20 법칙'이 기술 습득에 나서는 우리의 접근법에 도움이 된다는 설명을 했다.[●] 페리스는 4단계 접근법을 제시한다.[4] 페리스가 정기적으로 수행했고 또 그에게 도움이 되었던 네 가지 비결은 그가 창의적인 에너지를 여러 해 동안 지속적으로 유지하는 데 도움이 되었다. 하나씩 설명하면 다음과 같다.

날마다 운동을 해라

페리스는 적어도 하루에 한 시간씩 운동하라고 권한다. 그 이유는 이미 앞에서도 설명했듯이, 운동을 하면 불안감이 줄어들고 머리가 맑아지기 때문이다. 운동 만큼 스트레스를 꾸준하게 해소해주는 것은 없다.

● 본문 192쪽 참고.

창작자의 일정을 마련해라

'창작자의 일정'이라는 용어는 창업투자 회사인 와이컴비네이터의 공동창업자인 폴 그레이엄 Paul Graham이 2009년에 자신의 웹사이트에서 썼던 글에서 처음 나왔다.[5] 그때 그는 이 말을 비시간과 비인간의 여유를 만들어주는 일정이란 뜻으로 사용했다. 한 가지 과제에 초점을 맞추어 집중할 시간을 여러 조각 마련해서 따로 빼두라는 뜻이다.

그레이엄은 창작자의 일정을 '관리자의 일정'과 대비시키는데, 관리자의 일정은 하루라는 전체 시간이 회의, 전화 통화, 이메일 작성 등과 같이 저마다 특정한 목적이 있는 작은 조각들로 나뉘어져 있다. 관리자의 일정이 유용할 때도 있지만, 장기간에 걸친 지속적인 창의성을 위해서는 창작자의 일정이 기본적으로 필요하다고 페리스는 믿는다.

그러므로 전체 시간에서 커다란 조각들을 따로 분리해 핵심적인 여러 창의적인 과제에 할당해라. 페리스는 복잡한 문제를 해결하거나 분석할 때는 네 시간 정도를 따로 챙겨두라고 조언한다. 이 시간에는 이메일, 전화, 메시지, 스카이프, 트위터 등 주의를 산만하게 하는 모든 것을 차단해야 한다. 이런 방식은 우리가 하루를 보내는 전형적인 모습과는 다르지만 창의성이 필요한 날에는 선택해야 한다.[6]

산책을 오래해라

음악이나 팟캐스트처럼 주의를 산만하게 만드는 요소를 차단한 뒤 마음이 흐르는 대로 그냥 둬라. 산책은 당연히 해야 하는 부화의 시간이다. 주의의 집중조명 스위치를 내리고 디폴트모드 신경망(상상력 신경망)의 스위치를 올려 뇌가 여러 생각들 사이에 존재하는 먼 거리의 연관성들을 추적할 시간을 마련해준다.[7]

더 나은 질문을 해라

당신이 추정하는 내용들을 잘 알아차리는 사람들을 주변에 둬라. 여기에 대해서 페리스는 다음과 같이 설명한다.

"이런 일을 가장 잘하는 사람이 어떤 사람이냐 하면, 내가 질문을 하면 귀를 기울여서 들은 다음에 '그 질문은 틀렸어. 이러저러하게 질문하는 게 더 낫지 않을까?'라고 말하는 사람이죠."

피드백은 중요하다. 피드백을 받는 것은 창의성에 결정적으로 중요하지만, 어떤 사람을 피드백 해줄 사람으로 찾는가도 매우 중요하다. 모든 사람이 맹점을 가지고 있다. 피드백을 해줄 사람과 당신이 너무 비슷하면 피드백이 의미가 없다. 반대로 당신과 너무 많이 다르면, 그의 피드백을 받아들여서 적용할 가능성이 거의 없다. 이 양극단 사이에서 미묘한 균형점을 찾아야 한다. 창의적인 사람은 성공을 거듭할수록 그 균형점이 더 중요해지는데 어떤 사람이 '창의적이다'라는 명성을 얻으면, 세상 사람들이 그의 생각을 신뢰하는 수준이 그가 마땅히 받아야 하는 수준보다 더 높아지기 때문이다. 그렇지만 창의적인 생각은 비판받고 의심받음으로써 더 정교하게 다듬어진다. 즉 칭찬과 신뢰를 받는 것이 성공으로 직접 이어지는 공식은 아니다. 그래서 페리스는 미리 대책을 세워두는 접근법(사전행동적 접근법)을 취한다.

페리스는 자신에게 필요한 피드백을 얻기 위해 자신이 하는 질문의 틀을 새로 짜는 일을 도와줄 사람을 찾는다. 이 사람은 세부사항들을 파고들거나 '악마의 변호사devil's advocate'● 역할보다 상대의 생각을 더 멀리 또 더 빨리 밀고 나가게 한다. 더 나은 질문을 제시함으로써 호기심을 촉진시킨다. 이것이 창의성 안의 에너지를 불어넣고, 탄력을 발생시킨다. 장기간에 걸친 창의성을 확보하는 데는 이런 탄력보다 더 중요한 건 없다.

탄력이 가장 중요하다

늘 상상력을 발휘해야 하는 사람들은 힘이 빠지는 상황이 찾아오기 마련이다. 작가는 아침이 되면 채워야 할 빈 모니터 화면을 마주하고 화가는 빈 캔버스를 마주하며 혁신가는 걸어가야 할 길이 열 개가 넘는 상황을 마주한다.

나는 노벨상 수상 소설가인 가브리엘 가르시아 마르케스Gabriel García Márquez의 조언을 받고 힘든 시간을 해결하는 방법을 터득했다. 다른 곳에서도 그런 말을 했지만 마르케스는 여러 해 전에 잡지 〈플레이보이〉와 인터뷰를 하면서, 탄력을 유지하는 관건은 가장 많이 흥분한 상태에서 작업을 중단하는 것이라고 말했다. 달리 표현하면 요리를 시작하는 순간에 조리용 전열기를 꺼버린다는 말이다.[8]

얼핏 들으면 앞뒤가 맞지 않는 말이다. 창의성은 일종의 창발적 특성이다. 가장 흥분한 상태, 온갖 생각들이 마구 떠오르는 상태라면

● 의도적으로 반대 입장을 취하는 선의의 비판자.

그 기세를 몰아 더 열심히 해야 할 텐데, 그만두라니 도무지 말이 안 되는 것 같다.

그러나 마르케스는 말이 안 되는 이 방법을 사용했다.

창의성이 나오는 과정은 단일한 전투 행위가 아니라 수없이 많은 전투로 이어지는 전쟁과 같다. 흥분했을 때 멈춤으로써 지금의 탄력을 다음 날 작업에 사용할 수 있다. 탄력은 승리를 위한 핵심 열쇠다. 흥미롭고 뒤에 어떤 것들이 이어져야 할지 훤하게 꿰뚫는 지점에서 멈추었다가 다음 날 다시 작업을 이어갈 때 시간과 에너지가 낭비되지 않는다. 일의 속도가 정상 속도로 다다르는 데까지 지체되는 시간이 없고, 무엇으로 공백을 채워야 할지 두려워하지 않아도 된다.

이렇게 느끼는 사람은 마르케스뿐만이 아니다. 어니스트 헤밍웨이Ernest Hemingway도 똑같이 주장했다. 실제로 헤밍웨이는 한 걸음 더 나아가서, 문장을 끝맺지도 않고 그날의 원고 집필을 끝낸 적이 자주 있었다. 완성되지 않은 문장의 단어들이 허공에 매달리게 두고서 말이다.[9]

좌절에 대한 몇 가지 생각

나는 지금까지 열다섯 권의 책을 썼다. 두 권은 서랍에 있고, 열세 권은 매장에 있다. 이 책들에게는 한 가지 공통점이 있는데, 원고를 집필하는 동안 정신줄을 놓았다는 점이다.

책 한 권당 적어도 한 번씩은 바닥에 얼굴을 대고 엎드려서 울고 고함을 지르며 바닥을 손으로 마구 두들겼다. 왜 그런 일이 일어나는지는 모른다. 그냥 일어났던 것 같다. 분명히 책상 앞에 가만히 앉아 있었는데, 어느 순간엔가 화가 머리끝까지 나 있었다.

물론 나만 그런 것은 아닐 것이다.

장기간에 걸친 창의성을 주제로 나와 이야기를 나눈 사람은 거의 모두 비슷한 경험을 했다고 털어놨다. 그렇다, 창의성이란 정말 어이없을 정도로 좌절의 연속이며, 모두가 답답함을 느낀다. 장기간에 걸친 창의성을 위해서는 무엇을 해야 할까?

알고 보니, 아무것도 없다.

좌절은 창의적인 과정에서 꼭 필요한 단계다. 지그문트 프로이트 Sigmund Freud는 개인의 사회적으로 용인될 수 없는 좌절(내 경우에는 바닥에 얼굴을 대고 손으로 바닥을 마구 두드리는 행위)을 사회적으로 용인될 수 있는 창의성의 표현(지금 당신이 읽고 있는 이 책)으로 전환하는 방어기제인 '승화sublimation'에 대해 이야기했다.[10] 형태 심리학자인 쿠르트 레빈 Kurt Lewin은 이것을 더 단순화해서, 좌절은 혁신적인 반응을 요구하는 목표로 나아가는 과정에서 나타나는 장해물일 뿐이라고 주장했다.[11]

상당한 분량의 과학 연구 저서들이 이 발상을 지지한다. 일반적으로 해결되지 않은 문제들은 쉽게 검색되는 기억 형태로 뇌에 남아 있다고 생각하는데 이것을 마크 비먼과 존 코우니우스는 공저 《유레카 요인The Eureka Factor》에서 다음과 같이 설명했다.

"해결되지 않은 문제들과 관련된 기억은 명심 사항mental note보다 훨씬 더 크다. 이 기억은 해당 문제와 관련 있는 모든 연상에 힘을 불어넣어 문제와 관련이 있을 것 같은 주변의 모든 것(해결책이 포함될 수도 있다)에 당사자가 민감하게 반응하도록 한다. 그래서 당사자는 해당 문제와 희미하게라도 연관이 있어 보이는 것(단어, 소리, 냄새 등)과 마주칠 때, 그것을 깨달음을 가져다줄 힌트처럼 여긴다."[12]

이는 일반적으로 좌절에 대해 사람들이 생각하는 내용을 뒤집는다. 우리는 보통 좌절을 느낄 때면 좌절을 자신이 무언가 잘못하고 있다는 신호로 받아들인다. 그러나 만약 좌절이 창의적인 과정에서 반드시 거쳐야 하는 감정이라면, 더는 재앙으로 바라보지 않아도 된다. 창의성을 전제로 한다면 좌절은 진전의 신호 즉 획기적으로 돌파할 수 있는 순간이 예상보다 더 가까워졌다는 신호다. 극작가 에드워드 올비 Edward Albee가 말했듯 "지름길로 정확하게 가려면 때로는 엉뚱한 곳으로 새야 할 때도 있다."[13]

창의성은 이제 생존 기술이다

작가이자 강연자인 켄 로빈슨 Ken Robinson은 창의성을 주창하는 선도적인 인물들 가운데 한 명이다. 창의성을 주제로 한 로빈슨의 테드 강연은 현재 역대 가장 많은 시청을 기록하는 강연 중 하나다.[14] 그는 창의성은 유아교육에서 읽기나 셈하기만큼 중요하게 다루어져야 한다고 주장한다. 또 점점 기술이 가파르게 바뀌는 세상에서 가장 중요한 생존 기술이라고도 주장한다. 그러나 그가 강조하지 않은 게 있다. 창의성이라는 생존 기술을 길고 긴 경력 과정에서 계속 유지하려면 무엇이 필요할까 하는 점이다.

그런데 여러 해 전, 이탈리아에서 열린 컨퍼런스 자리에서 운이 좋게도 나는 로빈슨과 대화할 기회를 얻었다. 그때 내가 가장 묻고 싶었던 질문들 가운데 하나가 장기간에 걸친 창의성에 필요한 요소들로는 어떤 것이 있을까 하는 것이었다.[15]

"좌절입니다."

로빈슨은 그렇게 대답했다.

그는 장기간에 걸쳐서 창의성을 유지하려면 낮은 수준의 좌절이 끊임없이 이어져야 한다고 믿었다. 로빈슨이 말한 것은 앞서 언급했던 좌절이 광기로 폭발하는 순간과는 다르다. 좌절이 광기가 되는 순간은 적어도 내 경우에는 바닥을 미친 듯이 두들겨대는 순간이다. 그러나 로빈슨 버전의 좌절은 동기부여와 관련이 있다. 그것은 끊임없이 애를 태우는 불만족, 즉 '이렇게 하면 어떻게 될까?' 혹은 '내가 더 잘할 수 있지 않을까?' 하는 등의 느낌이다.

로빈슨은 광기 폭발하는 좌절과 낮은 좌절이 어떤 차이가 있는지 설명하면서 자신이 영화감독 조지 루카스를 만났던 때 이야기를 했다. 그때 로빈슨은 루카스에게 이렇게 물었다.

"헤이, 조지. 당신은 왜 〈스타워즈〉 시리즈를 계속 만듭니까?"

그런데 루카스의 대답이 걸작이었다.

"영화라는 특별한 우주에서 나는 신이거든요. 그리고 이 신이 아직 만족하지 않았으니까요."

모든 사람에게는 각자 할 일이 있다

흔히 창의성은 고독하게 추구하는 특성이라고 오해한다. 창의성을 얻는 전체 과정의 몇몇 단계에서는 이 말이 맞을 수도 있지만, 창의성과 관련된 사업, 즉 보수를 받고 독창적이고 유용한 생각들을 내놓는 일에 관심을 가진 사람이라면 다른 사람들과 함께 작업하는 일에 익숙해져야 한다.

창의성 사업은 언제나 협업으로 진행된다. 기자라면 누구나 편집자, 교열담당자, 편집장 등 끝도 없이 많은 사람과 부닥치는 시련에 용감하게 맞서야 한다. 영화, 책, 연극, 시 등의 분야에 종사하는 사람들도 마찬가지다. 스타트업 기업가는 소극적인 투자자에 맞서야 하고, 창의적인 CEO는 구태의연한 이사회에 맞서야 한다. 여기에서 나는 중요한 점을 포착했다. 모든 사람에게는 각자 자신이 할 일이 있다.

그리고 모든 사람은 그 일을 지키고 싶어 한다.

책을 쓰는 일을 살펴보자. 내가 아무리 완벽한 원고를 출판사에 넘겨도, 편집이라는 일을 함으로써 보수를 받는 편집자는 내 원고를 자신의 판단대로 편집하려고 달려든다. 선수치는 것이 중요한 이유가 바로 여기에 있음을 나는 깨달았다. 요즘에는 완성된 원고를 넘길 때마다 일부러 끔찍하게 잘못된 부분까지 함께 넣어둔다. 이럴 때 편집자는 할 일이 생기고 그 일을 하면서 존재감을 느낀다. 이렇게 함으로써 나는 그들의 지저분한 손이 나의 완벽한 문장에 손을 대지 못하게 만든다.

버크 샤플리스^{Burk Sharpless}는 할리우드에서 1억 달러가 넘는 이른바 대형 액션 영화의 시나리오를 쓰는 몇 안 되는 시나리오 작가이자 제작자다. 1억 달러 예산은 엄청난 위험을 안고 있다. 누군가가 그런 위험을 부담한 채 일을 맡기기까지 버크는 20년 가까운 세월 동안 믿을 수 없을 정도로 열심히 일했다. 버크는 긴 세월 동안 창의성을 유지하려면 가장 오래된 동기부여 요인들 가운데 하나인 경쟁이라는 호랑이 등에 올라타야 한다고 믿는다.

그는 이렇게 말한다.

"누군가 늘 나를 뒤쫓고 있다는 사실을 잊지 않으려고 노력합니다. 내가 작업해서 만들어지는 영화 한 편이 있다면 시도는 하지만 엎어지고 마는 영화는 천 편이나 됩니다. 내가 작업하는 영화 한 편마다 5,000명의 시나리오 작가가 내 아래에 있고, 또 그 사람들 아래에는 1만 명이 있습니다. 늘 경쟁입니다. 그들은 모두 내가 하는 일을 하고 싶어 하죠. 그리고 그 사람들 가운데 대략 200명쯤은 정말로 뛰어난 사람들입니다. 그들은 거의 내 수준에 다다랐고 재능을 가지고 있습니다만, 아직 올바른 연결들을 하지 못했을 뿐입니다. 그렇지만 그들은 하게 될 겁니다. 그 사실을 잊지 않는 것 자체가 나에게는 대단한 동기부여인 셈이죠."[16]

뇌에서 창의성 끄집어내기

사람들이 생각하는 것과 다르게 창의성은 거의 언제나 열정적으로 열심히 일할 때 생기는 부산물이지 직접적인 산출물이 아니다. 올림픽에서 두 차례 그리고 엑스게임 선수권대회에서 네 차례 금메달을 딴 그레첸 블레일러 Gretchen Bleiler 는 역사상 가장 창의적인 스노보드 선수들 가운데 한 명이라는 평가를 받는데, 그는 다음과 같이 설명했다.

"사람은 누구나 아침에 일어나 '오늘의 나는 어제의 나보다 더 창의적일 거야'라고 말하지만 그저 자신이 좋아하는 것을 할 뿐입니다. 그렇게 노력하면 깊이 빠져들어 그 분야의 본질을 꿰뚫고, 자연스럽게 일들이 풀리잖아요."[17]

블레일러의 발상을 조금 더 깊이 파고들어가 보자. 자신이 좋아하는 일을 한다는 것은 내재적인 충동자들을 차곡차곡 쌓아간다는 것이다. 좌절은 창의적인 과정에 녹아드는데 내재적 충동자들이 적절하게 쌓이지 않는다면 긴 세월 동안 힘든 노력을 이어갈 수 없다. 어떤 것에 깊이 빠져들어 본질을 꿰뚫는다는 말은, 끊임없이 학습하고 개선하며 숙달로 이어지는 길을 나아간다는 뜻이다. 이 모든 것을 제대로 할 때 일들은 저절로 풀린다.

신경과학자 리안 가보라 Liane Gabora 는 이 내용을 다르게 표현해서, "창의성을 발휘한다는 것은 뇌에 한 번도 들어온 적이 없는 것을 뇌에서 끄집어내는 일이다"라고 말한다. 이 과정에서 우리는 이전에는 없었던 선택권들이 어느 사이엔가 존재함을 깨닫는다. 그러나 그 선택들 중 상당수는 오로지 창의성이 한껏 발휘될 때만 눈에 보인다. 나는 늘 위대한 문장들을 쓰려고 마음을 먹고 책상 앞에 앉지만, 단 하나의 위대한 문장을 쓰기 위해 책상 앞에 앉은 적은 단 한 번도 없다. 예술적인 기교는 일 그 자체에서 나타난다. 이것은 변할 수 없는 진실이다. 원격 연상은 하나가 다른 하나로 이어지고 이것이 다시 또 다른 것으로 이어지며, 그렇게 계속 이어진다. 그러므로 억지로 시간을 앞질러 미리 가 있을 수는 없다. 우리가 할 수 있는 것은 그저 준비하고 열심히 노력하며, 블레일러가 말하듯이 일들이 저절로 풀려나가도록 하는 것뿐이다.

약속을 지켜라, 자기와 한 약속은 더더욱

심리학자 미하이 칙센트미하이는 《창의성의 즐거움 Creativity》에서 이렇게 썼다.

"창의적인 사람은 보통 사람이 개별적으로 갖고 있는 생각과 행동의 경향들을 동시에 보여준다. 즉 그들은 모순적인 양극단을 동시에 가진다. '개별자 individual'가 아닌 개개인이 모두 '다수 multitude'다."[18]●

칙센트미하이가 말하는 것은 창의적인 유형의 특성이다. 인물의 모든 특성이 하나의 스펙트럼 위에 놓인 것으로 생각할 수 있다. 우리는 대부분 '이것 아니면 저것'이다. 외향적인 사람이 아니면 내향적인 사람, 경쟁적인 사람이 아니면 협조적인 사람, 약삭빠른 사람이 아니

● 자기 안에 모순되는 여러 개의 가능성을 모두 담고 있다는 뜻이다.

면 순진한 사람……. 그러나 창의적인 사람들은 그렇지 않다.

창의적인 사람은 흔히 '이것이면서도 저것'이다.

보수성과 반항성을 놓고 살펴보자. 이 둘은 서로에게 정반대다. 그러나 창의적인 사람에게는 보수성과 반항성이 동시에 요구된다. 예전의 탐정 이야기를 담은 영화를 만드는 제작자는 누아르 작법의 영화 전통을 보수적으로 지키려 한다. 이 제작자는 누아르 양식의 영화에서 흔히 보이는 암울한 화면 대신 밝은 원색 화면을 선택할 수 있다. 이 경우에 이 제작자는 전통에 저항하고 반항하는 것이 된다. 이처럼 같은 영화에서 보수성과 반항성을 동시에 담을 수 있다.

외향성과 내향성을 놓고도 똑같은 말을 할 수 있다. 창의적인 기업가는 다음 분기의 영업 전략을 구축해나갈 때 극단적으로 내향적일 수 있지만, 실제로 직접 방문판매를 하면서 소비자를 만날 때는 극단적으로 외향적일 수 있다. 환상적인 것과 현실적인 것도 마찬가지다. SF 작가는 외계 행성들에 사는 생명체가 등장하는 소설을 쓸 때는 환상에 빠져 있어야 하지만, 이 책의 마케팅 전략을 짤 때는 극단적으로 현실적이어야 한다.

칙센트미하이는 창의적인 사람이 가지고 있는 '이것이면서도 저것'의 열 가지 특성을 정리했다. 하나씩 나열하면 다음과 같다. 에너지가 넘치면서 차분하다. 약삭빠르면서 순진하다. 장난스러우면서 규율에 철저하다. 비현실적이면서 현실적이다. 외향적이면서 내향적이다. 야망이 있으면서 이타적이다. 보수적이면서 반항적이다. 겸손하면서 자부심이 강하다. 열정적이면서 객관적이다. 다른 사람들에게 민감하면서 냉정하다. 이런 특성은 모두 창의적인 과정의 부산물이거나 혹은 창의성의 신경생물학적 요구사항의 부산물이다. 그러나 이 '이것이면서도 저것'의 최종 결과는 어떻게 될까?

한마디로 정서의 롤러코스터다. 그 이유를 칙센트미하이는 다음과 같이 설명한다.

"창의적인 사람은 개방성과 민감성을 동시에 가진다. 그래서 괴로워하지만 한편으로는 커다란 즐거움도 함께 누린다. 왜 괴로워하는지는 금방 이해할 수 있다. 강한 민감성 때문에 평범한 사람들은 느끼지 못하는 모욕과 불안을 느낄 수 있다. (……) 분야에서 앞서고 있으므로 잠재적인 공격에 취약하게 노출된다. (……) 잘 알려지지 않은 분야에 깊은 관심을 가지고 관여하지만 보상이 뒤따르지 않는 경우가 많고, 조롱을 받기까지 한다. 대다수에 속한 사람들은 확산적 사고를 일탈로 바라보는 경우가 많다. 그래서 창의적인 사람은 사람들로부터 이해받지 못한다는 생각에 고립감을 느낀다. 이런 직업적 위험은 흔하게 존재한다. 그래서 창의적이면서도 동시에 둔감한 사람은 찾아보기 어렵다."

그리고 이제 장기간에 걸친 창의성에 대한 마지막 조언이 등장한다. 바로 약속을 지키라는 것이다.[19]

다른 사람과 한 약속을 지켜라. 창의성의 롤러코스터를 타면 위기를 느낄 수 있다. 많은 사람이 창의성을 잘못된 행동을 해도 된다는 허가서로 받아들인다. 그래서 창의적인 사람들을 단기적으로는 다루기 어렵고 장기적으로는 신뢰할 수 없다고 오해한다. 일부 사실일 수도 있지만 창의성을 생계 수단으로 삼는 사람들은 전혀 그렇지 않다.

또 정말 중요한 점은 자신과의 약속을 지켜야 한다는 사실이다.

최고 수행 및 그런 성과를 내는 것은 체크리스트를 통해서 가능하다. 하루도 빠뜨리지 말고 체크리스트에 적은 모든 목표를 달성하라. 불굴의 용기를 가져야만 매일 목표를 달성하는 일을 반복할 수 있다. 일단 창의성이 발동해 창의적인 목표를 해내면 창의성의 롤러코스터는 맹렬하게 달린다. 그래서 장기간에 걸쳐서 창의성을 유지하려면 자신과 한 약속을 지키는 방법을 배워야만 한다. 만일 어떤 목표를 달성했다면, 그 과정에서 어떤 감정들이 나타나든 개의치 마라. 이것이 창의성을 오랜 기간 유지하는 방법이다. 어쨌거나 당신이 그 일을 계속해서 수행할 수 없다면, 장기간이라는 조건은 성립할 수 없으니까 말이다.

18장

네 살 아이의 창의성을 가지는 법

1968년, 미국항공우주국NASA은 혼란에 빠졌다.[1] 이 기관에는 똑똑한 직원들이 많이 있지만 똑똑한 것과 창의적인 것은 다르다. 나사를 살아 있게 만드는 생명의 피는 혁신이었다. 나사는 가장 어려운 도전과제들을 해낼 가장 창의적인 엔지니어들을 간절하게 필요로 했다. 그러나 상상력과 창의성을 찾아볼 수 없는 사람들에게서 피카소를 기대할수는 없었고 그것이 나사가 안고 있던 문제였다.

나사는 소속 엔지니어들을 특성에 따라서 나누는 작업을 하려고 창의성 전문가인 조지 랜드George Land를 초빙했다. 랜드는 확산적 사고(비선형적이며 자유롭게 흐르고 상자 밖에서 생각하는 사고) 능력을 측정하는 검사법을 설계했다. 지금 우리가 '대체 직무 찾기 테스트alternative uses test'로 알고 있는 검사법이다.

이 테스트의 전형적인 문제는 다음과 같다.

M&M 초콜릿을 담은 플라스틱 용기를 어떤 용도로 사용할 수 있을지 최대한 많이 적어라.

이때 전형적인 '수렴적 사고'에서 나올 수 있는 답은 사탕이나 연필 혹은 동전을 담는다는 것이다. 그러나 확산적 사고에서 나올 수 있는 답은 바퀴벌레를 가두는 감옥이나 스페이스 헬멧 space helmet ● 이다.

이 테스트는 효과가 있었다. 랜드는 나사가 안고 있던 문제를 해결했고, 나사는 결과에 무척 만족했다. 그러나 한 차례의 성공은 또 다른 질문을 낳았다.

창의성은 선천적일까, 후천적일까?

그런데 랜드가 애초에 의도하지는 않았지만, 그 검사법은 질문에 대한 해답도 알 수 있도록 설계되었음을 나사는 깨달았다. 랜드의 검사법은 너무도 단순해서 어린이를 대상으로 할 수도 있었고 실제로 아이들의 성장을 추적하며 여러 차례 반복함으로써 후천적인 교육이 선천적인 유전에 어떻게 영향을 주는지 파악할 수 있었다.

랜드는 나사의 도움을 받아 출신 배경이 다양한 너덧 살 아동 6,000명을 모았다. 이들이 모두 테스트를 받았는데, 그 결과는 모두를 충격에 빠뜨렸다. 98퍼센트의 아이들이 창의성 천재 수준의 점수를 기록했던 것이다. 이는 평균적인 너덧 살 아이가 나사의 평균적인 엔지니어보다 혁신성이 높다는 뜻이었다.

● 우주복용의 헬멧과 비슷한 모양의 모자로 1967년경에 디자이너 피에르 가르댕 Pierre Cardin 의 우주복에 등장했다.

그러나 이 아이들의 천재성은 오래 지속되지 않았다.

랜드가 5년이 지난 뒤에 이 아이들을 다시 검사했는데, 98퍼센트 이던 수치가 30퍼센트로 뚝 떨어지는 결과가 나왔다. 이유는 알 수 없 지만 아이들이 열 살이 되면서 예전에 가지고 있던 창의성의 대략 68퍼 센트가 사라진 것이다. 다시 5년이 지난 뒤에 검사를 했는데, 결과는 더 나빠졌다. 열다섯 살이 되자 수치는 12퍼센트로 떨어졌다.

그 뒤에 랜드는 100만 명이 넘는 성인을 대상으로 검사를 했다. 평균 연령이 서른한 살이던 집단의 평균적인 창의성 천재 수준은 2퍼 센트였다.

그제야 랜드의 궁금증은 풀렸다. 자연은 인간에게 창의성을 부여 하지만, 훈육은 이 창의성을 갉아먹는다는 사실을 깨달은 것이다. 그 의 연구에 따르면 혁신을 억누르는 가장 큰 요인은 성장이었다.

이유가 뭘까?

랜드는 바로 인간의 원초적인 뇌 회로 배선과 교육 제도 사이에 발생하는 충돌이 원인이라고 믿는다. 보통 인간의 뇌는 실행주의력 신 경망을 가지고서 수렴적 사고를 하고 디폴트모드(상상력) 신경망을 가 지고서 확산적 사고를 한다. 그런데 교육 제도는 학생들에게 이 두 가 지 신경망을 동시에 사용하라고 요구한다. 디폴트모드 신경망을 경유 해서 기발한 발상을 떠올린 다음 실행주의력 신경망으로 판단하는 것 이다. 이런 끊임없는 판단, 창의적인 비판과 의심의 끊임없는 반복이 천재성을 말살한다는 것이 랜드의 견해다.[2]

다만 이 설명에는 몇 가지 문제가 있다. 랜드의 검사법은 1960년대 에 설계되었는데, 당시에는 연구자들이 수렴과 확산이 다른 인지 스타

일이라고 믿었지만 그렇지 않다. 심리학자 존 쿠니오스는 이렇게 설명한다.

"확산과 수렴은 사고 유형이 아니다. 그저 심리 실험실에서 만들어낸 유형일 뿐이다. 인지라는 측면에서 볼 때 확산적 사고는 이전에 생성된 해법들로 대체 없이 반복되는 수렴적 사고일 뿐이다. 전혀 다른 게 아니다."[3]

게다가 랜드는 학교가 학생들이 디폴트모드 신경망과 실행주의력 신경망을 동시에 사용하도록 강요한다고 주장한다. 그런데 창의성은 여러 신경망 접근법을 요구한다는 사실이 이미 과학적으로 밝혀졌다. 그러니 학교는 사실 학생들에게 두 가지 신경망을 사용하도록 강요하면서 창의성 능력을 훈련시키는 것은 아닐까?

하지만 그렇지 않다. 그렇다면 이유는 무엇일까? 그 이유는 다시 또 신경생물학에 있다.

실행주의력은 전전두엽 피질이 제어하지만, 전전두엽 피질은 스물다섯 살 이전에는 충분히 성숙하지 않는다. 그 결과 어린아이들은 실행주의력 기술들이 상대적으로 약할 수밖에 없다. 자신뿐만 아니라 자신의 창의적인 생각들을 통제하는 능력이 그만큼 약하다. 게다가 어린아이의 뇌는 정교하게 조직화되어 있지 않다. 사람이 처음 태어날 때는 뉴런(신경세포)들 사이에 엄청나게 많은 연결성을 가지고서 태어나지만, 나이를 먹으면서 이 연결성은 점점 줄어든다. 그래서 어린아이의 뇌가 생각들 사이에 존재하는 원격 연상을 찾아다닐 때는 발견되는 연상이 상대적으로 더 많다. 바로 이것이 사람이 나이를 먹으면서 확산적 사고가 줄어드는 진짜 이유다. 교육이 창의성을 말살하는 것이 아니라, 정상적인 신체 발달 과정에서 자연스럽게 확산적 사고가 줄어드는 것이다.

바로 이 지점에서 몰입이라는 의식 상태에 대한 이야기가 이어진다.

몰입 상태에서는 창의성을 지탱하는 세 개의 주요한 뇌 신경망들이 특이한 방식으로 공조한다. 실행주의력 신경망은 활성화되어 있지만 불완전하다. 수행해야 하는 대상에 한정해 레이저와 같은 집중력을 발휘하지만, 이것 외의 다른 부분은 모두 닫혀 있다. 창의적인 문제에 집중하지만 내면의 비평가$^{inner critic}$는 침묵을 지킨다는 뜻이다.

동시에 현저성 신경망은 매우 활성화되어서 믿을 수 없을 정도로 민감하다. 이것은 디폴트모드 신경망이 만드는 내부 신호들 및 실행주의력을 요구하는 외부 신호들, 이 둘을 모두 예의주시하며 예민하게 반응한다.

마지막으로 디폴트모드 신경망은 활발하게 깨어 있지만 약간 조정되어 있다. 전대상 피질은 매우 활성화되고, 편도체의 스위치는 대부분 내려져 있다. 즉 패턴 인식 및 원격 연상을 수행하는 능력은 높아졌지만 부정적인 정보에 대한 뇌의 편향은 낮아졌다. 다른 말로 하면, 몰입 상태는 뇌가 창의성을 빠르게 발휘하는 상태다.[4] 이때 뇌는 네 살 어린아이의 모든 독창성을 흉내 낸다. 그것도 네 살 어린아이의 뇌가 가지는 단점을 뺀 채로 말이다.

바로 이 지점에서 마지막 질문이 제기된다.

우리는 어디에서 더 많은 몰입 상태를 얻을까?

4부

몰입

THE ART OF
IMPOSSIBLE

모든 불가능을 넘어서

"오늘날, 위대함이 가능할까?"

_프리드리히 니체|Friedrich Nietzsche[1]

19장

내가 몰입의 암호를 처음 깬 날

내가 아직 하지 않은 이야기가 하나 있다. 처음으로 몰입의 암호를 깼던 이야기다. 그때 나의 암호해독 반지는 라임병 ^{Lyme disease}● 이었다.

서른 살 때 나는 라임병에 걸려서 3년 가까이 병상에서 보냈다.[1] 라임병을 잘 모르는 사람들을 위해서 설명하자면, 이 병은 정신분열병을 동반하는 최악의 독감이다. 신체적으로는 방 하나를 온전하게 가로질러 걸을 수 없을 정도로 약해졌으며 정신적으로는 더 허약한 상태였다. 이런 상태를 가리키는 전문용어가 '브레인 포그^{brain fog}'인데, 머릿속이 안개 낀 것처럼 뿌옇고 멍해서 생각과 표현이 늘 흐리멍덩했다. 그야말로 나는 제정신이 아니었다.

● 진드기가 옮기는 세균성 감염증.

우선 집중력이 사라졌다. 아무리 집중하려 해도 마치 솜사탕을 거쳐 생각하는 것 같았다. 그러다가 불면증이 시작되었고, 편집증과 우울증이 찾아왔다. 그다음에는 시력이 나빠졌다. 장기 기억이 사라졌고 단기 기억도 사라졌다. 그 밖의 여러 증상들도 이어졌다.

그렇게 3년을 보냈고, 나는 망가져 있었다. 위벽에서 출혈이 시작되자 의사들은 내게 복용하던 약을 끊으라고 했다. 그들이 나를 위해 해줄 수 있는 것이 아무것도 없었다. 나는 한 시간도 움직일 수 없었다. 과연 회복할 수 있을지도 아무도 알지 못했다.

그때 나는 이런 상태로 계속 살아간다면 가족이나 친구들에게 짐밖에 되지 않겠다는 생각이 들었다. 그래서 욕실 서랍장에 신경안정제를 두 병이나 모아두고 있었고, 부엌에도 위스키가 두 병 있었다. 자살은 의문의 대상이 아닌 가장 현실적인 대안이었다. 언제 실행할까 하는 결정만 남았다.

이런 암흑 속에서 한 친구가 집에 찾아와 서핑을 하러 가자고 했다. 말도 안 되는 소리였다. 파도를 타기는커녕 걸음도 겨우 걷는 나에게 서핑이라니. 그러나 그녀는 완강했다. 쉬지 않고 나를 재촉했고, 내 입에서 그러자는 말이 나오기 전에는 자리를 뜨지 않았다. 몇 시간째 실랑이가 이어졌고, 마침내 내가 항복했다.

"좋아. 서핑하러 가자. 언제든지 죽을 준비가 되어 있으니까!"

친구는 나를 로스앤젤레스에 있는 선셋비치로 데리고 갔다. 그곳의 파도는 초보자가 서핑을 하기에 딱 좋을 정도로 약했다. 그녀는 나에게 캐딜락 자동차 크기의 보드를 주었는데, 보드가 크면 클수록 파도를 타기가 쉬웠다. 날씨는 따뜻했고 파도는 잔잔했으며 물때는 썰물이었다. 이것은 우리가 라인업 $^{line-up}$ *까지 걸어갈 수 있다는 뜻이었는데, 좋은 일이었다. 왜냐하면 친구가 나를 거기까지 데려다주어야 했기 때문이다.

라인업에 도착하고 채 3초도 지나지 않아서 파도가 수평선에 나타났다. 그 순간에 나의 근육 기억이 작동했다. 나는 보드를 돌렸고, 두 번 노를 저었다. 그리고 고꾸라졌다. 순식간에 파도에 휩쓸려 다른 차원으로 떨어지고 말았다. 그런데 그 차원은 그런 게 있는지 알지조차 못했던 차원이었다.

그 순간에 내가 처음 깨달은 사실은 시간의 흐름이 갑자기 느려졌다는 것이다. 나의 뇌는 정상 속도로 움직이는 것 같았지만 정지 화면이 하나씩 찰칵찰칵 넘어가는 것처럼 세상이 보였다. 나의 시야에 파노라마가 펼쳐졌다. 마치 뒤통수에도 눈이 달린 느낌이었다. 그러다가 어느 순간 나에게 머리가 아예 달려 있지 않은 듯한 느낌이 어렴풋이 들었다. 서핑보드를 타고 파도를 헤치며 나아가는 어떤 몸 하나가 있었다. 그러나 서퍼는 보이지 않았다. 나의 자아감은 사라지고 없었다. 나의 의식은 내 몸 바깥으로 멀리 확장되어 있었다. 나는 바다로 녹아들어 우주와 하나가 되었다. 말로 설명할 수 없지만 정말 그런 일이 일어났다.

이상한 건 따로 있었다. 이상하게도 내가 위대하다는 느낌이 들었다. 오랜만에 느끼는 기분이었다. 고통은 사라지고 없었다. 머릿속은 선명했고, 정신은 예리했으며 자살 충동은 먼 과거의 일이 되었다.

---

* 파도가 1차적으로 부서지는 위치로 서퍼들이 모여서 파도를 기다리는 곳.

나를 때린 그 파도가 얼마나 기분 좋게 느껴졌던지, 그날 나는 다섯 번 더 그 경험을 했다. 그 뒤 나는 파괴된 게 아니라 분해되었다. 친구가 나를 집으로 데려다주었고, 또 침대까지 옮겨주었다. 나는 두 주 동안 움직일 수 없었고 사람들이 음식을 가져다줘야 했다. 탈진한 바람에 식탁이 있는 곳까지 걸어갈 수도 없었기 때문이다. 그러나 15일째, 나는 다시 걷기 시작했고, 이웃집의 차를 얻어 타고, 그 해변으로 가 다시 파도를 맞았다.

그날도 똑같은 일이 일어났다. 근본적으로 강력한, 변화된 의식 상태를 파도 속에서 느꼈고, 물에 흠뻑 젖은 채 녹초가 되었다. 무언가가 바뀌었음을 깨달았다. 다시 열흘 동안 잠을 잤고, 그 뒤에 다시 바다로 가서 똑같이 했다.

그리고 다시 또 바다로 갔고, 또 갔다.

그렇게 여덟 달을 보내면서 나는 서핑을 하고 또 파도 속에서 유사 신비체험을 했다. 그러면서 점점 나아졌다. 점점 건강해졌다. 매우 더 건강해졌다. 하루 중 10퍼센트만 제대로 기능하던 몸이 나중에는 80퍼센트까지 정상적으로 기능했다.

사실 이 모든 일은 도무지 말이 안 되었다.

우선 서핑은 만성적인 자가면역 상태를 치료하는 방법이 아니다. 적어도 세상에 알려져 있기로는 그렇다. 둘째, 나는 과학을 신봉하던 매우 이성적인 유물론자였다. 신비체험을 한 적이 없었으며, 서핑을 하면서도 그런 적이 없었다.

그렇지만 한편으로는 나의 이런 변화를 이론적으로 설명할 근거가 있지 않을까 하는 의심을 했다. 드문 경우지만 라임병의 바이러스가 뇌로 침투할 수도 있는데, 이렇게 되면 환자가 목숨을 잃을 수도 있다. 내 경우에 이런 일이 일어났으며 그 바람에 내가 신비한 경험을 했던 것이라고 꽤 믿고 있었다. 그래서 다시 한 번 더, 몸과 마음이 예전보다 더 좋아졌지만 최후가 멀지 않았다고 생각했다.

도대체 나에게 무슨 일이 일어나고 있을까?

나는 비밀을 알아내고야 말겠다는 의지로 거대한 탐색의 길에 나섰다. 그 파도 속에서 무슨 일이 일어나는지 알지 못했지만, 그 경험 중 내 주변의 모든 것과 하나가 되는 느낌이 '신비체험'으로 분류된다는 것만큼은 잘 알고 있었다. 이 현상에 대해서 과학이 어떤 설명을 해줄 수 있을까? 왜 그 신비한 일이 서핑을 하던 도중에 나타났는지 얘기해줄 사람이 과연 있을까?

나중에 알게 된 사실이지만, 그런 사람은 무척 많았다.

신비체험은 액션 스포츠의 세계에서는 꽤 흔한 일이었다. 역사 속 기록을 봐도 이런 이야기들이 널려 있다. 서핑뿐만 아니라 하이킹, 스카이다이빙, 스키, 스노보드, 암벽 등반, 빙벽 등반, 등산에서도 그렇다. 이런 주제를 다룬 책 중 하나가 롭 슐테이 ^{Rob Schultheis}가 쓴《본 게임즈 ^{Bone Games}》인데, 나의 탐색 과정에서 중요한 역할을 했다.[2] 슐테이는 산악인들이 말하는 신비체험은 당시만 하더라도 새롭던 개념인 '몰입'과 연관이 있을지 모른다고 주장했다. 내가 몰입이라는 개념을 처음 접한 게 그때였다. 슐테이는 나와 똑같은 말을 했다. 그는 신경생물학에 대해서 얘기했다. 몰입을 러너스하이 상태를 설명해주는 호르몬인 엔도르핀과 연결했으며, 또 몸에서 분비되는 투쟁-도피 호르몬을 기분을 좋게 만들어주는 수많은 보상 호르몬 물질들과 연결시켰다.

그때부터 어떤 발상이 내 안에 자리를 잡더니 점점 커지기 시작했다. 단순한 의문을 넘는 그 이상이었다.

만일 '몰입'이라 불리는 신경생물학적 상태 변화의 도움으로 내 몸이 회복된 거라면, 정상적인 사람들 즉 내가 만난 액션·모험 스포츠 선수들은 몰입의 도움을 받는다면 슈퍼맨이 되지 않을까?

답은 알 수 없었고 누구에게 물어야 할지도 몰랐다. 그때 또 한 차례 기회가 찾아왔다. 펜실베이니아대학교의 신경과학자 앤드류 뉴버그^{Andrew Newberg}를 만나게 되었다.

뉴버그는 '우주적 일체감^{cosmic unity}'에 대해서 호기심을 갖고 연구하던 사람이었다. 우주적 일체감은 내가 서핑을 하면서 파도를 맞으며 경험했던 느낌을 표현하는 용어로, 주변의 모든 사물과 하나가 되는 느낌이다. 뉴버그는 이 느낌을 더 잘 이해하기 위해 단일 광자 방사형 컴퓨터 단층 촬영을 이용해서 프란체스코 소속 수녀들과 티벳 승려들이 '황홀경 명상^{ecstatic meditation}'을 하는 동안에 (여기에서 '황홀경'은 이 명상이 우주적 일체감을 가져다준다는 뜻이다) 뇌에서 어떤 일이 일어나는지 알아보는 실험을 했다.

그 결과 뉴버그는 이 신비로운 경험은 생물학이 작동한 결과임을 확인했다. 황홀경 명상은 뇌 기능에 중대한 영향을 미친다. 집중력이 극도로 높아지는데, 황홀경 명상이 요구하는 이 집중력은 엄청나게 많은 에너지를 필요로 한다. 그러나 뇌가 사용할 수 있는 에너지의 양은 한정되어 있어서 언제나 이 에너지를 최대한 아끼려고 노력한다. 황홀경 명상이 진행되는 동안 극도의 집중력에 필요한 에너지를 제공하기 위해서 뇌는 효율적으로 에너지를 쓰려 한다. 중요하지 않은 다른 뇌 부위들의 활동을 중단하고 거기에 쓰일 예정이던 에너지를 주의력을 위해 확보하는 것이다.

이렇게 에너지 움직임이 멈추는 뇌 구조 중 하나가 우측 후방 상두정엽 right posterior superior parietal lobe 이다.[3] 이 부위는 우리가 공간을 탐색하는 데 도움을 준다. 신체 주위에 경계선을 만들어 몸과 외부의 사물을 구분함으로써, 어디까지가 자신이고 어디부터 외부 세계가 시작되는지 알려준다. 사람들로 가득 찬 방을 가로질러 걸어갈 때, 이 감각 덕분에 다른 사람과 부딪히지 않는다. 거꾸로 이 부위가 손상되면 의자에 제대로 앉기도 어렵다. 어디가 자신 몸의 끝이고 어디부터 의자가 시작되는지 모르기 때문이다.

뉴버그의 발견을 접하자 다른 의문이 생겼다.

파도를 타며 서핑을 하려면 극단적인 집중력이 필요하다. 그런데 이 집중력은 황홀경 명상을 할 때 요구되는 주의력과 같은 종류일까? 바로 이 극단적인 집중력이 파도를 타는 사람이 몰입에 들어가도록 할까, 내가 파도를 맞으면서 경험했던 바로 그 느낌을 만들어줄까?

도무지 알 수 없었다. 그래서 그때 나는 처음으로 앤드류 뉴버그에게 전화했다. 통화는 두 번째로, 세 번째로 이어졌다. 약 여덟 달에 걸쳐 우리는 하나씩 퍼즐을 맞춰나갔다.[4] 그리고 결말은……뉴버그는 내 말이 맞을지도 모른다고 했다.

"집중력은 집중력이죠. 서퍼에게 요구되는 정확한 주의력과 명상자에게 요구되는 정확한 주의력 사이에는 아마도 그다지 큰 차이가 없을 것 같습니다."

나는 또 주의를 기울이는 대상이 중요하다고 여기는지 그에게 물었다. 수녀는 신의 사랑에 초점을 맞춤으로써 사랑과 하나가 되었다. 불자는 우주적 일체감에 초점을 맞춤으로써 모든 것과 하나가 되었다. 그리고 서퍼는 파도에 주의를 집중함으로써 바다와 하나로 녹아들었다.

그렇다면, 무엇이든 자신이 집중하는 대상과 하나가 될 수 있단 말일까?

그러자 뉴버그가 말했다.

"정말 좋은 질문들입니다. 그런 질문을 계속해야 합니다."

그 뒤 20년 동안 나는 줄곧 그런 질문을 하면서 살았다. 4부의 나머지 부분에서는 내가 지금까지 발견한 내용의 보따리를 풀어 몰입이라는 상태가 뇌에서 어떤 작용을 하는지 살펴보고 또 이 정보를 실제로 적용하는 방법을 제시하려 한다. 그 전에 몰입과 관련된 역사를 잠깐 살펴보는 게 도움이 될 것 같다. 이 이야기를 시작하기에 가장 좋은 시점은 몰입과 관련된 논의가 처음 시작되었던 19세기 말이 아닐까 싶다. 그 이야기는 세계 최초로 최고 수행 상태에 도달했던 철학자 프리드리히 니체와 함께 시작된다.

20장

몰입의 탄생

니체처럼 몰입하라

"나는 당신에게 초인^{超人, Superman}**을 가르친다. 인간은 극복해야만 하는 어떤 대상이다. 인간을 극복하기 위해서 당신은 무엇을 했는가?"**

프리드리히 니체는 이 말을 1883년에 고전적인 걸작 《짜라투스트라는 이렇게 말했다》에서 썼다.[1] 여기에서 굳이 니체를 언급해야 하는 이유는 그가 최초의 독창적인 최고 수행 상태를 유지한 철학자이자 성과와 관련된 의문을 진지하게 탐구한 최초의 진정한 현대적 사상가이기 때문이다.

위 인용문에서 '초인'은 독일어 원문으로는 'Übermensch(위버멘쉬)'인데, 어떻게 하면 이 '초인'이 될 수 있을까가 니체의 주요한 관심사였다.

　니체가 방금 언급한 명성을 얻은 것은 단지 그가 최고 수행 상태를 진지하게 탐구한 최초의 철학자이기 때문만은 아니다. 여기에는 간단하지 않은 역사가 있다. 고대 그리스의 스토아학파의 신조도 있고, 또 계몽주의 사상가들이 가졌던 인간의 완전성이라는 개념도 있다. 그러나 니체는 찰스 다윈이 《종의 기원On the Origin of Species》을 출간한 뒤에 그 주제에 관심을 가졌던 최초의 철학자였는데, 이는 최고 수행 상태와 생물학이 관련이 있다고 믿었던 최초의 철학자라는 뜻이다.[2]

　1859년에 다윈은 최고 수행 상태와 관련된 규칙을 다시 썼다. 《종의 기원》을 써서 출간한 것이다. 이 책은 신의 집을 무너뜨렸다. 이 시점 이전에는 최고의 성취가 신이 내려준 선물이라 생각했다. 그랬기에 다음과 같은 인식은 당연했다.

**　전투에서 적군을 쳐부수고 싶은가? 그렇다면 전쟁의 신인 마스에게 물어보아라. 소네트를 작곡하고 싶은가? 그렇다면 음악의 신인 뮤즈가 도움을 줄 것이다.**

　하지만 다윈이 이는 그것이 아니라고 했고 니체는 다윈의 말에 동의했다.[3]

　니체는 만일 몸이 진화하면 마음도 진화하고 의식도 진화한다는 사실을 깨달았으며, 따라서 인간의 성과에 관심을 가진다면 이런 사실을 반드시 고려해야 함을 깨달았다. 니체는 새로운 과학 즉 진화라는

●　여기에서 '초인'은 '인간 정신의 한계를 극복한 인물'이라는 뜻이다.

틀과 인간 정신의 작동을 조사하는 과학적 방법을 사용하는 과학을 간절히 원했다. 그는 당시에 유행하던 심리학이라는 용어로 이 분야를 가리켰으며, 더 나아가 이 새로운 과학을 이해하지 못하는 철학자는 이해할 가치가 없다는 자신의 의견을 분명히 밝혔다. 그랬기에 그는 《이 사람을 보라Ecce Homo》에서 다음과 같이 썼다.

"나 이전의 철학자들 중 그 누가 심리학자라는 이름으로 불렸던 가? 나 이전에는 심리학이 존재하지 않았다."[4]

이 새로운 학문 심리학이 니체에게 가장 먼저 가르친 내용은, 그의 지적 전임자인 계몽주의 사상가들이 틀렸다는 것이었다. 그들은 인류가 완벽을 향해서 진화하며 진화에는 방향과 목적이 있다고 주장했다. 문화는 사람들의 생존을 돕는 것인데, 이 문화의 내용은 인간의 생물학 체계 안에 암호화되어 있으며 우리의 뇌 안에 정렬되어 있고, 접근할 수 없는 우리 무의식의 작동을 통해서 우리 행동의 틀을 규정한다고 보았던 것이다. 인간은 진화의 정점이 아닌 무작위로 여러 부분이 하나로 합쳐진 것 즉 본능, 충동, 습관, 역사 등이 한데 뒤섞인 덩어리일 뿐이다. 니체는 《선악의 저편Beyond Good and Evil》에서 다음과 같이 썼다.

"인생의 모든 형태와 방식의 과거, 예전에는 서로 바로 옆에 붙어 있거나 아래위로 놓여 있던 여러 문화의 과거가 지금은 '현대적인 영혼들modern souls'인 우리 속으로 흘러들어온다. 우리가 가진 충동들은 지금 어디로든 달려간다. 우리 자신이 일종의 혼돈이다."[5]

그렇지만 니체는 우리가 그 혼돈에서 벗어날 수 있고, 생존을 위한 투쟁을 '권력 의지will to power'로 대체할 수 있다고 느꼈다. 니체가 말한 권력 의지는 숙달과 탁월함과 의미를 추구하는 자아실현이며 자기 창조이고 자기 극복이다. 다른 말로 하면 이전에는 신에게서 나온다고 여겼던 모든 것들이 이제는 인간에게서 나와야 한다는 것이다.

자, 그렇다고 한다면 어떻게 그렇게 할 수 있을까?

이 지점에서 이야기는 더욱 흥미로워진다. 사람이 권력 의지를 이용해서 초인이 될 수 있는 매우 현실적인 계획을 니체가 가지고 있었기 때문이다. 그런데 니체의 이 계획을 살펴보면 낯설지 않을 것이다.

니체는 초인으로 나아가는 첫 단계가 자신 안의 열정과 목적을 발견하는 것이라고 생각했다. 열정과 목적을 두고 니체는 "조직화의 발상^{an organizing idea}"이라고 불렀다. 조직화의 발상은 하나의 과제이며 그 사람 인생의 중심 주제로 어느 날 갑자기 생기는 것이 아니라고 했다.

"장차 우리의 삶을 지배하기로 이미 운명이 정해져 있는 이 조직화의 발상은 조금씩 점점 더 깊숙하게 자라난다. 그러다가 어느 순간 우리에게 명령을 내리기 시작하고, 우리가 갓길이나 잘못된 길로 들어서지 않도록 이끈다. 조직화의 발상은 미래 어느 날엔가 반드시 필요해질 단 하나의 성정과 단단한 신체를 준비한다."

니체는 초인으로 나아가는 두 번째 단계에 대해서도 분명한 생각을 가졌다. 이 두 번째 단계는 고통을 배우는 것이라고 그는 생각했다. 최고 수행 상태는 끈기를 요구하고 고통은 끈기의 기술을 습득하는 가장 빠른 길이라고 니체는 주장했다.

"나에게 조금이라도 관심을 가진 사람들이 괴로워하고 절망하고 아프고 학대받고 모욕을 당하길 바란다. (……) 나는 그들이 오늘 당장 자신이 가치가 있는 존재인지 아닌지 입증할 수 있는 유일한 것을 하길 바랄 뿐이다. 그것은 바로 참아내는 것이다."

아닌 게 아니라 니체는 《권력에의 의지 The Will to Power》에서 "나는 사람이라기보다 전투가 벌어지는 전쟁터다"라고 자랑하듯이 주장했다.

여기에서 니체의 세 번째 단계인 학습과 창의성으로 이어진다. 학습과 창의성을 예술로 승화시켜라. 학습과 창의성은 자기 표현과 자기 극복 그리고 의미의 발견과 관련된 것이다. 니체는 예술이 허무주의를 없애는 해독제라고 느꼈다. 만일 신이 죽었다면 인생에 신의 의도와 의미는 없으니, 인간 스스로 만들 필요가 있다. 이것이 바로 인간의 존재론적인 권한인 권력 의지이다. 우리는 자신이 한 선택에 책임을 지며, 행동하고, 창조하며, 또 자신이 만들어낸 것에 혼자서 책임을 진다.

그리고 마지막 네 번째 단계인 몰입이 이어진다. 그러나 니체는 '몰입'이라는 단어를 사용하지는 않았다. 그가 사용한 단어는 '도취 rausch'였다. 원래 괴테가 만든 단어로 '넘치는 기쁨으로 이어지는 가속화된 움직임'으로 번역된다.[6] 《권력에의 의지》에서 니체는 도취를 '인생의 커다란 자극'으로 묘사하였는데, 이것은 무의식적이고 생물학적인 과정이기도 하며 또한 동시에 권력과 힘과 전망이 특징인 더 높은 차원의 존재이기도 하다. 특히 후자에서 곰곰이 생각하는 우리의 현대적인 자아는 더 오래되고 원시적인 자아의 '동물적인 활력 animal vigor'으로 대체된다.

니체는 도취가 인간이 가질 수 있는 가장 강력한 경험들 가운데 하나이며 내면의 창의적인 천재성을 발휘하려면 반드시 필요하다고 생각했다. 그래서《우상의 황혼^{Twilight of the Idols}》에서 다음과 같이 썼다.

"예술이 존재하려면, 어떤 미학적 행위와 이것을 보기 위한 생리학적인 차원의 전제조건 하나가 반드시 필요하다. 그것은 바로 도취다. 애초에 도취는 몸과 마음의 흥분도를 높인다. 그렇지 않다면 예술은 존재하지 않을 테니까 말이다."[7]

니체는 과학을 토대로 한 접근법을 바탕으로 최고 수행 상태를 밝히려 했으며, 결국 이 책에서 내가 제시하는 것과 비슷한 틀을 마련하는 것으로 마무리를 지었다.

- 1단계: 열정과 목적을 찾아라.
- 2단계: 끈기와 목표로 열정을 강화해라.
- 3단계: 그렇게 해서 나온 결과를 가지고 학습력과 창의성을 키워라.
- 4단계: 몰입이라는 의식 상태를 이용해서 전체 과정을 빠르게 진행해라.

여기에도 이유가 하나 있다. 그 이유에는 정확하게 과학이 작동한다. 계속해서 그 부분을 자세하게 들여다보자.

칙센트미하이의 몰입 심리학

심리학자 미하이 칙센트미하이는 몰입이라는 용어를 만들었는데, 거기에는 그럴 만한 이유가 있었다. 1970년대에 그는 역대 가장 큰 규모로 꼽히던 최적 수행 관련 연구들 중 하나를 시작해서, 전 세계를 돌아다니면서 수만 명에게 자신의 인생이 절정에 다다랐던 때와 최고의 역량을 발휘한 때가 언제인지 물었다. 그는 체스 선수, 외과 의사, 무용가 등과 같은 전문가들부터 시작해 설문 대상을 모든 사람으로 넓혔다. 이탈리아의 포도 재배 농부, 나바호의 양치기, 시카고의 조립 공정 노동자, 한국의 할머니, 일본의 10대 오토바이 갱단 구성원 등이 대상이었다.[8]

칙센트미하이가 설문지를 내밀었던 모든 사람은 의식이 전환된 상태 즉 모든 선택과 모든 행동이 완벽할 정도로 매끄럽게 흐르는 상태에서 최고의 기량을 발휘했다고 응답했고, 이 응답은 문화, 계층, 성별, 나이 등과 무관하게 일관성이 있었다. 칙센트미하이가 몰입^{흐름, flow}이라는 용어를 선택한 것은, 그 상태의 느낌을 가장 잘 드러내기 때문이다. 플로우는 흘러가는 느낌의 상태다. 경험 그 자체를 문자로 표현한 것이다.

이것은 칙센트미하이가 그 상태에 대해서 발견한 일련의 근본적인 사실들 가운데 맨 첫 번째 발견이었다. 그리고 두 번째 발견은 첫 번째 발견을 토대로 해서 나왔다. 몰입은 그가 찾아갔던 모든 나라 모든 사람에게서 나타났다. 왜 그랬을까? 몰입이라는 상태가 보편적이기 때문이다. 진화의 결과로 뇌는 몰입 상태로 들어갈 때 최고의 역량을 발휘하도록 만들어졌다. 그렇기에 몰입은 모든 곳에 사는 모든 사람에게 나타난다. 물론 특정 초기 조건들만 충족되어야 한다는 조건이 붙긴 하지만 말이다.

그의 세 번째 발견은 몰입을 정의할 수 있다는 점이었다. 몰입은 핵심적인 심리학적 특성 여섯 가지를 가지는데, 만일 어떤 경험이 여섯 개 특성을 모두 드러낸다면 몰입이라고 부를 수 있다. 그 특성들을 하나씩 설명하면 다음과 같다.

완전한 집중성. 제한된 특정 정보 분야에 대한 완전한 집중성이다. 현재 수행하는 과제에 주의가 집중되며 몰입과 기쁨 그리고 총체적인 몰두가 바로 지금 여기에서 일어난다.

행동과 의식의 융합. 이것은 모든 것과 하나가 되는 느낌 중에서도 맨 앞에 놓인다. 자신의 인생을 외부자의 시선으로 바라보는 느낌과 자신의 인생을 스스로 활발하게 사는 느낌이 공존하는 이중성이 사라진다는 뜻이다. 이런 상태에서는 자신과 자신이 하는 일 사이에 구분이 없다.

자아가 소멸하는 느낌. 몰입 상태에서는 자아감이 사라진다. 자의식도 사라진다. 내면의 비평가도 입을 다물고 조용하다. 의심의 목소리는 잦아든다. 우리는 이 느낌을 해방으로 또 자유로 경험하며 마침내 자기 방식에서 벗어난다.

바뀐 시간 감각. 전문용어를 빌려 말하면 '시간 지연 time dilation'이다. 시간이 진행되는 속도가 느려져서 마치 정지 화면을 바라보는 느낌이 들거나 혹은 시간이 빠르게 흘러 5분 만에 다섯 시간이 지나가기도 한다. 과거와 미래가 사라지고, 우리는 한층 늘어난 현재 속에 던져진다. 이렇게 늘어난 현재는 때로 '깊은 현재 deep now'라고 불리기도 한다.

통제의 역설. 우리는 어떤 상황에 대한 강력한 통제감을 가진다. 흔히 통제할 수 없는 상황에서 그런 느낌에 사로잡힌다. 이 순간에 우리는 자신의 배를 지휘하는 선장이 되며, 자신의 운명의 작은 조각을 최종적으로 책임지는 존재가 된다.

자기목적적인 경험. 이 경험은 강렬하고도 내재적인 보상이다. '자기목적적 autotelic'이라는 말은 그 활동 자체가 보상이라는 뜻이다. 자신이 수행하는 일이 너무도 즐겁고 의미가 있어서 그 일을 몇 번이나 반복하려고 무슨 일이든 한다. 심지어 개인적인 위험과 비용을 부담하면서까지 말이다.

칙센트미하이의 네 번째 돌파는 세 번째 발견에서 이어진다. 즉 몰입을 묘사하고 정의할 수 있다면 몰입을 측정할 수도 있다는 말이 된다. 심리학자들은 지금 몰입을 측정할 수 있고 검증된 수많은 도구 혹은 방법을 알고 있다. 이 모든 것은 앞에서 나열한 여섯 가지 특성을 측정하는데, 주어진 경험이 진행되는 동안에 그 특성들이 얼마나 깊이 발현되는지 측정한다.

칙센트미하이가 다섯 번째로 깨달은 것은 우리가 몰입이라고 부르는 경험이 실제로는 단일 경험이 아닌 경험의 스펙트럼이라는 사실이다.[9] 어떤 의미에서 보자면 몰입은 다른 감정과 비슷하다. 예를 들어 분노를 보자. 조금 짜증이 났을 수도 있고 누군가를 살해할 수 있을 정도로 화가 났을 수도 있다. 이 둘은 같은 감정이지만 스펙트럼상에서는 양극단에 놓인다. 몰입도 마찬가지다. '미세 몰입 microflow'도 있고 '거대 몰입 macroflow'도 있다.

미세 몰입에서는 몰입의 여섯 가지 특성이 강도는 약해도 모두 혹은 대부분 나타난다. 당신이 이메일을 잠깐 짧게 쓰겠다고 시작했다가 나중에 보니 한 시간 동안 길고 긴 에세이 한 편을 썼음을 깨달을 때가 바로 미세 몰입 상태에 들어갔다가 나온 경우다. 그 상태에서는 시간이 흐른다는 사실을 전혀 깨닫지 못하며 자아감도 사라진다. 실제로는 화장실에 볼일을 보러 달려가야 했지만, 그 일이 끝날 때까지 요의를 느끼지도 못했다는 말이다.

거대 몰입은 몰입이라는 스펙트럼상에서 미세 몰입과 정반대 위치에 있다. 이때는 몰입의 모든 특성이 동시에 나타나며 강도도 한층 높다. 거대 몰입은 내가 라임병에 걸렸을 때 서핑을 하다가 경험했던 것과 같은 유사 신비체험인데, 우리가 지구상에서 경험할 수 있는 가장 강력한 경험이다. 거대 몰입에서는 불가능한 일이 가능해지고 아침 식사나 신발끈을 매는 일처럼 일상적인 일이 된다.

칙센트미하이가 몰입에 대해서 여섯 번째로 발견한 것이 가장 중요할 것 같다. 그가 했던 연구조사 작업에서, 전반적인 행복도 및 삶의 만족도에서 높은 점수를 기록한 사람은 삶 속에서 대부분 몰입 상태를 유지하는 사람들이었다. 그 상태는 바로 소스코드다.

여기에서 다음 질문이 제기된다.

소스코드의 원천은 어디일까?

바로 이 지점에서 신경과학이 이야기 안으로 들어선다. 칙센트미하이가 과학적인 연구의 토대가 되는 작업을 한 뒤로 뇌 영상 기술이 눈부시게 발전했고, 그 덕분에 우리는 몰입이 어디에서 비롯되는지 또 왜 생겨나는지 밝힐 목적으로 몰입이라는 장막에 덮인 아래쪽 깊은 곳을 들여다볼 수 있게 되었다. 이렇게 작성한 지도 덕분에 우리는 현실에서도 얼마든지 몰입을 훈련할 수 있게 되었다.

그러나 우리는 우리 자신을 앞서간다.

인지 이해력^{cognitive literacy}부터 시작해보자. 인지 이해력은 최고 수

행 상태에서 최고의 성과를 낼 때 우리의 뇌와 신체에서 어떤 일들이
진행되는지 정확하게 이해하는 것이다.

몰입 상태를 만드는 것들

몰입을 이해하기 위해서 우선 앞에서 소개했던 뇌 활동의 네 개 범주
(신경구조, 신경화학, 신경전기, 신경망들)에서 일어난 여러 변화들이 어떻
게 몰입이라는 상태를 만들어내는지 살펴보자.

네 개 범주 중 신경구조와 신경망들은 뇌의 어느 곳에서 어떤 일
이 일어나는지에 대답한다. 신경구조는 편도체니 해마니 하는 개별적
인 뇌 부위를 이야기한다. 그러나 뇌의 단 한 곳에서만 반응이 일어나
는 경우는 드물기 때문에 현저성 신경망과 디폴트모드 신경망 그리고
공포 신경망 등과 같은 이런저런 신경망도 함께 살펴야 한다. 이 신경
망들은 모두 빠른 속도로 연결되거나 동시에 활성화되는 경향이 있는
뇌 부위들이다.

나머지 두 범주인 신경화학과 신경전기는 소통과 관련이 있다. 이
둘은 뇌가 자신 및 신체의 나머지 부분들에 메시지를 보내는 두 가지
길이다. 도파민이나 세로토닌 등을 일컫는 신경화학물질들은 신호를
전달하는 분자인데, 대개는 뇌에 무언가를 더 많이 하거나 더 적게 하
라고 말한다. 신경전기도 마찬가지지만 신호 물질이 화학물질이 아니
라 전기다.

뇌 몰입 brain flow이 발생하는 신경구조 혹은 뇌의 어느 부위에서 몰

입이 일어나는지 차례대로 하나씩 살펴보자. 그러나 몰입이 일어나는 장소를 알고 싶어도 실제로는 시간부터 시작해야 한다. '언제 이 특별한 몰입 경험이 나타나는가?'가 아니라 '몰입이 어디에서 나타나는가 하는 이 질문을, 당신은 역사 속 어느 시점에서 몰입하는가?'라고 물어야 한다는 말이다.

뇌의 10퍼센트만 쓴다는 거짓말

20세기 대부분 기간에 최고 수행 상태에 대한 주요한 생각은 우리가 지금 '10퍼센트의 두뇌 신화'라고 부르는 것이다.[10] 이것은 사람이 실제로 사용하는 뇌는 전체 중 10퍼센트밖에 되지 않으므로 최고 수행 상태 즉 몰입은 뇌를 최대한 많이 사용하는 상태여야 한다는 말이다.

그러나 이미 밝혀졌듯이 우리는 정확하게 반대로 알고 있었다.

몰입할 때 우리는 뇌를 더 많이 사용하는 게 아니라 더 적게 사용한다. 이것을 가리키는 용어가 '일시적 뇌 활동량 감소transient hypofrontality'다. 즉 뇌가 일시적으로 활동을 줄이거나 멈춘다는 뜻이다. 여기에서 'hypo'는 '정상 이하'라는 뜻이고 'frontality'는 '전전두엽 피질prefrontal cortex'을 가리킨다.[11]

전전두엽 피질은 매우 강력한 뇌 부위다. 앞에서도 보았듯이 상대적으로 높은 수준의 인지 기능들을 담당한다. 실행주의력, 논리적인 의사결정, 장기적인 생각, 도덕의식, 의지력 등을 모두 담당한다. 그러나 몰입에 들어가면 전전두엽 피질은 움직임을 멈춘다.

몰입 상태에서 극단적으로 집중력이 높아질 때 상대적으로 속도가 느리고 에너지를 많이 소비하는 외부 체계(즉 의식적인 처리 과정을 담당하는 체계)는 속도가 더 빠르고 더 효율적인 무의식적인 내부 체계로 대체된다. 이 현상을 발견한 베이루트아메리칸대학교의 신경과학자 아르네 디트리히[Arne Dietrich]는 이렇게 말한다.

"이것은 또 하나의 효율성 거래다. 우리는 주의력과 인식을 높이기 위해 상대적으로 높은 수준의 인지 활동에 쓰는 에너지를 내주는 거래를 한다."[12]

이 때문에 몰입 상태에서 시간이 평소와 다르게 흐른다. 시간은 전전두엽 피질에 속하는 수많은 부분에서 처리되는 계산 결과다.[13] 이것은 일종의 네트워크 효과[network effect]*이다. 그러나 대부분 네트워크가 그렇듯 너무 많은 노드[node]**가 닫히면 네트워크 체계 전체가 무너진다. 이때 우리는 과거를 현재나 미래와 구분하지 못하고 '깊은 현재[deep now]'에 매몰된다.

우리가 과거를 현재나 미래와 구분하지 못하면 성과에 영향을 준다. 대부분의 공포와 불안감은 지금이 아닌 오래전 일어났던 끔찍한 일에 사로잡히거나 미래에 어떤 끔찍한 일이 일어날지 몰라 공포에 떨면서 그 일을 피하기 위해 애를 쓰는 데서 나온다. 과거와 미래를 빼고 현재에 집중하면 불안감은 급격히 줄어들 것이고 스트레스 호르몬들은 도파민처럼 기분을 좋게 만들어주는 화학물질로 바뀐다. 좋은 기분

---

* 특정 상품에 대한 수요가 다른 수요의 영향을 받는 효과.
** 네트워크에서 연결 포인트 혹은 데이터 전송의 종점 혹은 재분배점.

은 생각들 사이에서 멀리 존재하는 연관성을 찾아내는 능력을 높여주므로 창의성은 빠르게 올라간다.

이와 비슷한 일이 자아감에도 일어난다.[14] 자아는 전전두엽 피질에 있는 제각기 다른 많은 구조들이 만들어내는 또 하나의 네트워크 효과다. 그 구조들이 활동을 멈추면 자아감은 사라진다.

2008년에 이런 현상을 우리는 똑똑하게 목격했다. 존스홉킨스대학교의 신경과학자 찰스 림Charles Limb은 기능적 자기공명영상을 이용해서 몰입 중인 즉흥 재즈 연주자들의 뇌를 살펴보았다.[15] 이때 림은 자신을 관찰하는 역할을 맡고 있는 배측면 전전두엽 피질이 기능을 하지 않는 모습을 보았다.[16] 자기 관찰은 의심의 목소리이며 내면의 비평가인 패배주의자가 지껄이는 잔소리다. 몰입이 유동적인 상태이므로 (여기에서는 문제 해결이 거의 자동으로 진행된다) 자기관찰에서 나온 추측의 속도가 느려진다. 배측면 전전두엽 피질이 작동을 멈출 때 이런 추측들은 원천적으로 차단된다. 그 결과 공포와 제약으로부터 해방되고 이때 우리는 망설임 없이 행동한다. 창의성은 더 자유롭게 흐르며 위험을 감수해도 덜 무서워하며 이 두 개의 조건이 합쳐질 때 더 깊은 몰입에 빠진다.

창의성을 발휘할 때 뇌파에 주목하라

뇌파 기능에서 일어나는 변화들은 이 과정을 더 강화시킨다. 몰입 상태에서 우리의 뇌파는 의식이 깨어 있을 때 빠르게 움직이는 베타파에서 알파파와 세타파 사이 경계선의 느린 뇌파 범위로 이동한다.[17] 베타파는 지금 이 책을 읽고 있는 당신의 상태다. 베타파는 깨어 있고 경계하며 주의를 기울이는 신경생물학적 신호로, 전전두엽 피질이 작동하며 실행주의력 신경망도 움직이는 것을 뜻한다. 그런데 만일 베타파가 조금 더 빨라져서 '높은 베타파'가 된다면 진동 수도 빠르고 예민해진 상태다. 즉 불안이나 스트레스를 느낄 때와 같다.

알파파는 베타파보다 아주 조금 느리며 이때 우리의 뇌는 휴식을 취하며 백일몽을 꾸는 상태다. 별다른 걸림돌 없이 이 생각에서 저 생각으로 쉽게 넘어간다. 알파파는 디폴트모드 신경망이 활성화될 때 나타나는데, 알파파가 창의성과 연관이 있는 이유도 바로 여기에 있다.

세타파는 알파파보다 더 느리다. 대부분 렘수면 상태나 잠들기 직전에 나타난다. 이 선잠 상태에서는 이런저런 생각들이 환상적인 방식으로 결합한다. 세타파 상태에서는 초록색 스웨터로 생각했던 것이 갑자기 초록색 거북이로 바뀌고, 다시 초록색 바다와 초록색 지구로 바뀐다.

몰입의 기준선이 알파파와 세타파 사이의 경계선 주변(주파수로는 대략 8헤르츠)을 오가지만 우리의 의식은 늘 여기에 머물지 않는다. 즉 몰입은 우리가 지속적으로 결정을 내리는 행동 상태이므로 어떤 의사결정을 새롭게 할 때마다 의식은 기준선 밖으로 밀려나간다. 이런 일은 모든 사람에게 일어난다. 최고 수행 상태를 유지하는 사람과 그렇지 않은 사람 사이의 커다란 차이 가운데 하나는 전자는 몰입의 기준선 안으로 돌아올 수 있지만 대부분의 사람은 주의가 산만한 채로 머문다.

마지막으로 고려해야 할 뇌파가 하나 더 있다. 감마파다. 극단적으로 빠르게 움직이는 뇌파로 뇌가 생각과 생각 사이의 연관성을 만들어낼 때 (이것은 결합^{binding} 뇌파로 알려진 과정이다) 나타난다. 이 과정이 결합으로 불리는 이유는 실제로 뇌를 바꾸어서 뉴런들을 특이한 신경망 안에 묶기 때문인데, 문자 그대로 생각과 생각 사이의 연관성이 물리적으로 나타나는 것이다. 결합은 정확하게 우리가 갑작스러운 돌파를 경험할 때, 문제에 대한 해결책이 갑작스럽게 의식 안으로 불쑥 들어오는, 즉 통찰의 순간을 경험할 때 나타난다.[18]

존 코우니우스와 마크 비먼은 연구를 통해 우리가 통찰을 얻기 직전에 뇌에서 감마파가 갑자기 나타나는 현상을 확인했다. 그러나 감마파는 세타파와 '결합'하는데, 이는 세타파가 나타날 때만 감마파가 나타난다는 뜻이다. 몰입은 알파파와 베타파의 경계선에서 일어나므로, 이 상태는 끊임없이 우리를 통찰의 끄트머리에 걸터앉게 하는 셈이다. 그래서 우리가 그 뇌파 범위에 있을 때 언제나 창의성이 어떤 지점을 돌파하는 순간을 볼 수 있다.

뇌 안에서 나오는 최고의 보상들

몰입의 신경화학을 둘러싸고 과학계에서는 탐정 놀이가 시작되었다. 문제의 수수께끼는 러너스하이가 최고 수행 상태를 가장 잘 묘사하는 것으로 '몰입'을 대체했던 1970년대 말에 나타났다. 그때 연구자들은 당시 새롭게 발견한 물질이던 엔도르핀이 이 현상을 유발하는 비밀의 양념이라고 판단했다.

엔도르핀은 매우 강력한 보상의 화학물질이다. 우리 몸 안에서 생기는 진통제로 즐거움을 만들어 고통을 없앤다. 즉 헤로인이나 옥시콘틴처럼 외부에서 주입되는 진통제가 결합하는 수용체 부위와 동일한 부위에 결합한다는 뜻이다. 그런데 뇌에 분비되는 엔도르핀은 측정하기 까다롭다는 문제가 있었으며, 그 누구도 엔도르핀의 존재와 기능을 증명하지 못했다. 여기에 따른 좌절감은 점점 쌓여 갔다. 그러다가 신경과학협회 회장이던 후다 아킬 Huda Akil이 〈뉴욕타임스〉에 마라톤을 하는 사람들에게서 나타나는 엔도르핀은 "대중문화가 만들어낸 허구적인 환상일 뿐이다"라고 말했던 2002년에는 이 좌절감이 최고조로 높아졌다.[19]

이렇게 해서 진실을 향하는 발걸음은 막다른 길에 막혀서 한 걸음도 나아가지 못했다.

이런 상황이 여러 해 동안 이어졌다가 아르네 디트리히가 색다른 실마리를 발견했다. 일시적 뇌기능 저하 현상을 몰입의 한 메커니즘이라고 주장했던 신경과학자인 디트리히는 마라톤 선수들을 상대로 연구조사 작업을 진행했는데, 러너스하이를 경험하는 선수들의 뇌에서 아난다미드를 발견한 것이다.[20]

황홀한 행복을 뜻하는 산스크리트어 '아난다 ananda'에서 이름을 딴 아난다미드는 또 하나의 진통제로서 즐거움을 만드는 신경전달물질이다. 아난다미드는 러너스하이 같은 경우에서 쾌감을 충동질하는 대마초의 주성분인 THC처럼 움직이며 또한 THC 수용체와 같은 수용체에 결합한다. 디트리히의 발견은 학계에서 공식적으로 인정받았다. 그래서 지금 우리는 아난다미드를 스포츠 선수가 몰입에 빠졌을 때 나오지만, 스포츠 선수가 아니어도 노래를 부르거나 구호를 외치거나 춤을 추거나 혹은 이와 비슷한 활동을 할 때 나타나며 또 몰입 상태에 있을 때 나타날 가능성이 높은 것으로 알고 있다.

2007년에 독일의 신경과학자들이 양전자방출단층촬영[PET] 기술을 이용해 몰입 상태의 뇌에서 엔도르핀을 발견하고는 후다 아킬의 판단이 틀렸음을 입증하면서 관련된 논란에 영원히 마침표를 찍었다.[21] 그 뒤로 에모리대학교의 심리학자 그렉 번스[Greg Berns]는 도파민이 몰입에 빠졌을 때 나타난다고 주장했으며,[22] 다른 연구자들도 지금까지 이 의견에 동의해왔다.[23] 그런데 몰입 상태에서는 현저성 신경망이 활성화되기 때문에 다른 연구자들은 노르에피네프린도 포함되어야 함을 깨달았다.[24] 마지막으로 세로토닌과 옥시토신도 몰입할 때 나타난다는 주장이 나왔다. 그러나 이런 사실을 입증할 충분한 증거가 아직은 없다.[25]

그렇지만 우리가 확실하게 말할 수 있는 것이 있다. 불가능한 일이 가능한 일로 변할 때 몰입 상태가 나타나는 이유를 설명하는 데 이 모든 신경전달물질들이 도움이 된다는 사실이다. 그 이유가 뭘까? 이 신경전달물질들이 최고 수행 상태를 지탱하는 세 기둥인 동기부여와 학습과 창의성에 모두 영향을 주기 때문이다.

먼저 동기부여를 놓고 보자. 이 여섯 가지 화학물질들은 보상의 약제로서, 몰입 상태를 인간이 가질 수 있는 최고의 보상 경험들 중 하나로 만들어준다. 연구자들이 몰입 상태를 '내재적 동기부여의 소스코드'라고 부르는 이유이며, 또 매킨지가 몰입 상태에서는 생산성이 다섯 배로 늘어난다는 사실을 발견한 근거이기도 하다. 폭발적인 생산성은 즐거움을 주는 중독적인 화학물질의 힘이 있었기에 가능했다.[26]

학습 역시 화학적으로 충동질된다. 어떤 경험을 할 때 신경전달물질이 많을수록 그 경험이 단기 기억에 그치지 않고 장기 기억 창고에 보관될 가능성이 높다. 몰입 상태에서는 엄청난 양의 신경전달물질이 분비되기 때문에 정보를 보유하는 능력은 급격히 상승한다. (신경 진단 장비 회사인) 어드밴스드 브레인 모니터링 Advanced Brain Monitoring이 국방부와 공동으로 진행한 연구 결과로는 몰입할 때 학습률이 무려 230퍼센트나 높아졌다.[27]

마지막으로, 창의성 역시 크게 오른다. 화학물질들이 뇌의 창의적인 과정을 둘러싸기 때문이다. 그 물질들이 몸 안에서 나올 때 우리가 1초당 받아들이는 정보는 더 많아지고, 그 정보에 우리가 더 많은 주의를 기울이며, 또 새로 들어오는 정보와 기존 정보 사이의 연관성을 더 빠르게 발견한다. 즉 데이터 획득과 현저성 파악 그리고 패턴 인식 부문에서 모두 급격한 상승 현상이 나타난다. 우리는 또한 생각들 사이에 존재하는 멀리 떨어진 연관성을 찾아내므로 수평적 사고 lateral thinking●도 늘어난다. 그런데 자신이 어떤 깔끔한 생각을 가지고 있다는 것만으로는 충분하지 않고, 이 생각을 세상에 내놓아야 의미가 있다. 그러려면 위험을 감수해야 한다. 위험을 감수하는 건 창의성에 필요한 요소다. 그런데 신경 체계에 분비된 도파민 덕분에 위험을 감수하려는

● 이미 확립된 패턴에 따라 논리적으로 접근하는 것이 아니라 통찰력이나 창의성을 발휘하여 기발한 해결책을 찾는 사고 방법.

능력 역시 향상된다. 게다가 하버드대학교 비즈니스스쿨의 테레사 애머빌Teresa Amabile 교수는, 몰입 상대 덕분에 고조된 창의성은 몰입이 사라진 뒤에도 하루나 이틀 더 지속될 수 있음을 발견했다.[28]

이런 여러 신경화학물질의 혼합 덕분에 몰입 상태는 기존의 패러다임을 바꾸어서 문제 해결의 돌파구를 찾는 데서 결정적으로 중요한 변수가 된다. 어렵고 힘든 목표를 붙잡고 씨름하는 일에 팀워크가 동원되기도 하는데, 여기에서 신경화학물질은 또 다른 역할을 한다.

몰입은 두 가지 종류로 나타난다. 이 책 내용의 대부분은 개인의 실천과 관련이 있어서 주로 개인적인 차원의 몰입에 초점이 맞추어졌다. 그러나 집단 차원의 몰입도 있다. 몰입의 집단 공유 버전인 셈이다. 지금까지 말했던 신경화학물질들은 집단의 몰입 상태를 이끌어내는 데 도움이 된다. 몰입 상태와 연관이 있는 여섯 가지의 신경화학물질 모두 '사회성을 지지하는' 즉 사회적 유대를 강화하는 화학물질이다. 노르에피네프린과 도파민의 결합으로 우리는 누군가를 사랑하게 되고, 엔도르핀은 모성적 유대감을 만들고, 옥시토신은 신뢰감을 높인다. 그리고 세로토닌과 아난다미드는 다른 사람에게 자신을 드러내는 개방성을 높여주고 사회적인 여러 상황에서 평정심을 강화한다. 그러니 몰입 상태에서는 협력과 협업이 당연히 크게 상승할 수밖에 없다.

수수께끼는 계속된다

신경망은 몰입 과학이 어쩐지 모호해지는 지점이다. 그러나 이는 놀라울 것이 없다. 현재 커넥톰^{connectome}●이 신경 과학에서 가장 최근 밝혀진 개척지이기 때문이다. 우선 우리가 알고 있다고 생각하는 것부터 시작해보자.

현저성 신경망과 실행주의력 신경망 그리고 디폴트모드 신경망이라는 세 개의 신경망들 사이의 복잡한 상호작용이 몰입 상태와 관련이 있음을 보여주는 연구저작물은 점점 더 많이 쌓이고 있다. 그러나 연구자들이 발견한 사실들이 서로 모순되기도 한다. 매우 많은 증거가 몰입 상태에서는 현저성 신경망과 실행주의력 신경망이 활성화되는 반면에 디폴트모드 신경망이 비활성화된다고 말해준다. 그러나 다른 한편으로는, 몰입이 창의성을 높이고 창의성은 디폴트모드 신경망의 활동이 늘어나는 것과 연관이 있음이 이미 확인되었다. 이런 모순이 해소되려면 더 많은 연구 작업이 이루어져야 한다.

그리고 더 많은 연구 작업이 지금까지 이루어졌다.

연구 및 훈련 기관인 플로우 리서치 콜렉티브와 스탠퍼드대학교의 신경과학자 앤드류 휴버먼^{Andrew Huberman}이 수행한 연구조사 작업 결과, 시상과 내측 전전두 피질 사이에 있는 어떤 회로와 관련이 있는 뇌의 투쟁 반응은 몰입 상태의 앞에 나타난다는 점이 드러났다.[29] 또한 공포 체계의 다른 측면이 비활성화되는 반면에 도파민을 생성하는 보상 체계의 거의 모든 측면이 활성화되며 또 일시적 뇌기능 저하 현상 덕분에 자아감을 생성하는 신경망이 비활성화된다는 사실도 알고 있다.

● 한 개체 내의 신경망 연결 상태를 도식화한 것.

물론 이 수수께끼는 계속 이어진다. 그러나 비록 우리가 모든 사실을 다 알지는 않지만, 섣부른 지식으로 위험해질 수 있을 만큼은 안다. 그렇기에 몰입을 부르는 매개물들로는 어떤 것들이 있을까 정확히 어떻게 하면 일상에서 더 많은 몰입 상태를 경험할 수 있을까 하는 질문으로 이어질 수밖에 없다.

21장

몰입 촉발자를 다루는 법

미하이 칙센트미하이가 몰입을 처음으로 탐구하던 1970년대에 칙센트미하이는, 몰입이라는 상태가 앞서 소개했던 것처럼 여섯 개가 아니라 아홉 개의 핵심적인 특성이 있다고 설명했다. 나머지 세 개의 특성은 명확한 목표들과 즉각적인 피드백 그리고 도전과제-기술 균형이었다. 그 뒤로 관련 연구가 진행되면서, 이 특성들은 몰입이 나타날 때마다 나타나지만 다른 이유가 있음이 드러났다. 몰입의 결과가 아닌 몰입을 유발하는 원인이었던 것이다. 칙센트미하이가 나중에 붙인 용어로 말하자면 '몰입의 근위 조건들proximal conditions for flow'이고, 우리는 '몰입 촉발자들flow triggers'로 알고 있다.[1]

그때 이후로 추가로 확인된 몰입 촉발자는 열아홉 개이며, 따라서 현재까지 몰입 촉발자는 모두 스물두 개다.[2] 물론 이보다 더 많이 있겠지만, 연구자들이 밝힌 것만 그렇다는 말이다. 이 모든 촉발자들은 우리가 현재 순간에 집중함으로써 작동한다.[3] 그리고 이들은 세 가지 방식의 조합으로 작동한다. 즉 집중력을 강화하는 노르에피네프린 혹은 도파민이 우리의 신경 체계에서 생성되도록 하고, 인지부하를 낮추는데, 인지부하가 낮아지면 인지부하에 사용될 에너지가 남아 절약된 에너지는 주의 집중에 쓰인다.

나는 《슈퍼맨의 부상》에서 촉발자들을 심리적, 환경적, 사회적 그리고 창의성이라는 네 개의 커다란 범주로 분류했다. 그때 이후로 나는 범주별 기능을 더 정확하게 반영하기 위해 몇 개 범주의 이름을 바꾸었다. 헷갈리게 해서 미안하지만, 사실 과학이라는 것이 이런 식으로 진행될 수밖에 없다.

우리는 앞에서 이미 이 촉발자들 중 많은 것들을 살펴보았고, 여기에서는 그 내용을 토대로 실천적이고 전술적으로 더 큰 그림을 제시할 생각이다. 그렇지만 가장 중요한 점을 잊어서는 안 되는데 이 촉발자들이 바로 당신이 유용하게 쓸 도구함이라는 사실이다. 인생에서 더 많은 몰입 상태를 경험하려면 일상생활 주변 곳곳에 이 촉발자들을 배치해라.

우리 안의 몰입 촉발자들

내부의 촉발자는, 더 많은 몰입을 만들어내는 우리 내면의 심리적 환경 조건들이다. 1970년대에 칙센트미하이는 명확한 목표들과 즉각적인 피드백 그리고 도전과제−기술 균형을 세 가지의 가장 중요한 조건으로 규정했다. 그는 또 완전한 집중력을 몰입의 특성 중 하나로 보았지만 (이 규정은 지금도 그대로 남아 있다), 명백한 몇 가지 이유로 촉발자 목록에도 추가되었다. 한편 내재적 동기부여를 연구하는 심리학자들은 또 다른 두 개의 촉발자도 그 목록에 올려놓았다. 바로 자율성 그리고 호기심−열정−목적 삼총사다.

먼저 자율성부터 살펴보자.

'아니오'라고 말할 수 있어야 한다

자율성은 몰입 촉발자다. 자율성과 주의력은 하나로 엮여 있기 때문이다. 우리가 자신의 정신(생각의 자유)과 운명(선택의 자유)을 동시에 책임질 때 우리의 존재 전체가 관련된다. 칙센트미하이는 2014년에 발표한 논문 〈주의력, 그리고 행동에 대한 총체적인 접근Attention and the Holistic Approach to Behavior〉에서 다음과 같이 설명한다.

> 만일 주의력이 환경을 상대로 정보를 교환하는 수단이라면 (……) 자발적인 주의 집중은 가장 좋은 상호작용 상태다. 이 상태에서 어떤 이는 온전하게 살아 있음을, 무엇이든 할 수 있음을 느낀다. 왜냐하면 자기라는 개인과 자기를 둘러싼 환경을 양방향 체계 속에 묶어주는 상호 정보의 흐름을 움직일 수 있기 때문이다.
> 나는 내가 살아 있음을, 또 내가 중요한 사람임을 알고 있다. (……)

주의력은 존재론적인 불안, 발기불능 및 비존재에 대한 공포 등을 줄여주는 가장 기본적인 길이다. 이 길이 아무리 힘든 집중력 훈련 이어도 자유로운 경험이기 때문에 주관적으로 해석된다면 무척 유쾌한 경험이 될 것이다.[4]

이 인용에서 우리는 자율성이 발생하는 과정 아래에 놓인 여러 메커니즘을 알 수 있다. 무엇에 초점을 맞추느냐에 따라 주의력은 도파민과 노르에피네프린에 의해서도 나올 수 있다. 자신이 온전하게 살아 있다는 느낌은 이런 화학물질들이 만들어내는 흥분과 즐거움이며, 통제감은 뇌의 정보 처리 기계가 한층 높은 수준으로 작동할 때 발생한다.

이것과 동시에, 칙센트미하이가 '존재론적인 불안'이라고 묘사한 것은 죽음에 대한 공포이자 현재 삶이 소중하길 바라는 욕망이다. 끈질긴 인지부하의 한 형태로, 심리학자 어니스트 베커Ernest Becker는 '죽음의 부정'이라고 불렀다.[5] 우리가 현재에 집중하는 순간 인지부하 형태의 불안들을 더는 신경 쓰지 않는다. 이럴 때 부하는 줄어들며 남는 에너지를 주의를 집중하는 데 쓰게 된다.

그렇다면 이 촉발자가 발동하려면 얼마나 많은 자율성이 필요할까?

우리는 이미 앞에서 구글과 3M 그리고 파타고니아의 제각기 다른 접근법을 살피면서 이 질문을 검토했으며, 자신에게 주어진 시간 중 15퍼센트에서 20퍼센트만 자율성을 추구하는 데 할애하는 것만으로도 충분함을 확인했다. 그러나 자율성을 발휘하는 데 필요한 최소 조건은 밤에 숙면을 취할 것, 규칙적으로 운동할 것, 최대로 경계하는 동안 일할 수 있을 것, 그리고 원할 때 얼마든지 몰입 상태로 들어갈 수 있을 것, 이 네 가지라는 사실도 확인했다.

높은 수준의 몰입 상태가 유지되는 생활방식을 추구한다면, 자율성은 출발점으로 삼기 좋은 지점들 가운데 하나다. 여기에 대해서도 앞에서 살펴보았으니 한 가지 요소만 추가로 설명하자면 그것은 '아니오'라고 말하는 기술이다.

최고 수행 상태는 일반적으로 자율성을 침해하는 기회들을 거절한다. 아무리 좋은 기회라도 그렇다. 전형적인 예로 돈을 들 수 있다. 예를 들어 작가들은 생활비를 마련하기 위해 힘들게 살아야 한다. 웹사이트, 잡지, 신문 등에서는 작가들에게 생계 문제를 해결할 수 있도록 편집자라는 직함과 정기적으로 보수를 받을 기회를 제공한다. 이런 기회가 보장하는 안전성과 안정성은 매력적이다. 직함이 주어진다는 것도 매력적이다. 그러나 성공한 작가와 그렇지 못한 작가의 차이는 무엇일까? 유혹이 찾아올 때 전자는 '아니오'라고 대답했고 후자는 '예'라고 대답했다. '예'라고 대답한 후자는 자신의 일정을 스스로 통제하는 능력을 잃었고, 정기적으로 글을 쓰는 능력도 잃었으며, 지금은 그저 편집자로만 살아간다.

작가뿐만 아니라 대부분 다른 직업에서도 비슷하다. 만약 당신이 높은 성취를 지속적으로 거두는 일에 진정으로 관심이 있다면, '아니오'라고 말하는 기술은 불가능한 것을 붙잡고 씨름하는 기술을 통해서 만들어진다는 사실을 배워야 한다. 왜 그럴까? 몰입의 기술은 자율성의 기술을 요구하기 때문이다.

몰입을 위한 삼총사

딜로이트의 공동창업자인 존 하겔^{John Hagel}은 세계 최고의 성과를 거둔 사람들을 연구하면서 "가장 빠르고 가장 멀리 앞으로 간 개인이나 조직은 지속적으로 열정을 쏟고 몰입을 찾는다"는 사실을 반복해서 확인했다.[6] 이유가 뭘까? 호기심과 열정과 목적은 바로 몰입 촉발자이며 집중력이 아무 수고 없이 제공되도록 도움을 주는 내재적 동기요인 삼총사이기 때문이다.

여기에서 핵심어는 삼총사다. 세 가지 동기요인이 완벽하게 갖추어질 때, 특히 목적이 포함되면 이들의 힘은 상당한 수준으로 커진다. 신경생물학적으로 볼 때, 이 세 동기요인은 도파민과 노르에피네프린을 우리의 신경 체계 안으로 충동질할 잠재력을 각자 모두 가지고 있다. 이 셋이 서로가 서로에게 겹쳐지고 결합할 때 신경생물학적 효과가 급격히 올라가는데 이 효과는 집중력을 키우고 의식을 몰입 상태로 몰아가기에 충분할 정도로 강력하다.

더 중요한 점은, 열정이 상당히 이기적인 경험이라는 사실이다. 목적은 이 문제를 해결해준다. 열정은 자기중심적인 집중력을 만드는데, 이 지점에서 자부심의 문제와 정체성의 문제가 결합한다. 왜 이것이 중요할까? 자아가 관계될 때 우리의 전전두엽 피질은 활성화되고 이때는 일시적 뇌 기능 저하 현상이 나타날 가능성은 거의 없다. 그러나 목적이 우리의 렌즈를 바꾸어놓아서, 자신이 아닌 당장 해결해야 할 문제에 초점이 맞추어지면, 자아감에서 벗어나서 몰입 상태로 들어가기는 한결 쉬워진다.

주의 집중은 몰입을 만든다. 몰입 상태는 우리의 모든 주의력이 현재 순간에만 고정되어 당장 눈앞에 놓인 과제만 목표로 삼을 때 나타난다. 이럴 때 자아감은 사라지고 전전두엽 피질은 비활성화된다. 과제에만 몰두하는 주의 집중은 행동과 인식이 하나로 융합하는 출발점이 되며, 처리 자동화의 스위치가 올라간다. 이 상태에서 뇌는 관리 책임을 의식의 손에서 무의식의 손으로 넘기고, 몰입을 깨뜨리는 자아는 멀리 밀려난다.

이럴 때 완전한 집중성은 단지 하나의 몰입 촉발자가 아닌 그 이상이 된다. 또한 몰입 차단기가 될 수도 있다. 내가 기업이나 단체의 의뢰를 받고 사람들에게 몰입 상태를 가르칠 할 때마다 맨 먼저 하는 말이 있다. 자기 문고리에 '꺼져! 난 지금 몰입 상태야'라는 문구를 걸어놓을 수 없다면 절대로 몰입 상태에 들어가지 못한다는 말이다. 즉 주의를 산만하게 만드는 어떤 방해도 받지 않도록 해야 한다. 여러 가지 일을 동시에 해서도 안 된다. 이메일을 뒤적이지 말고, 휴대폰도 꺼놓아야 한다. 이런저런 동영상 및 소셜미디어도 마찬가지다.

그런데 얼마나 오랫동안 그렇게 해야 할까?

연구자들은 90분에서 두 시간 동안 아무런 방해도 받지 않고 집중하는 것이 집중성을 극대화하고 더 나아가서는 몰입 상태에 들어가기 가장 이상적이라고 한다.[7] 만일 지금 당장 해야 하는 과제가 상당한 수준의 창의성을 요구한다면 어떻게 해야 할까? 이 경우에는 팀 페리스는 '네 시간 단위의 시간 덩어리들'로 시간을 쪼개서 사용할 필요가 있다고 제안했다. 또 자율성과 주의 집중은 하나로 엮여서 돌아가는 체계이므로, 지금 당장 해야 할 과제의 입무량을 집중성을 발휘해서 대략 90분에서 두 시간 사이에 끝낼 수 있도록 나누고 조정해야 한다.

이렇게 할 수 없다면 집중해야만 하는 더 나은 이유를 찾아라. 지금 당장 해야 하는 과제에서 호기심과 열정과 목적과 일치하는 것이 있는지 찾아라. 또 역량을 갈고닦아 숙달의 길로 들어가는 데 무엇이 도움이 되는지 찾아보아라. 이렇게 하는 것은 몰입을 상당한 수준으로 드높이는 일종의 인지 재구성이다.

마지막으로, 필요한 얘기를 필요한 사람에게 미리 해둬라. 오늘날 세상에서는 긴 시간 동안 아무런 방해도 받지 않기란 쉽지 않다. 그러니 직장 상사나 동료, 배우자, 아이에게 지금 자신이 무엇을 하려는지 왜 그 일을 하려는지 미리 정확하게 얘기해둬라. 이런 말을 하는 것 자체가 시간 낭비처럼 보일지 몰라도 나중에는 확실히 시간을 절약해준다. 몰입 덕분에 성과 및 생산성의 증가가 일상적으로 자리를 잡으면, 훨씬 적은 시간을 들여서 훨씬 많은 일을 하게 될 것이고 직장 상사나 동료, 배우자, 아이에게 줄 것도 더 많아질 것이다.

명확한 목표가 알려주는 것들

명확한 목표는 우리가 언제 주의를 기울여야 할지 분명하게 알려준다. 뇌가 무엇을 해야 할지, 그 일을 끝내고 난 다음에는 또 무엇을 해야 할지를 놓고 신경 쓰지 않아도 된다. 이미 다 알고 있기 때문이다. 그러므로 집중성은 높아지고 동기부여는 강력하고 쓸모없는 정보는 걸러진다. 자연스럽게 인지부하가 낮아지고, 따라서 잉여 에너지가 생기며 주의를 집중하는 대상에 쓸 수 있다. 행동과 의식이 합쳐지기 시작하고, 우리는 더 깊은 현재로 빨려든다. 이 현재에서는 과거나 미래는 없으며 또 자아감이 차지할 수 있는 공간도 훨씬 적다. 아닌 게 아니라 자아감은 끊임없이 우리를 잡아채는 훼방꾼이기 십상이다.

명확한 목표들은 또한 강조의 초점과 관련된 중요한 사실을 일러준다. '명확한 목표들'을 놓고 고심할 때 사람들은 대부분 '명확한'이라는 수식어는 내던지고 '목표들'이라는 명사로 곧바로 달려드는 경향이 있다. 명확한 목표를 세우라는 말을 들을 때 우리는 올림픽 경기장의 시상대나 아카데미 시상식장의 무대에 선 자신의 모습, 〈포춘〉이 선정한 세계에서 영향력이 있는 500명의 목록에 포함된 자신의 이름을 머리에 떠올린다.

저는 이 순간이 오기를 열다섯 살 때부터 꿈꿔왔습니다.

우리는 그게 핵심이라고 생각한다.

그러나 그런 상상은 우리를 현재에서 떼어놓을 수 있다. 설령 성공이 불과 몇 초 뒤의 일이라도 그것은 여전히 희망과 공포 그리고 산만함을 초래하는 모든 것들을 안고 있는 미래의 사건이다. NBA 결승전에서 마지막 1초를 남겨두고 잘못 던진 슛, 오거스타 마스터스 대회의 마지막 홀에서 빗나간 퍼팅 등 스포츠 경기에서 나타났던 그 모든 끔찍한 실수들을 생각해보라. 바로 그 순간에 그 선수들은 해당 목표의 중요성 때문에 현재에서 벗어나고 말았다. 그 어느 때보다도 현재에 집중해야 승리를 거머쥘 수 있는데 말이다.

더 많은 몰입 상태를 만들어내는 것이 목적이라면 '목표들'이 아니라 '명확한'에 강조점을 두어야 한다. 명확함은 우리에게 확실성을 가져다준다. 우리는 어떤 일을 할 때 무엇을 해야 하는지 그리고 어디에다 주의를 집중해야 하는지 안다. 목표가 명확하고 선명할 때 메타인지 meta-cognition ●는 현재에 대한 인지로 바뀌고 자아는 자신이 바라보는 그림에서 제외된다.[8]

만일 이런 발상을 일상에 적응하고 싶다면, 수행해야 할 과제를 아주 작은 조각들로 쪼갠 다음에 각각의 조각 목표를 설정해라. 도전과제-기술 균형의 최적점을 찾도록 노력해라. 예를 들어서 글을 쓰는 작가라면 훌륭한 장chapter 하나를 쓰려고 하기보다 훌륭한 문단 세 개를 쓰려고 노력하는 게 좋다. 도전과제를 관리 가능한 대상이라고 생각해라. 즉 현재 주의를 집중하기에 충분한 자극으로 봐야지 발목을 잡아채는 스트레스로 생각하지 말라는 말이다.

물론 가장 좋은 명확한 목표는 자기의 거대한 변화를 부르는 목적, 높고 힘든 목표 및 자기의 내재적인 모든 동기요인들(호기심, 열정, 목적, 자율성, 숙달, 공포 등)과 일치하는 것이다. 간단하게 말하면, 이런 것들을 제대로 쌓아서 갖춘 사람이라면 쉽게 멈추지 않고 앞으로 나아간다.

● 인지 과정에 대한 인지.

즉각적인 피드백

즉각적인 피드백은 현재에 집중하는 또 하나의 지름길이다.[9] 즉각적인 피드백은 인과관계를 직접적이고 곧바로 규정한다는 뜻이다. 집중 메커니즘의 하나인 즉각적인 피드백은 명확한 목표들이 확대된 것이다. 명확한 목표는 우리가 무엇을 해야 하는지 일러주지만, 즉각적인 피드백은 그 일을 더 잘하는 방법을 일러준다.

만일 우리가 실시간으로 실천 능력을 개선하는 방법을 안다면, 더 나은 실마리를 찾으려고 여기저기 기웃거리는 일은 없을 것이다. 현재에 온전하게 집중하면 몰입 상태로 들어갈 가능성도 그만큼 더 커진다.

이 몰입 촉발제는 실생활에서 쉽게 시도할 수 있다. 피드백의 고리를 단단하게 조이기만 하면 된다. 주의가 산만해지지 않도록 이런저런 장치를 적절하게 마련해라. 사람들에게 피드백을 더 많이 해달라고 요구해라. 얼마나 더 많은 피드백을 요구해야 할까? 분기별 보고 따위는 잊어버려라. 날마다 피드백을 받는다고 생각해라. 여러 연구 결과를 보면, 직접적인 피드백 고리가 상대적으로 적은 직종에서는 (예를 들어 증권 분석가, 정신과 의사 등은) 최고로 꼽히는 사람도 시간이 흐르면 솜씨가 무뎌진다. 이에 비해서 외과 의사는 대학교를 졸업한 지 오래된 사람일수록 실력이 늘어나는 유일한 의사 집단이다. 왜 그럴까? 자신이 수술한 사람이 수술대에서 바로 죽는 일이 언제든 일어나기 때문이다. 그만큼 피드백이 즉각적이다.[10]

이만큼 중요한 게 또 있다. 자신이 필요로 하는 피드백의 종류를 정확하게 정하는 것이다. 사람에 따라 필요한 피드백의 종류는 다르다. 어떤 사람은 희망을 주는 긍정적인 피드백을 좋아하고, 어떤 사람은 고통스러운 진실을 알리는 부정적인 피드백을 좋아한다. 어떤 사람은 문서로 정리된 피드백을 좋아하고, 어떤 사람은 말로 듣는 피드백을 좋아한다. 자기에게 어떤 피드백이 가장 좋은지 판단하는 손쉬운 방법은 지난 일을 분석하는 것이다. 가장 최근에 경험한 몰입 상태 세 번을 돌아보아라. 그때 당신은 어떤 종류의 피드백을 받았는가? 그 피드백을 얼마나 자주 받았는가? 자, 이제는 그 피드백 내용을 기억해라. 그리고 다음 몇 주에 걸쳐서, 몰입 상태가 나타날 때마다 피드백을 꼼꼼하게 분석해라.

그런데 지나칠 정도로 많이 하지는 마라.

내가 줄 수 있는 도움말은, 자신만의 '몰입 상태에 필요한 최소한의 피드백minimal feedback for flow, MFF'을 정하라는 것이다.

작가로서 나는 내가 하는 일에 대해서 세 가지만큼은 꼭 알려고 한다. 내 글이 지루한가? 일관성이 없고 뒤죽박죽인가? 거만하게 보이는가? 이 세 가지는 내가 가장 많이 저지르는 실수다. 그래서 이 실수와 관련된 피드백을 받으면 그 문제를 어떻게 헤쳐나갈지 안다. 바로 이것이 몰입 상태에서 나에게 필요한 최소한의 피드백이다.

나는 내가 염려하는 것과 관련된 정보를 얻으려고 편집자와 함께 일한다. 편집자는 내가 쓴 모든 원고를 쓴 지 며칠 안에 다 읽고 피드백을 준다. 내 경우는 이렇지만, 당신은 이런 역할을 해줄 사람을 굳이 돈을 주고 채용하고 싶지 않을 것이다. 그러니 피드백을 해줄 사람 즉 피드백 친구를 찾아라. 여기에서 중요한 것은 피드백 친구 사이에서는 서로에게 집중력을 유지해야 한다는 점이다. 피드백 친구 사이라고 해도 인생을 살면서 자기가 잘하는 일이나 못하는 일을 상대에게 모두 말하지는 않는다. 여기에서 피드백은 빈틈없는 (상대를 압도하는 것보다 아무런 마찰이나 갈등 없이 상대를 비켜가는) 분석이다. 만일 당신이 피드백 친구에게 찾고자 하는 것(즉 당신의 MFF)을 정확하게 말할 수 있다면, 당신은 그 친구의 피드백에서 주관적인 견해를 배제할 수 있다.

그런데 분명한 점은 MFF를 결정하는 일은 갑자기 일어나지 않는다. 게다가 피드백 친구를 훈련시킬 수도 없다. 만일 높은 수준의 몰입 상태가 유지되는 생활방식이 당신의 관심사라면, 이것은 거쳐야 하는 또 하나의 모험이다. 모험하지 않는다면 당신은 그저 평범한 것을 좋아하는 평범한 사람일 뿐이다.

도전과제와 기술의 균형

도전과제-기술 균형은 몰입의 여러 촉발제 가운데서 가장 중요한데, 그 이유를 따져볼 가치가 있다. 몰입 상태는 과제 해결을 위한 집중성을 요구한다. 지금 당장 해야 하는 과제를 해결할 능력이 부족하다면 갖고 있는 대부분의 주의력을 그 과제에 집중한다. 그러나 과제가 지나치게 방대하고 어려우면 공포가 신경 체계 안으로 슬금슬금 기어들어온다. 반대로 과제가 지나치게 작고 쉬우면 주의를 기울이지 않는다. 몰입은 지루함과 불안이라는 두 개 감정의 한가운데 지점이 아니라 그 지점에서 가까운 어느 지점에서 나타나는데, 그 지점을 과학자들은 '몰입 채널flow channel'이라고 부른다. 이 지점은 해당 과제가 당사자를 긴장시킬 정도로 충분히 어렵지만 나가떨어질 정도로 어렵지는 않은 지점이다.

이 균형의 최적점은 현재 시점에 주의를 집중하도록 만든다. 도전과제가 이미 알려진 여러 기술의 범위 안에 확실하게 들어 있을 때 (즉 '나는 이미 예전에 그 과제를 한 적이 있으며 이번에도 잘할 수 있다는 확신이 든다'는 생각이 들 때) 결과는 미리 결정된다. 이때 우리는 흥미를 갖지 질려서 나가떨어지지 않는다. 그러나 다음에 무슨 일이 일어날지 모를 때는 더 많은 주의를 그다음 대상에 기울인다. 불확실성은 현재에 더 집중하게 만든다.

바로 여기에 몇 가지 주의할 점이 있다.

정확하게 말하면, '몇 가지'가 아니라 매우 많다. '도전과제'가 의미하는 것과 '기술'이 의미하는 것을 두고 오랜 세월 동안 논의가 이어졌다. 연구자들은 이 둘을 두고 여기도 찔러보고 저기도 찔러보며 연구했다. 일곱 개의 요인이 일관되게 나타나는데, 이 중 많은 요소는 앞에서도 언급했다. 일곱 개는 자신감, 낙관주의, 마음가짐, 실질적인 기술, 불안에 대한 너그러움, 만족을 유예하는 능력 그리고 마지막으로 사회적 가치관이다.[11]

이 가운데 많은 것들은 더 자세하게 살펴볼 가치가 있다. 예를 들어 자신감과 낙관주의는 누가 봐도 분명한 것 같다. 자신이 가진 기술에 자신감이 넘치고 낙관적인 사람일수록 도전과제가 한결 쉽게 느껴지는 게 당연하다. 그러나 지금 우리는 기술의 실제 측정치가 아니라 그 기술을 바라보는 태도를 얘기한다. 몰입을 촉발하기 위해서는 기술을 바라보는 태도보다 실제 기술이 더 중요하다고 생각할 수도 있지만, 언제나 그런 것은 아니다. 예를 들어서 전문 운동선수들 중에서도 자신이 하는 것을 바라보는 태도는 그들이 실제로 구사하는 기술만큼이나 중요하다는 사실이 여러 연구 결과로 밝혀졌다.

사회적 가치관 역시 까다로운 문제다. 프리드리히 니체와 윌리엄 제임스 그리고 지그문트 프로이트 등을 포함해서 최고 수행 상태라는 주제를 연구했던 초기 사상가들 중 매우 많은 사람이 가족과 문화를 지나치게 무거운 짐으로 바라보았다. 이들은 사회적인 한계를 털어내는 것이야말로 자아실현으로 나아가는 길에서 첫 번째로 요구되는 사항이라고 믿었다. 하지만 그 뒤로 현대화와 세계화 그리고 사회적 발전이라는 여러 힘 덕분에 그 무거운 짐과 관련된 족쇄들이 느슨해졌다. 그러나 이 장해물들은 계속해서 존재하며, 최고의 성과를 거두는 사람들은 이 시련을 계속 넘어가야만 한다.

마지막으로《슈퍼맨의 부상》에서 나는 이 촉발자를 극대화하는 문제와 관련해서 4퍼센트를 매직넘버로 바라보고 설명했다. 즉 어떤 사람이 수행하는 과제의 도전 수준이 자신이 가진 기술보다 4퍼센트를 웃돌 때 이 사람은 자신이 가진 주의력 대부분을 그 과제에 쏟아붓는다. 또한 이 숫자가 실제 수치라기보다 일종의 비유라고 설명도 했다. 그러나 그 책이 나온 뒤로 여러 해가 지나는 동안에 수천 명이나 되는 사람들에게 이 비유는 지금까지 줄기차게 긍정적인 결과를 가져다주고 있다.

4퍼센트라는 수치가 왜 까다로운지 설명하면 다음과 같다.

만일 도전과제가 과제를 수행하는 사람이 가진 기술보다 4퍼센트 더 어렵다면, 이 수치는 그 사람을 안전지대 바깥으로 밀어낼 수 있다. 부끄럼이 많고 용기가 부족하며 위험을 회피하는 사람에게는 이것이 문제다. 해당 도전과제의 4퍼센트에 대해서 신경을 곤두세워야 한다. 불안을 너그럽게 받아들이는 것이 도전과제-기술 균형의 최적점에서 결정적으로 중요한 요소인 이유도 여기에 있다. 그러므로 쾌적한 범위 바깥에 놓여 있을 때 반드시 편안하지 않은 것을 편안하게 받아들이는 법을 배워야 한다.

그런데 공격적이고 경쟁적인 성향의 사람들에게서는 그와 정반대의 상황이 이어진다. 이들에게는 4퍼센트가 아무런 문제가 되지 않는다. 말초적인 쾌감을 추구하는 과잉성취자들은 자신이 가진 능력보다 20퍼센트나 30퍼센트, 심지어 40퍼센트나 더 어려운 도전과제에 스릴을 즐기겠다는 목적 하나만으로도 기꺼이 달려든다. 그러나 이들은 높은 산의 정상을 보는 데만 정신이 팔린 나머지 그 산에 오르는 데 필요한 자신의 상태를 생각하지 못한다.

높고 어려운 목표를 설정하지 말라는 뜻이 아니다. 그 목표를 충분히 관리할 수 있는 작은 단계들로, 즉 목표가 명확하게 드러나는 작은 단계들로 쪼개라는 뜻이다. 완벽하게 명확한 목표는 무엇일까? 도전과제가 자신이 가진 기술보다 4퍼센트 어려운 지점, 바로 그 지점에 놓인 목표가 가장 명확하다.

예를 들어보자. 나는 책 원고를 집필하면서 날마다 내가 완성한 원고량을 계산한다. 제대로 방향을 잡지 못해서 때로는 우왕좌왕하기도 하는 처음에는 하루에 500 단어가 목표다. 그러나 내가 써나가야 할 내용에 확신이 서고 글쓰기가 탄력을 받는 중간쯤에는 이 목표가

750단어로 늘어난다. 그러다가 나중에는 이 목표가 1,000단어로 늘어난다. 즉 도전과제-기술 균형의 최적점이 움직이는 표적이 될 수도 있지만 4퍼센트 위라는 목표치는 여전하다는 말이다.

이것을 생활에 적용하려면 어떻게 해야 할까? 하루에 맞닥뜨리는 과제들 중 가장 중요한 것들을 머리에 떠올린 다음에, 자신이 능력 이상으로 일하는지 아니면 능력 이하로 일하는지 스스로 물어봐라.

과제가 너무 어렵지 않은가? 해야 할 과제를 생각만 해도 불안감으로 가슴이 답답해지지 않는가?

만일 그렇다면 그 과제를 작고 가벼운 과제 여러 개로 쪼개라. 혹은 과제가 너무 쉽고 가볍다면, 더 어렵고 크게 만들어라. 더 높은 탁월함을 자신에게 요구해라. 이처럼 하루 동안에 수행하는 모든 과제의 양과 난이도를 조정해서 모든 과제가 도전과제-기술 균형의 최적점에 놓이도록 만들어라.

외부의 촉발자들

외부의 촉발자는 우리를 둘러싼 세상에 있는 환경적인 촉발자 혹은 특성으로 우리를 몰입 깊은 곳으로 몰고 간다. 외부의 촉발자는 총 네 개가 있는데, 도파민과 노르에피네프린을 생성해 집중성을 높이며 우리를 몰입의 영역으로 밀어넣는 방식으로 작동한다.

우리를 위협하는 것들

높은 성취[high consequence]는 주변 환경에 도사리고 있는 여러 위협에 관한 것이다.[12] 이것은 CEO가 비판적인 이사회에 참석하는 일이거나 병사가 적진 깊숙한 곳으로 침투하는 일, 혹은 서퍼가 노를 저어서 바다 멀리 나아가는 일일 수 있다. 어떤 경우에서든 위험은 그 경험 안에 원천적으로 들어 있는 특성이다.

그리고 위험은 우리의 대의에 도움이 된다.

위험은 노르에피네프린과 도파민 분비량을 높인다. 사실 '아드레날린 분출'은 부적절한 표현이다. 아드레날린이 솟구치는 느낌을 좋아하는 사람은 거의 없다. 그러나 도파민과 노르에피네프린을 나누어준다면 거의 모든 사람이 줄을 설 것이다.

그런데 높은 성취를 도전과제-기술 균형을 유지하는 데 필요한 위험의 증가와 구분하는 일은 충분히 가치가 있다. 도전과제-기술이라는 동전에서 위험은, 환경에서 발견되는 외부적 특성이라기보다 지금 당장 해야 하는 과제에 대한 내부적인 접근법과 관련된 문제다. 작가인 내가 어떤 산문을 쓰면서 상처를 받을지도 모르는 위험을 감수하면서까지 자신의 잘못된 부분을 솔직하게 밝힌다면, 나의 안전지대 범위 바깥으로 나와 있는 셈이며 도전과제-기술 균형을 적절하게 적용하는 셈이다. 그런데 만일 내가 노트북을 들고 높은 산 정상에 올라선 다음에 깎아지른 절벽 모서리에 걸터앉아 노트북으로 글을 쓴다면, 그것은 높은 성취의 환경이 될 것이다. 물론 당신은 이 촉발자들을 함께 동원할 수도 있다. 예를 들면, 어떤 스키어가 매우 가파른 경사면을 타고 내려오면서(높은 성취의 환경) 절벽에서 뛰어내리는 시도를 하거나(도전과제-기술의 균형을 증폭하는 행동) 혹은 어떤 회사의 중간간부가 전체 직원이 참여한 회의에서(높은 성취의 환경) 새로운 아이디어를 제안하기로 하는 것(도전과제-기술의 균형점 이동) 등이 그렇다.

그런데 높은 성취 촉발자라고 해도 물리적인 위험을 반드시 동반하지는 않는다. 당신은 자신을 더 위험한 사회적 환경 안으로, 창의적인 환경 안으로 혹은 지적인 환경 안으로 몰아넣을 수 있다. 그렇다면 예를 들어 의과대학은 어떤 환경일까? 수련 과정을 거치는 어떤 의사에게 물어보더라도, 의과대학은 높은 성취의 지적 환경이라는 대답이 돌아올 것이다.

사회적인 위험은 환상적인 몰입 촉발자다. 우리의 뇌는 물리적 위험을 처리하는 부분에서 사회적 위험도 처리한다. 진화 과정에서 형성된 확실한 몇 가지 이유 때문에 그렇다. 최근까지도 어떤 공동체의 일원이라는 조건이 인간을 살아 있는 생명체로 유지시켰다. 300년 전만 하더라도 죄인에게 가족 및 이웃과 멀리 떨어진 곳에서 살도록 추방하거나 유배시키는 것이 큰 처벌 방식이었다. 어떤 사람도 혼자의 힘만으로는 살아남지 못한다. 그렇기에 뇌는 사회적인 위험을 치명적인 위험으로 받아들인다. 실제로 최근까지도 사회적인 위험은 치명적인 위험이었기 때문이다.

이런 사실들을 통해서 우리는 '실패를 딛고 앞으로 나아가기fail forward'를 사실상의 사훈으로 내걸고 있는 실리콘밸리의 몇몇 기업이나 기업가들과 관련된 어떤 진실을 알 수 있다. 이 사훈 혹은 좌우명은 결과 친화적인 환경을 조성하는데, 높은 수준의 몰입이라는 환경을 동시에 만들어낸다. 만일 직원들에게 실패의 가능성이 주어지지 않는다면 이들은 위험을 감수할 능력도 가지지 못할 것이다. 페이스북 본사의 중앙계단에는 '빠르게 움직이며 낡은 것을 파괴하라Move Fast and Break Things'는 문구가 걸려 있다. 이런 태도는 혁신적인 문화에서 반드시 필요하다. 위험에 대한 인센티브가 보장되지 않는 조건에서는 아무도 몰입에 이르려 들지 않을 것이고, 그러면 혁신으로 나아가는 유일한 길은 사라질 것이다.

하버드대학교의 정신과 의사 네드 할로웰Ned Hallowell은 《슈퍼맨의 부상》에서 다음과 같이 설명했다.

"몰입에 이르려면 기꺼이 위험을 감수해야 합니다. 사랑을 얻고자 하는 사람이 몰입에 도달하려면 자신의 영혼을 드러내놓고 거절과 굴욕의 위험을 감수해야 합니다. 운동선수라면 몸이 다치는 위험을, 어쩌면 목숨을 잃을지도 모르는 위험을 기꺼이 감수해야 합니다. 예술가라면 비평가와 대중으로부터 조롱과 외면을 받을 위험을 감수하면서 계속 앞으로 나아가야 합니다. 그리고 당신이나 나 같은 평범한 사람도 이 상태에 도달하려면 실패하거나 바보처럼 보이거나 망신당할 수도 있는 위험을 감수해야 합니다."[13]

다양한 환경이 몰입을 부른다

풍부한 환경rich environment도 몰입을 촉발한다. 이것은 특이함, 예측불가능성 그리고 복잡함이라는 세 개의 촉발자가 합쳐진 것이다. 셋 모두 도파민이 우리의 신경 체계에서 나오도록 충동질하는데, 그 결과 마치 위험이 그렇게 하듯이 우리의 주의를 잡아끈다.[14] 하나씩 차례대로 살펴보자.

특이함은 뇌가 즐기는 여러 경험 중 하나다. 앞에서도 보았듯이 특이함을 전문적으로 포착하는 신경망이 있는데, 바로 현저성 신경망이다. 진화의 관점에서 볼 때 이것은 충분히 일리가 있다. 특이함은 자신이 놓인 환경에 위험이 도사리고 있을 수도 있고 기회가 숨어 있을 수도 있다는 뜻이다. 위험이나 기회 둘 다 생존에 결정적으로 중요하므로, 뇌는 이것들과 관련된 정보에 우선순위를 둔다.

예측불가능성은 미래에 무슨 일이 일어날지 알지 못한다는 뜻이다. 그러므로 우리는 다음 차례의 대상에 추가로 주의를 기울인다. 스탠퍼드대학교의 신경생리학자 로버트 새폴스키Robert Sapolsky의 연구를 통해서, 예측불가능성에 의한, 특히 이것이 특이함과 합쳐졌을 때 도파민 수치 급증의 규모가 코카인과 같은 마약 물질에 따른 도파민 수치 급증에 버금간다는 사실이 밝혀졌다. 이때 도파민 수치는 700퍼센트 가깝게 치솟았는데, 이것은 엄청난 주의 집중으로 이어지며, 곧바로 몰입 상태로 연결된다.

복잡성은 뇌에게 인지 역량을 확대하도록 강제할 때 나타난다. 예를 들어 그랜드캐년의 가장자리에 서서 장엄한 광경을 바라볼 때나 지질 연대와 관련된 문제를 곰곰이 생각할 때 혹은 밤하늘을 바라보면서 수없이 많은 빛의 특이점singular points●들이 사실상 은하임을 깨달을 때

● 중력의 고유 세기가 무한대로 발산하는 시공의 영역.

가 그렇다. 이것은 경외감을 경험하는 순간인데, 이 경험 속에서 우리는 자신이 바라보고 생각하는 것의 아름다움이나 규모에 흠뻑 빠진 나머지 시간은 느려지고 그 순간은 영원으로 확장된다. 부분적으로는 도파민이 유발되는 과정이며, 또한 몰입 단계의 앞머리를 형성한다.

그렇다면 이 촉발자들을 실제 일상에서는 어떻게 활용할까? 어렵지 않다. 자신이 놓인 환경에서 특이함과 예측불가능성과 복잡성의 양을 늘리기만 하면 된다.

스티브 잡스가 픽사에서 사무실을 설계할 때 바로 이렇게 했다. 건물 한가운데 커다란 아트리움^{atrium}●을 만들었다. 또 우편함, 카페테리아, 회의실들 그리고 (이제 정말 유명한데) 그 건물의 다른 곳에는 없는 화장실을 그 아트리움 바로 옆에 마련했다. 이렇게 해놓으니 각 부서에 속한 사람들이 그 공간을 중심으로 무작위로 만나게 되었고, 그 바람에 특이함과 예측불가능성과 복잡성은 매우 늘어났다. 그러자 더 많이 몰입하고 창의성은 더 높아졌다. 그 공간은 픽사에서 만든 애니메이션 영화들이 오스카상을 그렇게 많이 받을 수 있었던 원동력의 원천이었다.

그러나 너무 지나쳐서는 안 된다.

자연 속으로 잠깐 나들이를 하는 행동도 도움이 된다. 자연환경에는 특이함과 예측불가능성과 복잡성이 많이 섞여 있다. 자연환경은 우리의 몸 안에서 기분 좋은 신경화학물질들이 나오도록 한다. 숲에서 20분만 산책해도 시중에서 판매되는 항우울제 약품보다 훨씬 더 나은

●　건물 중앙 높은 곳에 보통 유리로 지붕을 덮어서 만든 넓은 공간.

치료 효과가 나타난다.

또한 책을 읽거나 집에서 멀리 떨어진 커피숍에서 일하거나 혹은 둘을 동시에 함으로써 이 촉발자들을 끌어당길 수 있다. 예를 들어 나는 새로운 주제를 공부할 때마다 늘 책을 들고 거리로 나선다.

새로운 환경의 특이함과 복잡성과 예측불가능성은 몰입을 불러오고, 몰입은 그 새로운 주제를 학습하는 일을 매우 쉽게 만든다.

몸을 적극적으로 사용하라

내부적인 촉발자와 외부적인 촉발자 사이에 깊은 체현 deep embodiment 이 놓여 있다.[15] 깊은 체현은 신체 의식이 확장된 것이다. 여러 개의 감각이 지금 당장 해야 하는 과제에 관여할 때 그 과제에 최대한으로 집중하는 것을 의미한다.

어떤 장면이 펼쳐지는 모습을 지켜만 볼 때는 이 행위는 참여의 한 단계 수준이다. 그러나 만일 그 장면이 펼쳐지는 과정에 실제로 참여한다면 더 많은 관여가 이루어지는 셈이다. 이는 운동선수들이 몰입에 그토록 많이 빠져드는 주된 이유들 가운데 하나다. 스포츠는 체현을 요구한다. 그러나 운동선수만이 이 촉발자를 끌어당기는 것은 아니다. 모두가 할 수 있으며 이 점이 핵심이다.

오래전에 칙센트미하이와 유타대학교의 교육 분야 연구자이던 케빈 래선드 Kevin Rathunde 가 높은 수준의 몰입 상태를 불러오는 교육 환경을 찾는 연구를 했다. 이 두 사람이 무엇을 발견했을까? 바로 몬테소

리 교육이다.[16]

몬테소리 교육법은 내재적 동기부여와 실천을 통한 학습을 동시에 강조한다. 사실 실천을 통한 학습이라는 이유로 이 교육법은 흔히 '체화된 교육embodied education'이라고도 불린다. 유기농법에 대한 글만 읽을 게 아니라 직접 밭에 나가서 씨를 뿌리고 작물을 재배하는 것이다. 이런 활동은 여러 개의 감각(즉 시각, 청각, 촉각, 후각) 체계를 동시에 동원하며 주의를 현재에 집중시키고, 그 결과 몰입에 빠져들게 한다. 몰입 덕분에 강화되는 학습은 몬테소리 교육을 받은 아이들이 받지 않은 아이들보다 거의 모든 시험에서 높은 점수를 받는 이유다.

그렇지만 여기에서의 핵심은 단순하다. 몸을 사용하라는 것 즉 실천을 통해서 학습하라는 것이다. 깊은 체현이라는 촉발자를 끌어당기는 데 필요한 게 실천이다. 여러 개의 감각을 동시에 동원할 때 모든 주의가 집중될 수밖에 없으며, 이럴 때 몰입 상태에 더 쉽게 들어갈 수 있다.

창의적인 촉발자들

창의성의 덮개 열기

만일 창의성의 덮개를 걷어내고 아래를 들여다본다면, 두 개가 보일 것이다. 하나는 새로운 생각들을 하나로 연결하는 뇌의 역량을 가리키는 패턴 인식이고, 또 하나는 그 새로운 생각들을 세상에 실천하는 용기인 위험 감수다. 이 두 개의 경험은 도파민을 생성해서 집중과 몰입을 불러온다.

이것은 일상 속에서 더 많은 몰입 상태를 원하는 사람이라면 세 가지 실천을 지속적으로 해야 한다는 뜻이다. 첫째, 패턴 인식 체계에 새로운 재료를 끊임없이 제공해서 이 체계가 연결성을 찾는 과제를 계속 시행하게 하는 것이다. 자신의 전공 분야에서 조금 벗어난 주제를 다루는 책을 하루에 25쪽에서 50쪽씩 읽어야 하는 이유기도 하다.

둘째, 기존의 방식과는 다르게 생각하는 방법을 배우는 것이다. 낯익은 방식으로 문제를 해결하려 들지 말고 그 문제를 뒤쪽이나 옆쪽에서 접근해라. 늘 가던 길에서 벗어나 상상력을 한껏 늘려라. 일상에서 부딪히는 특이한 경험의 양을 늘려라. 새로운 환경과 새로운 경험은 새로운 발상들로 이어지는 연결점으로 나아가는 출발점이 된다.

세 번째, 실천이 가장 중요할지도 모르겠는데, 창의성을 자신이 소중하게 여기는 하나의 가치이자 덕목으로 만드는 것이다. 자신의 인생은 자신이 만드는 예술품이 될 필요가 있다. 좀 더 구체적으로 말하면, 불가능한 것의 예술은 인생의 예술을 요구한다.

액션·모험 스포츠의 세계에서 몰입 상태가 폭발적으로 늘어나는 이유는 이처럼 주의와 관심의 우선순위가 이동하는 데 있다. 1990년대에 프리라이드freeride●의 '익스프레션 세션표현' 운동이 일어나기 전까지만 하더라도, 탁월함은 속도처럼 쉽게 측정할 수 있는 부문만 대상으로 판정되었다. 그래서 스키 종목이든 스노보드 종목이든 결승점까지 가장 빨리 내려오는 선수가 이겼다. 그러나 1990년대에 사람들은 이런 종류의 경연에서 벗어나서 창의성을 소중하게 여기기 시작했다. 가

●　모든 눈밭에서 탈 수 있는 종류의 스노보드.

장 창의적인 것이 진정으로 탁월하다는 기준이 새롭게 생겨난 것이다. 스타일도 중요해졌다. 특정 선수가 해당 지역을 해석하는 방식이 가장 중요한 평가 요인이 되었다. 이렇게 해서 창의성이 가장 중심적인 가치이자 미덕이 되었다. 그 결과, 높은 수준의 몰입 상태로 불가능에 도전하는 것이 일상이 되었다.

사회적 촉발자들

개인적인 것과 집단적인 것, 몰입은 이 두 가지 유형으로 나타나는 것은 앞에서도 확인했다. 비록 이 책 내용의 대부분이 개인적인 차원의 몰입을 다루지만, 여기에서는 집단의 구성원 전체가 공유하는 총체적인 몰입을 부르는 방법을 잠깐이나마 살펴보자.

우선 간략하게나마 역사 이야기를 하는 게 도움이 될 것 같다.

심리학자 키스 소여가 가장 먼저 집단 몰입을 확인했다.[17] 평생 재즈 연주자로도 살았던 소여는 밴드가 연주를 시작하고 음악이 고조될 때 의식 영역에서 중대한 변화가 생긴다는 사실을 깨달았다. 그것은 바로 '전체는 부분의 합보다 더 크다'는 효과를 보여주는 '군체 의식 hive-mind'● 과 같은 합일된 의식이었다.

소여는 시카고대학교 대학원에 진학해서까지 이 느낌을 추적했는데, 그곳에서 칙센트미하이의 지도를 받으며 본격적으로 연구했다. 칙

● 집단 전체가 지식이나 의견을 공유하는 정신 상태.

센트미하이는 집단 구성원 전체가 함께 몰입 상태로 빠져드는 듯한 현상을 알아차리긴 했지만, 그 상태가 집단이 함께 몰입을 공유하는 경험이라기보다 몰입 상태에 들어간 개인이 많아지면서 나타나는 부산물로 여겼다. 그러나 소여는 칙센트미하이의 생각과 다른 일이 진행된다고 판단했다.

소여는 확실히 알아내려고 현장으로 뛰어들었다. 그로부터 15년 동안에 많은 시간을 들여서 즉흥 재즈와 코미디 그리고 극단의 공연에서 나타나는 집단 몰입을 조사했다. 그가 했던 연구의 많은 부분은, 오랜 세월 동안 〈새터데이 나이트 라이브Saturday Night Live〉와 같은 프로그램들에 콘텐츠를 제공해온 시카고의 코미디 극단인 '세컨드시티 텔레비전'과 함께했다. 소여는 공연을 녹화해서 동영상을 한 프레임씩 끊어가면서 분석했다. 공연하는 집단 구성원 전체가 하나로 협력해서 공연의 효과가 압도적으로 높아지는 순간들, 즉 집단 몰입 상태임을 확인할 수 있는 특징적인 순간들을 찾았다. 그러다가 그는 그 순간들을 유발하는 전제조건들을 찾았고 마침내 몰입이 공유되는 상태를 부르는 촉발자 열 개를 발견했다.

소여가 이 작업을 시작한 뒤로 다른 연구자들도 소여의 발상을 확장해왔다. 집단 몰입은 세 개의 하부 개념으로 세분화되었다. 이 셋은 사회적인 상황에서 나타나는 몰입인 '사회적 몰입social flow'과 대화를 나누는 두 사람이 경험하는 몰입인 '개인과 개인 사이의 몰입interpersonal flow' 그리고 해당 집단에 애초부터 내재된 촉발자들로 인해 나타나는 몰입인 '팀 몰입team flow'이다.[18] 또 몰입을 공유하는 이 경험과 심리학적인 관점에서 몰입을 불러오는 것들에 대해서 모두 상당한 연구가 지금까지 계속되고 있다.

그러나 교육 분야에서는 지금도 여전히 중대한 간극들이 존재한다. 기술적인 여러 한계가 집단 몰입의 신경생물학 혹은 집단 몰입의 촉발자들 연구에서 장해물로 작용한다. 그래서 몇몇 비슷한 메커니즘들이 작동하는 것을 바라보고는 있지만 학계에서는 아직 정설로 인정받지 못한다. 그만큼 간극이 존재한다는 뜻이다.

그러나 아래에 이어지는 내용에서 알 수 있듯이, 우리는 이미 현실에서 얼마든지 실천할 수 있을 정도로 충분히 많은 것을 배웠다.

완전한 집중성

개인의 몰입이 완전한 집중성을 요구하는 것처럼 집단의 몰입도 마찬가지다. 연구 결과에 따르면 집중을 위해 세상과 차단되는 것이 가장 좋은 방법이다. 문자 메시지나 동시에 여러 일을 하는 것도 금지해야 한다. 스마트폰 사용과 SNS도 마찬가지다. 이메일도 나중에 확인하는 게 가장 좋다. 그것이 가능할 때 집단은 온전히 집중할 수 있다. 그렇지 않을 경우에 집단은 몰입 상태를 경험하지 못한다.

공동의 명확한 목표들

집단의 몰입이 나타나려면 모든 구성원이 동일한 방향을 향해야 한다.

이를 위해 공동의 명확한 목표가 있다. 목표는 거창하지 않아도 되며 중요한 것은 집단의 구성원 개개인이 같은 목표나 시너지 효과를 내는 목표를 향해 함께 움직인다고 느껴야 한다.

소여는 높은 성과를 내는 팀들은 공동의 목표가 있지만 지나치게 초점이 맞추어질 때는 오히려 집단의 몰입 형성에 방해가 된다는 사실을 발견했다. 기본적으로 팀은 성공 지점에 가까이 다가간다는 사실을 알 수 있도록 명확한 목표를 가져야 하며 진전 정도를 측정할 수 있어야 하지만, 이 목표가 폐쇄적이지 않고 열려 있어야 팀원들이 창의성을 발휘할 수 있다.

더 최근에는 다른 연구자들인 촉발자의 변형 개념으로 '집단 야망collective ambition'이라는 개념을 들고 나타났다. 가장 큰 차이는 목표의 크기다. 오늘날 우리의 과제는 모두가 공유하는 명확한 목표들이다. 집단이 처음으로 함께 풀려고 모인 문제들이다. 이것이 집단 야망이다.

마지막으로, 이 주제와 관련해서 또 하나 변형된 개념인 '정렬된 개인 목표들aligned personal goals'이 있다. 만일 어떤 사람의 팀이 이겨서 집단의 몰입을 원한다면 그 집단을 구성하는 개개인 모두도 역시 이겨야만 한다는 뜻이다. 만일 그 팀의 구성원들이 팀이 승리했을 때 리더만 집중조명을 받는다고 생각한다면, 그래서 그 지도자가 다른 구성원들이 받을 도파민을 혼자 독차지할 것이라고 생각한다면, 집단의 몰입이 형성되기 어렵다.

모두가 공유하는 위험

팀 구성원이 함께 위험을 공유한다는 것은 모두가 팀의 승패에 관심을 가진다는 뜻이다. 소여는 이것을 '실패 가능성 potential for failure'이라고 묘사하면서, 모든 사람이 실패할 가능성이 없다면 모든 사람이 이길 기회도 없다고 주장한다. 이것은 팀의 구성원들은 서로에게 실패해도 괜찮다는 여유를 주고 실패했을 때 다시 일어설 힘이 되어 주면서 서로를 진정으로 받쳐줘야 한다는 뜻이기도 하다.

지금 이 순간에 집중하는 경청

경청은 주의가 오로지 지금 이 순간에 집중할 때 비로소 시작된다. 대화할 때 다음에 어떤 재치 있는 말을 할지 혹은 어떤 매서운 비난을 할지 생각하지 않는다. 상대의 말에 실시간으로 반응하는 것, 미리 계획하지 않은 반응을 내놓는 것이다. 공감과 집중이 동시에 이루어지는 상태이며, 전체 대화에서 제 몫의 대화는 서로 주고받는 말 속에서 자연스럽게 결정된다.

좋은 의사소통

집단의 몰입이 이뤄지려면 구성원들 사이에서 대화가 끊임없이 이어져야 한다. 정보는 평등하게 공유되어야 하는데, 이 원칙은 전략으로서 또 조정의 원리로서 지켜져야 한다. 매우 현실적인 의미에서 보자면, 개인의 몰입에서 가장 중요한 촉발자들 가운데 하나로 꼽히는 즉각적인 피드백의 집단 버전이 바로 좋은 의사소통이다. 요점은 피드백은 집단의 전체 행동을 올바르게 유도할 필요가 있고 구성원 저마다의 독특한 기술을 극대화하는 데 필요한 정보를 제공할 필요가 있다는 점이다.

구성원들의 자아를 함께 섞기

집단 구성원들의 자아를 한 데 섞는 것은 겸손함의 집단 버전이다. 각 개인의 자아가 함께 섞일 때 어느 한 사람이 집중조명을 받는 일이 없고, 조명을 받더라도 모든 사람이 철저하게 함께 조명을 받는다. 이럴 때 전전두엽 피질은 활성화되지 않고, 행동과 의식의 총체적인 융합이 나타나서 집단의 공동 정체성이 이뤄진다.

참여는 동등하게

동등한 참여는 모든 구성원이 자신의 몫을 하고 있다는 뜻이다. 이때 각 구성원의 역할은 자신이 가진 기술을 최대한으로 활용하는 것이어야 한다. 이것은 정보가 집단 내에서 자유롭게 오가야만 하는 또 하나의 이유다. 정보가 자유롭게 오가지 못할 때 각 개인의 참여는 동등하지 않게 되고 권력의 균형은 기울어져 집단의 몰입이 형성되지 못하거나 집단 공유 상태가 깨진다.

예측 가능한 예측 불가능성

익숙함은 구성원들의 지식이나 언어 그리고 비언어적인 암묵적 이해를 기반으로 한 의사소통 스타일이 같다는 뜻이다. 모든 구성원이 언제나 같은 생각과 판단을 하며, 누구 한 사람의 신호도 모두가 알아들을 수 있고 남다른 깨달음을 얻었을 때 이를 장황하게 설명해야 하는 일이 없다는 뜻이다.

익숙함은 구성원들이 서로의 습관과 경향을 충분히 많이 알고 있어서 예상치 못한 일이 일어나도 이에 대한 집단의 반응을 충분히 예상할 수 있다. 즉 목표는 예측 가능한 예측불가능성이다. 함께하는 일이 힘들고 어려울 때 팀 구성원들이 무엇을 하려는지 모두가 안다. 그렇기에 함께 호흡을 맞춰 앞으로 나아가기가 한결 쉬워진다.

자율성과 유능함을 결합하라

통제감은 자율성과 유능함을 결합한 것이다. 어떤 구성원이 집단 안에서 수행하는 역할이 그 사람에게 잘 맞는다는 뜻이다.

이것은 구성원이 자신만의 도전과제를 선택해 그 과제를 완수할 기술을 가진다는 뜻이기도 하다. 또 집단이 해당 개인의 동의를 구하지도 않고서는 어떤 목표도 할당하지 않으며 목표에 다가가는 방식을 지나치게 제한하지 않는다는 뜻이다.

스페인의 하이메1세대학교의 심리학자 마리사 살라노바Marisa Salanova는 최근이 이 아이디어를 확장해서 '집단 효능 믿음collective efficacy beliefs'이 집단 몰입의 지표임을 확인했다.[19] 집단 효능 믿음을 통제감의 확장으로 생각할 수도 있다. 이는 팀 자체에 대한 자신감이며 어떤 팀이든 주어진 임무를 잘 수행할 수 있다고 믿어야 한다. 팀은 몰입을 극대화하기 위해서 집단적인 통제력이 필요하다.

언제나 '예'라고 말한다

우리가 다루는 마지막 촉발자인 '언제나 '예'라고 말하는 것'이 어쩌면 가장 중요할지도 모른다. 어떤 상호작용이든 따지기보다 맞장구를 쳐야 한다는 뜻이다. 이것은 즉흥 코미디의 첫 번째 원리에 기반한 촉발자다. 어떤 사람이 "얘, 화장실에 파란 코끼리가 있어"라고 말할 때 상대가 "무슨 말도 안 되는 헛소리야?"라고 말하지 않고 "그래? 그 녀석이 화장실 휴지를 다 써버리면 어떡하지?"라고 대답하는 방식이다. 이럴 때 이야기는 더 흥미롭게 꼬리에 꼬리를 물고 이어진다.

상대에게 '예'라고 대답할 때 상대는 말을 계속 이어갈 힘을 얻고, 인지부하도 그만큼 줄어들며, 지금 순간에 더 몰입한다. 이런 긍정성이 도파민과 옥시토신이 우리 신경 체계에 나오도록 하며, 거기에 따라서 패턴 인식과 사회적 위안이 커지고 다시 더 많은 생각을 유도하며 그 생각들을 다른 사람들과 기꺼이 공유하게 만든다. 이것이 집단의 총체적인 운동량을 키우는 방법이다.

그러나 언제나 모든 사람에게 동의해야 하는 건 아니다. 실제로 연구 결과를 보면, 어떤 집단 안에서 모든 사람에게 동의해야 하는 분위기가 형성될 때는 집단 몰입이 이뤄지는 것이 아니라 집단사고 groupthink●가 형성된다. 그러니 언제나 모든 사람에게 동의할 게 아니라, 다른 사람이 한 말에서 무언가 추가로 쌓아올릴 것을 찾아야 한다. 브레인스토밍 과정을 예로 들면 다음과 같은 대응이 바람직하다.

그래, 나는 사라가 한 말 가운데 몇 가지 점은 동의하지 않지만, 양자컴퓨터를 이용해서 신약 개발을 하자는 발상은 매우 훌륭하다고 생각해. 그 이유를 말하자면······.

일이 진행되는 방향으로 그 일이 계속 굴러가도록 하는 것이 중요하다. 바로 이것이 몰입 상태에 올라타는 동작이다.

촉발자와 관련된 마지막 도움말

몰입과 관련해서 가장 잘 정리된 사실들 중 하나는 몰입 상태는 어디에서나 흔하게 나타난다는 점이다. 특정한 초기 조건들만 충족되면 누

● 강한 응집력을 보이는 집단에서 형성되는 왜곡되고 비합리적인 사고방식.

구에게나 또 어디에서나 나타난다. 이 초기 조건들은 무엇일까? 바로 앞에서 언급한 스물두 개의 촉발자들이다. 아닌 게 아니라 너무도 간단하다.

여기에는 물론 이유가 있다.

우리 인간은 생물학적 유기체이며, 진화는 속성상 보수적일 수밖에 없다. 어떤 특정한 적응이 효과를 발휘하면, 이 적응의 기본적인 기능은 계속 반복된다. 몰입 상태는 확실히 긍정적인 효과가 있다. 그 결과 우리의 뇌는 이 경험을 선호하는 쪽으로 신경 회로가 바뀐다. 사람은 누구나 최고 수행을 할 수 있도록 뇌의 신경 회로가 짜여 있다. 그래서 우리는 모두 몰입 촉발자들에 민감하게 반응하는데, 이 스물두 가지 요소들은 생존에 결정적으로 중요하다고 진화가 판단하기 때문이다. 즉 우리의 뇌는 이 스물두 가지에 자동으로 주의를 기울인다.

만일 일상에서 몰입 상태를 키우고 싶다면 촉발자들을 일상의 곳곳에 배치해라. 위험을 훈련하고, 특이함을 찾고, 피드백 고리를 단단하게 조이며, 패턴 인식 체계가 바쁘게 돌아가도록 정보 입력을 부지런히 해서 창의성 촉발자를 늘 대기 상태로 유지하고, 개인적인 인간관계에서 언제나 '예'라고 대답하며, 모든 대화에서 자신의 자아를 다른 사람의 자아와 섞는 훈련을 하고, 또……또……해라.

22장

몰입의 4단계

사람들은 몰입 상태가 마치 전등처럼 켜진 것이거나 꺼진 것이라고 생각한다. 몰입 상태에 들어가 있거나 아니거나, 둘 중 하나일 뿐이라고 생각하는 것이다. 그러나 하버드대학교의 심장병 전문의 허버트 벤슨 Herbert Benson 덕분에 우리는 지금 몰입은 네 단계로 구성되어 있으며, 각각의 단계는 뇌 기능에서의 제각기 다른 변화들로 형성된다는 사실을 잘 알고 있다.[1] 몰입을 경험하는 사람은 누구나 이 네 개의 단계를 차례대로 거쳐야 하며 어떤 단계도 건너뛸 수 없다. 그리고 몰입 상태로 다시 들어가려면 이 네 개 단계를 다시 모두 거쳐야 한다. 즉, 몰입 상태 속에서만 살아갈 수는 없다.

그런데 늘 몰입을 하며 살 수는 없지만, 이 상태에서 보내는 시간을 극대화할 수는 있다. 그러려면 몰입의 주기를 이해하는 것이 필수적이다. 몰입의 주기에 대한 지식을 갖추면 몰입 상태 전체를 바라볼 수 있는 지도를 가지는 셈이 된다. 자신이 지금 어느 단계에 있는지 알면 다음 단계로 넘어가기 위해서 무엇을 해야 하는지 알 수 있다. 그러므로 몰입 상태 속에서 살아갈 수는 없어도 몰입의 주기를 구성하는 네 개의 단계를 통과하는 속도를 확실하게 높일 수 있으며 인생에서 경험하는 몰입의 양을 획기적으로 늘릴 수 있다.

한 가지 짚고 넘어갈 건 몰입이 아무리 위대하게 느껴져도 전체 네 단계 과정 중 한 단계일 뿐이다. 게다가 두 개의 단계는 몰입 경험의 필수 요소지만 불쾌한 느낌을 준다. 몰입 상태로 들어가려면 생물학적 필요성 때문에 어쩔 수 없이 불쾌함을 느끼게 된다는 점을 알아야 한다.

몰입 상태에 불쾌한 느낌이 동반된다는 게 나쁜 소식이라면, 좋은 소식도 있다. 이 책에서 지금까지 배운 모든 기술이 몰입의 주기 안에서, 한편으로는 까다롭고 어려운 단계들을 통과하는 속도를 높여주고 다른 한편으로는 긍정적인 단계들을 확장하는 데 도움이 된다는 것이다.

좌절감에서 시작하라

가장 좋은 수행은 좌절감이 커진 상태에서 시작된다. 믿을 수 없이 높은 수준의 몰입도 매우 낮은 수준에서 시작될 수 있다. 자, 몰입의 주기 가운데 첫 번째 단계인 투쟁 struggle 단계에 온 것을 환영한다.

이 단계는 정보의 부하가 걸리는 로딩 단계 loading phase 다. 정보가 축적돼 과잉 부하 상태가 된다. 몰입 상태에서 활성화되지 않는 전전두엽 피질이 투쟁 단계에서 강력하게 활성화되는 이유가 바로 여기에 있다. 이 단계에서 우리는 학습을 한다. 기술과 정보를 얻겠다는 의식적인 마음가짐이 필요하다. 그러나 몰입 중에 침묵을 지키는 내면의 비평가가 투쟁 단계에서는 큰 소리로 떠들어댈 수 있다.

그러니 각오를 단단히 해라.

몰입 상태는 자동화 과정 속에서 진행되지만, 이 자동화에는 앞서 먼저 해야 할 일이 있다. 여러 기술을 느리게 그리고 의식적으로 습득하고 숙달한 다음에야 비로소 뇌는 흠결 하나 없이 무의식적으로 정보를 처리하고 또 실행한다. 뇌는 자신이 무엇을 해야 할지 알 때는 그일을 한다. 그러나 그 전에 무엇을 해야 할지 학습해야 하는데, 바로이 학습 과정이 투쟁 단계에서 일어난다.

작가는 투쟁 단계에서 자신이 다루려는 주제를 훤히 꿰뚫으려 애를 쓰며, 사람들을 만나서 인터뷰를 하고, 관련 저작물을 읽으며, 전체 책 구성의 틀을 잡고, 또 그 틀이 마음에 들지 않아서 주먹으로 바닥을 쾅쾅 치며, 머릿속에 떠올린 구성의 도해를 (복잡한 내용을 머릿속에 담아두기에는 나의 머리가 너무도 나쁘기 때문에 나는 그렇다) 깨끗하게 도색한 벽면에 붉은 매직펜으로 그린다.

엔지니어는 이 단계에서 문제의 개요를 포착하고, 경계조건boundary conditions 들을 확정하며, 수학적 모델들을 설계하고, 가장 가능성이 높은 결과들에 가중치를 부여하는 등의 작업을 한다.

● 어떤 문제를 풀 때, 추가적인 제한으로 작용하는 조건.

운동선수는 이 단계에서 기술을 익힐 수 있다. 미식축구의 와이드 리시버는 약속된 경로를 정확하게 달리는 방법을 배우고, 자신의 몸을 이용해 수비수들을 따돌리거나 밀치는 방법을 배우며, 다급한 상황에서 한 손으로 공을 잡는 방법을 배운다. 한편 몰입 상태는 자동화된 이 모든 기술이 '올해의 캐치'로 꼽힐 만큼 빛나는 단 하나의 순간을 위해서 총동원될 때 비로소 나타난다.

투쟁 단계에서는 여지없이 불쾌함이 다가온다. 주로 학습이 이루어지는 단계지만 작업 기억은 무한하지 않고 제한되어 있다. 서너 개의 데이터 조각이 머릿속으로 들어오면 남는 공간은 거의 없다. 그야말로 녹초 상태다. 이 상태에서 무언가를 계속 머릿속으로 욱여넣으려 할 때 좌절감을 느낄 수밖에 없다. 그리고 무의식은 많은 데이터를 주무르는 것을 좋아하므로, 이 과정을 극대화하려고 과부하의 극단까지 우리를 몰아붙인다.

투쟁 단계에서 우리는 변치 않는 최고 수행의 교훈을 다시 발견한다. 우리의 감정이 의미하는 내용과 우리가 해석하는 의미는 다르다는 교훈이다. 이 단계는 좌절감을 안겨줄 수밖에 없다. 대부분의 사람은 좌절감을 자신이 잘못된 방향으로 나아가고 있으니 이제는 그만 멈추고 다시 생각해 방향을 잡으라는 신호로 읽는다. 그러나 투쟁 단계에서 좌절감은 올바른 방향으로 나아가고 있다는 신호다. 좌절감이 가리키는 방향으로 계속 가면 몰입 상태가 나타나니, 가던 길을 계속 가야 한다.

이 책이 충동과 끈기와 목표라는 동기부여의 삼총사로 시작했던 이유도 여기에 있다. 이 책이 학습과 창의에 그토록 많은 분량을 할애한 이유도 마찬가지다. 이 능력들을 제대로 갖추지 못하면 우리는 투쟁 단계에서 멈추고 만다. 그런데 바로 여기에 문제가 있다. 몰입 상태는 투쟁 없이는 얻을 수 없다. 몰입은 우리가 들인 그 모든 힘든 노력에 대한 보상이다. 심리학자 에이브러햄 매슬로Abraham Maslow는 이것을 다음과 같이 설명한다. (그는 몰입을 예전의 명칭인 '절정의 경험peak experience'이라고 부른다.)

절정의 경험은 자신을 입증하고 자신을 정당화하는 순간으로서 느껴진다. (……) 그것은 높은 가치, 독특한 가치가 있는 경험으로 느껴진다. 얼마나 위대한 경험인지, 그것을 정당화하려고 시도할 때는 오히려 그것의 존엄성과 가치가 깎일 정도다. 당연한 말이지만 너무도 많은 사람이 이것이 너무도 위대하고 높은 경험임을 깨달은 나머지, 그것은 자신을 정당화할 뿐만 아니라 삶까지도 정당화한다. 절정의 경험은 가끔 한 번씩 나타나는 것만으로도 인생을 가치 있게 만든다. 인생에 의미를 부여하고 인생이 살 가치가 있음을 증명한다. 역설적으로 말하자면, 절정의 경험은 자살을 예방하는 데도 도움이 될 것이다.[2]

그러나 투쟁 단계의 좌절을 제대로 처리하지 못하면 몰입 상태에는 들어가지 못한다. 투쟁의 고통을 보상받을 수 없다. 이 고통은 투쟁 단계가 몇 초 동안만 지속되든 혹은 여러 달 동안이나 지속되든 상관없이 나타난다.

신경생물학적으로 볼 때, 몰입은 현저성이 상당한 수준으로 증가

한 것을 우리의 감각들이 포착한 직후에 나타난다. 새롭고 결정적인 정보가 뇌로 쏟아져 들어오는 상황에서, 이 정보를 처리하는 방법을 알지 못한다면, 또 당신이 지쳐 있거나 슬픔에 젖어 있거나 스트레스에 짓눌려 있다면, 입력된 정보는 트라우마의 스트레스나 학습된 무기력으로 남을 수 있다. 반대로 이 정보가 들어올 때 그 순간을 대비하는 훈련이 되어 있어 자동으로 반응한다면, 당신의 뇌는 '반격'을 결정한다.

이 결정은 오랜 세월 동안 '투쟁-도피 반응'으로 묘사되어 왔던 것 가운데서 '투쟁'을 선택한다는 뜻이다. 그러나 이 명칭은 더는 정확하지 않다. 스탠퍼드대학교의 신경과학자 앤드류 휴버먼이 했던 연구를 통해서 투쟁과 도피는 실제로 각각 뇌의 다른 부위에서 생성된 전혀 다른 반응임이 드러났기 때문이다.[3]

먼저 투쟁을 보면, 이 신호는 뇌의 중계국이라고 할 수 있는 시상 thalamus의 한가운데에서 생성된다. 투쟁이 일어날 때 우리는 역설적인 경험을 한다. 좌절을 느끼는데 이 느낌을 너무도 좋아한다. 뇌의 어떤 영역이든 스스로 선택해서 자극하는 능력을 가진 인간은 이 시상의 작동을 몇 번이고 반복해서 두들겨댄다. 왜 그럴까? 좌절을 즐겨서가 아니라 이 특정한 좌절감이 우리가 충분히 가질 수 없는 감정인 용기와 단단하게 엮여 있기 때문이다.

투쟁 단계는 일종의 대화다. 정보가 입력될 때 뇌는 이렇게 질문을 던진다.

이봐, 네가 지금 하려는 이 일은 너의 예상보다 훨씬 더 힘든 거야. 엄청나게 많은 에너지를 쓰면서까지 반격하고 싶어? 아니면 뒤로 물러나서 다른 선택지를 찾아보고 싶어?

몰입은 반격하겠다는 결정부터 시작된다. 뇌의 그 질문에 대한 우리의 대답에 따라서 좌절은 용기로 바뀐다. 우리가 하는 대답은 이것이기 때문이다.

그래 좋아, 나는 싸우겠어. 어디 붙어 보자고 해!

이것은 습관적인 맹렬함이 그토록 중요한 또 하나의 이유다. 도전과제에 맞닥뜨렸을 때 본능적으로 일어나 맞서는 능력이 없는 사람이라면 대부분의 시간을 위축된 상태로 살아갈 것이다. '투쟁'을 자동화하지 않은 사람은 투쟁이 아닌 다른 선택권들을 찾을 것이다.

이것도 생물학 차원의 문제다. 뇌는 에너지를 잡아먹는 돼지다. 뇌가 사람의 몸에서 차지하는 질량은 고작 2퍼센트지만 에너지 총량의 25퍼센트를 쓴다. 그러므로 뇌의 가장 우선적인 고려 사항은 효율성이다. 언제나 칼로리를 아끼고 보존하려고 노력한다. 그래서 뇌는 대부분의 환경에서 '도피'를 선택한다.

그런데 몰입은 우리가 투쟁에 나서겠다고 말할 때 시작된다.

투쟁 단계에서 필요한 실용적인 마지막 조언을 하나 하겠다. 투쟁 단계에 있을 때는 몰입 촉발자들을 활용하라는 것이다. 도전과제-기술 균형 최적점 바깥에서는 절대로 투쟁하지 마라. 명확한 목표들을 설정하지 않았거나 즉각적인 피드백을 얻는 구조가 마련되지 않았을 때도 마찬가지다. 만일 당신이 정말로 꽉 막혀서 어떻게 해야 할지 모르겠다면 특이함과 복잡성과 예측불가능성을 선택해라. 힘들게 싸워서라도 새롭고 특이한 곳으로 찾아가라는 말이다. 패턴 인식 체계가 잘 작동하도록 미리 준비해두어라. 또 나쁜 기분으로 창의성이 가로막히지 않도록 해라. (만일 나쁜 기분에 휩싸여 있다면 감사, 마음챙김, 운동, 숙면

등으로 기분을 좋게 만들어라.)

투쟁 단계에서 회피해야 할 단 하나의 몰입 촉발자는 '높은 성취'다. 도전과제-기술 균형의 최적점을 찾아서 그 위치를 유지하려면 많은 위험을 감수할 필요가 있지만, 감수하려고 아무리 몰아붙여도 잘되지 않는다. 이것은 모든 액션 스포츠 선수들이 힘들게 깨우치는 교훈이다. 내 경우를 예로 들어보면 이렇다. 나는 자신에게 "자, 스키를 타고 이 절벽에서 뛰어내리자. 그러면 오늘의 나머지 시간 동안 몰입 상태에 들어가 있을 거야"라고 말했던 것을 지금도 선명하게 기억한다. 그러나 실제로 어떤 일이 일어났느냐 하면, 그렇게 절벽에서 뛰어내린 직후에 병원으로 이송되어서 밤새 수술을 받았다. 그리고 모든 게 다 끝났을 때는 의료진이 내 손을 손목에 다시 붙였다. 이 모든 과정에서 몰입 상태는 없었다.

위험은 몰입 상태에 있을 때 그 상태를 더 깊게 만들 목적으로 딱 한 번 감수하는 것이다. 일반적으로 위험을 감수하는 것은 몰입 상태로 들어가기 위해서 하는 게 아니다. 병원의 병실 깊숙한 곳에 눕고 싶다면 또 모르겠지만 말이다.

아인슈타인도 사용한 이완 방법

몰입 주기의 두 번째 단계는 이완release 국면이다.

투쟁 단계에서 전전두엽 피질은 매우 활성화돼 어떤 문제를 풀려고 맹렬하게 작동한다. 이완 단계에서 우리는 긴장을 풀고 쉬고 싶어

한다. 이 단계에서 목표는 해당 문제에서 마음을 거두는 것이다. 이럴 때 우리는 정보 처리 역할을 의식에서 무의식으로 넘길 수 있다. 실행주의력 신경망은 손을 떼고 대신 디폴트모드 신경망이 그 일을 넘겨받는다. 이완 단계는 일종의 부화 시간이다. 뇌의 패턴 인식 체계가 해당 문제를 한동안 씹고 또 씹도록 둬야 하는 단계다. 그 사이에 당신은 다른 일을 하면 된다.

다른 일이라면 어떤 유형의 일을 말하는 걸까?

연구자들이 밝혀낸 바로는 이완 단계에서는 저강도 신체 활동이 가장 좋다. 자동차를 타고 드라이브를 가든지 장난감 비행기를 조립하든지 정원 손질을 하든지 기타를 칠 수도 있다. 나는 그림을 그리거나 산책하거나 책을 읽는다. 아인슈타인이 보트를 몰아서 제네바호수 한가운데로 나갔다는 얘기는 유명하다. 안타깝게도 아인슈타인은 수영할 줄 몰랐고 또 훌륭한 뱃사람이 아니었던 모양이다.[4] 그곳은 엄청난 폭풍우가 자주 발생하던 곳이라서 아인슈타인은 툭하면 호수 한가운데서 긴급구조를 받곤 했다. 하지만 그럼에도 불구하고 작업 과정에서 호수 항해를 통한 이완은 너무도 중요해 그는 그 항해를 포기하기보다 익사의 위험을 감수하는 쪽을 선택했다.

또 이완을 '맥가이버 방법론'*을 활용하는 시간으로 사용해라. 이완은 당신의 마음이 문제에서 놓여나도록 하는 동시에 그 문제를 푸는 데 도움을 주도록 프로그램을 짠다. 이 과정도 좋은 충전 방법으로, 결코 일을 멈추지 않으려 하는 사람에게 일을 멈출 구실이 된다. 이 방법

---

* 260쪽 참고.

을 쓰면 과제에 다시 돌아올 때는 과제에서 손을 뗐을 때보다 훨씬 더 많은 지식을 가지게 된다.

이 단계에서는 세 가지를 기억하자.

첫째, 이완 단계에서는 녹초가 될 정도로 체력을 소모하지 마라. 이 단계는 당신의 마음이 해당 과제에서 잠시 떨어질 것을 요구하지만 나중에 다시 그 과제를 붙잡고 씨름하려면 에너지가 필요하다. 만일 운동을 너무 열심히 해서 녹초가 되었다면, 다시 그 과제로 돌아가기 전에 충분히 잘 먹고 잘 자야 한다.

둘째, 텔레비전은 전혀 도움이 되지 않는다. 이완 단계는 뇌파가 알파파 단계에 머물길 요구하지만, 텔레비전의 빠른 화면 전환은 우리의 뇌파를 베타파로 끌어당긴다.

셋째, 모든 투쟁이 같지 않다. 어떤 긴 투쟁 국면에 들어가 있을 때 (예를 들어 책을 한 권 쓰려고 원고를 쓴다든가, 창업을 준비한다든가, 확률 이론을 철저하게 분석한다든가 할 때) 한 차례 힘들게 일을 한 다음에 긴장을 풀어주는 것은 괜찮다. 그러나 그 투쟁 국면이 갑작스럽게 닥치는 상황에서는 (예를 들어서 산악자전거를 타고 가는데 갑자기 가파른 내리막길이 이어지며 위험할 때) 투쟁 단계에서 어떻게 이완 단계로 옮겨가야 할까?

이 경우는, 과정은 비슷하지만 쓰는 시간의 크기는 상대적으로 작다. 몰입에 들어가려면 투쟁 반응을 불러올 필요가 있다. 그러니 태도를 적극적으로 바꿔 노력을 쏟아야 한다. 에너지를 아끼려는 뇌의 바람을 부수고 돌파해라.

그런 다음에 곧바로 긴장을 풀어라.

미국 해군의 특수부대인 네이비씰의 구호가 '자신이 했던 훈련을 믿어라'다. 풀어야 할 문제 속으로 깊숙이 들어간 다음에, 자신의 뇌는 완벽한 해법을 찾아 실행할 수 있다고 믿어라. 이것이 투쟁 단계에서 투쟁해야 하는 이유, 즉 그 행동 계획들을 자동화하는 것이다. 그러나 이제는 한 발 뒤로 물러서라. 이것이 이완 단계에서의 실질적인 이완이다. 의식적인 마음을 내려놓고 무의식적인 마음이 그 자리를 대신하게 해라.

이완 단계에서 필요한 실용적인 마지막 조언을 할 차례다. 이완 단계가 진행되는 동안에 당신이 끌어당겨야 할 촉발자는 깊은 체현이다. 이를 위해서는 낮은 강도로 몸을 움직이는 활동이 가장 좋다. 맥가이버 캐릭터를 만든 제작자 즐로토프를 비롯해 수많은 사람이 샤워도중에 빛나는 아이디어를 떠올린 이유도 바로 여기에 있다. 예를 들어 당신이 직장에서 어떤 문제를 해결하려고 고심하지만 실패하고 퇴근해 샤워하며 피로를 씻어낸다. 물줄기가 온몸을 가볍게 두드리는 걸 느끼면서 손으로는 미끌거리는 비누를 만질 때 깊은 체현이라는 촉발자가 움직이고 당신은 이완 단계로 또 몰입 단계로 들어간다.

어떻게 몰입을 유지할 것인가

마침내 몰입 주기의 세 번째 단계이자 핵심인 몰입 단계에 다다랐다.

몰입이 어떤 느낌인지는 이미 알고 있으므로, 몰입 상태의 시간을 최대로 늘리는 방법에 초점을 맞추어서 살펴보자.

우선 몰입 상태를 유지하는 것부터 시작하자.

가장 쉬운 방법은 몰입 상태를 깨뜨리는 무서운 '몰입 방해자^{flow} blocker' 4대 악당을 피하는 것이다.[5] 하나씩 차례대로 살펴보자.

주의 산만. 몰입이 깨지는 가장 큰 이유는 방해다. 방해로 인해 몰입이 깨지고 나면 그 상태로 다시 돌아가기 어렵다. 컴퓨터 프로그래머들을 대상으로 실시한 일련의 연구실험에서 몰입 상태에서 밀려난 사람이 다시 그 상태로 돌아가는 데는 최소 15분이 걸린다는 사실을 연구자들은 확인했다. 물론 그 상태로 다시 돌아갔을 때의 이야기며, 다시 돌아가지 못하는 사람들도 많았다.

이것은 집중력을 관리하고 훈련해야 하는 또 하나의 이유이며, 집중을 방해하는 모든 요소를 전날 밤에 차단해야 하는 이유기도 하다.

부정적인 생각. 좋은 기분이 창의성에 결정적으로 중요한 이유를 앞에서 설명했는데, 그게 무엇인지 기억하는가? 좋은 기분은 전대상피질이 여러 생각들 사이의 연결점을 찾아내도록 해주기 때문이다. 몰입은 고도로 창의적인 상태며, 이 상태에서 뇌는 바로 이 연결점들을 찾는다. 그런데 부정적인 생각을 하는 순간 그 능력은 사라진다. 게다가 부정적인 생각은 전전두엽 피질을 활성화해서 내면의 비평가가 돌아오게 만드는데, 그렇게 되면 모든 노력이 헛수고가 된다.

각성 부족. 이것은 우리가 동기부여 훈련을 해야 하는 또 하나의 이유다. 투쟁할 에너지가 없는 사람은 몰입 상태로 들어갈 수 없다. 몰입에 들어가서도 마찬가지다. 투쟁을 유지할 에너지가 없는 사람은 피로에 굴복해서 몰입 상태를 오래 유지하지 못한다. 영양 섭취, 활기찬 회복, 숙면 그리고 규칙적인 운동이 중요한 이유도 여기에 있다. 이런 것들이 모든 상황에서 가장 좋은 각성 상태를 유지할 수 있게 해준다.

준비 부족. 신체적인 준비와 정신적인 준비 둘 다를 말한다. 관건이 되는 기술 및 능력이 자동으로 발휘되도록 준비해두지 않은 사람은 어떤 경우에서든 몰입할 수 없다.

그런데 몰입하고 난 다음 도전과제의 난이도가 높아지면 (여러 가지 이유로 해서 난이도가 높아지는데, 그 이유들은 본인이 통제할 수 없는 것들이다) 새로운 기술들이 필요하다. 무엇을 학습하든 학습할 때는 모든 각도에서 문제를 다채롭게 바라보아라. 자신의 허점이 노출되지 않도록 미리 대비해야 한다. 능숙해지고 또 능숙해져야 한다.

그다음에는 몰입도를 크게 키워야 한다.

몰입보다 더 좋은 것은 무엇일까? 더 많은 몰입, 또 깊고 또 오래 지속되는 몰입이다. 비결이 있을까? 신경화학물질을 더 많이 경험하는 것이다.

기본적으로 몰입 상태에서 미세 몰입이 거대 몰입으로 바뀌는 것은 도파민과 노르에피네프린을 통해서다. 이 두 개의 몰입 촉발자가 그 일이 일어나게 만든다. 만일 당신이 몰입에 빠져 있으면서 더 깊고 또 긴 몰입 상태를 원한다면, 더 많은 촉발자들을 더 강력하게 끌어당겨라. 당신이 하는 일에서 특이함이나 복잡성 혹은 예측불가능성의 수준을 높여라. 더 많은 창의력을 발휘해 접근해라. 도전과제의 난이도를 조금 더 높이고, 위험도 조금 더 무릅써라.

그렇다, 위험……

몰입 상태에서도 이미 최선을 다해 노력하지만, 더 깊이 들어가기 위해서 '높은 성취'라는 촉발자에게 기댈 수 있다. 예를 들어 연설을 한다고 가정하자(연설은 몰입 촉발자들이 가득한 활동이며, 또한 때때로 몰입 상태를 만드는 활동이다). 이때 대본에 없던 내용을 잠깐 즉흥적으로 시도한다면 몰입 상태를 깊이 (또한 연설의 품질을 높일) 몰고 갈 수 있다.

동시에, 최대한 집중하며 자신의 생각을 조금 통제해라. 몰입 상태로 들어가려면 주의를 흩뜨리는 외부 요소들을 없애야 한다. 그러나 일단 몰입에 들어가면 주의를 산만하게 하는 내부 요소들의 방해를 받는다. 패턴 인식이 강화되고 온갖 '멋진' 생각들이 머리에 흘러넘치기 때문에 이런 일이 일어난다. 도파민과 노르에피네프린이 관심과 흥분의 감정을 만들어내기 때문에, 그 생각들을 탐구해보고 싶은 마음이 들거나 옆길로 새서 자잘한 것들에 휩쓸리기 십상이다.

자제력을 배우고 갖춰야 한다. 옆길로 샐 수는 있다. 창의적인 통찰들은 언제나 그곳에 있기 때문이다. 다만 막다른 길인지 아닌지는 깨달아야 한다. 옆길로 새더라도 멈추고 다시 돌아와 당장 해결해야 할 과제에 집중할 수 있어야 한다. 이것은 어느 정도의 연습이 필요하다. 이 과정에서 몇 차례의 몰입을 헛수고로 만들 수 있으니, 이런 상황을 미리 예상하라. 몰입 상태에서 이 경험을 극대화하는 방법 역시 저절로 터득되지 않는다.

여기에서 몇 가지 주의사항이 있다. 몰입이 발휘하는 힘이 강력해도, 이 상태가 어떤 과제들에는 적절하게 맞아떨어지지 않는다. 몰입 상태에서는 전전두엽 피질의 많은 부분이 비활성화되므로 논리적인 의사결정이나 장기적인 계획을 담당할 부분은 그다지 많이 남지 않는다. 그러므로 몰입 상태에서는 깊은 통찰을 하되 단계별 계획을 실천하는 일은 나중으로 미루어야 한다.

또 몰입에 빠지면 실수를 해도 그것을 실수로 느끼지 않는다는 사실을 알아야 한다. 이 상태에서 패턴 인식의 양의 늘어나고 기분을 좋게 하는 신경화학물질이 신경 체계에 나온다는 것은, 온 세상이 놀랄 깨달음이라고 생각했던 것들이 실제로는 시시하기 짝이 없는 나쁜 결정일 수 있음을 뜻한다. 장기적인 계획이 누그러지고 패턴 인식이 늘어날 때는 모든 것이 멋져 보인다. 그래서 1970년대의 폴리에스테르 소재의 디스코 패션을 부분적으로 수정해서 채택하기로 단독으로 내린 자신의 결정이 매우 똑똑해 보인다, 터무니없게도. 결코 잊지 말아야 철칙이 있다. 도파민을 절대로 믿지 마라.

에너지를 채우는 회복 단계

몰입은 에너지 수준이 매우 높은 상태다. 그러나 높이 올라간 것은 반드시 내려와야 한다. 이것이 몰입의 주기 가운데 맨 마지막이 회복 단계인 이유다.

회복 단계는 에너지를 충전하는 단계다. 몰입 단계에서 소모된 신경화학물질들은 뇌가 많은 에너지를 들여서 생산한 물질들인데, 빈 저장고를 다시 채우려면 제법 많은 시간이 걸린다. 또한 영양 공급과 햇볕이 중요하며 수면도 중요하다.

실제로 수면은 매우 중요하다. 학습 효과는 몰입 단계에서 크게 올라간다. 그러나 뇌가 정보를 단기 저장소에서 장기 저장소로 옮기려면 깊은 델타파 수면이 필요하다. 단기 기억이 장기 기억으로 바뀌는 과정에서는 델타파가 반드시 필요하다. 정기적으로 휴식을 취하지 않고는 높은 수준의 몰입을 계속 유지할 수 없는 또 하나의 이유다.

그러나 회복에는 수면만 있는 것은 아니다.

높은 수준의 몰입을 계속 유지하는 생활방식에는 적극적으로 회복하는 절차가 필요하다. 회복 단계가 끈기를 필요로 하는 이유도 여기에 있다. 모든 회복 전략의 효과가 같지는 않다. 텔레비전을 시청하거나 맥주를 마시는 수동적인 회복 방법은 효과가 없다.[6] 적극적인 회복 방법으로는 마음챙김 명상, 사우나, 스트레칭, 엡솜염 목욕, 마사지, 얼음 목욕 등이 있다.

적극적인 회복을 위해서는 노력이 필요하다.

힘든 일과를 마친 뒤 몸과 마음을 회복하려고 목욕을 한다고 치자. 지쳤을 때는 목욕을 하는 데도 헤라클레스와 같은 힘을 발휘해야 하는 것처럼 버겁게 느껴질 수 있다. 그러나 힘을 내야 한다. 달리 선택의 여지가 없기 때문이다.

만일 당신이 새로운 몰입 상태로 최대한 빨리 돌아갈 수 있도록 몰입의 주기를 최대한 빨리 끝내고 싶다면 특히 회복 단계에 신경을 써야 한다. 방전된 배터리를 회복 단계에서 온전하게 충전하지 않으면, 다시 시작되는 몰입 주기의 첫 번째 단계인 투쟁 단계를 맞이할 수 없다. 그럴 준비가 되어 있지 않기 때문이다. 당연한 말이지만, 투쟁 단계에 들어가지 못한 채로는 몰입 상태를 경험할 수는 없다.

마지막으로 회복을 활용할 방법을 알아보자.

몰입 단계에서는 패턴 인식이 강화되어서 머릿속에 떠오르는 모든 아이디어가 멋지게 느껴진다. 그러나 회복 단계에서는 기분 좋은 화학물질들이 모두 사라지고 없으며 내면의 비평가가 돌아와서 목소리를 높이는데, 이때 우리의 마음은 위대할 수도 있고 아닐 수도 있는 그 생각들을 냉정하게 따져보기에 완벽한 상태가 된다.

그러나 너무 철저하게 따지지는 마라.

내 경우에는 원고를 쓰는 동안 몰입에 들어갔으면, 그날 밤에는 회복 절차를 철저하게 거치고, 다음 날 아침에는 전날 썼던 원고를 검토한다. 이때까지도 나는 여전히 회복 모드를 유지한다. 즉 내가 발견한 문제들 중 그 어떤 것도 해결하려고 노력하지 않는다. 그 대신에 다음 투쟁 단계에서 다시 검토해서 해결책을 찾기로 하고 메모만 해두고 열을 식힌다. 내 의견을 왜곡할 수도 있는 기분 좋은 신경화학물질들이 없는 상태에서 여전히 내가 한 작업의 결과물이 마음에 든다면, 그 결과물은 정말 좋다고 볼 수 있다.

회복 단계를 거치면서 에너지를 충전했는가? 그렇다면 다시 투쟁 단계로 들어가서 새로운 주기를 시작해라.

23장

마지막 체크리스트

지금까지 우리는 최고 수행에 도움이 되는 팁들, 기법들, 전술들, 전략들 등을 살펴보았다. 마지막 장에서는 이 모든 것을 하나로 묶어서 시도할 틀을 제시하려 한다. 그것은 지속적인 최고 수행을 위한 일종의 메타 전략이다. 좀 더 쉽게 말하면, 불가능한 일을 가능한 일로 만들려는 시도는 체크리스트를 작성하고 실천하는 일인데, 이 장에서는 체크리스트에 올릴 필요가 있는 모든 항목을 살펴보려 한다.

나는 두 가지 방법으로 접근하려 한다. 하나는 순서이고, 다른 하나는 일정이다.

순서부터 먼저 살펴보자.

내재적 동기부여의 속성 때문에, 이 책의 출발점이었던 최고 수행을 탐구하는 작업을 시작해야 한다. 호기심과 열정 그리고 목적을 가지고서 말이다. 만일 실제로 열정의 비결 단계를 따르고 또 그 과정을 서두르지 않는다면, 그 과정을 거치는 데 상당히 많은 시간이 걸림을 알게 될 것이다.

특정한 호기심들이 교차하는 특정한 교차점이 오랜 기간 집중할 만큼 충분히 흥미로운지 알려면, 많은 시간을 들여 여러 호기심이 동시에 교차하는 지점들을 꼼꼼히 살펴야 한다. 다만 예를 들어 2년이라는 세월을 바쳐 '열정을 추구'했는데 2년이 지나 보니 열정을 바칠 가치가 없는 것으로 판명되는 상황은 피하고 싶을 것이다. 그렇다면 어떤 교차점이 열정을 바칠 가치가 있는 완벽한 것인지 어떻게 알 수 있을까? 간단하다. 어떤 대상을 탐구할 때마다 호기심이 늘어나고 저절로 몰입에 접어든다면 대상을 정확하게 잘 찾아가고 있다는 신호다.

그렇다면 호기심이 교차하는 그 지점들에 하루 기준, 얼마만큼 시간을 들여야 할까? 한 시간이면 훌륭하지만, 대개 20분이나 30분도 충분하다. 흥미를 느끼는 대상에 대해 학습하고, 뇌의 패턴 인식 체계가 그 대상을 한동안 곱씹게 한 뒤에, 다시 추가로 더 많은 정보를 뇌에 입력해라. 이렇게 하면 호기심과 열정과 목적을 올바르게 정렬할 수 있을 뿐만 아니라, 다음 차례의 동기요인인 자율성이 생길 것이다. 만일 당신이 호기심과 열정과 목적을 충분히 다듬고 키운다면, 하고자 하는 것을 하게 된다. 마지막으로 날마다 조금씩 학습량을 쌓는 과정은 당신이 숙달의 길로 걸어가도록 스스로를 훈련하는 과정이기도 하다.

그다음에는 목표들을 층층이 쌓아라.

거대한 변화를 부르는 목적 즉 당신 인생의 실천과제부터 시작해

라. 그런 다음에는 이 실천과제를 높고 힘든 목표들 혹은 거대하게 변혁적인 목표들을 수행하는 데 필요한 모든 단계로 세분화해라. 그리고 다시 그 높고 힘든 목표들을 명확한 목표들로 세분화해라. 명확한 목표들은, 일별 계획 즉 도전과제-기술 균형의 최적점에 놓이는 작고 명확한 일련의 표적들이다.

바로 이런 것들이 체크리스트에 올라갈 항목들이다. 이것을 가지고서 10개의 슬라이드로 구성되는 파워포인트 프레젠테이션을 만들어라. '협력자 혹은 협력업체와 대화해서 피드백을 받는다' 혹은 '500단어 분량의 회사 뉴스레터를 작성한다' 등과 같은 단순한 과제들이 그 체크리스트에 올릴 항목들이다.

또 당신이 하루에 몇 개의 명확한 목표를 완수할 수 있을지 알아낸 다음에 날마다 그 숫자만큼의 목표를 완수해야 한다는 걸 기억하라. 어떤 과제를 체크리스트에 올린다는 것은 그 과제를 완수하겠다고 자신과 약속한다는 뜻이다. 과제를 해결하고 해당 항목을 체크리스트에서 하나씩 지워나가라. 어떤 과제가 예상보다 어렵고 힘들 때는 작은 세부 과제들로 쪼갠 다음에 그 과제들을 수행해라. 그런 다음에는 못다 한 과제들을 내일의 체크리스트로 이동시켜라.

만약 당신이 오늘의 명확한 목표들 목록에 있는 모든 과제를 이뤄낸다면, 높고 힘든 목표를 향해 가깝게 다가섰다는 뜻이며, 과제를 수행하고 있다는 뜻이고, 당신의 내재적인 충동자들이 자기 일을 잘하고 있다는 뜻이다. 체크리스트에서 과제 하나를 지울 때 당신에게는 도파민이 조금 주어진다. 그다음에 또 하나의 과제를 지울 때는 더 많은 도파민이 주어진다. 한 번에 작은 승리를 조금씩 쌓아나가는 것이 효과가 있다. 작은 승리 위에 작은 승리를 쌓고, 그 위에 다시 작은 승리를 쌓고, 그 위에 다시……. 특히 이런 일련의 승리가 몰입이라는 의식 상태를 만들 때 당신은 탄력^{모멘텀, momentum}을 확보한다.

순서에 대해서는 이 정도면 충분하다.

내재적인 충동자들이 잘 정렬되고 목표들이 쌓이고 나면, 남은 것은 일정과 관련된 것뿐이다. 필요하다고 생각하는 활동을 일별 체크리스트에 추가하기만 하면 된다.

반드시 해야 하는 활동으로는 일별 과제가 일곱 개이고 주별 과제가 여섯 개다. 무슨 일이든 불가능한 일을 성취할 정도로 충분히 오랜 기간 최고 수행 상태를 유지하고 싶다면, 이 활동을 자신의 일별·주별 일정에 반드시 포함해야 한다.

그러나 갑자기 되지는 않을 것이다. 먼저 시작부터 해라. 당장 할 수 있는 활동을 추가해라. 그리고 그 활동들을 함으로써 실행력이 높아지면 시간이 절약될 것이다. 그러면 남는 시간이 조금 더 생길 텐데, 그때 활동을 몇 가지 더 추가해라.

반드시 명심해야 할 게 하나 있다. 체크리스트에 올려둔 항목들 가운데서 시간을 가장 많이 잡아먹는 두 가지가 있는데, 하나는 가장 어렵고 힘든 과제를 아무런 방해도 받지 않고 집중해서 한 시간 반에서 두 시간 동안 하는 것으로 일과를 시작해야 한다는 것과, 적어도 한 주에 한 번씩은 두 시간에서 여섯 시간을 몰입도가 가장 높은 활동을 하면서 보내야 한다는 것이다. 만일 처음 시작하는 단계에서 이렇게나 많은 시간을 쓸 수 없다면 시간을 조금 줄여도 된다. 우선 일별 활동은 20분 동안 아무런 방해도 받지 않고 집중해서 하고, 주별 활동은 몰입 상태가 가장 높은 활동을 40분 동안 해라. 처음 시작은 10분과 20분으로 하되, 효과가 있으면 시간을 늘려라.

전체 활동 항목을 정리하면 다음과 같다.

일별 활동

■ 한 시간 반에서 두 시간 동안 아무런 방해받지 않고 집중하기.

이 시간을 당신에게 가장 중요한 과제, 즉 가장 큰 승리감을 주고 과제를 끝내고 나면 그날 하루를 잘 보냈다는 느낌이 드는 과제를 수행하는 데 써라. 또 이 한 시간 반에서 두 시간이라는 시간 덩어리 안에서지만, 힘을 사용하는 방식을 예전과 다른 방식으로 새롭게 시도해봐라(일별 활동 목록에 근력 운동을 포함할 수 있다는 말이다). 그리고 이 활동을 하는 동안에는 자신의 한계 지점까지 최대한 밀어붙여야 한다. 그래야 아무런 문제 없이 편안하게만 느껴지는 영역인 안전지대 바깥으로 조금이라도 벗어나서 도전과제-기술 균형의 최적점을 늘 찾아갈 수 있다. 이렇게 오랜 기간에 걸쳐서 자기 자신과 자신의 기술을 밀어붙이면 끈기가 놀라울 정도로 늘어나며, 습관적인 맹렬함까지 생길 것이다.

■ 5분 동안 집중 방해 요소 관리하기.

이 활동은 일별 활동의 맨 마지막에 배치해 다음 날 활동에 대비해라. 문자 메시지, 알람, 이메일, 소셜미디어, 휴대폰 벨소리, 업무 과제 등 집중을 방해하는 모든 요소를 차단해라.

■ 5분 동안 명확한 목표들을 정하기.

이 활동도 일별 활동의 맨 마지막에 배치해서 다음 날 활동을 대비할 수 있도록 하라. 가장 어렵고 보상이 많은 과제부터 차례대로 순서를 정하는 것이 중요하다. 그리고 모호하고 추상적인 표현을 쓰지 마라. 하루에 하고 싶은 활동을 모두 꼼꼼하게 적어라. 여기에는 운동과 적극적인 회복도 포함된다('체육관 가기', '뜨거운 물로 목욕하기', '20분 동안 마음챙김 명상하기' 등). 마지막으로, 언제나 목록에 있는 모든 항목에 확인 표시를 해라. 이것은 절대로 어기면 안 되는 규칙이다. 어떤 내용이 체크리스트의 목록에 올라 있다면, 그 활동을 그날 반드시 해야 한다. 유일한 예외가 있다면, 도전과제 – 기술 균형의 최적점을 잘못 계산해서 해당 과제가 너무 벅찬 경우다. 이럴 때는 그 과제를 잘게 쪼개서 오늘 할 수 있는 부분까지만 하고 나머지는 내일의 과제 목록에 올려라.

▪ 5분 동안 그날 하루에 대해서 감사하는 마음을 표현하기.

▪ 20분 동안 이완하고 20분 동안 마음챙김 명상하기.

더 오래할 수도 있지만 20분이라는 시간은 효과가 나타나기 시작하는 최소의 시간이다. 문제 해결에서 손을 떼고 쉬는 동안 당신의 뇌는 문제 해결에 계속 매달리도록, 이 이완의 시간에는 맥가이법 방법론을 활용해야 함을 잊지 마라.

▪ 25분 동안 (자신의 전공 분야와 살짝 거리가 있는 내용의 책을 읽음으로써) 뇌의 패턴 인식 체계에 부하를 주기.

책 등을 읽는 활동이야말로 효율 면에서 최고의 방법임을 기억해라. 만일 새로운 정보 학습이 아니라 기술 숙달을 위해 노력한다면, '80 대 20 법칙'을 적용해서 그 기술을 익히는 데 25분을 쓸 수도 있다. 25분이라고 했지만 어디까지나 추정치일 뿐임을 염두에 둬라.

최소 25쪽 분량만 목표로 잡고 읽으면 된다.

▪ 밤에 일곱 시간에서 여덟 시간 숙면하기.

주별 활동

▪ 한 주에 한두 번씩 두 시간에서 여섯 시간 동안 최고 수준의 몰입 상태가 유지되는 활동하기.

스키, 춤, 노래 등 뭐든 상관없다. 이런 활동들은 살아가면서 책임져야 할 것이 쌓이고 일정이 빡빡해지면서 흔히 못 하거나 안 하게 되는 것들이다. 그러나 몰입을 경험하면 할수록 점점 더 많은 몰입을 경험하게 된다. 더욱 주의를 집중하는 기술이 중요하다. 그러므로 시간을 더 투자해 몰입 상태를 확실하게 보장하는 활동에 쓴다면 몰입이 제대로 되지 않는 활동에서도 몰입을 극대화하는 데 도움이 된다. 이 활동을 하는 동안에는 몰입 촉발자를 최대한 많이 배치하고 또 끌어당기도록 노력해라. 도전과제 - 기술 균형의 최적점이 늘 유지되도록 자신을 한계 지점까지 밀어붙여라. 창의적이 되어라. 위험을 무릅써라. 특이함과 복잡성과 예측불가능성을 찾아라. 아울러 이 과정을 활용해서 끈기를 훈련하고 또 자신이 가진 핵심적인 강점들 가운데 하나 이상을 새로운 방식으로 활용하려고 시도해라.

▪ 한 주에 세 번씩 한 시간 동안 정기적으로 운동하기.

이때는 자신을 한계 지점까지 밀어붙여야 한다. 여기에서도 도전과제 - 기술 균형의 최적점을 유지해야 한다. 이렇게 해서 안전지대 범위 바깥으로 넘어설 때 끈기가 성장하는 동시에 신경 체계의 기준이 재설정된다. 아울러 운동이 뇌 기능에 영향을 주는 방식과 몇 가지 관련이 있으므로, 될 수 있으면 인지부하가 높은 방식으로 운동을 해라. 예를 들어 실내에서 런닝머신으로 달리기보다 야외에서 달려라. 야외에서 달리기를 하면 뇌는 경로를 계산해서 찾아내고 공간을 파악하는 등의 실내 달리기보다 더 많이 인지부하를 감당해야 한다.

■ 한 주에 세 번씩 20분에서 40분 동안 적극적인 회복 활동하기. 사우나, 마사지, 긴 시간을 들이는 마음챙김 명상, 가벼운 요가 등의 활동이 여기에 속한다.

■ 한 주에 한 번씩 30분에서 한 시간 동안 자신의 약점을 단련하기. 최악의 상태에서 위험을 무릅쓰는 상황에서 최고의 능력을 발휘하도록 훈련하라.

■ 한 주에 한 번씩, 한 시간 반에서 두 시간 동안 방해받지 않고 주의를 집중해서 수행하는 과제에 대해서 30분에서 한 시간 동안 피드백 받기.

■ 한 주에 한 번씩 100분에서 두 시간 동안 사회적 지원을 실천하기. 다른 사람들을 위해서 시간을 내라. 특히 내향적인 사람에게는 이 활동이 꼭 필요하다. 일상 속에서 애정이 넘치고 도움을 주는 사람을 주변에 두거나 또 본인이 그런 사람이 될 때 우리는 평온하고 행복해질 뿐만 아니라, 심리적으로도 도전과제-기술 균형의 최적점을 찾아 나설 준비가 된다. 이는 정서 지능과 관련된 여러 기술을 연습힐 기회이기도 하다.

훈련을 쌓기

■ 한 주에 세 번씩 하는 운동을 끈기를 키우는 기회로 사용하기.

인내심을 키우는 데는 운동이 최고다. 게다가 운동을 통해서 약점을 단련할 수 있으며 운동을 해서 녹초가 되어도 더 운동을 하고 싶다면 최악의 상황에서도 끈기가 최상의 수준으로 유지되도록 훈련하는 기회로 삼을 수 있다.

■ 사우나나 목욕 등 적극적인 회복 활동을 하는 시간을 이용하기. 마음챙김 명상을 하고 패턴 인지 체계의 부하 수준을 높여라. 패턴 인지 부하를 높일 때는 책을 가장 우선적으로 활용해라. 책은 다른 어떤 매체보다도 내용의 밀도가 높기 때문이다.

■ 이완 훈련 전에 맥가이버 방법론을 활용하기. 이중의 효과를 얻을 수 있다.

■ 열정의 비결을 터득하는 과정에서는 여러 호기심이 교차하는 지점들을 탐구하기. 생각들 사이의 연관성을 찾아내는 데 필요한 정보를 입력해서 패턴 인식 체계의 부하 수준을 높여라.

■ 무슨 활동을 하든 몰입 촉발자들을 늘 그 활동 속에 배치하기. 특이함과 복잡성과 예측불가능성을 늘 가까이 해라. 체크리스트에 정리한 명확한 목표들이 늘 도전과제-기술 균형의 가장 적절한 지점에 놓이도록 해라. 피드백 친구를 주변에 둬라. 안전하게 위험을 무릅쓰는 훈련을 해라. 또 이 훈련을 반복해라.

■ 한 주에 두 시간을 사회적 지원 활동에 할애하기. 이 시간을 활용해서 정서 지능을 높이도록 훈련하고 또 집단의 몰입의 촉발자들을 가지고서 연습해라.

■ 창의성 및 숙달 추구는 모든 활동에 기본적인 목표로 녹아들어 있어야 한다.

이제 당신은 비밀을 알았다. 하지만 전혀 감동을 느끼지 못할 것이다. 그렇지 않은가? 사실 이것이 진정한 실질적인 문제다. 이 중 특별히 마음이 끌리는 것이 전혀 없다. 특별히 훌륭한 기술이 있는 것도 아니고 꼭 소화하고 싶은 중요한 내용이 있는 것도 아니다. 그저 체크리스트에 열거된 항목들일 뿐이다. 게다가 조금씩 나아진다고 해봐야 대개는 눈에 보이지도 않을 수준일 것이다. 그러나 최고의 수행은 복리로 불어나는 이자와 같다. 오늘의 조금과 내일의 조금이 모이고 모이면서 몇 주가 가고 몇 달이 가고 또 몇 년이 가면 나중에는 예상을 넘어 상상까지 초월하는 어마어마한 결과가 만들어질 것이다.

가장 중요한 점은 이 입문서에 담겨 있는 모든 정보는 위대하지만 다른 한편으로는 끔찍하게 무거운 짐을 우리 어깨에 내려놓는다고 생각한다. 이 문제를 다음과 같은 식으로 한번 생각해보자.

당신은 자신이 나중에 지금보다 다섯 배 창의적인 사람이 될 수 있음을 지금 안다고 치자. 그렇다면 무엇에 도전해서 불가능한 것을 가능한 것으로 바꾸어놓고 싶은가? 만일 다섯 배가 아니라 여섯 배라면? 또 학습 시간을 지금 수준의 절반으로 줄일 수 있다면?

이 질문의 해답은 이 책에서 소개하는 여러 도구 및 기법을 알려주고 있다. 즉 우리는 이 도구들과 기법들을 자신의 것으로 만들 수 있다. 당신은 그 정보로 무엇을 하기로 선택하였는가? 이 질문의 답은 전적으로 당신에게 달렸다. 건투를 빈다!

여기까지 모두 읽은 사람이라면 최고 수행의 기본적인 여러 사항을 이해했을 것이다. 다음 단계는 이 기본적인 사항들을 하나로 묶어서 불가능하게 보이는 거대한 목표들을 추구하는 것이다. 자, 이 일을 어떻게 하면 될까?

시작이 반, 지금 당장 시작하는 것, 이것이 방법이다.

이 책에서 풀어놓은 청사진에는 당신이 자신의 한계를 깨부수고 예상했던 것을 훌쩍 뛰어넘어서 황당하기만 하던 꿈을 현실에서 실현하는 데 필요한 모든 것들이 담겨 있다. 그러나 발전에 가속도를 내고 싶다면, 플로우 리서치 콜렉티브의 대표적인 최고 수행 훈련법인 '제로 투 데인저러스Zero-to-Dangerous'를 탐구할 것을 추천한다. 그럴 만한 가치가 충분한 훈련법이다.

20여 년 동안 축적된 몰입 관련 연구조사를 토대로 해서 설계된 이 훈련법은 진짜 '끝내주게' 훌륭하며 말도 안 되게 효과가 좋다. 탁월함의 경지로 나아가는 지름길, 최고 수행 상태에 도달하는 과학을 기반으로 한 훈련법, 오랜 인류 역사 속에서 최고로 일컬어지는 이 훈련법을 짧게 소개하면 다음과 같다.

이 훈련법의 핵심적인 강점은 세 가지다. 첫째, 플로우 리서치 콜렉티브에 소속된 박사급 심리학자나 신경과학자가 일대일로 가르친다. 둘째, 당신이 어렵고 힘든 목표를 달성하려고 할 때 필요한 최고 수행 관련 모든 도구와 기법을 제공하는 단계별 프로그램이 갖추어져 있다. 마지막으로 셋째, 매주 한 번씩 열리는 그룹 지도에 참석할 수 있는데, 이 지도는 심리학자들과 신경과학자들로 구성된 우리 팀이 맡으며, 또 이 자리에는 플로우 리서치 콜렉티브와 함께 하는 최고의 수행 상태로 최고의 성과를 기록한 놀라운 유명인사들이 함께 참석한다.

이 훈련법에 관심을 가지는 사람은 웹페이지 zerotodangerous. com/impossible를 방문해서 스태프와 일정을 상의하면 된다.

마지막으로 작은 보너스 하나.

플로우 리서치 콜렉티브가 지금까지 확인한 바로는, 최고 수행 상태에 도달하는 길에는 장해물이 열 개 놓여 있다. 이 장해물들은 누구나 넘기 힘들어한다. 우리는 이것들을 '몰입 방해자$^{flow\ blocker}$'라고 부른다. 당신이 나아가는 길에 무엇이 가로막고 있는지 발견하도록 당신을 돕고 또 당신이 그 방해자를 넘어가도록 돕기 위해서 우리는 무료 진단테스트를 만들었다. 지금 당장 다음 웹페이지 flowresearchcollective. com/flowblocker를 방문해서 확인해보기 바란다.

감사의 말

이 책이 나오도록 도움을 준 사람들을 일일이 나열하자면 끝도 없다. 아내 조이 니콜슨^{Joy Nicholson}의 깊은 사랑과 지원이 없었다면 그리고 과거와 현재의 우리 반려견들이 없었다면 이 책은 결코 탄생하지 못했을 것이다. 또 부모님인 노마 코틀러^{Norma Kotler}와 하비 코틀러^{Harvey Kotler}에게도 큰 빚을 졌다. 두 분의 도움이 없었다면 애초에 이 작업을 시작하지도 못했거나 시작했더라도 엉뚱한 곳으로 가고 말았을 것이다. 소중한 친구이자 오랜 세월 편집자로 같은 길을 걸어온 마이클 와튼은 내가 이 책을 쓰고 또 이 책의 완성된 틀을 마련하는 데 큰 도움을 주었다. 라이언 도리스^{Rian Doris}는 나에게 언제나 큰 힘이 되는 사람이다. 오랜 세월 동안 나의 대리인이자 친구인 폴 브레스닉^{Paul Bresnick}에게도 다시 한번 고마운 마음을 전한다. 피터 디아만디스는 오랜 세월 형제와 마찬가지이며, 단 한순간도 사랑하지 않은 적이 없는 존재다. 조슈아 로버Joshua Lauber도 늘 그렇듯이 고맙다. 하피웨이브 출판사의 대표인 캐런 리날디Karen Rinaldi는 다시 한 번 더 놀라운 모습을 보여주었다. 그리고 이 책이 탄생하도록 도움을 준 출판사의 다른 사람들에게도 모두 가슴 깊이 고마운 마음을 전한다. 그리고 함께 산을 누볐던 라이언 윅스Ryan Wickes가 없었다면 나는 지금까지 멀쩡한 정신을 유지하면서 살지 못했을 것이다.

그리고 플로우 리서치 콜렉티브의 내 팀원들에게도 고맙다는 마음을 꼭 전하고 싶다. 특히 언제나 나를 즐겁게 하고 또 깊은 생각에 빠져들게 만드는 코너 머피Conor Murphy, 넓은 마음과 깊은 머리로 몰입에 대해서 끊이지 않는 대화를 해준 배리 카우프만에게 고마운 마음을 전한다. 주석 작업을 영웅적으로 수행해준 하이디 윌리엄스Heidi Williams의 노고도 잊을 수 없다. 또 클레어 사라Clare Sarah, 브렌트 호가스Brent Hogarth, 사라 사키스Sarah Sarkis, 크리스 버트럼Chris Bertram, 마이클 마니노Michael Mannino, 오토 쿰바Otto Kumbar, 윌 클라이던Will Kliedon, 트로이 에르스틀링Troy Erstling, 제레미 젠센Jeremy Jensen, 스콧 기스Scott Gies 그리고 앤 발렌티노Anne Valentino, 이 모든 사람에게도 고마운 마음을 전한다.

이 책 곳곳에 스민 생각들의 주인인 수많은 과학자와 최고의 성과를 기록한 사람들은 모두 나의 오랜 친구이자 동료 모험가이며 내 연구 작업의 핵심적인 조언자다. 이들에게 깊이 감사하며 이들의 이름을 일일이 나열하면 다음과 같다. 앤드류 뉴버그, 마이클 저베이스, 데이비드 이글맨David Eagleman, 애덤 개절리Adam Gazzaley, 마크 트와이트Mark Twight, 폴 잭Paul Zak, 크리스틴 울머, 케오키 플래그Keoki Flagg, 앤드류 휴버먼, 레어드 해밀턴, J. T 홀름즈[J. T Holmes], 제레미 존스, 글렌 플레이크[Glen Plake], 네드 할로웰[Ned Hallowell], 제이슨 실바[Jason Silva], 존 쿠니오스, 레이 커즈와일[Ray Kurzweil], 살림 이스마일, 앤디 월시[Andy Walshe], 글렌 폭스, 앤드류 헤셀[Andrew Hessel], 멘델 케일림[Mendel Kaleem], 마일즈 데이셔, 그레첸 블레일러, 지미 친[Jimmy Chin], 더크 콜린스[Dirk Collins], 마이카 에이브람스[Micah Abrams], 대니 웨이[Danny Way], 레슬리 셜린[Leslie Sherlin], 마이크 혼[Mike Horn], 로버트 수아레즈[Robert Suarez], 미하이 칙센트미하이, 그레고리 번스[Gregory Berns], 패트리샤 라이트[Patricia Wright], 아르네 디트리히, 버크 샤플리스, 돈 목슬리[Don Moxley], 더그 스투프[Doug Stoup], 더그 아몬스[Doug Ammons], 니콜 브래드퍼드[Nichol Bradford], 체이스 자비스[Chase Jarvis], 크리스토퍼 보스[Christopher Voss], 제프리 마틴[Jeffery Martin], 켄 로빈슨 경[Ken Robinson], 조쉬 웨이츠킨, 팀 페리스, 저드슨 브루어[Judson Brewer], 리 즐로토프, 수전 잭슨[Susan Jackson], 게리 래섬, 키스 소여, 크리스토퍼 제라드[Christopher Jerard]와 잉크웰[Inkwell]의 모든 직원, 제시카 플랙[Jessica Flack]과 데이비드 크라카우어[David Krakauer] 및 산타페연구소의 언제나 활기차고 톡톡 뛰는 최고 수행 전문가들, 그리고 딜로이트 센터 포 에지[Deloitte's Center for the Edg], 서던캘리포니아 대학교, 스탠퍼드대학교, UCLA, 임페리얼 칼리지에서 우리를 도운 연구 동반자들, 그리고 자신의 이야기를 들려주고 교훈을 나눠주며 또 목숨까지 함께 했던 특수부대 소속의 모든 믿을 수 없이 용감한 사람들, 특히 리치 디비니[Rich Diviney]와 브라이언 퍼거슨[Brian Ferguson] 그리고 '예언자' 조 오거스틴에게 고마운 마음을 전한다.

고인이 된 존 바스와 조 레플러, 딘 포터[Dean Potter] 그리고 셰인 맥콘키에게도 깊은 고마움을 느낀다. 나는 지금도 여전히 이분들이 그립고 또 고맙다. 또 내가 조금밖에 알지 못하거나 혹은 아직 만나지도 못한 뇌-몰입-최고 수행 분야 연구자들이 많이 있는데, 이들의 저작은 이 책의 토대가 되었다. 그리고 큰 소리로 특별히 고마움을 표현할 사람들이 있는데, 다음과 같다. 자크 판크세프(이분은 고인이 되셨다), 앤젤라 더크워스, K. 앤더스 에릭슨, 마이클 포스너 Michael Posner, 브라이언 맥켄지 Brian Mackenzie, 팔코 라인버그 Falko Rheinberg, 스테판 엔게서 Stefan Engeser, 코린나 파이퍼 Corinna Peifer, 프레드릭 울렌 Frederik Ullen, 올얀 데 만자노 Orjan de Manzano, 지오반니 모네타 Giovanni Moneta, 요하네스 켈러 Johannes Keller, 마틴 울리히 Martin Ulrich, 릿치 데이비슨 Ritchie Davidson, 대니얼 골먼, 알렌 브라운 Allen Braun 그리고 찰스 림. 모두에게 고맙다는 인사를 보낸다.

서문

1. Jeremy Jones, 저자와의 인터뷰, 2012년.

2. Matt Warshaw, *The Encyclopedia of Surfing* (San Diego: Harcourt, 2005), 79.

3. Susan Casey, *The Wave* (Farmington Hills, MI: Gale, 2011), 14.

4. 〈아웃사이드 텔레비전(Outside TV)〉은 포르투갈의 나자레에서 100피트 규모의 거대한 파도를 타고 서핑을 하는 대단한 다큐멘터리 프로그램을 방영했다. 다음을 참고하시오. "The 100 Foot Waves of Nazare,"Outside TV, June 16, 2016, https://www.youtube.com/watch?v=vDzXerJkBwY.

5. Thomas Pynchon, *Gravity's Rainbow* (New York: Vintage, 2013), 735.

6. Steven Kotler, *Tomorrowland: Our Journey from Science Fiction to Science Fact* (New York: New Harvest, 2015).

7. Peter Diamandis and Steven Kotler, *Bold: How to Go Big, Create Wealth, and Impact the World* (New York: Simon & Schuster, 2015).

8. Steven Kotler and Peter Diamandis, *Abundance: The Future Is Better Than You Think* (New York: Free Press, 2012).

9. Flow Research Collective (website), www.flowresearchcollective.com.

10. Mihaly Csikszentmihalyi, *Flow: The Psychology of Optimal Experience* (New York: HarperPerennial, 2008), 4–5.

11. For a complete breakdown on flow's impact on performance, see Steven Kotler, *The Rise of Superman: Decoding the Science of Ultimate Human Performance* (New York: New Harvest, 2014).

12. James Carse, *Finite and Infinite Games* (New York: Free Press, 1986).

13. William James, "Energies of Man," *Journal of Philosophical Review* (1907), 15.

14. Chuck Barris, Charlie Kaufman, *Confessions of a Dangerous Mind* (Miramax, 2002).

1부

1. William James, *The Will to Believe* (Mineola, NY: Dover, 2015), 61.

1장

1. Celeste Kidd and Benjamin Y. Hayden, "The Psychology and Neuroscience of Curiosity," *Neuron* 88, no. 3 (2015): 449–60; 아울러 다음을 참고하시오. George Loewenstein, "The Psychology of Curiosity: A Review and Reinterpretation," *Psychological Bulletin* 116, no. 1 (1994): 75–98.

2. Lao Tzu, *Tao Te Ching* (New York: HarperPerennial, 1992), 38.

3. Edward Deci and Richard Ryan, "Self-Determination Theory and the Facilitation of Intrinsic Motivation, Social Development and Well-Being," *American Psychologist 55, no. 1*(January 2000): 68–78; 아울러 다음을 참고하시오. Daniel H.Pink, *Drive: The Surprising Truth About What Motivates Us* (New York: Riverhead, 2009).

4. D. Kahneman and A. Deaton, "High Income Improves Evaluation of Life but Not Emotional Well-Being," *Proceedings of the National Academy of Sciences* 107, no. 38 (2010): 16489–93.

5. 화학적·전기적 신호의 철저한 신경생물학적 설명에 대해서는 다음을 참고하시오. Marie T. Banich and Rebecca J. Compton, *Cognitive Neuroscience* (New York: Cambridge, 2018).

6. Ibid.

7. David R. Euston, Aaron J. Gruber, and Bruce L. McNaughton, "The Role of Medial Prefrontal Cortex in Memory and Decision Making," *Neuron* 76, no. 6 (2012): 1057–70.

8. 신경망에 대한 철저한 논의에 대해서는 다음을 참고하시오. György Buzsáki. *Rhythms of the Brain* (New York: Oxford University Press, 2011).

9. Jaak Panksepp, *Affective Neuroscience: The Foundations of Human and Animal Emotions* (New York: Oxford University Press, 1998).

10. 놀이 행동을 통한 도덕성 진화를 다룬 훌륭한 저작들이 있다. 다음을 참고하시오. Steven Kotler, *A Small Furry Prayer: Dog Rescue and the Meaning of Life* (New York: Bloomsbury, 2010), 그리고 Marc Bekoff, *The Emotional Lives of Animals* (Novato, CA: New World Library, 2007), 85–109.

11. 도파민에 대해서는 다음을 참고하시오. Oscar Arias-Carrión, Maria Stamelou, Eric Murillo-Rodríguez, Manuel Menéndez-González, and Ernst Pöppel, "Dopaminergic Reward System: A Short Integrative Review," *International Archives of Medicine* 3, no. 1(2010), 24; 아울러 다음을 참고하시오. Daniel Z. Lieberman and Michael E. Long, *The Molecule of More: How a Single Chemical in Your Brain Drives Love, Sex, and Creativity—and Will Determine the Fate of the Human Race* (Dallas: BenBella, 2019).

12. 옥시토신에 대해서는 다음을 참고하시오. Paul Zak, *The Moral Molecule* (New York: Penguin, 2012).

13. Helen Fisher, *Why We Love: The Nature and Chemistry of Romantic Love* (New York: Owl Books, 2004), 55–98; 아울러 다음을 참고하시오. Adrian Fischer and Markus Ullsperger, "An Update on the Role of Serotonin and Its Interplay with Dopamine for Reward," *Frontiers in Human Neuroscience* (October 11, 2017), https://www.frontiersin.org/articles/10.3389/fnhum.2017.00484/full.

14. Helen Fisher, 55–98.

15. Jaak Panksepp, "Affective Neuroscience of the Emotional BrainMind: Evolutionary Perspectives and Implications for Understanding Depression," *Dialogues in Clinical Neuroscience* 12, no. 4 (December 2010): 533–45; 옥시토신과 놀이에 대해서는 다음을 참고하시오. Sarah F. Brosnan et al., "Urinary Oxytocin in Capuchin Monkeys: Validation and the Influence of Social Behavior," *American Journal of Primatology 80, no.* 10 (2018); 도파민과 놀이에 대해서는 다음을 참고하시오. Louk J. M. J. Vanderschuren, E. J. Marijke Achterberg, and Viviana Trezza, "The Neurobiology of Social Play and Its Rewarding Value in Rats," *Neuroscience and Biobehavioral Reviews* 70 (2016): 86–105.

16. Steven Kotler, *The Rise of Superman* (New York: New Harvest, 2014), 86; 저자가 셰인 맥콘키와 했던 세 차례의 인터뷰, 1996년, 1997년, 1998년; Steve Winter, AI, May 26, 2011. 이 인용 및 맥콘키가 액션·모험 스포츠에서 차지하는 중요성은 다음에서 소개된다. "Skiing Will Never Be the Same: The Life and Death of Shane McConkey," *Skiing,* August 2009.

17. Kidd and Hayden, "The Psychology and Neuroscience of Curiosity," 449–60.

18. Adriana Kraig et al., "Social Purpose Increases Direct-to- Borrower Microfinance Investments

by Reducing Physiologic Arousal," *Journal of Neuroscience, Psychology, and Economics* 11, no. 2 (2018): 116–26.

2장.

1. Timothy J. Smoker, Carrie E. Murphy, and Alison K. Rockwell, "Comparing Memory for Handwriting versus Typing," *Proceedings of the Human Factors and Ergonomics Society Annual Meeting* 53, no. 22 (2009): 1744–47.

2. 패턴 인식과 도파민에 대해서 더 자세히 알고 싶으면 다음을 참고하시오. Andrei T. Popescu, Michael R. Zhou, and Mu-Ming Poo, "Phasic Dopamine Release in the Medial Prefrontal Cortex Enhances Stimulus Discrimination," *Proceedings of the National Academy of Sciences* 113, no. 22 (2016): 주의력과 도파민에 대해서 더 자세히 알고 싶으면 다음을 참고하시오. A. Nieoullon, "Dopamine and the Regulation of Cognition and Attention," Progress in Neurobiology 67, no. 1 (2002): 53–83; 소음-신호 비율과 도파민에 대해서 더 자세히 알고 싶으면 다음을 참고하시오. Caitlin M. Vander Weele, Cody A. Siciliano, Gillian A. Matthews, Praneeth Namburi, Ehsan M. Izadmehr, Isabella C. Espinel, Edward H. Nieh et al., "Dopamine Enhances Signal-to-Noise Ratio in Cortical-Brainstem Encoding of Aversive Stimuli," *Nature* 563, no. 7731 (2018): 397–401.

3. Oscar Arias-Carrión, Maria Stamelou, Eric Murillo-Rodríguez, Manuel Menéndez-González, and Ernst Pöppel, "Dopaminergic Reward System: A Short Integrative Review," *International Archives of Medicine* 3, no. 1 (2010): 24, https://doi.org/10.1186/1755-7682-3-24.

4. Eric Nestler, "The Neurobiology of Cocaine Addiction," *Science & Practice Perspectives* 3, no. 1 (2005): 4–10, https://doi.org/10.1151 /spp05314.

5. M. Victoria Puig, Jonas Rose, Robert Schmidt, and Nadja Freund, "Dopamine Modulation of Learning and Memory in the Prefrontal Cortex: Insights from Studies in Primates, Rodents, and Birds," *Frontiers in Neural Circuits* 8 (2014): 기억과 학습 그리고 신경전달물질을 간략하게 개관하고 싶다면 다음을 참고하시오. S. Ackerman, "Learning, Recalling, and Thinking," chap. 8 in *Discovering the Brain* (Washington, DC: National Academies Press, 1992), https://www.ncbi .nlm.nih.gov/books/NBK234153/.

6. Wendy Wood and Dennis Rünger, "Psychology of Habit," *Annual Review of Psychology* 67, no. 1 (2016), 289–314.

7. 창의적인 부화를 훌륭하게 개관한 저작으로는 다음을 참고하시오. Keith Sawyer, "Enhancing Creative Incubation," *Psychology Today*, April 19, 2013, https://www.psychologytoday.com/us/blog/zig-zag/201304/enhancing-creative-incubation; creative-incubation; 부화에 대한 추가 연

구조사를 찾는다면 다음을 참고하시오. Simone M. Ritter and Ap Dijksterhuis, "Creativity— the Unconscious Foundations of the Incubation Period," *Frontiers in Human Neuroscience* 8 (2014).

8. 패턴 인식에 대해서 더 자세히 알고 싶으면 다음을 참고하시오. Arkady Konovalov and Ian Krajbich, "Neurocomputational Dynamics of Sequence Learning," *Neuron* 98, no. 6 (2018): 13; and Allan M. Collins and Elizabeth F. Loftus, "A Spreading-Activation Theory of Semantic Processing," *Psychological Review* 82, no. 6 (1975): 407–28.

9. Susanne Vogel and Lars Schwabe, "Learning and Memory UnderStress: Implications for the Classroom," *Science of Learning* 1, no. 16011 (2016), https://doi.org/10.1038/npjscilearn.2016.11.

10. 서사적인 이야기 속의 사건 경계들에 대한 독자의 반응을 연구한 논문으로는 다음을 참고 하시오. Cody C. Delistraty, "The Psychological Comforts of Storytelling," *Atlantic, November* 2, 2014, https://www.theatlantic.com/health /archive/2014/11/the-psychological-comforts-of-storytelling/381964/;Nicole K.Speer, Jeffrey M. Zacks, and Jeremy R. Reynolds, "Human Brain Activity Time-Locked to Narrative Event Boundaries," *Psychological Science* 18, no. 5 (2007): 449–55.

11. Early signs of inferring cause and effect in babies and infants: David M. Sobel and Natasha Z. Kirkham, "Blickets and Babies: The Development of Causal Reasoning in Toddlers and Infants," *Developmental Psychology* 42, no. 6 (2006): 1103–15.

12. Sören Krach, Frieder M. Paulus, Maren Bodden, and Tilo Kircher "The Rewarding Nature of Social Interactions," *Frontiers in Behavioral Neuroscience* (2010), https://doi.org/10.3389/fnbeh. 2010.00022; 아울러 다음을 참고하시오. R. M. Jones, L. H. Somerville, J. Li, E. J. Ruberry, V. Libby, G. Glover, H. U. Voss, D. J. Ballon, and B. J. Casey, "Behavioral and Neural Properties of Social Reinforcement Learning," *Journal of Neuroscience* 31, no. 37 (2011): 13039–45.

13. Krach et al.

14. Edward Deci and Richard Ryan, *Intrinsic Motivation and Self-Determination in Human Behavior* (New York: Plenum Press, 1985).

15. 편도체에 대해서는 다음을 참고하시오. Richard Davidson et al., "Purpose in Life Predicts Better Emotional Recovery from Negative Stimuli," *PLoS One* 8, no. 11 (2013): e80329; 섬피 질과 중앙측두엽에 대해서는 다음을 참고하시오. Gary Lewis et al., "Neural Correlates of the 'Good Life,'" *Social Cognitive and Affective Neuroscience* 9, no. 5 *(May 9, 2014)*: 615–18.

16. Adam Kaplin and Laura Anzaldi, "New Movement in Neuroscience: A Purpose-Driven Life," *Cerebrum* (May–June 2015): 7

17. Davidson et al., "Purpose in Life Predicts Better Emotional Recovery from Negative Stimuli"; 생산성에 대해서는 다음을 참고하시오. Morten Hansen, "Find Success In Your Career By

Learning How to Match Your Passion With Your Purpose," Morten Hansen(website), April 27, 2018, https://www.mortenhansen.com/find-success-in-your-career-by-learning-how-to match-your-passion-with-your-purpose/.

18. Keisuke Takano and Yoshihiko Tanno, "Self-Rumination, Self-Reflection, and Depression: Self-Rumination Counteracts the Adaptive Effect of Self-Reflection," *Behavior Research and Therapy* 47, no. 3 (2009): 260–64.

19. Steven Kotler and Peter Diamandis, *Bold: How to Go Big, CreateWealth, and Impact the World* (New York: Simon & Schuster, 2015).

20. '거대하게 변혁적인 목적The phrase "Massively Transformative Purpose'이라는 표현은 살림 이스마 일Salim Ismail이 처음 썼는데, 이것을 그는 나중의 자기의 탁월한 다음 저작에서 탐구했다. *Exponential Organizations* (New York: Diversion Books, 2014).

21. Tim Ferriss, 저자와의 인터뷰, 2015년.

3장.

1. 라이언과 데시의 역사에 대한 간략한 개관은 다음을 참고하시오. "The Intrinsic Motivation of Richard Ryan and Edward Deci," American Psychological Association, December 18, 2017, https://www.apa.org/members/content/intrinsic-motivation.

2. Dan N. Stone, Edward L. Deci, and Richard M. Ryan, "Beyond Talk: Creating Autonomous Motivation Through Self-Determination Theory," *Journal of General Management* 34, no. 3 (2009): 75–91.

3. Ibid.

4. 〈매셔블Mashable〉에 게재된 에릭 슈미츠Eric Schmidt의 다음 인터뷰를 참고하시오. Petrana Radulovic, "How the '20% Time' Rule Led to Google's Most Innovative Products," Mashable, May 11, 2018, https://mashable.com/2018/05/11/google-20-percent-rule/.

5. Kaomi Goetz, "How 3M Gave Everyone Days Off and Created an Innovation Dynamo," *Fast Company*, July 9, 2018.

6. Ryan Tate, "Google Couldn't Kill 20 Percent Time Even If They Wanted To," *Wired*, August 21, 2013, https://www.wired.com/2013/08/20-percent-time-will-never-die/.

7. Kacy Burdette, "Patagonia," *Fortune,* February 14, 2019, https://fortune.com/best-companies/2019/patagonia/.

8. Yvon Chouinard, *Let My People Go Surfing* (New York: Penguin, 2016).

9. "How Much Sleep Do I Need? Sleep and Sleep Disorders," Centers for Disease Control and Prevention, March 2, 2017, https://www.cdc.gov/sleep/about_sleep/how_much_sleep.html.

10. June J. Pilcher and Allen I. Huffcutt, "Effects of Sleep Deprivation on Performance: A Meta-analysis," *Sleep* 19, no. 4 (1996): 318–26.

11. Laura Mandolesi et al., "Effects of Physical Exercise on Cognitive Functioning and Wellbeing," *Frontiers of Psychology* (April 27, 2018) ; 아울러 다음을 참고하시오. "Stress and Exercise," American Psychological Association, 2014, https://www.apa.org/news/press/releases/stress/2013/exercise.

12. 엔돌핀에 대해서는 다음을 참고하시오. Hannah Steinberg and Elizabeth Sykes, "Introduction to Symposium on Endorphins and Behavioral Processes: Review of Literature on Endorphins and Exercise," *Pharmacology Biochemistry and Behavior* 5, no. 23 (November 1985): 857–62 ; 아난다미드에 대해서는 다음을 참고하시오. Arne Dietrich and William F. McDaniel, "Endocannabinoids and Exercise," *British Journal of Sports Medicine* 38, no. 5 (2004): 536–41.

13. David C. McClelland, John W. Atkinson, Russell A. Clark, and Edgar L. Lowell, *The Achievement Motive* (New York: Appleton-Century-Crofts, 1953), 195.

14. Gregory Berns, *Satisfaction: Sensation Seeking, Novelty, and the Science of Seeking True Fulfillment* (New York: Henry Holt, 2005), 3–5 ; 아울러 다음을 참고하시오. Gregory Berns, *Iconoclast: A Neuroscientist Reveals How to Think Differently* (Cambridge, MA: Harvard Business Press, 2008), 44–45.

15. Daniel H. Pink, *Drive: The Surprising Truth About What Motivates Us* (New York: Riverhead, 2009).

16. 칙센트미하이의 삶을 온전하게 살펴보고 싶으면 다음을 참고하시오. Steven Kotler, *The Rise of Superman* (New York: New Harvest, 2014), 17–22 ; 아울러 그의 다음 테드 강연을 참고하시오. Mihaly Csikszentmihalyi, "Flow, the Secret to Happiness," filmed February 2004, TED Talk, 18:43, https://www.ted.com/talks/mihaly_csikszentmihalyi_flow_the_secret_to_happiness?language=en.

17. Jeanne Nakamura and Mihaly Csikszentmihalyi, "The Concept of Flow," in C. R. Snyder and S. J. Lopez, *The Oxford Handbook of Positive Psychology* (New York: Oxford University Press, 2009), 89–105.

18. 몰입 촉발자들에 대한 상세한 설명이 필요하다면 다음을 참고하시오. Kotler, *The Rise of Superman*, 93–153.

19. 내재적 동기부여가 실패로 돌아갈 때 어떤 일이 일어나는지 자세하게 알고 싶다면 다음을 참고하시오. Johann Hari, *Lost Connections* (New York: Bloomsbury Circus, 2018).

20. Mihaly Csikszentmihalyi, *Flow: The Psychology of Optimal Experience* (New York: HarperPerennial, 2008), 71–76, 아울러 다음을 참고하시오. Stefan Engeser, *Further Advances*

in Flow Research (New York: Springer, 2012), 54–57.

21. Hari, Lost Connections, 71–128.

4장.

1. Andrea Falcon, "Aristotle on Causality," in *Stanford Encyclopedia of Philosophy*, Stanford University, March 7, 2019, https://plato.stanford.edu/entries/aristotle-causality.

2. Edwin A. Locke, "Toward a Theory of Task Motivation and Incentives," *Organizational Behavior and Human Performance* 3, no. 2 (1968): 157–89.

3. Edwin Locke and Gary Latham, *Goal Setting: A Motivational Technique That Works!* (Englewood Cliffs, NJ: Prentice-Hall, 1984), 10–19.

4. Gary P. Latham and Gary A. Yukl, "Assigned versus Participative Goal Setting with Educated and Uneducated Woods Workers," *Journal of Applied Psychology* 60, no. 3 (1975): 299–302.

5. E. L. Deci and R. M. Ryan, "The 'What' and 'Why' of Goal Pursuits: Human Needs and the Self-Determination of Behavior," *Psychological Inquiry* 11 (2000): 227–68.

6. David Eagleman, *Incognito: The Secret Lives of the Brain* (New York: Pantheon, 2011), 46–54.

7. George A. Miller, "The Magical Number Seven, Plus or Minus Two: Some Limits on Our Capacity for Processing Information," *Psychological Review* 63, no. 2 (1956): 81–97.

8. Mihaly Csikszentmihalyi, *Flow: The Psychology of Optimal Experience* (New York: HarperPerennial, 2008), 29.

9. Richard M. Ryan and Edward L. Deci, "Self-Determination Theory and the Facilitation of Intrinsic Motivation, Social Development, and Well-Being," *American Psychologist* 55, no. 1 (2000): 68–78.

10. Gary Latham, 저자와의 인터뷰, 2014년.

11. Peter M. Gollwitzer, Paschal Sheeran, Verena Michalski, and Andrea E. Seifert, "When Intentions Go Public," *Psychological Science* 20, no. 5 (2009): 612–18.

12. Csikszentmihalyi, *Flow*, 54–59; see also M. Csikszentmihalyi, *Flow and the Foundations of Positive Psychology* (New York: Springer, 2014), 204–7.

5장.

1. 이것은 헛소문일 수 있다. 칼라일이 이 말을 했다고는 하지만 출처는 확인되지 않는다.

2. Angela Duckworth, *Grit: The Power of Passion and Perseverance* (New York: Scribner, 2018), 8.

3. David Eagleman, Incognito: *The Secret Lives of the Brain* (New York: Pantheon, 2011), 182–86.

4. Song Wang, Ming Zhou, Taolin Chen, Xun Yang, Guangxiang Chen, Meiyun Wang, and Qiyong Gong, "Grit and the Brain: Spontaneous Activity of the Dorsomedial Prefrontal Cortex Mediates the Relationship Between the Trait Grit and Academic Performance," *Social Cognitive and Affective Neuroscience* 12, no. 3 (2016): 452–60.

5. Irma Triasih Kurniawan, Marc Guitart-Masip, and Ray J. Dolan, "Dopamine and Effort-Based Decision Making," *Frontiers in Neuroscience* 5 (2011): 8.

6. 이 발견은 최고의 성과를 거둔 사람들을 대상으로 끈기와 인내를 20년에 걸친 인터뷰를 통해서 이루어진 최종 결과이다. 이 새로운 인식에 기여한 사람들은 다음과 같다. Michael Gervais, Josh Waitzkin, Tim Ferriss, Angela Duckworth, Scott Barry Kaufman, Rich Diviney, Byron Fergusson, 그리고 산타페연구소Santa Fe Institute의 최고 수행 전문가들이다.

7. Francis Galton, *Hereditary Genius: An Inquiry into Its Laws and Consequences* (London: Macmillan, 1869).

8. Duckworth, Grit, 14.

9. Martin E. P. Seligman, *Authentic Happiness: Using the New Positive Psychology to Realize Your Potential for Lasting Fulfillment* (New York: Random House, 2002), 102–39.

10. Katherine R. Von Culin, Eli Tsukayama, and Angela L. Duckworth, "Unpacking Grit: Motivational Correlates of Perseverance and Passion for Long-Term Goals," *Journal of Positive Psychology* 9, no. 4 (2014): 306–12.

11. 그럼에도 불구하고 나는 바우마이스터의 다음 책이 최고 수행에 관해서는 여전히 필독서라고 생각한다. Roy F. Baumeister and John Tierney, *Willpower: Rediscovering the Greatest Human Strength* (New York: Penguin, 2012).

12. Carol Dweck, Mindset: *The New Psychology of Success* (New York: Ballantine, 2006), 1–14.

13. Jennifer A. Mangels, Brady Butterfield, Justin Lamb, Catherine Good, and Carol S. Dweck, "Why Do Beliefs About Intelligence Influence Learning Success? A Social Cognitive Neuroscience Model," *Social Cognitive and Affective Neuroscience* 1, no. 2 (2006): 75–86.

14. John Irving, *The Hotel New Hampshire* (New York: Dutton, 1981), 401.

15. 마이클 저베이스 관련 인용 출처는 모두 저자와 2011년부터 2020년 사이에 했던 인터뷰다.

16. 이 강연은 다음 책으로 출간되었다. David Foster Wallace, *This Is Water: Some Thoughts, Delivered on a Significant Occasion, about Living a Compassionate Life* (New York: Little, Brown, 2009).

17. 월러스의 일생과 학문적 기여 그리고 자살에 대해서는 다음을 참고하시오. Tom Bissell, "Great and Terrible Truths," *New York Times*, April 24, 2009.

18. Stewart I. Donaldson, Barbara L. Fredrickson, and Laura E. Kurtz, "Cultivating Positive Emotions to Enhance Human Flourishing," in *Applied Positive Psychology: Improving Everyday Life, Schools, Work, Health, and Society* (New York: Routledge Academic, 2011).

19. Michele M. Tugade and Barbara L. Fredrickson, "Resilient Individuals Use Positive Emotions to Bounce Back from Negative Emotional Experiences," *Journal of Personality and Social Psychology* 86, no. 2 (2004): 320.

20. Joanne V. Wood, W. Q. Elaine Perunovic, and John W. Lee, "Positive Self-Statements: Power for Some, Peril for Others," *Psychological Science* 20, no. 7 (2009): 860–66.

21. M. Zimmermann, "Neurophysiology of Sensory Systems," *Fundamentals of Sensory Physiology* (1986): 115.

22. Joseph LeDoux, *The Emotional Brain: The Mysterious Underpinnings of Emotional Life* (New York: Simon & Schuster, 2004), 159–78.

23. Shawn Achor, *The Happiness Advantage: How a Positive Brain Fuels Success in Work and Life* (New York: Crown Business, 2010).

24. Mark Beeman and John Kounios, *The Eureka Factor: Aha Moments, Creative Insight, and the Brain* (New York: Windmill Books, 2015), 119.

25. Glenn R. Fox, Jonas Kaplan, Hanna Damasio, and Antonio Damasio, "Neural Correlates of Gratitude," *Frontiers in Psychology* 6 (2015): 1491.

26. Roderik Gerritsen and Guido Band, "Breath of Life," *Frontiers in Human Neuroscience* (October 9, 2018): 397.

27. Amy Lam, "Effects of Five-Minute Mindfulness Meditation on Mental Health Care Professionals," *Journal of Psychology and Clinical Psychiatry* (March 26, 2015).

28. 마음챙김의 효과를 정리한 정말 좋은 리뷰를 보고 싶다면 다음을 참고하시오. Daniel Goleman and Richard J. Davidson, *Altered Traits: Science Reveals How Meditation Changes Your Mind, Brain, and Body* (New York: Avery, 2018).

29. Lorenza S. Colzato, Ayca Ozturk, and Bernhard Hommel, "Meditate to Create: The Impact of Focused-Attention and Open-Monitoring Training on Convergent and Divergent Thinking," *Frontiers in Psychology* 3 (2012): 116.

30. 박스 호흡법은 특수부대 출신인 마크 디바인Mark Divine이 개발한 기법이다. 다음을 참고하시오. "Box Breathing and Meditation Technique w/ Mark Divine of SealFit," Barbell Shrugged, uploaded February 25, 2015, YouTube video, https://www.youtube.com/watch?v=GZzhk9jEkkI. Also: Ana Gotter, "Box Breathing," Healthline Media, June 17, 2020, https://www.healthline.com/health/box-breathing.

31. Steven Kotler, "They've Been Around the Block More Than a Few Times, but Shaun Palmer, Laird Hamilton and Tony Hawk Can Still Rev It Up," ESPN, July 10, 2012, https://tv5.espn.com/espn/magazine/archives/news/story?page=magazine-19990222-article11.

32. 레어드 해밀턴 관련 인용의 출처는 모두 저자와 1999년부터 2020년 사이에 했던 인터뷰다.

33. Kristin Ulmer, 저자와의 인터뷰, 2014년부터 2020년 사이.

34. Michael Gervais, 저자와의 인터뷰, 2019년.

35. Crystal A. Clark and Alain Dagher, "The Role of Dopamine in Risk Taking: A Specific Look at Parkinson's Disease and Gambling," *Frontiers in Behavioral Neuroscience* 8 (2014).

36. 모든 인용의 출처는 저자와 2013년부터 2016년 사이에 했던 인터뷰다. 아울러 다음을 참고하시오. Josh Waitzkin, *The Art of Learning: An Inner Journey to Optimal Performance* (New York: Free Press, 2008). 또한 팀 페리스는 두 개의 멋진 팟캐스트를 조쉬와 함께 내놓았다. 다음을 참고하시오. Tim Ferriss, "Josh Waitzkin Interview," Tim Ferriss Show (podcast), July 22, 2014, https://www.youtube.com/watch?v=LYaMtGuCgm8.

37. William James, "The Energies of Men," *Philosophical Review* 16, no. 1 (1907): 1.

38. Harry D. Krop, Cecilia E. Alegre, and Carl D. Williams, "Effect of Induced Stress on Convergent and Divergent Thinking," *Psychological Reports* 24, no. 3 (1969): 895–98.

39. Keith Ablow, 저자와의 인터뷰, 2015.

40. 출처가 불명확하지만 질의응답 웹사이트인 쿼라Quora는 다음과 같이 팩트체크를 멋지게 해준다. Reply to "What is the origin of the quote attributed to a Navy SEAL -"Under pressure, you don't rise to the occasion, you sink to the level of your training"? Where and when was this said?," Quora, 2016, https://www.quora.com/What-is-the-origin-of-the-quote-attributed-to-a-Navy-SEAL-Under-pressure-you-dont-rise-to-the-occasion-you-sink-to-the-level-of-your-training-Where-and-when-was-this-said.

41. Norman B. Schmidt, J. Anthony Richey, Michael J. Zvolensky, and Jon K. Maner, "Exploring Human Freeze Responses to a Threat Stressor," *Journal of Behavior Therapy and Experimental Psychiatry* 39, no. 3 (2008): 292–304.

42. Richard Feynman, *Surely You're Joking, Mr. Feynman!* (New York: W. W. Norton, 1997).

43. "Burn-out an 'Occupational Phenomenon': International Classification of Diseases," World Health Organization, May 28, 2019, https:// www.who.int/mental_health/evidence/burn-out/en/; 아울러 다음을 참고하시오. Harry Levinson, "When Executives Burn Out," *Harvard Business Review*, August 21, 2014, https://hbr.org/1996/07/when-executives-burn-out.

44. Irshaad O. Ebrahim, Colin M. Shapiro, Adrian J. Williams, and Peter B. Fenwick, "Alcohol and Sleep I: Effects on Normal Sleep," *Alcoholism: Clinical and Experimental Research* 37, no. 4 (2013).

45. Esther Thorson and Annie Lang, "The Effects of Television Videographics and Lecture Familiarity on Adult Cardiac Orienting Responses and Memory," *Communication Research* 19, no. 3 (1992): 346–69; 아울러 다음을 참고하시오. Meghan Neal, "Is Watching TV Actually a Good Way to Rest Your Brain?," *Vice*, January 18, 2016, https://www.vice.com/en_us/article/3daqaj/is-watching-tv-actually-a-good-way-to-rest-your-brain.

46. Björn Rasch and Jan Born, "About Sleep's Role in Memory," *Physiological Reviews* 93, no. 2 (2013): 681–766.

47. Levinson, "When Executives Burn Out."

6장.

1. 모든 인용의 출처는 저자가 피터 디아맨디스와 1997년부터 2020년 사이에 했던 인터뷰다. www.diamandis.com.

2. Luke J. Norman, Stephan F. Taylor, Yanni Liu, Joaquim Radua, Yann Chye, Stella J. De Wit, Chaim Huyser, et al., "Error Processing and Inhibitory Control in Obsessive-Compulsive Disorder: A Meta-Analysis Using Statistical Parametric Maps," *Biological Psychiatry* 85, no. 9 (2019): 713–25.

3. Michael Wharton, 저자와의 인터뷰, 2019년.

4. William James, *Psychology: The Briefer Course* (New York: Henry Holt, 1892), 1–17.

2부.

1. Annie Dillard, *The Writing Life* (New York: HarperPerennial, 2013), 32.

7장.

1. Gary Klein, *Sources of Power: How People Make Decisions* (Cambridge, MA: MIT Press, 2017), 149.

2. Commission of the European Communities, "Adult Learning: It Is Never Too Late to Learn," COM, 614 final. Brussels, October 23, 2006; 아울러 다음을 참고하시오. Patricia M. Simone and Melinda Scuilli, "Cognitive Benefits of Participation in Lifelong Learning Institutes," *LLI Review 1* (2006): 44–51, https://scholarcommons.scu.edu/cgi/viewcontent .cgi?article=1144&context=psych.

8장.

1. Carol Dweck, Mindset: *The New Psychology of Success* (New York: Ballantine, 2006).

2. Steven Kotler and Peter Diamandis, *Bold: How to Go Big, Create Wealth, and Impact the World* (New York: Simon & Schuster, 2015), 120.

3. 케빈 로즈가 2012년에 일론 머스크와 했던 다음 인터뷰를 참고하시오. https://www.youtube.com/watch?v=L-s_3b5fRd8.

4. Chris Anderson, "Elon Musk's Mission to Mars," *Wired*, October 21, 2012.

9장.

1. "To Read or Not to Read: A Question of National Consequence: Executive Summary," *Arts Education Policy Review* 110, no. 1 (2008): 9–22, https://doi.org/10.3200/aepr.110.1.9-22.

2. Andrew Perrin, "Who Doesn't Read Books in America?," Pew Research Center, September 26, 2019.

3. Marc Brysbaert, "How Many Words Do We Read per Minute?" (2019), https://www.researchgate.net/publication/332380784_How_many_words_do_we_read_per_minute_A_review_and_meta-analysis_of_reading_rate.

4. 독서의 전반적인 효과에 대해서는 다음을 참고하시오. Honor Whiteman, "Five Ways Reading Can Improve Health and Well-Being," *Medical News Today*, October 12, 2016.

5. Chris Weller, "9 of the Most Successful People Share Their Reading Habits," *Business Insider*, July 20, 2017.

6. J. B. Bobo, *Modern Coin Magic* (New York: Dover, 1952).

10장.

1. Hailan Hu, Eleonore Real, Kogo Takamiya, Myoung-Goo Kang, Joseph Ledoux, Richard L. Huganir, and Roberto Malinow, "Emotion Enhances Learning via Norepinephrine Regulation of AMPA-Receptor Trafficking," *Cell* 131, no. 1 (2007).

2. Craig Thorley, "Note Taking and Note Reviewing Enhance Jurors' Recall of Trial Information," *Applied Cognitive Psychology* 30, no. 5 (2016): 655–63.

3. Steven Kotler, *The Angle Quickest for Flight* (New York: Four Walls Eight Windows, 2001).

4. Thomas Gifford, *Assassini* (New York: Bantam, 1991).

5. Malachi Martin, *The Decline and Fall of the Roman Church* (New York: G. P. Putnam's Sons, 1981).

6. Karen Armstrong, *A History of God: The 4,000-Year Quest of Judaism, Christianity and Islam* (New York: Vintage, 1999).

7. Maria Luisa Ambrosini and Mary Willis, *The Secret Archives of the Vatican* (Boston: Little, Brown, 1969).

8. Thomas Reese, *Inside the Vatican* (Cambridge, MA: Harvard University Press, 1998).

9. Dan Rowinski, "The Slow Hunch: How Innovation Is Created Through Group Intelligence," *ReadWrite*, June 9, 2011, https://readwrite.com /2011/06/09/the_slow_hunch_how_innovation_is_created_through_g/;see also Steven Johnson, *Where Good Ideas Come From* (New York:Riverhead, 2011).

10. Wolfram Schultz, "Predictive Reward Signal of Dopamine Neurons," *Journal of Neurophysiology* 80, no. 1 (1998): 1–27.

11. Diana Martinez, Daria Orlowska, Rajesh Narendran, Mark Slifstein, Fei Liu, Dileep Kumar, Allegra Broft, Ronald Van Heertum, and Herbert D. Kleber, "Dopamine Type 2/3 Receptor Availability in the Striatum and Social Status in Human Volunteers," *Biological Psychiatry* 67, no. 3 (2010): 275–78.

12. Alfredo Meneses, "Neurotransmitters and Memory," in *Identification of Neural Markers Accompanying Memory* (Amsterdam: Elsevier, 2014), 5–45.

11장.

1. 이 인터뷰는 내가 〈포브스〉에 기고했던 기사에 처음 등장했다. 다음을 참고하시오. Steven Kotler, "Tim Ferriss and the Secrets of Accelerated Learning," *Forbes*, May 4, 2015, https://www.forbes.com/sites/stevenkotler/2015/05/04/tim-ferriss-and-the-secrets-of-accelerated-learning/.

12장.

1. Christopher Peterson, Willibald Ruch, Ursula Beermann, Nansook Park, and Martin E. P. Seligman, "Strengths of Character, Orientations to Happiness, and Life Satisfaction," *Journal of Positive Psychology* 2, no. 3 (2007): 149–56.

2. Christopher Peterson and Martin E. P. Seligman, *Character Strengths and Virtues: A Handbook and Classification* (Oxford: Oxford University Press, 2004).

3. Andrew Huberman, Stanford University, and Glenn Fox, USC, author interviews, 2020.

4. Gallup, "CliftonStrengths," Gallup.com, June 13, 2020, https://www .gallup.com/cliftonstrengths/en/252137/home.aspx; see also "Be Your Best SELF with STRENGTHS," Strengths Profile, https://www.strengthsprofile.com/.

5. Martin E. P. Seligman, Tracy A. Steen, Nansook Park, and Christopher Peterson, "Positive Psychology Progress: Empirical Validation of Interventions," *American Psychologist* 60, no. 5

(2005): 410; 아울러 다음을 참고하시오. Fabian Gander, René T. Proyer, Willibald Ruch, and Tobias Wyss, "Strength-Based Positive Interventions: Further Evidence for Their Potential in Enhancing Well-Being and Alleviating Depression," *Journal of Happiness Studies* 14, no. 4 (2013): 1241–59.

13장.

1. Christopher Peterson, "Other People Matter: Two Examples," *Psychology Today*, June 17, 2008, https://www.psychologytoday.com/us/blog/the-good-life/200806/other-people-matter-two-examples.

2. Daniel Goleman, *Emotional Intelligence: Why It Can Matter More Than IQ* (New York: Bantam, 2005).

3. 행동주의와 스키너의 견해를 개관하고 싶으면 다음을 참고하시오. George Graham, "Behaviorism," *Stanford Encyclopedia of Philosophy*, Stanford University, March 19, 2019.

4. Jaak Panksepp, *Affective Neuroscience: The Foundations of Human and Animal Emotions* (New York: Oxford University Press, 2014).

5. Ibid. 아울러 다음을 참고하시오. Li He et al., "Examining Brain Structures Associated with Emotional Intelligence and the Mediated Effect on Trait Creativity in Young Adults," *Frontiers in Psychology* (June 15, 2018).

6. Nancy Gibbs, "The EQ Factor," *Time*, June 24, 2001.

7. Goleman, *Emotional Intelligence*.

8. William James, *Psychology: The Briefer Course* (New York: Henry Holt, 1892), 10.

9. Charles Duhigg, *The Power of Habit: Why We Do What We Do in Life & Business* (New York: Random House, 2012), xvi; see also Timothy Wilson, *Strangers to Ourselves: Discovering the Adaptive Unconscious* (New York: Harvard University Press, 2002).

10. Ludwig Wittgenstein, *Tractatus Logico-Philosophicus* (New York: Cosimo Classics, 2010), 43.

11. Keith Sawyer, "What Mel Brooks Can Teach Us about 'Group Flow,'" *Greater Good Magazine*, January 24, 2012.

12. Claus Lamm and Jasminka Majdandžić, "The Role of Shared Neural Activations, Mirror Neurons, and Morality in Empathy—A Critical Comment," *Neuroscience Research* 90 (2015): 15–24; 아울러 다음을 참고하시오. Zarinah Agnew et al., "The Human Mirror System: A Motor-Resonance Theory of Mind Reading," *Brain Research Reviews* 54, no. 2 (June 2007): 286–93.

13. Daniel Goleman and Richard J. Davidson, *Altered Traits: Science Reveals How Meditation*

Changes Your Mind, Brain, and Body (New York: Random House, 2018), 250.

14. Rich Bellis, "Actually, We Don't Need More Empathy," *Fast Company*, October 20, 2017.

15. Olga M. Klimecki, Susanne Leiberg, Claus Lamm, and Tania Singer, "Functional Neural Plasticity and Associated Changes in Positive Affect After Compassion Training," *Cerebral Cortex* 23, no. 7 (2012): 1552–61.

14장.

1. K. Anders Ericsson, Ralf T. Krampe, and Clemens Tesch-Römer, "The Role of Deliberate Practice in the Acquisition of Expert Performance," *Psychological Review* 100, no. 3 (1993): 363–406.

2. Anders Ericsson, *The Cambridge Handbook of Expertise and Expert Performance* (Cambridge, UK: Cambridge University Press, 2018); 아울러 다음을 참고하시오. see also Malcolm Gladwell, *Outliers* (New York: Little, Brown, 2013).

3. David Epstein, *Range: Why Generalists Triumph in a Specialized World* (New York: Riverhead, 2019), 15–35.

4. Nick Skillicorn, "The 10,000-Hour Rule Was Wrong, According to the People Who Wrote the Original Study," *Inc.*, June 9, 2016.

5. Anders Ericcson, author interview, 2016.

6. Steven Kotler, *The Rise of Superman* (New York: New Harvest, 2014), 78–82.

7. Robert Plomin, Nicholas G. Shakeshaft, Andrew McMillan, and Maciej Trzaskowski, "Nature, Nurture, and Expertise," *Intelligence* 45 (2014): 46–59.

8. W. Mischel, Y. Shoda, and M. Rodriguez, "Delay of Gratification in Children," *Science* 244, no. 4907 (1989): 933–38.

9. David Epstein, "Fit Looks Like Grit," Franklin Covey, December 5, 2019, YouTube video, https://www.youtube.com/watch?v=v27 vQCGCCLs.

10. Chloe Gibbs, Jens Ludwig, Douglas L. Miller, and Na'ama Shenhav, "Short-Run Fade-out in Head Start and Implications for Long-Run Effectiveness," UC Davis Center for Poverty Research, *Policy Brief* 4, no. 8 (February 2016), https://poverty.ucdavis.edu/policy-brief/short-run-fade-out-head-start-and-implications-longrun-effectiveness.

11. Epstein, *Range*.

12. Chris Berka, "A Window on the Brain," TEDx San Diego, 2013, https:// www.youtube.com/watch?v=rBt7LMrIkxg&feature=emb_logo.

1. Javier Pérez Andújar, *Salvador Dalí: A la conquista de lo irracional* (Madrid: Algaba Ediciones, 2003), 245.

15장.

1. Bri Stauffer, "What Are the 4 C's of 21st Century Skills?," Applied Educational Systems, May 7, 2020, https://www.aeseducation.com/blog/four-cs-21st-century-skills; 아울러 다음을 참고하시오. *Preparing 21st Century Students for a Global Society: An Educator's Guide to the "Four Cs,"* National Education Association report, http://www.nea.org/assets/docs/A-Guide-to-Four-Cs. pdf.

2. "IBM 2010 Global CEO Study," IBM, May 18, 2010, https://www-03.ibm.com/press/us/en/pressrelease/31670.wss.

3. Adobe, *State of Create Study: Global Benchmark Study on Attitudes and Beliefs about Creativity at Work, Home and School,* April 2012, https://www.adobe.com/aboutadobe/pressroom/pdfs/Adobe_State_of _Create_Global_Benchmark_Study.pdf.

4. Tom Sturges, *Every Idea Is a Good Idea* (New York: Penguin, 2014), 29.

5. Gerhard Heinzmann and David Stump, "Henri Poincaré," *Stanford Encyclopedia of Philosophy*, Stanford University, October 10, 2017: 아울러 다음을 참고하시오. Dean Keith Simonton, *Origins of Genius: Darwinian Perspectives on Creativity* (New York: Oxford University Press, 1999).

6. Graham Wallas, *The Art of Thought* (Tunbridge Wells, UK: Solis Press, 2014), 37–55.

7. A. N. Whitehead, *Process and Reality. An Essay in Cosmology. Gifford Lectures Delivered in the University of Edinburgh During the Session 1927–1928* (New York: Macmillan, 1927).

8. Alex Osborn, *Your Creative Power* (Gorham, ME: Myers Education Press, 2007).

9. Lori Flint, "How Creativity Came to Reside in the Land of the Gifted," *Knowledge Quest* 42, no. 5 (May–June 2014): 64–74.

10. 길퍼드에 대한 훌륭한 개관은 다음을 참고하시오. New World Encyclopedia, s.v. "J. P. Guilford," https://www.newworldencyclopedia.org/entry/J._P._Guilford.

11. Lisa Learman, "Left vs. Right Brained," Perspectives in Research, May 22, 2019, https://biomedicalodyssey.blogs.hopkinsmedicine.org/2019/05/left-vs-right-brained-why-the-brain-laterality-myth-persists/.

12. Arne Dietrich, *How Creativity Happens in the Brain* (New York: Palgrave Macmillan, 2015), 3–6.

13. Anthony Brandt and David Eagleman, *The Runaway Species* (Edinburgh: Canongate, 2017), 24–27.

14. Ibid., 27–29.

15. Teresa M. Amabile and Michael G. Pratt, "The Dynamic Componential Model of Creativity and Innovation in Organizations: Making Progress, Making Meaning," *Research in Organizational Behavior* 36 (2016): 157–83.

16. Scott Barry Kaufman, "The Real Neuroscience of Creativity," *Scientific American*, April 19, 2013.

17. William James, *The Principles of Psychology* (New York: Cosimo Classics, 2013), 402.

18. Michael I. Posner, Charles R. Snyder, and Brian J. Davidson, "Attention and the Detection of Signals," *Journal of Experimental Psychology* 109, no. 2 (1980): 160–74.

19. Michael I. Posner and Steven E. Petersen, "The Attention System of the Human Brain," *Annual Review of Neuroscience* 13, no. 1 (1990): 25–42.

20. Scott Barry Kaufman and Carolyn Gregoire, *Wired to Create: Unraveling the Mysteries of the Creative Mind* (New York:Tarcher Perigee, 2016), xxvii.

21. Roger Beaty et al., "Creativity and the Default Mode Network," *Neuropsychologia* 64 (November 2014): 92–98.

22. Randy L. Buckner, "The Serendipitous Discovery of the Brain's Default Mode Network," *NeuroImage* 62, no. 2 (August 15, 2012):1137–45.

23. Laura Krause et al., "The Role of Medial Prefrontal Cortex in Theory of Mind: A Deep rTMS Study," *Behavioral Brain Research* 228, no. 1 (2012): 87–90.

24. Brandt and Eagleman, *Runaway Species*, 55–104.

25. Lucina Uddin, *Salience Network of the Human Brain* (Amsterdam: Elsevier, 2017).

26. Posner, Snyder, and Davidson, "Attention and the Detection of Signals."

27. "The Creative Brain Is Wired Differently," *Neuroscience News*, January 23, 2018.

28. David Eagleman, 저자와의 인터뷰, 2017년; Scott Barry Kaufman, 저자와의 인터뷰, 2019년. 아울러 심리학에서는 이것을 '잠재적 억제latent inhibition'라고 부르는데, 다음을 참고 하시오. Shelley Carson, Jordan Peterson, and Daniel Higgins, "Decreased Latent Inhibition Is Associated with Increased Creative Achievement in High-Functioning Individuals," *Journal of Personality and Social Psychology* 85, no. 3 (2003): 499–506.

29. Scott Barry Kaufman, "The Myth of the Neurotic Creative," *Atlantic*, February 29, 2016, https://www.theatlantic.com/science/archive/2016/02/myth-of-the-neurotic-creative/471447/.

16장.

1. John Kounios and Mark Beeman, *The Eureka Factor: Aha Moments, Creative Insight, and the Brain* (New York: Windmill Books, 2015), 89–90.

2. G. Rowe, J. B. Hirsh, and A. K. Anderson, "Positive Affect Increases the Breadth of Attentional Selection," *Proceedings of the National Academy of Sciences* 104 (2007): 383–88; see also Barbara Fredrickson, "Positive Emotions Open Our Mind," Greater Good Science Center, June 21, 2011, https://www.youtube.com/watch?time_continue=1&v=Z7dFDHzV36g&feature=emb_logo.

3. Glenn Fox, 저자와의 인터뷰, 2020년; 그리고 Kate Harrison, "How Gratitude Can Make You More Creative and Innovative," *Inc.*, November 16, 2016.

4. Lorenza S. Colzato, Ayca Ozturk, and Bernhard Hommel, "Meditate to Create: the Impact of Focused-Attention and Open-Monitoring Training on Convergent and Divergent Thinking," *Frontiers in Psychology* 3 (2012): 116; Viviana Capurso, Franco Fabbro, and Cristiano Crescentini, "Mindful Creativity," *Frontiers in Psychology* (January 10, 2014).

5. John Kounios, 저자와의 인터뷰, 2019년; 아울러 다음을 참고하시오. Penelope Lewis, Gunther Knoblich, and Gina Poe, "How Memory Replay in Sleep Boosts Creative Problem Solving," *Trends in Cognitive Sciences* 22, no.6 (2018): 491–503.

6. 두 개 반구의 차이를 정말 훌륭하게 정리한 책으로는 다음을 참고하시오. Iain McGilchrist, *The Master and His Emissary* (New Haven, CT: Yale University Press, 2009).

7. Kounis and Beeman, *The Eureka Factor*, 171.

8. Mark Burgess and Michael E. Enzle, "Defeating the Potentially Deleterious Effects of Externally Imposed Deadlines: Practitioners' Rules-of-Thumb," *PsycEXTRA Dataset* (2000).

9. Ruth Ann Atchley, David L. Strayer, and Paul Atchley, "Creativity in the Wild," *PLoS ONE* 7, no. 12 (December 12, 2012).

10. Andrew F. Jarosz, Gregory J. H. Colflesh, and Jennifer Wiley, "Uncorking the Muse: Alcohol Intoxication Facilitates Creative Problem Solving," *Consciousness and Cognition* 21, no. 1 (2012): 487–93.

11. John Kounios, 저자와의 인터뷰, 2019년.

12. Kiki De Jonge, Eric Rietzschel, and Nico Van Yperen, "Stimulated by Novelty?," *Personality and Social Psychology Bulletin* 44, no. 6 (June 2018): 851–67.

13. David Cropley and Arthur Cropley, "Functional Creativity: 'Products' and the Generation of Effective Novelty," in James C. Kaufman and Robert J. Sternberg, eds., *The Cambridge Handbook of Creativity* (New York: Cambridge University Press, 2010), 301–17.

14. Gene Santoro, *Myself When I Am Real: The Life and Music of Charles Mingus* (New York: Oxford University Press, 2001), 197; 밍거스가 티모시 리어리[Timothy Leary]에게 이 말을 했다고 하는데, 리어리가 뭐라고 대답을 했을지 나 개인적으로는 무척 궁금하다.

15. Catrinel Haught-Tromp, "The *Green Eggs and Ham* Hypothesis," *Psychology of Aesthetics, Creativity and the Arts* 11, no. 1 (April 14, 2016).

16. Chip Heath and Dan Heath, *The Myth of the Garage: And Other Minor Surprises* (New York: Currency, 2011); 아울러 다음을 참고하시오. Keith Sawyer, *Group Genius: The Creative Power of Collaboration* (New York: Basic Books, 2017).

17. Scott Barry Kaufman, 저자와의 인터뷰, 2019년.

18. Lee Zlotoff, author interview, 2015년; 아울러 다음을 참고하시오. The MacGyver Secret (website), https://macgyversecret.com; Kenneth Gilhooly, *Incubation in Problem Solving and Creativity* (New York: Routledge, 2019).

17장.

1. 다른 사람이 이 발상을 하지 않았다고 말하려는 게 아니다. 노화가 창의성에 주는 영향 및 장기간에 걸친 창의성에 어떻게 가능할 수 있을지를 다른 책으로 내가 정말 좋아하는 책이 있는데, 바로 이 책이다. Gene Cohen, *The Creative Age* (New York: William Morrow, 2000).

2. John Barth, 저자와의 인터뷰, 1993년. 이 대화를 순전히 기억에 의존해서 정리했기에 정확한 표현은 실제와 다를 수 있다는 점을 밝혀 둔다.

3. 나처럼 핀천을 좋아하는 사람을 위해서 따로 설명을 보태자면, 그 두 개의 이야기는 "바이런, 백열전구[Byron the Lightbulb]"와 딸이 나치 당원들에게 납치되었던 로켓 과학자 프란츠 포클러[Franz Pokler]의 이야기이다.

4. Tim Ferriss, 저자와의 인터뷰, 2017년.

5. 다음을 참고하시오. Paul Graham, "Maker's Schedule, Manager's Schedule," Paul Graham (website), July 2009, http://www.paulgraham.com/makersschedule.html.

6. Tim Ferriss, 저자와의 인터뷰, 2017년.

7. 이렇게 느낀 사람은 페리스뿐만이 아니다. 스탠퍼드대학교의 연구자들 역시 동일한 현상을 발견했다. Marily Oppezzo and Daniel Schwartz, "Give Your Ideas Some Legs," *Experimental Psychology, Learning, Memory and Cognition* 40, no. 4 (July 2014): 1142–52.

8. 그 자체로 유명했던 이 인터뷰에 대한 훌륭한 글이 있다. Cristobal Vasquez, "The Interview Playboy Magazine Did with Gabriel García Márquez," *ViceVersa*, August 25, 2014.

9. Ernest Hemingway and Larry W. Phillips, *Ernest Hemingway on Writing* (New York: Scribner, 2004).

10. Sigmund Freud, *Civilization and Its Discontents, volume 21 in The Complete Psychological Works of Sigmund Freud: The Future of an Illusion, Civilization and Its Discontents, and Other Works* (Richmond: Hogarth Press, 1961), 79–80.

11. Roger Barker, Tamara Dembo, and Kurt Lewin, *Frustration and Regression: An Experiment with Young Children, Studies in Topological and Vector Psychology II* (Iowa City: University of Iowa Press, 1941), 216–19.

12. Mark Beeman and John Kounios, *The Eureka Factor: Aha Moments, Creative Insight, and the Brain* (New York: Windmill Books, 2015), 102–3.

13. Edward Albee, *The Zoo Story* (New York: Penguin, 1960); 다음을 참고하시오. http://edwardalbeesociety.org/works/the-zoo-story/.

14. Sir Ken Robinson, "Do Schools Kill Creativity?," TED Talk, 2006, https://www.ted.com/talks/sir_ken_robinson_do_schools_kill_creativity?language=en.

15. Ken Robinson, 저자와의 인터뷰, 2016년.

16. Burk Sharpless, 저자와의 인터뷰, 2014년.

17. Gretchen Bleiler, 저자와의 인터뷰, 2016년.

18. Mihaly Csikszentmihalyi, Creativity: *The Psychology of Discovery and Invention* (New York: HarperPerennial, 1996), 51–76.

19. Ibid.

18장.

1. George Land, "The Failure of Success," TEDxTuscon, February 16, 2011, https://www.youtube.com/watch?v=ZfKMq-rYtnc.

2. 이 이야기를 더 자세하고 알고 싶으면 다음을 참고하시오. George Land and Beth Jarman, *Breakpoint and Beyond: Mastering the Future—Today* (New York: HarperCollins, 1992).

3. John Kounios, 저자와의 인터뷰, 2019년.

4. 창의성과 몰입 그리고 신경망에 대한 자세한 논의가 궁금하다면 다음을 참고하시오. Scott Barry Kaufman, "The Neuroscience of Creativity, Flow, and Openness to Experience," BTC Institute, July 17, 2014, https://www.youtube.com/watch?v=Un_LroX0DAA.

4부.

1. Friedrich Nietzsche, *Beyond Good and Evil*, trans. Helen Zimmern (Hampshire, UK: Value

Classics Reprints, 2018), 212.

19장.

1. 이 이야기를 보다 자세하게 알고 싶으면 다음을 참고하시오. Steven Kotler, *West of Jesus: Surfing, Science and the Origin of Belief* (New York: Bloomsbury, 2006). 또 나는 여기에 대해서 조 로건 Joe Rogan의 다음 팟캐스트에서 자세하게 이야기했다. "Steven Kotler on Lyme Disease & The Flow State," *Joe Rogan Experience*, February 16, 2011, https://www.youtube.com/watch?v=X_yq-4remO0.
2. Rob Schultheis, *Bone Games: One Man's Search for the Ultimate Athletic High* (Halcottsville, NY: Breakaway Books, 1996).
3. Andrew Newberg and Eugene D'Aquili, *Why God Won't Go Away: Brain Science and the Biology of Belief* (New York: Ballantine, 2001), 120–27.
4. Andrew Newberg, 2000년부터 2020년까지 저자와 했던 여러 차례의 인터뷰.

20장.

1. Friedrich Nietzsche, *Thus Spoke Zarathustra* (Digireads.com, 2016), 25.
2. Charles Darwin, *On the Origin of Species by Means of Natural Selection, or, The Preservation of Favoured Races in the Struggle for Life* (London, 1859; digital reprint, Adam Goldstein, ed., American Museum of Natural History, 2019), https://darwin.amnh.org/files/images/pdfs/e83461.pdf.
3. 아카데미 오브 아이디어스 Academy of Ideas가 주제를 놓고 일련의 멋진 동영상 강의를 했다. 니체와 이 책에서 다루는 그의 발상들을 깊이 있게 다룬 내용은 다음에 있으니 참고하시오. https://academyofideas.com/tag/nietzsche/.
4. Friedrich Nietzsche, *Ecce Homo: How One Becomes What One Is*, trans. R. J. Hollingdale (New York: Penguin, 2004), 44.
5. Friedrich Nietzsche, *Beyond Good and Evil*, trans. Helen Zimmern (Hampshire, UK: Value Classics Reprints, 2018), 90.
6. "Nietzsche and Zapffe: Beauty, Suffering, and the Nature of Genius," Academy of Ideas, December 6, 2015, https://academyofideas.com/2015/12/nietzsche-zapffe-beauty-suffering-nature-of-genius/;아울러 다음을 참고하시오. Nitzan Lebovic, "Dionysian Politics and the Discourse of 'Rausch,'" in Arpad von Klimo and Malte Rolf, eds., *Rausch und Diktatur:Inszenierung, Mobilisierung und Kontrolle in totalitären Systemen* (Frankfurt: Campus

Verlag, 2006), https://www.academia.edu/310323/Dionysian_Politics_and_The_Discourse_of_ Rausch.

7. Friedrich Nietzsche, *Twilight of the Idols* (New York: Penguin Classics, 1990), 55.

8. Mihaly Csikszentmihalyi, *Flow: The Psychology of Optimal Experience*(New York: HarperPerennial, 2008). 그의 방법론에 관심이 있다면 다음도 함께 참고하시오. Joel Hektner, Jennifer Schmidt, and Mihaly Csikszentmihalyi, *Experience Sampling Method* (New York: Sage, 2007).

9. Richard Ryan, *The Oxford Handbook of Human Motivation* (New York: Oxford University Press, 2005), 128.

10. Christian Jarrett, "All You Need to Know About the 10 Percent Brain Myth in 60 Seconds," *Wired*, July 24, 2014.

11. Arne Dietrich, "Transient Hypofrontality as a Mechanism for the Psychological Effects of Exercise," *Psychiatry Research* 145, no. 1 (2006): 79–83 ; 아울러 다음을 참고하시오. Arne Dietrich, Introduction to Consciousness (New York: Palgrave Macmillan, 2007), 242–44.

12. Arne Dietrich, 저자와의 인터뷰, 2012년.

13. Rhailana Fontes, Jéssica Ribeiro, Daya S. Gupta, Dionis Machado, Fernando Lopes-Júnior, Francisco Magalhaes, Victor Hugo Bastos, et al., "Time Perception Mechanisms at Central Nervous System," *Neurology International* 8, no. 1 (2016).

14. Istvan Molnar-Szakacs and Lucina Q. Uddin, "Self-Processing and the Default Mode Network: Interactions with the Mirror Neuron System," *Frontiers in Human Neuroscience* 7 (2013).

15. Charles J. Limb and Allen R. Braun, "Neural Substrates of Spontaneous Musical Performance: An FMRI Study of Jazz Improvisation," *PLoS ONE* 3, no. 2 (2008).

16. Frances A. Maratos, Paul Gilbert, Gaynor Evans, Faye Volker, Helen Rockliff, and Gina Rippon, "Having a Word with Yourself: Neural Correlates of Self-Criticism and Self-Reassurance," *NeuroImage* 49, no. 2 (2010): 1849–56.

17. 나는 여기에 대해서 레슬리 셜린에게서 처음 들었는데, 셜린 박사는 이 내용을 아직 발표하지 않았지만, 관련된 전체 내용은《슈퍼맨의 부상》에 실려 있다. 아울러 다음을 참고하시오. Kenji Katahira et al., "EEG Correlates of the Flow State," *Frontiers in Psychology* (March 9, 2018); E. Garcia-Rill et al., "The 10 Hz Frequency," *Translation Brain Rhythm* 1, no. 1 (March 24, 2016). 마지막으로 칙센트미하이와 다른 많은 사람은 몰입 상태의 체스 선수들의 뇌를 관찰해서 비슷한 현상을 발견했다. 이것의 대중문화 버전은 다음을 참고하시오. Amy Brann, *Engaged* (New York: Palgrave Macmillan, 2015), 103–5.

18. Mark Beeman and John Kounios, *The Eureka Factor: Aha Moments, Creative Insight, and the Brain* (New York: Windmill Books, 2015), 71–7.

19. Gina Kolata, "Runner's High? Endorphins? Fiction, Some Scientists Say," *New York Times*, May 21, 2002, https://www.nytimes.com/2002/05/21/health/runner-s-high-endorphins-fiction-some-scientists-say.html.

20. Arne Dietrich, "Endocannabinoids and Exercise," *British Journal of Sports Medicine* 38, no. 5 (2004): 536–41, https://doi.org/10.1136 /bjsm.2004.011718.

21. Henning Boecker, Till Sprenger, Mary E. Spilker, Gjermund Henriksen, Marcus Koppenhoefer, Klaus J. Wagner, Michael Valet, Achim Berthele and Thomas R. Tolle, "The Runner's High: Opioidergic Mechanisms in the Human Brain," *Cerebral Cortex* 18, no. 11 (2008): 2523–31 ; 아울러 다음을 참고하시오. Henning Boecker, "Brain Imaging Explores the Myth of Runner's High," *Medical News Today*, March 4, 2008.

22. Gregory Berns, *Satisfaction: Sensation Seeking, Novelty, and the Science of Seeking True Fulfillment* (New York: Henry Holt, 2005), 146–74.

23. Corinna Peifer, "Psychophysiological Correlates of Flow-Experience," in S. Engeser, ed., *Advances in Flow Research* (New York: Springer, 2007), 151–52; A. J. Marr, "In the Zone: A Behavioral Theory of the Flow Experience," *Athletic Insight: The Online Journal of Sport Psychology* 3 (2001).

24. 노르에피네프린에 대한 개관은 다음을 참고하시오. Eddie Harmon-Jones and Piotr Winkielman, *Social Neuroscience: Integrating Biological and Psychological Explanations of Social Behavior* (New York: Guilford Press, 2007), 306 ; 아울러 주의력과 관련된 신경과학 전반을 살펴보려면 다음을 참고하시오. Michael Posner, *Cognitive Neuroscience of Attention* (New York: Guilford Press, 2004). 마지막으로 노르에피네프린과 몰입의 연관성에 대해서는 하버드대학교의 심장병 전문의 허버트 벤슨의 저작을 참고하시오. 이 저작의 초보자 버전을 찾는다면 다음을 참고하시오. Herbert Benson and William Proctor, *The Breakout Principle: How to Activate the Natural Trigger That Maximizes Creativity, Athletic Performance, Productivity and Personal Well-Being* (New York: Scribner, 2003), 46–68.

25. Paul Zak, 저자와의 인터뷰, 2020년.

26. Scott Keller and Susie Cranston, "Increasing the 'Meaning Quotient' of Work," McKinsey & Company, 2013, https://www.mckinsey.com/business-functions/organization/our-insights/increasing-the-meaning-quotient-of-work.

27. 여기에 대해서는 ABM의 CEO 크리스 베르카Chris Berka가 멋진 테드 강연을 했다. "What's Next—A Window on the Brain: Chris Berka at TEDxSanDiego 2013," February 5, 2014, https://www.youtube.com /watch?v=rBt7LMrIkxg ; 아울러 다음을 참고하시오. "9-Volt Nirvana," Radiolab, June 2014, http://www.radiolab.org/story/9-volt-nirvana/;Sally Adee, "Zap Your Brain into the Zone," *New Scientist*, February 1, 2012.

28. Teresa M. Amabile, Sigal G. Barsade, Jennifer S. Mueller, and Barry M. Staw, "Affect and Creativity at Work," *Administrative Science Quarterly* 50, no. 3 (2005): 367–403.

29. Peifer, "Psychophysiological Correlates of Flow-Experience,"149–51; Andrew Huberman, 저자와의 인터뷰, 2020년; Scott Barry Kaufman, "Flow: Instead of Losing Yourself, You Are Being Yourself," *SBK* (blog), January 28, 2016, https://scottbarrykaufman.com/flow-instead-of-losing-yourself-you-are-being-yourself/.

21장.

1. Jeanne Nakamura and Mihaly Csikszentmihalyi, "The Concept of Flow," in *The Oxford Handbook of Positive Psychology* (New York: Oxford University Press, 2009), 89–105.

2. 몰입 촉발자들 및 이들의 현상학적 효과를 다루는 신경생물학의 파헤치려는 보다 많은 흥미로운 시도들 가운데 하나를 알고 싶다면 다음을 참고하시오. Martin Klasen, Rene Weber, Tilo Kircher, Krystyna Mathiak, and Klaus Mathiak, "Neural Contributions to Flow Experience during Video Gaming," *Social Cognition and Affective Neuroscience* 7, no. 4 (April 2012): 485–95.

3. 몰입 촉발자들은 매우 최근의 개념이지만, 지금까지 꾸준하게 대상이 추가로 확인되었다. 전반적인 논의를 알고 싶다면 다음을 참고하시오. Steven Kotler, *The Rise of Superman* (New York: New Harvest, 2014). 이 개념은 다음 책에서도 관심을 받는다. The concept also receives attention in Johannes Keller and Anne Landhasser, "The Flow Model Revisited," in Stefan Engeser, ed., *Advances in Flow Research* (New York: Springer, 2007), 61.

4. Mihaly Csikszentmihalyi, "Attention and the Holistic Approach to Behavior," in Kenneth S. Pope and Jerome L. Singer, eds., *The Stream of Consciousness: Scientific Investigations into the Flow of Human Experience* (Boston: Springer, 1978), 335–58.

5. Ernest Becker, *The Denial of Death* (New York: Free Press, 1997).

6. John Hagel, 저자와의 인터뷰, 2016년.

7. Wanda Thibodeaux, "Why Working in 90-Minute Intervals Is Powerful for Your Body and Job, According to Science," *Inc.*, January 27, 2019; 아울러 다음을 참고하시오. Drake Baer, "Why You Need to Unplug Every 90 Minutes," *Fast Company*, June 19, 2013

8. Mihaly Csikszentmihalyi, *Good Business: Leadership, Flow, and the Making of Meaning* (New York: Penguin, 2004), 42–43; 42–43; 집단적인 몰입을 촉발하는 '공동의 명확한 목표들'이 조직 내에서 어떻게 작동하는지 살펴려면 다음을 참고하시오. ibid., 113–22.

9. Ibid, 43–44.

10. Adrian Brady, "Error and Discrepancy in Radiology," *Insights Imaging* 8, no. 1 (December 7,

2016): 171–82; 아울러 다음을 참고하시오. Stephen J. Dubner and Steven D. Levitt, "A Star Is Made," *New York Times*, May 7, 2006.

11. Mihaly Csikszentmihalyi, *Flow and Foundations of Positive Psychology: The Collected Works of Mihaly Csikszentmihalyi* (New York: Springer, 2014), 191–93.

12. 나는 도파민을 촉발하는 요인들(즉 위험, 패턴 인식, 특이함, 복잡성, 예측불가능성) 가운데 다수를 나의 책 《예수의 서부(West of Jesus: Surfing, Science and the Origin of Belief)》(2006))에서 처음 묘사했고, 나중에는 《슈퍼맨의 부상(The Rise of Superman)》(2013)에서도 묘사했다. 더 많은 읽을거리를 찾는다면, 다음을 참고하라. Elaine Houston, 11 Activities and Exercises to Induce Flow," PositivePsychology .com, May 29, 2020; 로버트 새폴스키는 특이함과 복잡성 그리고 예측불가능성에 대해서 광범위하게 이야기하며, 도파민은 특히 다음에서 다룬다. Robert Sapolsky, "Dopamine Jackpot! Sapolsky on the Science of Pleasure," FORA.tv, March 2, 2011, https://www.youtube.com/watch?v=axrywDP9Ii0. 복잡성은 또한 다음에서도 나타난다. Melanie Rudd, Kathleen Vohs, and Jennifer Aaker, "Awe Expands People's Perception of Time and Enhances Well-Being," *Psychological Science* 23, no. 10 (2012): 1130–36.

13. Ned Hallowell, 저자와의 인터뷰, 2012년.

14. Kotler, *The Rise of Superman and West of Jesus*.

15. 내가 알기로는 깊은 체현은 다음 문헌에서 처음 나타난다. E. J. Chavez, "Flow in Sport," *Imagination, Cognition and Personality 28, no. 1* (2008): 69–91. 이 발상은 《슈퍼맨의 부상》에서 철저하게 탐구되고, 또 크리스티안 스완(Christian Swann)의 저작에서 반복해서 나타난다. 다음을 참고하시오. Christian Swann, Richard Keegan, Lee Crust, and David Piggott, "Exploring Flow Occurrence in Elite Golf," *Athletic Insight: The Online Journal of Sport Psychology* 4, no. 2 (2011).

16. Kevin Rathunde, "Montessori Education and Optimal Experience," *NAMTA* 26, no. 1 (2001): 11–43.

17. 집단적인 몰입 및 집단적인 몰입의 촉발자들에 대한 키스 소여의 작업 전반을 알고 싶으면 다음을 참고하시오. Keith Sawyer, *Group Genius: The Creative Power of Collaboration* (New York: Basic Books, 2017).

18. Jef J. J. van den Hout, Orin C. Davis, and Mathieu C. D. P. Weggeman, "The Conceptualization of Team Flow," *Journal of Psychology* 152, no. 6 (2018).

19. Marisa Salanova, Eva Cifre, Isabel Martinex, and Susana Gumbau, "Preceived Collective Efficacy, Subjective Well-Being and Task Performance among Electronic Work Groups," *Small Group Research* 34, no. 1 (February 2003).

22장.

1. 몰입 상태를 연구하는 연구자들의 오랜 역사를 이어받은 벤슨은 다음의 자기 책에서 몰입을 재명명하기로 선택했다. 그럼에도 불구하고 그의 연구는 정체 상태에 빠져 있다. 다음을 참고하시오. Herbert Benson and William Proctor, The Breakout Principle: *How to Activate the Natural Trigger That Maximizes Creativity, Athletic Performance, Productivity, and Personal Well-Being* (New York: Scribner, 2004).

2. Abraham Maslow, *Religion, Values, and Peak-Experiences*(New York: Compass, 1994), 62.

3. Lindsey D. Salay, Nao Ishiko, and Andrew D. Huberman, "A Midline Thalamic Circuit Determines Reactions to Visual Threat," *Nature* 557, no. 7704 (2018): 183–89.

4. Benyamin Cohen, "Albert Einstein Loved Sailing (but Didn't Even Know How to Swim)," *From the Grapevine*, July 27, 2016, https://www .fromthegrapevine.com/nature/albert-einstein-fascination-sailing.

5. 이 몰입 방해자들에 대한 연구는 널리 진행되고 있다. '주의 산만'에 대해서는 다음을 참고하시오. Tom DeMarco and Timothy Lister, *Peopleware* (New York: Dorset House, 1999), 62–68. 부정적인 생각에 대해서는 다음을 참고하시오 Jennifer A. Schmidt, "Flow in Education," in E. Bakker, P. P. Peterson, and B. McGaw, eds.,*International Encyclopedia of Education*, 3rd ed. (London: Elsevier,2010), 605–11.: 아울러 다음을 참고하시오. E. J. Chavez, "Flow in Sport," *Imagination,Cognition and Personality* 28, no 1 (2008): 69–91. 각성 부족에 대해서는 다음을 참고하시오. Stefan Engeser, *Advances in Flow Research* (New York: Springer, 2007), 62. 준비 부족에 대해서는 다음을 참고하시오. A. Delle Fave, M. Bassi, and F. Massimini, "Quality of Experience and Daily Social Context of Italian Adolescents," in A. L. Comunian and U. P. Gielen, eds., *It's All About Relationships* (Lengerich, Germany: Pabst, 2003), 159–72.

6. Esther Thorson and Annie Lang, "The Effects of Television Videographics and Lecture Familiarity on Adult Cardiac Orienting Responses," *Communication, Media Studies, Language & Linguistics* (June 1, 1992).

옮긴이 **이경식**

서울대학교 경영학과와 경희대학교 대학원 국문학과를 졸업했다. 옮긴 책으로 《싱크 어게인》, 《문샷》, 《스노볼》, 《신호와 소음》, 《체인저블》, 《조지 길더 구글의 종말》, 《더 박스》, 《댄 애리얼리 부의 감각》, 《플랫폼 제국의 미래》, 《에고라는 적》, 《사소한 것들》, 《감정의 무기》 등이 있으며 쓴 책으로 《1960년생 이경식》, 《청춘아 세상을 욕해라》, 《나는 아버지다》 외 다수가 있다. 오페라 〈가락국기〉, 영화 〈개 같은 날의 오후〉, 〈나에게 오라〉와 연극 〈춤추는 시간 여행〉, 〈동팔이의 꿈〉, TV드라마 〈선감도〉 등의 각본을 썼다.

멘탈이 무기다

초판 1쇄 발행 2021년 11월 1일
    7쇄 발행 2023년 5월 25일

지은이 스티븐 코틀러
옮긴이 이경식
펴낸이 오세인 | 펴낸곳 세종서적㈜

주간 정소연
편집 박혜정 | 표지디자인 섬세한곰 | 본문디자인 김진희
마케팅 임종호 | 경영지원 홍성우
인쇄 천광인쇄 | 종이 화인페이퍼

출판등록 1992년 3월 4일 제4-172호
주소   서울시 광진구 천호대로132길 15, 세종 SMS 빌딩 3층
전화   경영지원 (02)778-4179, 마케팅 (02)775-7011 | 팩스 (02)776-4013

홈페이지 www.sejongbooks.co.kr | 네이버 포스트 post.naver.com/sejongbook
페이스북 www.facebook.com/sejongbooks | 원고 모집 sejong.edit@gmail.com

ISBN 978-89-8407-969-4 03190